History 12

世界上下五千年

馮國超 主編

前言

世界歷史是一個漫長而耐人尋味的過程，既有繁榮輝煌，又有曲折艱難，但卻一直步履堅定地向前邁進。當永恆的金字塔築起人類文明的第一塊基石，古老的兩河流域、黃河與恆河也哺育了各具特色的燦爛文明。隨後，蔚藍而又浪漫的愛琴海孕育了古希臘的興盛；當羅馬把地中海變成自己的內湖之時，雄風萬里的秦漢與之並峙為時代的雙峰；當東方的伊斯蘭文化騰躍綻放時，中世紀的歐洲卻陷入了千年的沉悶之中，直至但丁用一曲《神曲》刺破久遠的黑暗，才喚回了文明的復興；當西方的歐洲文明與東方的中華文明代代傳承、生生不息之時，許多古老而曾經輝煌的文明卻漸次失落，人們只能在遺跡上憑弔神秘的赫梯、亞述、腓尼基、安息、瑪雅、印加……隨著哥倫布撩開美洲大陸的神秘面紗，一個嶄新的世界開始展現在人們的面前；當瓦特的一聲汽笛吹響了歐洲工業文明的序曲，資本與殖民的高歌猛進則預言了東西方急速失衡的降臨。當新千年的曙光撒遍世界，我們需要歷史的光輝照亮前程。

博古通今是中國人的追求，「學點歷史」更是大眾的共識。從世界歷史的興衰演變中體會生存智慧，從叱吒風雲的歷史人物中感悟人生真諦，小而言之個人，是修身齊家的需要；大而言之國家，是立於不敗的前提。處於民族復興重要時刻的中國，不僅要從自己的歷史，更要從世界歷史的發展中汲取營養，有鑒未來。

然而，現實中有關世界歷史的研究與出版情況卻不容樂觀。一則多數的研究在世界觀與方法論上仍未擺脫舊有模式的束縛，無法適應社會發展的需要；再則因資料的匱乏、體例的單調導致了此類出版物的品質不高，以致用於普及世界歷史的通俗讀物精品甚少。

　　為「發揚學術、普及大眾」，我們知難而進，編輯出版了此套圖文版《世界上下五千年》。作為世界歷史的通俗性普及讀本，本書汲取以前世界史作品的成功與合理之處，將對世界歷史有重大意義和深遠影響的事件以獨立標題、各自成節的形式加以記述。既注重每一小節內容的故事性與通俗性，又關照各標題之間的內在聯繫，還配以一千幅珍貴精美的圖片，力求將世界歷史的豐富與精彩更直觀、更真實、多層面地表現出來。其中五百幅圖片為國內首次公開出版，其價值不言而喻。

　　因編者能力有限，不足之處，懇請廣大讀者不吝賜教，以備再版時改正。

目錄

世界上下五千年

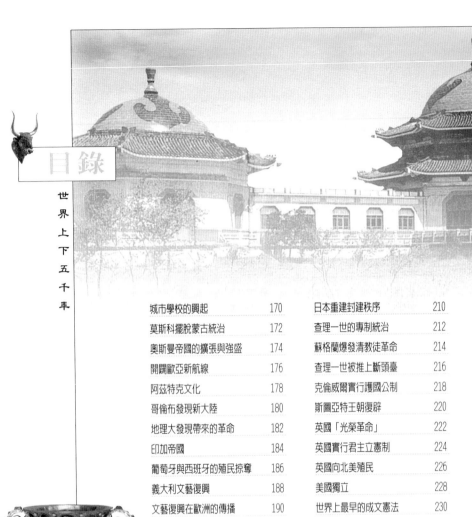

古埃及的尼羅河文明

　　非洲北部很早便有居民居住。當時，北非氣候溫和濕潤，雨水充足，漁獵和採集成為居民的主要生活來源。大約在一萬年前，最後一次冰河期過去，北非逐漸變為乾旱地區，隨著環境、氣候的變遷，居民陸續遷移到尼羅河兩岸。後來他們在這裡創造了銅石並用文化，尼羅河文明由此發端。

　　埃及的銅石並用文化時代，可分為三個階段：巴達里文化、涅伽達文化一期和涅伽達文化二期。這三種前後承接的文化，一般被稱為「前王朝文明」。「前王朝文明」表明了埃及從原始社會過渡到奴隸制國家的基本情況。

　　巴達里文化約從西元前4500年開始。當時的居民已有固定的居所，從事農業耕種，兼營畜牧和漁獵。他們種植小麥、大麥、亞麻等農作物，馴養綿羊等家畜，除使用石鋤、石刀、石鏟外，在這一文化晚期還使用少量的銅製工具，這表明埃及已開始進入銅石並用時代。在手工業方面，埃及居民已經能夠燒製出一種質地良好的薄壁陶以及獨具特色的黑頂陶，同時，織布、縫衣、編籃等也達到相當水準。這一時期的居民在埋葬屍體時，開始供奉食品和用具以供死者之用，可見他們已有了靈魂的觀念。但墓葬的規模和殉葬物品的差別不太明顯，表明當時人們過著原始公社

西元前4000年的象牙
女性立像 ▲

西元前3500年的 ▲
彩紋土器

西元前3200年的 ▲
象牙餐刀

制的生活。從遺址中發現的女性小雕像來推斷，這時婦女在氏族中仍居於重要地位。

　　約西元前3600～前3500年，是涅伽達文化一期（也稱為阿姆拉文化）。這一時期除在生產技術上較巴達里文化有新的發展外，還有一個很重要的成就，即出現了城市，居住地已有城堡建築。涅伽達附近的南城就是一個重要的遺址。這一時期的墓地，在規模上有了區別，反映出貧富的分化和社會地位的高低。隨著商業的發展，私有制出現了，原始公社制處於瓦解階段，結合城堡建築較具規模並有雉堞牆等情況來看，此時已處於軍事民主制時期，文明已經萌芽了。

長著朱鷺頭的托特神代表著書 ▲
寫藝術。據說在開天闢地之時，他
把文字引入埃及。早在西元前3100
年，尼羅河兩岸開始種植紙草，用
它製成像羊紙一樣的書寫材料。

　　西元前3500～前3100年為涅伽達文化二期（也稱為格爾賽文化），埃及進入階級社會。這一時期的社會生產力進步明顯，在生產技術上發明了冶金術，出現了刀、匕首、斧等冶煉鑄造的銅器工具和武器。居民在尼羅河谷地挖渠築壩，改進耕作技術，發展農業生產。在此時的陶器上經常可看到河上通行舟楫和水渠縱橫、阡陌連綿的圖畫，說明當時人們已很重視水上交通和農業生產。此時，貿易不僅在國內進行，而且與巴勒斯坦、敘利亞等地區也有商業往來。墓葬的規模和殉葬物品與前期有了明顯的差別，有些物品還標有私人印記。在希拉康玻里發現「蠍王權標頭」圖刻，刻有頭戴象徵王權的白冠的蠍王，其身後有執扇的侍者，還刻有從事勞動的奴隸和以田凫為代表的平民。這幅畫深刻地反映了當時埃及的階級關係：已有貴族與平民、奴隸主與奴隸之間的階級差別。同時，文明的顯著標誌——文字，也在這一時期出現。這一切都說明氏族制度已經走到了盡頭，國家已經發展起來了。

埃及出土的青銅鏡 ▲

古埃及的象形文字和文學

三個象形文字符號在 ▲
古埃及語中意為「永恆」

古埃及法老面具 ▼

大約在西元前3500年，古埃及人就發明了文字，稱為「象形文字」，意為「神聖的雕刻」。後來，在西元前後的幾個世紀裡，希臘人、羅馬人相繼統治埃及，希臘語逐漸取代古埃及語。這樣，在整個中世紀和近代，象形文字成了一種不再被人們應用的文字。直到西元1799年，法國的拿破崙率軍侵略埃及，他的士兵在尼羅河口的羅塞塔上看到一塊石碑。這塊石碑是用古埃及象形文字及其草書體、希臘文三種文字對照寫成的，文中歌頌了國王托勒密五世的功績。

古埃及象形文字約有七百個。一個詞要用音符、意符和部首三種字符組成。古埃及語中表音符有二十四個，實際上是二十四個輔音字母。這套音符後來傳入腓尼基，成為腓尼基字母的一個重要來源。

隨著文字的發明和使用，古埃及人又用植物的漿液製成墨水，用削尖了的蘆葦管做筆，用尼羅河口三角洲一帶生產的蘆草製成紙。中王國時期開始普遍使用這種紙作為書寫材料。

古代埃及的文學作品大多使用這種紙草文卷。從保存下來的文卷中可以看到，古代埃及文學作品的內容十分豐富。

作為最早的文學作品之一的神話，由於受埃及人思想觀念變

化的影響，埃及神話呈現出變異的趨勢，其故事情節經常發生變化。

古王國和中王國時期是埃及文學發展史上的重要階段。這一時期以教諭文學作品最多，大都是些「預言」、「箴言」、

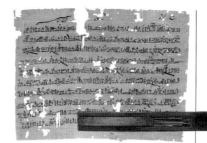

▲ 埃及書吏使用的紙草殘片及木質筆盒

盒內裝有紙草上書寫使用的材料：一枝蘆葦、兩個墨盒，其中一個放黑色墨塊，一個放紅色墨塊。

「訓誡」之類的文獻，如《對美里卡拉王的教諭》、《聶菲爾列胡預言》、《伊蒲味陳辭》等。這些作品都具有實用性、啓發性和娛樂性，旨在規定和引導人們的道德觀念，以達到鞏固社會秩序的目的。

古王國時期出現大量文學作品，其中散文和詩歌很豐富。如《辛努哈特歷險記》講述大臣辛努哈特因受叛亂事件的牽連而逃到國外，後來得到法老的寬容才得以回到故鄉的故事。作者刻畫了辛努哈特的思鄉之情和落葉歸根的喜悅。又如《一個能說會道的農夫》敘述了一個農民向法老申訴淒慘境遇的故事，帶有歌功頌德的意味，標榜法老伸張正義。

新王國時期，古埃及文學又得到新發展，散文的故事情節更加離奇、曲折，藝術性很強，思想深刻，已具有現實主義的韻味。

木板浮雕上的象形文字 ▲ 是在誇耀書吏的重要地位。

用象形文字寫就的祭祀紙草——《亡靈書》中的一章。 ▶

古埃及的經濟與法老制度

那爾邁王石板　　▲
這是古埃及第一王朝時的作品，記述了統一埃及的第一個法老的戰功。

古埃及狩河馬圖　　▼

　　人類文明的發源地之一——古代埃及，在涅伽達文化一期和二期時，已出現象徵王權的紅冠和白冠及象徵王銜符號的荷魯斯鷹神的形象。據記載，古代埃及國王美尼斯創建了第一王朝，此後，埃及經歷了三十一個王朝。

　　通常將埃及法老幾千年的統治，稱為中央集權的專制主義的君主政治。「法老」一詞的原意為「宮殿」，最早出現於埃及古王國時期，中王國時期出現在對國王的頌詞中，新王國時期正式成為國王的尊稱。根據君主專制王權開始於古王國的史實，史學界把古王國以及以後的埃及國王都稱為法老。法老作為古埃及的專制主義統治君主，具有法律、行政、財政、軍事、宗教等一切方面的無限權力，實行以個人意志為主導的獨裁統治。

　　在涅伽達文化二期，生產力的發展已進入銅石並用的時代，漁獵經濟在生產生活中佔有很重要的地位。

　　古王國時期，銅器的使用已比較普遍，手工業有了較細的分工，陶器的形式多種多樣，而且採用彩釉繪畫。

　　中王國時期，已經普遍使用青銅器、桔槔及裝有把

手的耕犁，並且出現了一個新興的手工業──玻璃製造業。

新王國時期是古代埃及奴隸制經濟發展的巔峰時期。首先是生產工具的改進。在青銅器廣泛使用的同時，鐵器也出現了。冶煉金屬已使用腳踏鼓風機給氧，用皮革製成風箱，效率大為提高；出現了立式織布機，織工可同時照看兩枚懸式紡錠。農業生產中已使用長柄錘、直柄犁、梯形犁，尤其是多層桔槔連續提水，可把河水輸送到更高的地方，進一步擴大了耕地面積。

古埃及出土的項鍊　▲

另外，手工業技術明顯提高，能夠煉出二公尺長的金屬板並能冶煉六合金的青銅。陶器施釉新工藝已發明。埃及人從希克索斯人那裡學會了馬拉戰車的技術，製造戰車的水準也已相當高。

後埃及時期，鐵器得到普遍應用，工農業生產和商業貿易繁榮，埃及的紡織品、陶器、金銀工藝品暢銷到地中海和西亞各地。西元前305～前30年，是托勒密王朝統治埃及時期。這一時期的社會經濟發展也很迅猛，農業生產工具出現了用畜力牽動並拴有吊斗的揚水器；傳統手工業保持興旺的勢頭；對外貿易的範圍進一步擴大到非洲北部、小亞細亞沿岸和黑海沿岸等地。另外，還出現了鑄造的金幣、銀幣和銅幣。亞歷山大里亞城成為當時著名的國際貿易和文化交流的中心。

古埃及玻璃製金色
眼影粉罐　▲

古埃及穀物收穫圖　▶

世界上下五千年

15

金字塔的興建

金字塔及獅身人面像 ▲

金字塔俯瞰圖 ▼

國王的葬室

通風口　　　　　　通風口

狹窄的斜坡　　　　　宏偉長廊

大金字塔內部結構示意圖 ▲

金字塔的興建，代表了古代埃及在建築方面取得的輝煌成就。金字塔既是埃及文化的最高成就，又標誌著埃及文化日臻成熟。金字塔、神廟、宮殿等雄偉的建築物，歷經數千年，至今仍閃爍著藝術的光芒。

金字塔作為法老的陵墓，是由古王國時期的馬斯塔巴形陵墓發展演變而來的，它體現了王權神化的思想。著名的胡夫大金字塔，高143.5公尺，是法國艾菲爾鐵塔建成之前世界上最高的建築物，被稱為世界古代七大奇觀之一。這是古代埃及勞動人民智慧和創造力的結晶。此外，在底比

斯修建的卡爾納克神廟和盧克索爾神廟，也是古代埃及建築中的精品。它們始建於中王國時期，主要的工程是在新王國時期建造的，直到希臘人佔領時才竣工。這兩大神廟的特徵是擁有眾多而又巨大的圓柱，圓柱和牆壁上滿是雕刻著象形文字的銘文，堪稱世界建築史上的傑作。

古代埃及的雕塑和繪畫，最大的特點是變化少，用側身正胸形式表現人物，充分體現了寫真傳「神」的特點，特別強調端正莊嚴的宗教情感。

古埃及人在天文曆法、數學和醫學等方面也取得了斐然成就。在天文曆法方面，古埃及人有兩項重要的貢獻：一是在大約西元前4241年制定了太陽曆；二是古代埃及人把晝和夜各分成十二個部分，每個部分為日出到日落或日落到日出時間的十二分之一。他們還發明了一種利用日影來測定時間的日晷。

在數學方面，古埃及人創造了十進位制以及加、減、乘、除的基本規律，已能計算等腰三角形、長方形、梯形、圓形的面積。

古埃及的《埃培爾斯紙草》這部醫學書籍，記述了包括內科、眼科、外科諸方面的病症和治療方法。

宗教信仰是古埃及人生活中一個非常重要的方面，古埃及文化的發展自始至終是以宗教為核心的。古埃及人經常禮拜的有太陽神「拉」（後又稱「阿蒙」、「阿吞」）、尼羅河神「奧西里斯」和愛神「伊西斯」。

古埃及人相信「靈魂」永恆不滅，相信死後的永生，所以他們將屍體用防腐劑和香料製成「木乃伊」保存，並在修建豪華的墳墓裡，擺上各種死者生前的用品，讓死者在陰間享用，而且還在墳墓裡放一卷祝辭或符咒，叫「死者書」。古代埃及人的這種「來世觀念」對猶太教和基督教都產生過重要影響。

金字塔內部實景圖 ▲

古埃及墓室壁畫復原圖 ▲

此圖描繪的是埃及的一次家庭聚會，左首的夫妻正在接受女兒們奉上的各種食物。圖中的女子戴著新王國時期流行的長而精緻的假髮，穿著肥大的長裙。

金字塔內的古埃及神話 ▲
雕刻

印度河流域的城市文明

古印度哈拉巴人的印章 ▲

20世紀20年代初,經考古工作者數十年的發掘,在印度河流域陸續發現了二百餘處城市和村落的遺址,其中最大的城市遺址是摩亨佐‧達羅(在今巴基斯坦信德省境內)和哈拉巴(在今巴基斯坦旁遮普省內)。由於哈拉巴遺址發現的時間早些,學者們便把印度河流域的古代文明稱為「哈拉巴文化」。印度河流域文明的範圍很廣,從南到北相距約一千一百公里,從東至西約一千五百五十公里。一般認為印度河流域文明的創造者是達羅毗荼人。

印度河流域文明體現為城市文明,但其基礎是建立在農業經濟之上的。居民主要的生產活動是務農。這一時期的糧食作物有大麥、小麥,經濟作物有棉花、胡麻,另外還有瓜果、椰棗等園藝作物。在畜牧業方面,已馴養的牲畜有水牛、黃牛、象、狗、雞、駱駝、山羊、綿羊等。這些馴養的動物,既是耕耘、運輸的工具,又是人們肉食的來源。在手工業方面,有糧食加工,棉、毛紡織,製陶業,冶金業和珠寶業等。這些行業都促進了商業貿易的發展,當時的商業貿易不僅在印度本土進行,而且與西亞也有貿易聯繫。

印度河流域文明已有了城市建築規畫和極為完善的下水道疏通導引系統。哈拉巴和摩亨佐‧達羅兩城相距四百英里,城市建築非常相似。它們的周長都在三英里以上,都

摩亨佐‧達羅
女神赤陶像 ▶

分為衛城和下城兩部
分。哈拉巴的衛城是用
高達五十英尺、基底厚
達四十英尺的磚牆圍成
的，這裡可能是統治者
的居住區；下城則為普
通居民區。摩亨佐·達
羅的建築規模較哈拉巴
更為宏大。衛城的四周
設有防禦的塔樓，中心
是一個大浴池。浴池的
西面有一座規模宏大的
糧倉；南面有一組建築
群，其中心是會議大
廳；東北面有另一組建
築群，其中有一座很大

摩亨佐·達羅城遺址 ▲

摩亨佐·達羅城中的 ▲
大浴池遺址

印度河流域出土的掛飾 ▲

的長廳。下城是居民區，街道整齊有序，佈局合理。
街道的下面設有磚砌的下水道，設施極為
完善，這在古代是罕見的。這兩座城
市，一個在印度河的上游，一個在印度
河的下游，表明這兩個城市是兩個互不
相屬的國家的都城。

　　印度河流域文明也創造了自己的文字，這些
文字主要保存在各種陶、石、象牙製的印章上。迄今所
知屬於印度河流域文明的字符約有五百個。

　　從遺產中可以看出，當時印度河流域文明已有了國
家，哈拉巴、摩亨佐·達羅等大城市便是早期的奴隸制
國家。

摩亨佐·達羅的舞者 ▶

兩河流域的早期文明

蘇美里拉 ▲

這是一件用於宗教儀式的樂器

晶瑩剔透的雪花石膏碗 ▲
和以鳥頭為柄的勺子顯示
出西元前7000年美索不達
米亞工匠的精湛技術

楔形文字是蘇美人發明的，它是古代兩河流域最突出的文化成就之一。楔形文字是一個複雜的體系，它是由圖畫文字、表意文字、諧聲文字等組成，融合並逐漸發展和完善起來的。

為了避免字符混淆意義，蘇美人還創造了部首符號。部首符號又分兩種：指意符號和音節符號。例如，在犁的符號上加上指意符號「木」作詞首，就是指名詞犁的本意；加上指意符號「人」作詞首，就是指「耕者」。

蘇美人發明的文字最初是刻在石頭上的，但是因兩河流域石頭少、泥土多，於是他們用黏土和水製成泥板，然後用帶三角形尖頭的小木棒、小骨棒或蘆葦稈在半乾的泥板上刻壓，留下上寬下窄、很像木楔的字跡筆畫，所以稱為「楔形文字」。

古代兩河流域的自然科學中，最發達的是天文學和數學。早在蘇美時代，蘇美人就發明了太陰曆。他們以一畫夜為一天，以月亮的圓缺、周而復始為一月。他們還把一年分為十二個月，其中六個月每月為三十天，另外六個月每月為二十九天，共三百五十四天，並置閏月來補足。古巴比倫時代，人們已能將恆星和五大行星區分開，還觀

蘇美人的雕刻印章 ◀

在此印章裡，魚兒接連不斷的躍向水神恩基的肩頭。蘇美人飽嘗持久的旱災和嚴重的洪災之苦，恩基因此成了最重要的神靈之一。

察出太陽在恆星之間所走的路徑——黃道。後來他們又劃分出黃道十二宮。

亞述帝國和新巴比倫時代，人們又把一個月分為四週，每週七天，分別以七個星的神名作為星期日至星期六的名稱。這就是目前通行世界的以星期分割月分的由來。

用阿卡德語寫就的
算術泥板殘片　▲

記述史詩《吉爾伽美什》的一塊泥板　▲

蘇美人和巴比倫人在數學方面採用兩種計算方法：一種是十進位計算法；另一種是六十進位計算法。古巴比倫時代的數學家已經掌握了四則運算，能求出平方根和立方根，能解出三個未知數的方程式。他們會把不規則形狀的田地劃分為長方形、三角形和梯形來計算，然後得出面積總和。他們還會計算體積，能估算出一個截頂角錐形地窖的貯藏量。

世界上已知的最早的英雄敘事詩是史詩《吉爾伽美什》。它是古代兩河流域最具有代表性的文學作品。這部史詩反映了古代兩河流域人民同各種暴力進行鬥爭的場景，歌頌了為人民建立功勳的英雄和英雄的壯舉，同時表達了人們認識自然法則和探索人生奧秘的願望。

古代兩河流域的建築和雕刻水準也是很高的。西元前22世紀，烏爾大寺塔建成，該塔分四層，自下往上各層面積逐漸縮小。據說當年各層顏色不一樣，並各有其象徵意義：一層為黑色，象徵地下世界；二層為紅色，象徵人間世界；三層為青色，象徵天堂世界；四層為白色，象徵日月光明。現在，上三層已化為土丘，每層的顏色已經脫落。亞述帝國時代，最著名的建築是薩爾貢二世的王宮。該王宮有高大的臺基。王宮的大門宏偉壯麗，門的兩邊各有一高塔，門和塔都飾有玻璃和壁畫，前面還屹立著人面牛身雕像。

古代兩河流域在雕刻藝術方面有很多代表作。如烏爾王陵出土的金盔、「金牛頭木琴」和「烏爾軍旗」上的浮雕都很有代表性。

古巴比倫王國時期的雕刻代表作是「漢謨拉比法典碑」上的浮雕。浮雕上的太陽神兼司法神沙馬什頭戴多層寶冠，威武地端坐在寶座上，神情肅穆，在他面前站立的漢謨拉比恭順地接受權杖。

蘇美人的城邦爭霸

烏爾一座陵墓中的黃金 ▲
短劍及劍鞘

蘇美人的黃金頭盔　　　▲

手持戰斧的蘇美戰士　　▲

　　蘇美城邦在兩河流域南部星羅棋佈，各城邦都由一個位於中心位置的城市和圍繞這個城市的若干個村鎮構成，都具有小國寡民的特點。

　　蘇美城邦宗教氣氛濃厚。每個城市都有幾個神廟，其中的主神廟在城邦中的地位最高。神廟是當時城邦的經濟中心，擁有很多可耕地。神廟土地屬於城邦公有地，不能買賣。到了早王國後期，城邦首領漸起私心，逐漸將神廟土地據為己有。

　　蘇美神廟不僅是城邦的經濟中心，而且是城邦的政治中心。城邦首領住在主神廟內，是該邦主神最高祭司。他主持祭祀活動，管理神廟經濟，監督神廟工作人員。同時，他還主管修築灌溉運河、城市防衛、戰時統率軍隊、領導城邦會議等世俗事務。

　　蘇美城邦的社會結構猶如蘇美塔廟：高踞塔頂的是城邦首領；其下是由王室高級官員和神廟高級祭司所組成的貴族階層；貴族以下是擁有小塊土地的平民；平民以下是顯貴家庭、神廟和宮廷的依附民，他們沒有土地，只能臨時租種神廟或貴族的土地；社會最底層的是歸顯貴家庭、神廟和宮廷所有的奴隸，他們一般來源於戰俘，也有因極端貧困而被家長賣為奴隸的孩子以及賣身為奴的整個家庭。奴隸的處境非常悲慘，他們只是作為主人的財產和牲畜，並且身上烙有印記，可以被買賣。

　　蘇美諸城邦雖然有著語言和文化的一致性，但是邦際之間的關係並不友善。為了擴大領土、控制水利灌溉權以及爭奪霸權，各邦之間頻繁發生戰爭。早王國中

期，基什取得了霸國的地位後，其國王麥西里姆曾以霸主的身分調解拉伽什與烏瑪兩邦之間的邊界衝突，並為兩邦劃了分界線。後來，拉伽什逐漸強大起來，其第三代國王安那吐姆征服了巴比倫尼亞許多城邦，號稱「蘇美諸邦之霸主」。

早王國後期，蘇美各邦之間的爭霸戰爭更加頻繁激烈。經過長期混戰，兩河流域逐漸形成了以烏爾和烏魯克為霸主的南方同盟與以基什為霸主的北方同盟。南北兩大軍事同盟的形成，標誌著兩河流域南部小邦林立、獨立自治局面的結束與地域性統一王國的出現。

在城邦爭霸戰爭中，統治者為了支付繁重的戰爭經費，不斷向人民徵收苛捐雜稅，從而加劇了城邦內部的社會矛盾。約西元前2384～前2378年，拉伽什的國王盧伽爾安達橫徵暴斂，在全國各地派駐監督和稅吏，向牧民和漁民收稅，甚至奪取了他們賴以為生的驢羊、船隻和漁場；手工業者因不堪重稅而破產；靠剪羊毛為生的人須向城邦首領交納銀子，甚至主持祭典的神廟大祭司也被迫向城邦首領交納貢稅。在盧伽爾安達的殘暴統治下，廣大平民無法生存下去，紛紛起來反抗，終於罷黜了盧伽爾安達的王位，推舉貴族出身的烏魯卡基那執政。

烏魯卡基那執政後，實行了目前所知世界歷史上最早的一次社會改革。其主要內容是除弊興利，即廢除前國王的種種弊政，大興有利於平民的改革。新政禁止以人身保障作為借貸條件、禁止欺凌孤寡以及減輕人民殯葬費用之類的措施，受到民眾的歡迎。因為改革的目的是為了緩和拉伽什極為緊張的社會矛盾，以城邦主神的名義恢復正義，扶助貧困，抑制享有政治經濟特權的貴族，所以烏魯卡基那的改革具有進步意義。烏魯卡基那改革後八年，拉伽什遭強敵烏瑪與烏魯克聯軍入侵，被兼併而亡。

烏瑪國王盧伽爾札吉西後來又先後征服了烏魯克、烏爾和拉爾薩等城邦，成為「烏魯克和烏爾之王」。然而，就在盧伽爾札吉西大有統一蘇美之勢時，北方塞姆人建立的阿卡德王國興起了。

西元前4000年用黏土
製作的戰車模型　▲

阿卡德王國的興衰

阿卡德君王的青銅頭像 ▲

精心編成辮子的頭髮和捲曲
的鬍子勾勒出這位阿卡德君
王的英俊形象。

　　阿卡德王國的創立者是薩爾貢。傳說他是一個私生子，出身低賤，家世貧寒。後來他由基什宮廷的一名園丁一躍而為基什國王烏爾札巴巴的親信大臣。當基什被烏瑪王盧伽爾札吉西打敗時，薩爾貢趁機奪取了政權，建都阿卡德城。

　　薩爾貢帶領一支五萬四千人組成的軍隊，先後進行了三十四次勝利的軍事遠征。他打敗了蘇美地區五十個城邦首領組成的聯軍，俘虜了烏瑪王盧伽爾札吉西。後來他麾師南下，摧毀了烏魯克、烏爾、拉伽什等城邦，「洗劍於波斯灣」。薩爾貢統一了兩河流域南部，結束了該地區近千年來的分裂局面，在該地區建立了第一個統一的國家。

　　過了不久，薩爾貢東征埃蘭，劫掠蘇撒等城市。他還率軍北上，不僅征服了兩河流域北部的蘇巴爾圖，而且曾經一度佔領小亞細亞的陶魯斯山區和沿黎巴嫩山脈的地中海東岸一帶。薩爾貢自詡為「天下四方之王」。實際上薩爾貢統治的中心地帶是兩河流域南部。

　　薩爾貢可能建立了一個中央集權制國家。銘文記

阿卡德時代的圓筒印章及
印影　　　　　　　　　▼

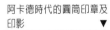

載：「他使全國只有一張嘴」。他大概把全國劃分為若干行政區，以「十時間行程範圍」作為一個行政區，其長官從宮廷子弟或阿卡德貴族中選拔。同時，他也任命一些擁護他的當地貴族參政，以緩和征服者與被征服者之間的矛盾。

薩爾貢王石碑斷片 ▲

薩爾貢統治時代，政府修築了許多新水渠，擴充和改善了灌溉系統。薩爾貢制定並推廣了以十進位為計算單位的度量衡制，給國內貿易帶來極大的便利。

薩爾貢晚年，國內發生了暴動。暴動者將他包圍在阿卡德城內，後來，他利用近衛軍鎮壓了暴動。

薩爾貢之子里木什統治（約西元前2315～前2307年）初年，阿卡德王國又發生了暴動，後來被鎮壓下去。

阿卡德第三代王瑪居什吐蘇統治時期（約西元前2306～前2292年），土地兼併十分嚴重，舊貴族家族在逐漸衰落。

納拉姆·辛統治時期（約西元前2291～前2255年），阿卡德王國臻於全盛。他曾多次遠征，北到亞美尼亞和庫爾德斯坦，東至札格洛斯山，西抵敘利亞和阿拉伯半島一帶，自稱「天下四方之王」。同時，他為了加強王權，派其子和王室官員去一些城市擔任要職，或把原來的城邦首領貶為普通官吏。祭司們為了討好這位「天下四方之王」，將他神化，稱他為「神聖的納拉姆·辛」和「阿卡德的強大的神」。納拉姆·辛死後，阿卡德王國逐漸衰落。

約西元前2191年，東北山區的游牧部落庫提人侵入兩河流域南部，阿卡德王國滅亡了。

納拉姆·辛戰勝紀念 ▲
石碑

這塊石碑頌揚了納拉姆·辛的功績，同時也展示了阿卡德工匠的精緻的石刻技術。

薩爾貢二世王宮的 ▲
英雄像

國王烏爾納姆建造了 ▲
巨大的烏爾金字形神塔。
這尊青銅像表現了她頭頂
一籃砂漿的樣子，此像出
土於尼普爾恩利勒神廟。

烏爾納姆獸身像 ▼

烏爾第三王朝

　　庫提人在兩河流域南部統治了近一個世紀後，被烏魯克國王烏圖赫加爾率軍擊敗並被趕出了兩河流域。不久，烏爾強盛起來，打敗烏魯克，重新統一了巴比倫尼亞，建立了烏爾第三王期。

　　烏爾第三王朝時期，確立並加強了中央集權。該王朝的國王們已集軍、政、司法大權於一身，全國被劃分為許多地區，由國王派人擔任長官。地方長官雖沿襲城邦首領的稱謂，但無城邦時代城邦首領的特權，實為從屬於中央的地方官吏；貴族會議和人民大會雖然保留了下來，但僅僅是服務於國王的機構。

　　烏爾第三王朝時期，國王們都非常重視法制。王朝締造者烏爾納姆（約西元前2113～前2096年）制定了《烏爾納姆法典》，這是迄今所知世界歷史上第一部成文法典。從現在僅存的二十多條殘篇來看，涉及女奴的有五條，她們時常遭受強暴、買賣和毆打。有二條涉及寡婦，她們的社會地位較之女奴稍好，法典序言提到不允許有勢力的人支配寡婦，正文又提到遺棄妻子的男人應賠償一定數目的白銀。除此之外，法典也涉及到普通婦女，她們的社會地位比女奴和寡婦高，但較普通男子卑下。儘管法典中仍殘存著讓河神澄清妖術罪和妻子被控通姦罪的規定，但有關身體傷害的處罰規定比原始的處罰有了很大的進步。

　　烏爾第三王朝時期，經濟上最突出的特點是王室經濟空前繁榮。王室佔有全國五分之三的土地，並且在這些土地上建立和經

營大規模的農莊、手工業作坊和牧場，在這些土地上從事勞動的主要是半自由民身分的依附民和奴隸。王室經濟管理嚴密，設有許多監工。繁重的勞動使得奴隸尤其是女奴死亡率很高。農忙季節，王室農莊雇傭很多無地或少地的自由民成年男子耕種或收穫。這些雇工按日領取的食物報酬比奴隸和依附民多一至二倍。

烏爾第三王朝時期，社會分化明顯加劇。日益惡化的處境使許多自由民淪為奴隸，有的因不堪沉重的債務而將妻子兒女賣為奴隸，有的是全體家庭成員自賣為奴。當時私人擁有的奴隸，在待遇上要比王室經濟的奴隸稍好，他們可以以家庭為單位在主人家服役，能贖身，也能到法庭作證。但奴隸在法律上仍屬主人的財產。

烏爾第三王朝共歷五王。這些國王經常侵略周邊地區，第二、三、四、五王朝國王都宣稱自己是「天下四方之王」，並為自己建了神廟，立了雕像，要求人們定期舉行跪拜儀式並奉獻祭品。末王伊比辛統治時期，國家遭到東南部埃蘭人和西部阿摩利人的聯合攻擊。約西元前2006年，烏爾第三王朝滅亡，伊比辛也被埃蘭人俘獲。

烏爾金字形神塔　▲

烏爾第三王朝所建，用以供奉月神。

烏爾第三王朝時代的　▲
圓筒印章及印影

公牛拉車模型　▼

這個模型是現代人用木條和繩子將出土的赤陶玩具連在一起的，它與至今仍在巴基斯坦和印度使用的牛車在設計上有著驚人的相似之處。

克里特文明

黑皂石公牛奠酒器 ▲

該器皿用來盛聖液，對米諾斯人來說，公牛有特殊的宗教意義，他們將巨大的石雕牛角放置在神廟和宮殿周圍，以表明該地是神城聖地。

米諾斯王宮遺址 ▲

米諾斯王朝的王宮遺址 ▶
壁畫

濕壁畫是一種繪於泥灰牆上的繪畫藝術，這種創作手段是米諾斯文明的主要藝術形式。

世界上下五千年

克里特文明是由地中海東部克里特島的古代克里特人（或稱米諾斯人）創造出來的文明。早在西元前3000年以前，克里特島就出現了新石器文化。西元前3000年中期進入金石並用時代，原始社會開始分化解體。到西元前2000年左右，克里特島進入青銅器時代，出現了早期的奴隸制國家。克里特文明分為早王宮時代和後王宮時代。

早王宮時代（約西元前2000～前1700年）是克里特文明的初級階段。當時奴隸制城邦剛剛興起，在島嶼中部的米諾斯、法埃斯特、馬里亞等地先後出現了王宮建築，宮殿都用石料砌成，有寬敞的大廳、宮室、倉庫、作坊等。青銅器製造技術已相當先進，手工業和農業也已分離。這一時期製造的青銅雙面斧、短劍、矛頭、長劍以及金質和銀質的碗等工藝品，都十分精美。這一時期也出現了文字，並由圖畫文字發展為象形文字。

後王宮時代（約西元前1700～前1400年）是克里特文明的繁榮階段。原來被毀的王宮又重新修建起來，而且比以前更加壯觀。農業、手工業和海外貿易都很發

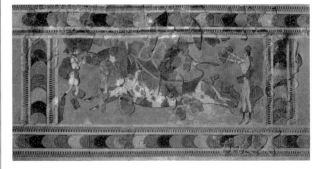

雙頭斧 ▲

在米諾斯人的所有宗教象徵中,雙頭斧是最為神聖的一種,它被供奉在克里特人的家中和王宮裡的神龕上。

記錄米諾斯人的事蹟 ▲
線條的文字

頭戴王冠的米諾斯公主 ▲

這是克里特人牆上的藝術佳作

達。農業上使用犁耕,農作物有大麥、小麥和大豆等;園藝作物有橄欖、葡萄等;手工業方面已經能夠製造出一種高頭低舷的遠航船隻。克里特島同愛琴海諸島、希臘半島、小亞細亞、腓尼基、埃及以及西部地中海地區,都有密切的貿易聯繫。海外貿易成了克里特島的經濟命脈。另外,此時還出現了書寫古代克里特語的音節文字──「線形文字甲種」(或「線文Ａ」)。

後王宮時代,克里特島上的城邦比以前大大增加,此時的克里特島有「百城」之稱。「百城」之中米諾斯的勢力最為強大,稱霸於克里特島,並控制了愛琴海中的一些島嶼。已被完整發掘出來的米諾斯王宮,佔地二公頃,一般多是三層建築,並有供水、排水設備;宮中設有「寶殿」、寢宮、神壇、糧倉、地窖、牢房、作坊、武器庫等,結構複雜,曲折通達,有「迷宮」之稱。

克里特文明衰落後,愛琴文明轉入以邁錫尼文明的階段。

克里特母神 ▶

這位神是米諾斯宗教的核心。落在頭上的鴿子象徵著她的神聖,手中緊握著扭動的蛇,則是提醒信徒記起她與地獄的聯繫。

邁錫尼文明

阿卡亞人（希臘人的一支）創造的邁錫尼文明（約西元前1500～前1100年），是指以邁錫尼為代表的南希臘的邁錫尼、太林斯、派羅斯等早期奴隸制城邦文明。阿卡亞人於西元前1650年前後，從巴爾幹半島北部侵入中希臘和南希臘。此時他們正處於氏族社會的解體時期，從當時的豎井式的墳墓中可以看出來，隨葬品有很大區別。到了西元前1500年左右，規模宏大的圓頂墓代替了豎井墓，同時在邁錫尼、太林斯、派羅斯等地有宮殿和城堡出現。因此，圓頂墓的出現，標誌著邁錫尼等地奴隸制城邦的產生和邁錫尼文明的開始。

邁錫尼文明時期，生產力迅速發展，金屬冶煉和手工業品的製造技術，超過了克里特文明時期的水準。邁錫尼社會是奴隸制社會，城邦的統治階級包括國王、將軍、貴族、官吏、祭司；政治機構有貴族會議和民眾大會；社會的基層組織是公社，首領是長老。土地基本上分為私有和公有兩種形式。奴隸多屬於國王所有，但也有私人奴隸，他們從事手工業、農業等生產性或

邁錫尼建築中的獅子門，以宏偉堅固著稱。▲

西元前1300年左右的邁錫尼圓形墓 ▼

木馬計石雕 ◀

西元前12世紀初，邁錫尼人用木馬計攻克了特洛伊城。

邁錫尼出土的戰士壺　▲

非生產性勞動。

　　邁錫尼文明時期出現了文字——「線形文字乙種」（或「線文Ｂ」）。邁錫尼文明時期的建築藝術有了長足的發展。太林斯城牆厚度達二十公尺，非常堅固。邁錫尼也有高大的城牆和塔樓，其石頭城門——「獅子門」以宏偉堅固著稱。

　　西元前12世紀初，以掠奪為目的的邁錫尼率南希臘諸國攻打小亞細亞的特洛伊城。邁錫尼等希臘城邦雖然獲勝，但為時十年的戰爭也大大地削弱了他們的力量，使他們的防禦能力大減。約西元前1125年，多利亞人從希臘半島北部趁機入侵，征服邁錫尼諸城邦，邁錫尼文明至此結束。

邁錫尼墓中的金杯 ▲

圖案描述了捕捉野牛的情景

邁錫尼墓中的黃金手工藝品 ▶

古巴比倫王國

烏爾第三王朝滅亡後，阿摩利人在兩河流域定居下來，並在那裡建立了許多小國。這些國家長期混戰，使這一地區尤其是兩河南部重新陷入分裂的局面。

重新統一巴比倫尼亞並最後基本統一兩河流域的是古巴比倫王國。大約在西元前1894年，另一支阿摩利人在其首領蘇穆阿布姆的率領下，佔據了巴比倫城並建立了國家。古巴比倫王國開始僅僅是一個弱小的並時常向他國稱臣的小邦。但到了第六代國王漢謨拉比統治時期（約西元前1792～前1750年），古巴比倫逐漸強大起來。

漢謨拉比在治國方面最突出的政績就是制定了《漢謨拉比法典》，這是世界歷史上第一部比較完備的成文法典。

石碑上的漢謨拉比法典原文鐫刻在五十一欄內，沒有段落劃分，各條法律之間也沒有空格。後來的研究者將其劃分為引言、法律條文和結尾咒語三部分。

法律條文部分為二百八十二條，內容涉及社會生活的諸多方面。

《漢謨拉比法典》展示了古巴比倫社會複雜的政治經濟生活情景。當時社會存在著嚴格的等級制度，人們被分為阿維魯、穆什根努和奴隸三個等級。

漢謨拉比統治時代是古巴比倫王國的鼎盛時期。他死後不久，王國便迅速衰落。

大約在西元前1595年，北方的赫

漢謨拉比頭像 ▲

他是西元前第二個千年間在位的偉大的古巴比倫國王，他曾將整個美索不達米亞都置於其統治之下。

禮拜者像 ▶

世界上下五千年

梯人南侵，消滅了
古巴比倫王國（又
稱巴比倫第一王
朝）。之後，南方
伊新城的統治者伊
路買魯在蘇美地區
的南端建立了一個
新的王國，史稱

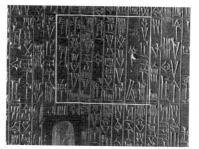
《漢謨拉比法典》上的楔形文字 ▲

「海國王朝」或「巴比倫第二王朝」（約西元前1595～前
1518年）。後來，加喜特人再一次發動軍事進攻，從兩
河東北部侵入兩河平原地區，佔領了巴比倫並建立了加
喜特王朝，即巴比倫第三王朝（約西元前1530～前1157
年）。而後，加喜特王朝又消滅了南方的海國王朝。

　　加喜特王朝統治兩河流域南部近四百年後，在埃蘭
和亞述兩個強敵的夾擊下，加喜特王朝滅亡。之後，兩
河流域南部又陷入了分裂割據的局面，先後出現了許多
為時短暫的地方小王朝。

持手壺的女神像 ▲
女神手中的手壺壺口的實際
作用是一個人工噴泉。

人與牡牛圖 ▼
這是濟姆里利姆的馬里王宮中一幅壁畫的一部
分，描繪一名祭司牽著公牛去祭祀的場景。

刻有《漢謨拉比法典》▲
的石柱

亞述國家的產生與擴張

西元前13世紀的亞述 ▲
石碑

亞述王圖庫爾蒂—尼芬爾塔
一世在書寫之神納布的祭壇
前向文字表示敬意。

亞述地處河岸凸起、多山、富有
礦產和木材資源的兩河流域北部（今
伊拉克北部的摩蘇爾地區）。這裡的居
民大多是講塞姆語的亞述人，也包括
一些逐漸同亞述人融合了的胡里特
人。古代亞述的文明史可分為早期亞
述、中期亞述和亞述帝國（新亞述）
三個階段。

早期的城市國家亞述（約西元前
30世紀末至前20世紀中葉），是在亞述
城基礎上形成和發展起來的。它實行的是貴族寡頭政
治，與蘇美的城邦首領相似，權力有限。另外還有名年
官和烏庫倫。名年官是每年從長老會議成員中選出來
的，以其名命名該年。烏庫倫是長老會議指派的一個管
理司法和土地的官員。

大約在西元前19世紀末，沙馬什阿達德（約西元前
1815～前1783年）以暴力手段奪取了政權。他積極向外
擴張，吞併了瑪里，讓其子擔任那裡的統治者。他還把
擴張推進到地中海東岸，逼迫周圍許多國家納貢。他是
亞述第一位名副其實的、有別於伊沙庫的國王。他曾為
亞述城制定物價，將全國領土劃為地區或省。沙馬什阿
達德死後，亞述曾遭到古巴比倫王國漢謨拉比的沉重打
擊。到西元前15世
紀，亞述又處於小
亞細亞東南部和兩
河西北部的米丹尼

綴有象牙圖案的亞述
厚絨布 ▼

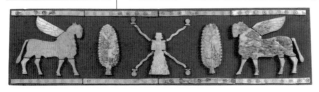

王國的控制之下，淪為藩屬達一百餘年。早期亞述也就此結束了。

西元前15世紀初，米丹尼由於受到赫梯的沉重打擊而日漸衰落。亞述趁機獨立並得以復興，從此進入了中期亞述時期（約西元前15～前9世紀）。在此時期，亞述不斷發動對外擴張的戰爭。西元前13世紀，中亞述滅亡了米丹尼。中亞述到提格拉特帕拉沙爾一世（約前1115～前1077年）統治時期強盛一時。提格拉特帕拉沙爾率軍向南攻陷和劫掠了巴比倫城；向北血腥征伐了小亞與亞述之間的安那托利亞部落。但是，從西元前11世紀開始，游牧的阿拉米亞人開始大批侵入亞述地區，將亞述領土弄得四分五裂，中亞述再度衰落了。

中期亞述時期，在王權加強、君主制統治形式確立和經濟發展的條件下，出現了一部成文法典——《中亞述法典》。從法典的有關條文來看，土地私有制已經出現了，土地可以買賣。破壞田界和侵佔他人土地者會受到嚴重的經濟處罰和身體懲罰。債務奴隸制在這一時期也成為一種普遍的社會現象。與漢謨拉比時代關於負債的人質在債權人家只服役三年的規定不一樣，中期亞述時期負債的人質在債權人家裡服役是無限期的。中期亞述時期的奴隸境況極為悲慘。法典規定，如果奴隸從某自由民之妻手中得到任何一件東西，都應受割鼻耳之刑，並追回原物。

西元前10世紀末，亞述在西亞、北非的一些強國先後衰落的國際環境下，具備了再度崛起的條件。此外，西元前9世紀鐵器的廣泛使用，也促進亞述經濟的迅速發展和亞述軍隊武器裝備的更新，從而為亞述侵略擴張和建立帝國奠定了雄厚的物質基礎。

雕有花紋的木梳　▲

世界上下五千年

這只優雅的碗狀酒杯　▲
是早期亞述玻璃製造業所取得成就的傑出代表。

亞述王金冠　▼

35

印度的吠陀時代

空中拍攝的凱巴山口 ▲
照片

西元前2000年期間，雅利安人就是通過這個山口來到印度次大陸，改變了印度河平原上居民的生活和文化，並締造了一個新的文明。

恆河 ▼

雅利安人把印度文明推進到恆河流域。

印度的「吠陀時代」，大約是從西元前1500～前600年的這段時間。「吠陀」的原意為「知識」或「神聖的知識」。它實際上是印度世代口頭流傳下來的古老的宗教、文學典籍，也是婆羅門教的經典。吠陀共有四部，全稱為《吠陀本集》。其中最古老、最重要並具有文學價值的是《梨俱吠陀》，它所反映的社會時代被稱為「早期吠陀時代」，是指約從西元前1500～前900年的這段時間；其他三部吠陀──《沙摩吠陀》、《耶柔吠陀》和《阿闥婆吠陀》以及解釋這些吠陀的作品，反映的社會時代較晚，因此稱之為「後期吠陀時代」，是指大約從西元前900年～前600年的這段時間。

早期吠陀時代的歷史主要是指印歐語系的游牧部落──雅利安人從伊朗高原逐漸入侵印度河上、中游和恆

河上游的歷史，也是雅利安人與當地居民進行暴力衝突和生息共處的歷史。

印度教徒把恆河看作淨化女神恆珈的化身。恆河水是 ▲
地球上最聖潔的水，能洗淨虔誠的朝聖者充滿世俗罪孽的靈魂。圖為朝聖者在恆河洗浴的情形。

　　早期吠陀時代的雅利安人尚未進入文明社會和國家階段，他們仍過著氏族部落生活。當時，他們的社會組織有部落（「噶那」）、氏族（「維什」）和村（「哥羅摩」）。每個部落包括若干個村。每個村由許多家族組成。有些部落已組成部落聯盟。部落或部落聯盟的首領叫「羅惹」（「王」），實際上是軍事首領，其權力受長老會議（「薩巴」）和部落成員會議（「薩米提」）的限制。這表明，當時的雅利安人已進入軍事民主制時代。

　　後期吠陀時代是一部分雅利安部落進入文明和國家的時代，也是種姓制度與婆羅門教形成的時代。後期的吠陀時代，有些早先的部落或部落聯盟的軍事首領羅惹已變為國王了。

　　在後期吠陀時代，隨著雅利安人國家和婆羅門教的形成，種姓正式成為一種嚴格的等級制度，共分為四個等級，分別是婆羅門、剎帝利、吠舍及首陀羅。

　　後期吠陀時代，婆羅門教有了一套比較複雜的教義。後人將其概括為「梵我一致」論和「業報輪迴」說。這種說法，認為梵即梵天，是世界唯一、永恆、真實的存在，是宇宙的本源和主宰，猶如蜘蛛吐絲一樣，一切生命和事物皆發源於梵。並認為人死後其靈魂不滅。靈魂可以轉生到另一個軀殼裡。第二個軀殼死，靈魂再轉生到第三個軀殼……如此輪轉不已。一個人重新轉生到何種軀殼裡，要取決於他過去的行為──「業」（「羯摩」），「行善的成善，行惡的成惡」。

　　作為維護高級種姓和統治階級利益工具的婆羅門教，是一種相當複雜和繁瑣的宗教。後來它遭到新興宗教（如佛教、耆那教等）的反對。大約西元8世紀以後，婆羅門教演變為印度教。

在馬爾扎博托出土的
這兩個雕像是西元前5世
紀青銅枝狀大燭臺的一部
分。

義大利半島上的青銅文化

　　遠在舊石器時代，義大利半島就有人類居住。當時人們在洞穴中居住，使用石刀、石斧等粗陋的石器工具。大約從西元前5000年開始，義大利的遠古居民進入了新石器時代，已經能夠建築房屋、製造陶器，開始馴養家畜，主要以漁獵為生。西元前2000年初期，義大利人的祖先從北方越過阿爾卑斯山進入義大利半島，並創造了以特拉馬爾文化為代表的義大利青銅文化。「特拉馬爾」是義大利語「沃土」的意思，指居民住宅廢墟上的肥沃土地。當時居民在打入水中的木椿上建造房屋，此時已經使用鐮、鑿、斧、矛頭等青銅器，居民從事畜牧、農耕、織布和製陶等。

　　大約在西元前10世紀末期，義大利進入鐵器時代，出現了著名的微蘭諾瓦文化。此時，農業和畜牧業又有了很大的發展，並產生了原始交換，出現了某種設有圍牆的城寨。農業是他們主要的生活來源，有專營生產工具、武器以及青銅器物的公社，這些都表明原始社會即將結束。

　　在西元前8世紀左右，伊達拉里亞人進入義大利半

這幅壁畫表現了貴族階
級追求奢侈和享樂生活的
場面，在微蘭諾瓦時代，
除了青銅器和鐵器，伊達
拉里亞人的繪畫技藝也非
常精湛。

世界上下五千年

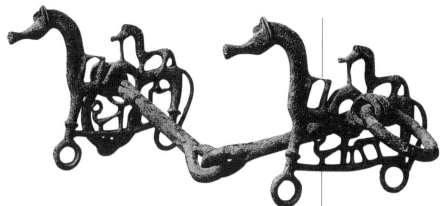

島，建立了一些城邦。伊達拉里亞文化受希臘文化影響
但又別具特色。他們所建立的城市，都有堅固的石造城
牆和整齊的街道，沿海設有港口，內陸建有灌溉系統，
農業為重要的經濟命脈，製陶和冶金技術也比較發達，
雕刻、繪畫技藝非常精湛，生產和生活中已使用奴隸。
其全盛時期的勢力範圍，北達波河流域，南至坎巴尼
亞，羅馬王政時代的後期便處於他們的統治之下。

　　西元前8世紀～前6世紀，愛琴海地區的希臘人侵入
南義大利和西西里島，在那裡建立了許多殖民城市。希
臘人的殖民統治，不但將希臘的社會政治制度帶到義大
利，而且在這一地區廣泛傳播希臘的工藝、建築以及文
化的許多成就，促進並豐富了義大利半島的文明。

兩匹小馬分別騎在兩匹 ▲
大馬的背上，形成了一對
很有特色的韁繩環。這副
青銅馬嚼子，作為財富和
社會地位的象徵，在微蘭
諾瓦時代後期開始出現在
墓葬品中。

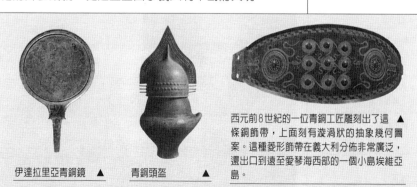

伊達拉里亞青銅鏡 ▲　　青銅頭盔 ▲

西元前8世紀的一位青銅工匠雕刻出了這 ▲
條銅飾帶，上面刻有漩渦狀的抽象幾何圖
案。這種菱形飾帶在義大利分佈非常廣泛，
還出口到遠至愛琴海西部的一個小島埃維亞
島。

希臘的荷馬時代

　　西元前11～前9世紀的希臘歷史通常被稱作「荷馬時代」，它因《荷馬史詩》而得名。

　　荷馬時代的社會較邁錫尼時代來說，確實是一種倒退，遍及希臘的氏族部落完全淹沒了邁錫尼文明。但生產力水準卻有很大提高，突出表現在希臘已從青銅時代進入鐵器時代。考古學家在這一時代發現了用鐵製成的斧、鋤、刀、劍等生產工具和武器，還發現了鐵匠作坊。《伊里亞德》中提到給射鴿運動員的獎品就是鐵斧。鐵器的發明，極大地促進了農業生產的發展，人們學會用雙牛拉犁，在平原、盆地種植大麥、豆類等作物，在山坡丘陵栽培橄欖、葡萄。農業的發展既提供了較多的生產原料，也刺激了分工的發展。手工業已脫離農業，成為獨立的生產部門，出現了金屬製造、紡織、皮革、造船等行業。生產的發展使商品交換應運而生。

希臘神話中的雅典娜 ▲
女神頭像

西元前6世紀的 ▲
雙耳陶罐

上面的畫面再現了《伊里亞
德》中的一個情節：希臘武
士、英雄阿奇里斯和埃阿斯
正在擲鶴骰遊戲。雖然兩人
看上去都專心致志於遊戲之
中，但都手執長矛，嚴陣以
待，隨時準備重新開啓對特
洛伊的戰爭。

荷馬吟詠史詩圖 ▶

不過當時是以物易物，用於交換的主要物品是金屬和牲畜，特別是牛，既是交換媒介，也是主要的財產形態。據《伊里亞德》介紹，此時的物物交換有兩種類型：一是以牛易物，一是以牛易人（奴隸）。此外還有饋贈等其他形式。

荷馬與諸神　淺浮雕 ◀

在這個西元前2世紀晚期以「荷馬之神化」著稱的浮雕中，詩人端坐在浮雕底部左側的王位上。在「神話神」「歷史神」率領、「物理神」「自然神」陪伴下，這些戲劇人物走向荷馬獻上祭牲。浮雕上部，宙斯和阿波羅被刻畫成和眾繆斯在一起，反映了諸希臘化王國對文學不斷增長的興趣。

　　當時的階級分化已初露端倪，動產的私有制已顯而易見，不動產（土地）的私有制似乎也已產生。氏族貴族佔有較多較好的土地和大量牲畜，村社農民只能耕種小塊份地，失去份地的農民有的充當雇工，有的淪為乞丐。奴隸制已經產生，奴隸主要來源於戰俘和被拐賣的人。男奴多用於放牧，女奴多用於家務和紡織，直接參與農業和手工業生產的奴隸還很少見。

繪在陶瓶上的《荷馬史詩》 ▼
英雄武修斯率其伙伴棄舟登岸的情景。

希臘城邦制國家

在泛雅典娜運動會上，▲
賽跑獲勝者的獎品是一只
盛滿了聖油並繪有賽跑場
面的土罐。

古希臘雅典的帕特農神廟
▼

在荷馬時代末期，鐵器得到普遍推廣，希臘社會的經濟也加快了發展速度，農、工、商業均有突出發展。與此同時，希臘在同東方頻繁交往的過程中，大量汲取並利用了東方文明的豐碩發展，從而使希臘人站在較高的歷史起點上，建構成了不同於東方的國家體制。

由於社會經濟的發展，兩極分化進一步加劇，圍繞土地、債務等問題，貴族與平民之間展開了激烈的鬥爭。在鬥爭中，原始公社制漸趨崩潰，代之而起的是階級壓迫的工具——國家。在希臘，國家的普遍形式便是城邦。希臘城邦的形成方式和途徑大致分為三類：一類是在早期移民和後來大殖民運動中建立的城邦；一類是在氏族制度解體並征服其他居民的過程中建立的城邦；另一類是在自身氏族的制度解體和階級分化的基礎上通過「改革」產生的城邦。

城邦形成初期，貴族政治得到普遍實行，一切權力集中於由軍事民主制時代的長老議事會轉化而來的貴族會議手中。稍後，由於經濟的發展，加之以平民為主的步兵逐漸取代了貴族騎兵，平民地位日益提高，他們向貴族政治提出挑戰，要求打破貴族在政治上一統天下的局面。在對立雙方勢均力敵的城邦，一度出現了僭主政治。但隨著對立雙方力量的消長，有的

城邦經過平民反對貴族的鬥爭而建立了民主政治，雅典就是一個例子；有的因貴族力量強大，建立起貴族寡頭政治，如科林斯。長期維持貴族寡頭統治的城邦只有斯巴達。

在城邦普遍建立的同時，希臘人還大規模地向海外擴張。這一時期的殖民擴張與荷馬時代的部落遷移的不同之處在於：它具有更廣闊的社會背景，所以史稱「大殖民運動」。

希臘人向海外殖民的基本動因是過剩人口對生產力造成極大的壓力，迫使在本邦走投無路的人們到外鄉尋求生存空間。造成人口過剩的原因有兩個：一是人口的自然增長；二是人為的土地兼併。荷馬時代相對平靜的定居生活使人口有較大幅度的增長，使原本山多地瘠的希臘半島的耕地更顯不足，加上貴族不斷購買和掠奪小農的土地，導致失地農民越來越多，造成社會的不安定程度加劇。新興的城邦只好把多餘人口送到海外謀生。另外，工商業者為覓得廉價原料產地和產品銷售市場，希望到海外建立貿易據點，擴大經濟貿易圈。在城邦內部政治鬥爭中失敗的上層分子，也企圖到海外重新建立了自己的政權。總之，在諸多因素的交互作用下，西元前8～前6世紀，希臘各城邦掀起了向海外殖民的熱潮。殖民初始時，只是民間分散和無計劃的狀態，後來則發展成為由政府組織的殖民運動。

希臘人殖民的範圍包括：東北至愛琴海北岸及黑海沿岸，西到西西里島、義大利南部、高盧和西班牙沿海地區，南到埃及及利比亞等地。

對於希臘人來說，殖民不啻一次地理大發現，它極大地拓展了希臘世界的範圍，開闊了希臘人的眼界。通過殖民，希臘本土與地中海、黑海地區成為一個有密切經濟文化聯繫的整體，這既有利於希臘吸收東方文明成果，也推動了落後地區的文明進程。殖民運動促進了工商業和海上貿易的發展，使工商業奴隸主的政治經濟實力進一步壯大，也加強了平民陣營的力量，有助於平民反貴族的鬥爭和民主政治的建立。殖民運動的進一步發展鞏固了希臘的小國寡民的城邦制度，使其始終未像東方國家一樣，建立統一的專制帝國。

古希臘草文嘴壺　▲

強大的亞述帝國

亞述帝國（約西元前8～前7世紀）的建立，是通過不斷的軍事征服逐漸完成的。為亞述帝國建立奠定基礎的是西元前9世紀前期亞述王那西爾帕二世（約西元前883～前859年）。他率領軍隊打敗阿拉米亞人，洗劫了美索不達米亞和敘利亞，對北面的烏拉爾圖予以重創，擴大了東部山區疆界，揮師直達西部的腓尼基海岸。

亞述帝國的創建者是西元前八世紀後期的提格拉特帕拉沙爾三世。他執政後進行了眾多領域的改革。軍事方面的改革主要是把常備軍劃分成七八個專門的兵種，如重裝步兵、攻城兵、戰車兵、騎兵、工兵、輜重兵等。同時他還改善了武器裝備，軍隊裡配備了鐵製的弓箭、刀槍、盔甲等，製造並使用攻城用的投石機、衝城器和雲梯。通過軍事改革，亞述軍隊成為當時西亞、北非最強大的軍隊。於是他利用這支裝備精良、戰鬥力很強的軍隊，擊敗了北部勁敵烏拉爾圖，征服了小亞細亞東部和敘利亞地區，迫使腓尼基境內的一些城市納貢稱臣，並控制了南部的巴比倫尼亞。

亞述王那西爾帕二世立像 ▲

亞述時代的貝製容器 ▲

這是一幅刻在亞述宮牆上的浮雕，再沒有什麼比雄獅競鬥這種血腥的體育運動更令亞述國王興奮了。 ▼

薩爾貢二世統治時期（西元前722～前705年），亞述繼續向外擴張領土。薩爾貢二世剛即位就發兵攻陷了撒馬利亞，消滅了以色列。西元前714年，他又大舉進攻烏拉爾圖，攻佔其聖城穆薩西

這些象牙雕刻品始於西元前700年左右，擺放在亞述人為祭祀典禮運送活的動物作為供物的運載工具上。 ▲

亞述王那西爾帕遠征 ▲
浮雕

爾。到阿薩爾哈東執政（西元前680～前669年）時，他於西元前671年率軍越過西奈半島，擊敗埃及軍隊並佔領了埃及首都孟斐斯。最後到亞述巴尼拔統治時期（西元前668～前627年），亞述軍隊又攻陷了埃及古都底比斯，徹底消滅了東方的埃蘭。至此，亞述的版圖達到了最大規模：東起伊朗高原西部，西臨地中海東岸，西南至埃及，北抵烏拉爾圖，南瀕波斯灣。這時的亞述已成為一個地跨西亞、北非的屬於鐵器時代的大帝國。

被征服地區的人民不斷反抗，亞述社會內部的各種激烈的矛盾鬥爭，直接導致了亞述帝國走向衰亡。

帝國末期，亞述周圍出現了一些強國——東方的米底、北方的呂底亞、南方的迦勒比（新巴比倫）也是導致亞述帝國走向衰亡的重要原因。

西元前655年，埃及擺脫了亞述帝國，重新獨立。西元前626年，巴比倫尼亞的迦勒比人宣佈獨立，建立了新巴比倫王國。以後，它同米底結盟共同進攻亞述。西元前612年，兩國聯軍攻陷亞述帝國的首都尼尼微。西元前605年，亞述西部的最後一個據點卡爾赫米什也被攻破，亞述至此宣告滅亡。

這個人面帶翅公牛，▲
大約在西元前710年由薩爾貢二世建造。它大約有四公尺高，重達十四噸，充分顯示了亞述人的雕刻藝術。

腓尼基

腓尼基位於地中海東岸北部的狹長沿海地帶。它不是一個國家的名稱，而是一個地區、一個民族的名稱。

西元前30世紀末～前20世紀初，腓尼基境內出現了許多獨立的城市國家。其中著名的有西頓、推羅、烏伽里特、畢布勒等。由於這些獨立的、面積狹小的城市國家之間彼此對立和互相攻伐，加之又地處周圍一些強國向外擴張勢力的碰撞點上，所以它們經常遭到強國的侵略和操縱，成為強國的附屬品。

西元前20世紀中葉以後，腓尼基諸城市國家處於埃及和赫梯的統治之下，後來又遭到海上民族的入侵。雖然他們在西元前10世紀左右一度獨立和復興，但西元前8世紀以後，又遭亞述帝國和新巴比倫王國的侵略。到西元前6世紀，波斯帝國兼併了腓尼基。

由於腓尼基的手工業、商業和航海業都很發達，使它在許多領域影響著地中海一帶地區。手工業中享有盛名的是染織和造船。腓尼基人能從海生貝殼動物身上提取紫紅色顏料，經這種顏料染過的毛、麻織品，鮮豔奪目而不褪色。腓尼基人是優秀的造船者，他們用黎巴嫩

大約西元前3000年，▲
腓尼基人所屬的閃族遷居到後來叫作迦南的地方，他們的後代便被稱作迦南人。圖為一個穿著華麗長袍，頭髮經過精心編織的迦南人圖像。

腓尼基瓶飾　　　　▲

這是西元前8世紀 ▶
時腓尼基人象形雕刻上的圖案：一隻母獅撕咬著一個少年。腓尼基工匠經常從非洲沿海地區的商站進口大象長牙，並因製作這樣的雕刻而出名。

山上的雪松製造出來的船隻，遠近聞名。腓尼基的商業更為著名，腓尼基人有商業民族之稱。早在西元前30世紀，腓尼基各城市國家就與埃及、兩河流域以及敘利亞的埃勃拉國有著貿易往來。從西元前20世紀起，腓尼基商人在小亞細亞沿岸、愛琴海諸島、塞浦路斯和黑海沿岸建立了不少商業區。西元前10世紀前期，腓尼基人又向西部地中海發展。西元前10世紀～前6世紀四百年間，腓尼基人壟斷了地中海貿易。在經商的過程中，他們建立了許多商業據點和殖民城市，其中最著名的是在西元前9世紀末建於北非沿岸的迦太基。腓尼基人還是古代勇敢而又智慧超群的航海家。西元前600年左右，埃及法老尼科曾委託腓尼基人乘船圍繞非洲航行，歷時三年獲得成功。

黎巴嫩提爾城的列柱 ▲
大街

提爾城是腓尼基文化的中心，據史料記載，該城始建於西元前2750年，在西元前969年前後達到鼎盛。

腓尼基人在西元前13世紀創造了腓尼基字母文字。這套字母共有二十二個，是線形符號，沒有母音，只有輔音。腓尼基字母因通俗易懂和書寫簡便，後來便傳播到了東西各地：向東傳入阿拉米亞人居住區，形成了阿拉米亞字母，而阿拉米亞字母又演變出印度、阿拉伯、亞美尼亞、維吾爾等字母；向西傳入希臘，希臘人在此基礎上加入母音，創造了希臘字母，而希臘字母衍生出的拉丁字母和斯拉夫字母後來發展成為西東歐各國字母的基礎。

迦太基出土的西元前 ▲
7～前5世紀腓尼基人使用
的赤土陶製面具

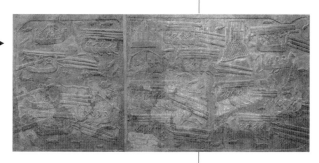

這幅浮雕來自伊拉克的薩 ▶
爾貢二世宮殿，呈現了腓
尼基商人在河上運送木材
的情景。據西元前15世紀
希臘史學家希羅多德的說
法，腓尼基人把書寫的藝
術傳給了地中海地區各族
人民。

新巴比倫王國的崛起

空中俯瞰巴比倫寶塔式 ▲
建築遺址

在這幅17世紀畫家倫勃朗
的繪畫中,那波尼德的兒
子伯沙撒在宮殿中舉行宴
會,他看到一隻脫離肉體
的手在牆上寫字,不禁驚
駭萬分。最初的預言是用
亞拉姆語寫成的,倫勃朗
卻是用希伯萊語寫的。神
秘題字預示,巴比倫將淪
入波斯人之手。   ▼

　　由於新巴比倫王國是由講塞姆語的迦勒比人建立起來的,所以又稱為迦勒比王國(西元前626～前538年)。其開國君主那波帕拉沙爾在與伊朗高原西北部的米底王國共同消滅了亞述帝國以後,獲得了原亞述統治的美索不達米亞、巴勒斯坦、敘利亞和腓尼基等地。那波帕拉沙爾死後,王位由他的兒子尼布甲尼撒二世(西元前605～前562年)繼承。尼布甲尼撒二世統治時期,新巴比倫王國達到鼎盛時期。

　　尼布甲尼撒二世統治下的新巴比倫,是西亞、北非的一個強國。他不僅武力征服了許多國家,而且在城市建設方面也取得了令人驚歎的成績。其中被希臘人譽為世界七大奇觀之一的「空中花園」就是他為了取悅他的米底籍皇后而下令在巴比倫城修築的。這個花園位於底格里斯河邊,用假山假石砌成。花園懸在半空,上面種植了各種樹木和花草,恍如海市蜃樓、人間仙境。西元前3世紀時這個花園被毀壞。

　　為取得神廟祭司集團對王權的支持,尼布甲尼撒二世曾修復加高了巴比倫城內著名的馬都克神廟寺塔。這個寺塔共七層,每層色彩不一,頂層之上是一座小廟,裡面供奉著馬都克神像。為了使王國的首都巴比倫城堅不可摧,尼布甲尼撒二世擴建了巴比倫城。擴建後的巴比倫城的規模極為壯觀。該城有裡外兩道圍牆,每隔一段距離,便在圍牆上設一碉堡。全城共有八個城門,其中供奉女神伊什塔爾的北門用藍青色琉璃磚鑲嵌,磚上有色彩繽紛、極為美麗的獸類浮雕。

　　新巴比倫王國時期的經濟較以前有很大發展,其中

發展最顯著的是商業經濟，商品買賣活動非常活躍。人們不僅買賣糧食、牲畜、羊毛等農牧產品，農田、果園、房舍等各種不動產的交易也十分活躍。買賣奴隸也成為經常性的商品活動。在頻繁的商業活動中，新巴比倫王國出現了兩個最著名的商家：巴比倫的埃吉貝和尼普爾城的穆拉樹。首都巴比倫城不僅是巴比倫尼亞的工商業中心，也是當時世界上最大的商業中心。巴比倫城的人口達到二十萬，西亞、北非等地的商賈都會集此地。

伊什塔爾城門復原圖　▲

尼布甲尼撒二世死後，新巴比倫開始敗落。到了後來，國王的廢立和操縱都被掌握在勢力一直很強大的神廟祭司和工商業奴隸主集團手裡。

末代帝王那波尼德（西元前555～前539年）即位後，企圖削弱神廟祭司和工商業奴隸主集團的勢力，但祭司們極力反對，沒有收到成效。加之外部形勢緊張也使他無暇顧及這些。

赤陶雕像　　　　　▲
巴比倫人把它供奉在家庭裡，認為這樣能夠保護家人。

與此同時，東方的波斯崛起，在滅掉當時的兩大強國米底和呂底亞後，於西元前539進攻兩河流域，擊潰了新巴比倫的軍隊。西元前538年，波斯軍隊兵臨巴比倫城下。那些不滿那波尼德統治，希望波斯能為他們開拓更大市場的巴比倫神廟祭司和工商業貴族們，打開城門歡迎波斯軍隊進入巴比倫城。這樣，新巴比倫不戰而降，落入波斯之手。從此，兩河流域就在波斯帝國控制之下。

這塊浮雕展現了巴比倫　▲
最後一位本土國王——那波尼德揮動權杖的形象。

巴比倫空中花園是世界七大奇蹟之一，這幅素描展現了空中花園全盛時的景象。
▶

以色列猶太王國

帶領以色列人走出埃
及的摩西 ▲

巴勒斯坦位於地中海東南岸，北面與腓尼基接壤，西南面連接西奈半島，東面是敘利亞草原。西元前30世紀，迦南人居住在這裡，因此這個地區也叫迦南。約西元前1900年，希伯來人的祖先亞伯拉罕率領族人從兩河流域來到迦南。迦南人把這些新來的游牧人群稱為「希伯來人」，意為「從河那邊來的人」。後來迦南發生了大旱災，為了逃避災荒，一部分希伯來人在亞伯拉罕之孫雅各的帶領下遷到埃及居住，在此後的四百多年裡，飽受埃及法老的剝削和奴役。西元前13世紀，不堪忍受這種悲慘境遇的希伯來人在其領袖摩西的帶領下，歷經千難萬險遷出埃及。此後又在其繼承人約書亞的率領下返回了迦南。

在迦南，希伯來人與迦南人不斷發生衝突。經過長期戰鬥，希伯來人佔領了迦南人的許多土地，一部分迦南人與希伯來人逐漸融合，一部分迦南人則長期與希伯來人為敵。在征服迦南的過程中，希伯來人形成兩個部

聖城耶路撒冷 ▼

世界上下五千年

落：北方的以色列和南方的猶太。西元前13世紀末，海上民族腓力斯丁人佔領了迦南的西南沿海地區。這些海上民族稱他們居住的地區為巴勒斯坦，意為「腓力斯丁人的土地」。後來希臘史學家就把全部迦南叫做巴勒斯坦，即現在的巴勒斯坦地區。

希伯來人同腓力斯丁人之間進行的戰爭異常激烈。在戰爭中，希伯來兩大部落聯盟需要加強聯合，其首領也需要擴大和集中權力，這就加速了希伯來人國家的形成。到了西元前11世紀，希伯來人終於建立了本民族的王國——以色列猶太王國。從此，他們的歷史由前王國時期（前文明時期）進入王國時期（文明時期）。

掃羅（約西元前1030～前1010年），是以色列猶太王國的第一個國王。他是從北方以色列各部落中選舉出來的。掃羅在位時把十二個部落統一起來，並組織了一支強有力的軍隊。這支軍隊在同腓力斯丁人作戰中，取得了許多次勝利。但掃羅和他的三個獨生子都先後在戰爭中陣亡。掃羅死後，南方猶太部落聯盟首領大衛（約西元前1010～前970年）當了國王。在他的領導下，以色列猶太人徹底打敗了腓力斯丁人，建立了一個統一而又強大的以色列猶太王國，並且將首都定在耶路撒冷。大衛死後，其子所羅門（約西元前970～前931年）即位。他統治的時代是以色列猶太王國的鼎盛時期。所羅門大力發展外交和外貿，並與埃及結盟，娶埃及法老的女兒為后；他還與掃羅結為盟友，組成船隊在地中海、紅海和印度洋上進行商業活動。所羅門為了打破傳統的部族界限，把全國劃分成十二個行政區。為顯示其君主統治的威力，他還大興土木，興建了豪華的宮殿，並為耶和華神修建了一座金碧輝煌的聖殿。

所羅門晚年追求享受，奢侈好色，加之長年役使民眾建造宮殿和聖殿，引起人民不滿，國勢漸漸衰落。他死後不久，王國分裂為兩個國家。北方叫以色列王國，在撒馬利亞建都；南方叫猶太王國，仍以耶路撒冷為首都。

西元前722年，以色列王國被亞述帝國所滅；西元前586年，猶太王國在巴比倫的攻打下亡國，被俘的一大批猶太人被劫往巴比倫，在那裡度過了近半個世紀的囚徒生活，史稱「巴比倫之囚」。

西元前538年，波斯開國皇帝居魯士滅亡了新巴比倫，釋放了被囚的猶太人。在波斯帝國的支持下，他們返回巴勒斯坦，建立了一個臣屬於波斯帝國的、政教合一的神權國家。

耶穌的故事

聖母瑪利亞懷抱聖子
耶穌　油畫 ▲

上帝的羔羊 ▲

作為耶穌象徵的羔羊，一直
是基督教世界裡風行的裝飾
圖案。

《聖經》福音書封面 ▲

耶穌受難圖 ▶

耶穌被猶太人認為是上帝的兒子，也就是救世主。傳說在他出生那天，有一顆明亮的星星從天上降至耶路撒冷城。耶穌來到人間後，收了十二個門徒。他四處傳教，創造了許多奇蹟。耶穌的傳教觸怒了羅馬統治者，他被他的門徒猶大出賣，被釘死在十字架上。三天後，耶穌復活升天。人們相信，耶穌是在用鮮血救贖世人的罪。

歷史上的耶穌是基督教的創始人，其生活的年代大約是西元前6世紀。耶穌是一個四處流浪的傳教士，他深入村落，巡迴傳教，他的追隨者包括了婦女、兒童及當時許多被認為是不信上帝或不潔淨的人。他挑選門徒不看出身和教養，他宣告天國即將來臨，號召眾人悔改。

耶穌講道並不以經文為唯一依據，他以直截了當、易於接受的方法證明上帝存在、上帝旨意必將實現。據說他創造了許多神蹟，治好了不少疾病。

耶穌傳教的主要特點是他宣佈天父憐愛受苦受難、身負罪名、人所共棄、被視為無資格蒙受恩典的人們。他根據愛之誡命的原則解釋律法，他認為律法不是人了解上帝旨意的唯一依據，也不是人與上帝之間的唯一媒介。耶穌號召人們在現有的世界裡按照上帝的本旨行事，反對金錢的統治。他要求他的信徒不要與凡世同流合污，要忍受現世的苦難，來世則可升入天國。

耶穌為了號召以色列人在天國即將到來之時作出最後的決定，於是前往耶路撒冷城。因為他主張信仰上帝而不是皇帝，所以引起了羅馬皇帝的強烈不滿。耶穌在耶城被以懲治叛逆的刑罰釘死在十字架上。根據《約翰福音》的說法，耶穌受難日為西曆四月七日。

耶穌贈餅的神蹟繪畫 ▲

耶穌入耶城象形雕刻 ▲

木匠房裡的耶穌 ◀

幼小的耶穌在玩耍時將手掌劃傷，血滴在腳上，暗示了他將遭受被釘十字架的酷刑，一旁的小約翰端來洗傷的水，暗示他作為未來施洗者的命運。

世界上下五千年

53

斯巴達城邦陶瓶 ▲

瓶體上描繪了一位女性在哀
悼死去的戰士的情景

步兵射壘圖 ▼

斯巴達城邦的軍事與教育制度

　　斯巴達地處伯羅奔尼撒半島東南部的拉哥尼亞平原，是希臘面積最大的城邦。大約在西元前1100年，一批多利亞人自希臘半島北部南下，入侵伯羅奔尼撒半島。其中一支進入拉哥尼亞，毀滅了邁錫尼文明時期由阿卡亞人建立的斯巴達城。到西元前10～前9世紀，進入此地的多利亞人逐漸組成農村公社（奧巴），並重新建立了斯巴達城。那時的斯巴達城，既無城牆，又無像樣的街道。居住於此的多利亞人，被稱為「斯巴達人」。

　　大約在西元前800～前730年，斯巴達人逐漸征服了整個拉哥尼亞地區。此後又經過兩次美塞尼亞戰爭（西元前740～前720年、西元前640～前620年），斯巴達人征服了拉哥尼亞西部的美塞尼亞居民。在征服過程中，斯巴達人的氏族制度更趨瓦解，征服者與被征服者之間也產生了尖銳的矛盾。為此，斯巴達推行了一系列政治改革與社會改造活動，形成了層次分明的階級結構和一整套統治制度。至西元前7世紀中葉，斯巴達國家最終形成。

　　斯巴達城邦建立後，其居民的地位分化為三個階層，即斯巴達人、皮里阿西人和希洛人。斯巴達人是征服者，其成年男子均享有公民權。他們集體佔有全國的土地和奴隸。皮

里阿西人散居於山區和沿海的村鎮之中，這些人沒有公民權，不能與斯巴達人通婚，但享有人身自由。希洛人是斯巴達人集體佔有的奴隸（一說農奴），他們沒有政治權利和人身自由。

為了防範和鎮壓人數眾多的被征服者的反抗，斯巴達人大力強化國家軍隊，形成了貴族寡頭政體。

在經濟上，斯巴達以農業為主，工商業比較落後，甚至一度禁止金銀作為貨幣流通，想以阻抑商品經濟的發展來防止兩極分化，藉以維護公民集體的團結，對付希洛人的反抗。

斯巴達人的戰鬥頭盔 ▲

斯巴達國家實行的是極為嚴格的軍事制度和教育制度，其全民皆兵、重武輕文的程度在世界歷史上可以說是空前絕後的。公民從出生之日起就被置於國家的監督和管束之下，人們只有一條出路，就是成為遵紀守法、勇敢堅毅、忠誠謙恭的好公民和優秀軍人。斯巴達的青年男子從二十歲開始就必須投身於軍營生活，除了行軍作戰就是反覆操練，精神上也以培養絕對服從、視死如歸的軍人氣質為首要。由於斯巴達人實行嚴格的軍事訓練，所以其陸軍成為全希臘實力最強、紀律最嚴的軍隊。但文化建樹則完全被忽視了，以至於在輝煌的希臘古代文明中，所有文化建樹皆與斯巴達人無緣。

在對外關係上，斯巴達統治者始終奉行霸權政策。他們採取武力威脅與外交逼迫等手段，逐步制服了南希臘的多數城邦，結成了斯巴達領導下的軍事同盟。各盟邦名義上地位一律平等，實際上斯巴達以其強大的軍事實力凌駕於其他盟邦之上，斯巴達依靠同盟經常干預他國內政，支持各邦的貴族寡頭派。在提洛同盟組成後，斯巴達借伯羅奔尼撒同盟同雅典爭奪希臘霸權。

戰鬥中負傷的戰士在 ▼
包紮傷口

赫梯帝國的興衰

憑著一個雷槌和一個鋸齒形的閃電棒，赫梯的氣象之神存在了九個世紀。 ▲

赫梯人的牧鹿形銀製禮儀用飲水杯 ▼

赫梯位於小亞細亞東部的哈里斯河（今土耳其安卡拉以東的克玆勒河）中上游地區。使用赫梯語的赫梯人和西元前20世紀初遷移來的說涅西特語（屬印歐語系）的涅西特人共同創造了赫梯文明。涅西特語是赫梯國家的通用語言。

在西元前19世紀中葉，赫梯境內先後出現了一些小國。這些小國之間爭戰不斷，最後庫薩爾城的統治者戰勝了相鄰的小國並不斷向外擴張，建立了一個統一的大國——赫梯。西元前1595年，赫梯南侵，滅亡古巴比倫王國。此時的赫梯已成為西亞地區的一個強國。

西元前16世紀初期，赫梯陷入了爭奪王位的血腥衝突中。到西元前16世紀後期，赫梯國王鐵列平為了平息內亂，對王位繼承制度進行了改革，史稱「鐵列平改革」。他規定：「僅讓王子中的長子為國王；如果沒有長子，則讓次子做國王。當王子中沒有繼承者的時候，則讓長女選擇的丈夫作國王。」同時他還宣佈，以後國王不得殘殺其兄弟姐妹；王子犯罪，罪責由其本人承擔，不得株連其家屬成員。由於改革確立了長子繼承王位和王子一人犯罪一人受罰的原則，從而結束了王族內部的仇殺，鞏固了統治階級內部的團結，為赫梯成為西亞霸國奠定了堅實的基礎。

西元前15世紀末至前13世紀初，是赫梯的鼎盛時期。在此期間，赫梯利用有利的外部環境，佔領了米丹尼王國大部分領土，並將領土擴張到敘利亞和巴勒斯坦地區，直接威脅到埃及新王國。西元前14世紀末，赫梯

一對恩愛的赫梯夫婦的 ▲
雕像被刻在他們自己的棺
木蓋上，這樣便可以在未
來給予他們的靈魂一個棲
息之地。

世界上下五千年

與埃及在卡疊什發生了一次大規模的戰爭，雙方勢均力敵。西元前13世紀初，兩國締結和約，瓜分了在敘利亞和巴勒斯坦的勢力範圍，從而結束了爭霸戰爭。

西元前13世紀後期，赫梯不斷遭到亞述的侵略，國勢逐漸衰敗。西元前13世紀末，「海上民族」入侵浪潮席捲了東部地中海地區，赫梯遭到了致命的打擊，從此四分五裂，一蹶不振。到西元前8世紀，亞述帝國消滅了殘存的赫梯小國。

赫梯文明最主要的成就有兩個：一是在西元前20世紀中葉左右，在世界上最早發明了冶鐵術並最先使用鐵犁；二是在西元前15世紀末至14世紀初，編定了一部史稱《赫梯法典》的書籍。從法典的條款可以得知，軍事貴族享有特殊權力，奴隸制已經相當盛行，畜牧業、農業、手工業都很發達，並有銀質的貨幣開始流通。

赫梯人的戰車模型 ▼

這種戰車廣泛地被其他遠東國家仿製，數個世紀裡它在交戰中具有決定性作用。

梭倫改革

雅典立法人梭倫像 ▲

雅典公民投票時使用的 ▲
陶片

這幅繪畫表現了梭倫改革
前夕，古代貴族展開激烈
辯論的場面。 ▼

雅典地處中希臘的阿提卡半島，境內多山少地礦產
豐富，沿海有良港，對外交通十分便利。

西元前12世紀，多利亞人南下時並未侵入阿提卡。
但多利亞人的南侵影響了邁錫尼各邦，一些居民為躲避
戰亂紛紛逃至雅典居住。他們成為雅典戊有氏族之外的
居民。由於居民混雜，原有的氏族管理機構的作用大
減。為適應形勢的變化，雅典出現了傳說中的第十代
「王」（巴賽勒斯）提修斯的改革。提修斯改革以「聯合
運動」的方式，廢除了阿提卡各地的議事會和行政機
構，設立了以雅典為中心的中央議事會和行政機構，根
據出身和職業，將全居民分為三個等級：貴族、農民和
手工業者。通過改革，氏族部落管理機構正式發展為貴
族獨占的國家機構。

這種剛剛誕生的雅典邦城是貴族統治的國家，統治
機構有執政官、貴族會議和公民大會。統治機構建立
後，匯族貴族便利用自己的壟斷政權殘酷地剝削、壓迫
平民。平民的處境日益惡化，他們或將土地抵押給貴族
淪為「六一漢」（因為他們為富人耕田，按此比率納
租），或變為債務奴隸，或流亡國外。這種情況使貴族
與平民的矛盾激化，社會
動盪不安。西元前6世紀
初，平民準備以暴力推翻
貴族政權，內戰一觸即
發。在這緊要關頭，得到
大多數公民支持的梭倫被
推舉為「執政兼仲裁」，

受命調停矛盾。

梭倫（約西元前630～前560年）出身於貴族家庭，博學多識，在群眾中有很高威望。他到任後，拒做僭主，主張以法治國，曾先後頒佈了一系列政治、經濟等方面的改革法令。

政治改革包括：(1)將全體雅典自由民按財產多少分為四個等級並規定相應的權利和義務。地產年收入在500麥斗（1麥斗約合80公斤）以上者為第一等級（500斗級），300至500麥斗者為第二等級（騎士級），200至300麥斗者為第三等級（雙牛級），200麥斗以下者為第四等級（雇工級）。工商業者的貨幣收入也可折合為地產計算；國家的高級官員由一、二等級的富有公民擔任。第三等級公民可擔任四百人會議議員等低級官職，第四等級只能參加公民大會和陪審法庭的活動。(2)確立公民集體立法的原則，提高公民大會的能力。(3)新設四百人會議和陪審法庭兩個重要機構。經濟改革包括：(1)頒布「解負令」，取消以土地為抵押的債務，廢除債務奴隸制。(2)禁止小麥出口，鼓勵橄欖油輸出。(3)推行貨幣改革，實行流通於愛琴海區域的優卑亞幣制，以利於對外貿易。(4)為防止土地再次集中，規定公民占有土地的最高限額（因史料不足未留下限額的具體數額）。(5)因地制宜，發展經濟。

梭倫改革打擊了舊的氏族貴族，消滅債務奴隸制，恢復並穩定獨立的小農經濟，為雅典公民形成自主的公民意識奠定堅實的經濟基礎。也使雅典奴隸制開始向高階段發展，並打破了貴族對政權的壟斷，提高了工商業奴隸主階層的政治地位，使普通公民可以參加決定國家命運和自身利益的政治活動，促使雅典政體從貴族政治向民主政治過渡；改革對工商業的發展，採取一些鼓勵的措施，為雅典的經濟繁榮創造了良好條件。把雅典引上了建立奴隸制民主政治和發展工商業的道路。在梭倫改革後的日百餘年裡，雅典始終遵循他所開闢的政治改革道路，終於成為一個經濟繁榮、政治民主、文化昌盛、國力強大的希臘超級城邦。

雅典城的保護神——雅典娜，▲
發現於盛極一時的雅典衛城。

猶太教與《聖經》

記載著上帝拯救人類的 ▲
聖約的方舟

《舊約全書》(舊約)裡關
於英雄摩西帶著他的信徒
出走埃及時穿越紅海的繪
畫。 ▲

《舊約全書》及聖衣 ▶

上面的獅子是猶太人的象
徵,而王冠則代表有著無上
權威的《舊約全書》。

飽嘗亡國之苦的以色列猶太人,始終信仰統一的民族宗教—猶太教。該教成為他們民族聯繫的紐帶和民族復興的精神支柱。起初,希伯來人信仰多神,耶和華是諸神之一。大約在西元前13世紀後期,希伯來人的首領摩西敬拜耶和華為唯一上帝。

「巴比倫之囚」時期(西元前586~前538年),猶太人的先知們秘密宣揚「救世主」的思想,即唯一真神耶

繪有異教神像，違反
猶太教教義的罐缽 ▲

耶路撒冷的諸猶太會堂留
下的唯一遺物 ▲

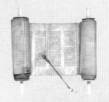

《舊約全書》經卷 ▲

和華將派「救世主」降臨人世，拯救苦難中的猶太人並
幫助他們復國。

　　波斯統治其間（西元前538～前333年），猶太人建
立了半獨立的神權和政權合一的國家，陸續編訂了猶太
教的經典《聖經》，制定了教規教文。至此，猶太教正
式形成。

　　猶太教的教義如下：只崇拜上帝耶和華，認為他是
宇宙間唯一全知全能、創造世界、決定禍福的主宰，堅
信猶太人是上帝的「選民」，信仰救世主，即相信上帝
將派來救星使選民脫離苦難。基督教興起後，接受了猶
太教的經典《聖經》，但以為它是上帝與猶太人訂立的
聖約，已經陳舊，因此將它稱為《舊約全書》。

　　猶太教的《聖經》共39卷，希伯來人一般將其內容
分為律法、先知書和詩文集三部分。

逾越節家宴時的餐具 ▲

逾越節是猶太教徒的一種慶
祝活動，於猶太教曆尼散月
十五和十六日舉行。

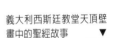

義大利西斯廷教堂天頂壁
畫中的聖經故事 ▼

釋迦牟尼創立佛教

佛陀坐像 ▲

　　佛教產生於印度的列國時代，它的創始人是喬達摩·悉達多（西元前556～前486年），成道後被尊稱為「釋迦牟尼」（意為「釋迦族的聖人」）、「佛」（「佛陀」的簡稱，意為「覺悟者」）。因創始人被稱為「佛」，佛教也就因此得名。釋迦牟尼原是迦毗羅衛城（今尼泊爾境內）淨飯王之子，從小在宮廷裡長大。後來他有感於世人生老病死等痛苦，欲出家尋求擺脫痛苦的救世真諦。於是，他在二十九歲那年毅然棄妻別子，離家外出修道。他在三十五歲時自稱得道成佛，之後便在恆河中下游各國說法傳道達四十五年之久，八十歲時逝世。

　　佛陀及其直傳弟子宣傳的佛教為早期佛教（又稱原始佛教），它的基本教義是四諦說、十二因緣說、五蘊說和因果報應說等。四諦說是佛陀所傳的最根本的教義。四諦就是關於人生苦惱和擺脫苦惱的四大真理。這四大真理是指：苦諦、集諦、滅諦和道諦。苦諦是說人生充滿著種種痛苦。集諦是說人生多苦的原因。滅諦就

佛陀涅槃像 ◄

象徵佛陀足跡的巨大雕刻，
中間是佛法之輪。 ▼

是滅掉苦因（欲愛），達到無苦境界（涅）。道諦是講滅苦的方法，即通過修道達到涅的途徑。

十二因緣說認為人和世界上的一切皆由因緣而有生有滅。所謂十二因緣是將人生分成十二個環節：無明（無知）、行（行為）、識（感覺和意識、思維活動）、名色（精神和肉體的統一）、六入（眼、耳、鼻、舌、身、意）、觸（觸覺和知覺）、受（感覺、感受）、愛（貪欲）、取（執著地追求）、有（生存的自然界）、生、老死。這十二個環節因果相聯，即前者是後者之因，後者是前者之果。十二因緣說是對四諦中苦、集二諦的進一步解釋。

五蘊說是早期佛教的哲學理論基礎。「蘊」意為積聚、類別。五蘊即色、受、想、行、識。色指物質，包括地、水、火、風四大元素等；受指感覺；想指知覺；行指意志或心理活動；識指意識、認識和識別作用。五蘊中色蘊是物質，其他四蘊都是精神。實際上，五蘊說是對四諦中苦因和滅苦的進一步詮釋。

因果報應說認為人有欲愛，必然有思想和行動，這樣就會造成其後果「業」。業既是欲愛的果，又是以後的因。於是因果相聯，生死輪迴不止。佛教主張「行善者成善，行惡者得惡」，最高理想是達到不受因果報應和業力輪迴支配的境界——涅。

早期佛教主張「眾生平等」，反對婆羅門教宣揚的神創四種姓說，不贊成婆羅門僧侶的特權，認為四種姓就像一棵樹上生出的花果、同一父母所生的子女一樣「皆悉平等」。但是，它有時把剎帝利置於四種姓之首，而且「眾生平等」僅限於宗教領域，對現實社會的不平等則採取默許的態度。早期佛教信徒眾多，上至王族和富商大賈，下至窮人甚至妓女。可見，早期佛教思想得到了社會各階層人們的認同。

初次說法，當時佛陀正好三十三歲。▲

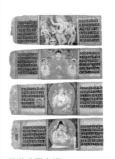

般若波羅密經　　　▲

這四片棕櫚葉製作於11世紀，是大乘佛教初期的證物，十分珍貴：第一幅是佛陀誕生，第二幅是鹿野苑第一次說法；第三幅是彌勒佛的年輕時代；第四幅是月光菩薩。

悉達多降生人間圖　　▲

孔雀王朝

開鑿於孔雀王朝時代的 ▲
阿旃陀石窟（局部），是
古印度佛教徒的神殿和僧
房。

阿育王時期在薩那斯的一
根石柱上雕刻的四頭雄
獅，如今已成為印度共和
國的象徵。 ▼

西元前6世紀，位於恆河中游的摩揭陀出了一位與佛陀同時代的著名國王——頻毗沙羅（即瓶沙王，約西元前544～前493年）。他通過聯姻與居薩羅、跋祇等國建立了友好關係，同時又用武力征服了位於恆河三角洲的鴦伽國。據說，他曾管轄八萬個村鎮，並在這些村鎮設有村長和村議會。在中央，他設立了一個由八萬個村長組成的大議會。這種說法顯然有些誇張，不過也透露出這樣的情況：摩揭陀國可能是由許多村鎮以某個政治中心組成的。另外，他還在中央設立了分別管理行政、司法和軍事的機構。由於這位國王信奉佛教，首都王舍城便成了當時保護和傳播佛教的中心。頻毗沙羅死後，他的兒子阿闍世繼承了王位。

阿闍世（約前496～前462年）積極對外進行擴張。他先打敗了企圖索回迦屍村的居薩羅國，使該村仍屬於摩揭陀管轄。接著他又對跋祇國進行了長達十六

這根沙岩柱是西元前3世紀在信奉佛教的阿育王命令下建造的，阿育王將他的敕令和法規刻在上面。 ◀

年的戰爭，最終征服了跋祇國。從此，摩揭陀成了東印度的霸國。阿闍世曾在恆河南岸建立了一座堡壘，因地處經濟、戰略要地，加上水陸便利，後來發展成為著名的華氏城。阿闍世最初敵視佛教，但後來也信奉了佛教。他曾在王舍城建塔奉祀佛骨，還贊助過佛教在王舍城的第一次結集（結集是佛教徒為討論佛陀生前的言論，以結成經典而舉行的集會）。

欄盾上的孔雀裝飾 ▲

阿闍世之後，先後有四位繼位者都是弒父稱王的。最後一位殘暴的國王被市民起義推翻，大臣希蘇那伽被擁立為王。從此開始了希蘇那伽王朝（約西元前414～前346年）的統治。希蘇那伽統治時期，摩揭陀出兵征服了阿般提，國勢逐漸強大起來。其子迦臘索伽統治時，把首都遷至華氏城。約西元前346年，出身低微的摩訶帕德摩·難陀殺死希蘇那伽王朝末王，建難陀王朝（約西元前346～前324年）。在難陀王朝統治時期，摩揭陀基本上統一了北印度。南印度的揭陵伽和德干高原的某些地區也被納入摩揭陀的版圖。難陀王朝的末王達納·難陀統治時期，摩揭陀兵力強大。達納·難陀貪婪無度，橫徵暴斂，引起平民的不滿。西元前324年，難陀王朝被旃陀羅笈多推翻。

旃陀羅笈多出身低賤，傳說出身於一個飼養孔雀的家族。後來，他在卓越的政治家考底利耶的輔佐下，組建了一支軍隊，把駐守在印度西北部旁遮普地區的馬其頓、希臘軍打敗，隨即稱王。接著他又率軍東征，滅了難陀王朝，建立了一個根據其家族名稱而命名的新王朝——孔雀王朝（西元前324～前187年）。在孔雀王朝統治時期，古代印度進入帝國時代。

釋迦的最後旅程雕刻 ▲

波斯大帝國

這座綠色玄武岩雕像是 ▲
埃及權貴烏德亞霍勒森，
上面刻著銘文，頌揚他對
埃及的征服者——波斯國
王岡比西的支持。

　　西元前6世紀，處於米底統治之下的波斯，有六個
農業部落、四個游牧部落。西元前6世紀，波斯人在居
魯士（西元前558～前529年在位）的領導下，經過三年
的浴血奮戰，於西元前550年滅掉米底，並建立了波斯
王國，定都波賽利斯。

　　波斯王國建立後，居魯士又於西元前546年征服小
亞細亞，西元前538年滅亡新巴比倫王國。至此，波斯
已成為西亞地區最強大的國家。

　　西元前529年，居魯士在中亞細亞戰敗身亡，其子
岡比西二世（西元前529～前522年在位）即位後繼續奉
行擴張政策。他先後以武力征服中亞和利比亞。當岡比
西出兵迦太基和努比亞失利時，國內爆發了大規模的起
義。岡比西聞訊後，急忙回國鎮壓，死於途中。不久，
阿黑門尼德族人大流士聯合波斯貴族鎮壓了起義，並趁
機奪取王位，稱大流士一世（西元前522～前485年在
位）。

　　大流士一世執政後，平定了各地此起彼伏的暴動和
起義，恢復了帝國的統治。大流士一世把鎮壓這一系列

波斯風格的彩紋土器 ▲

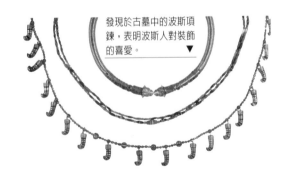

發現於古墓中的波斯項
鍊，表明波斯人對裝飾
的喜愛。　　　　▼

起義的過程，用波斯、埃蘭、巴比倫三種文字，刻在從巴比倫到愛克巴坦那（原米底首都，今哈馬丹）大路中途的貝希斯敦崖石上，這就是著名的「貝希斯敦銘文」。

從居魯士建立波斯王國，到大流士一世執政，前後僅二十八年時間，波斯即從一個蕞爾小邦成長為古代世界第一個地跨亞、非、歐三大洲的大帝國。

大流士一世從西元前518年起進行了一系列大刀闊斧的改革。大流士將全國劃分為許多行省，實行軍政分權的統治，並制訂了統一的貢賦制度。將全國劃分為五個軍區，每個軍區長官統轄幾個行省的軍事，並直接對國王負責；把軍隊編成萬人團、千人團、百人隊、十人隊等組織，組建了一支完全由波斯人組成的近衛軍。

大流士還在統一鑄幣制度、修築驛道及宗教改革上，做出了不菲的成績。

波斯長期受先進的兩河流域文化的浸染，加之帝國時期統治了許多先進文明地區，其文化無論在政治思想、典章制度，還是在文字、藝術、神話、建築等方面，都吸收了較多的外來因素。

波斯文化的這種相容並蓄的風格，在建築方面尤為突出。波斯建築規模宏大。其王宮建築多半是兩河流域的風格，而王宮建築中的巨柱，則是希臘和埃及建築風格的反映。波斯王宮中的浮雕和貝希斯敦山崖上的浮雕，可謂是波斯帝國時期雕刻藝術的典範之作，但受外來風格的影響也很大。

西元前334年，馬其頓的亞歷山大大帝率軍東侵波斯，波斯軍隊節節潰敗，大流士三世在逃亡途中被殺，延續兩百多年的波斯帝國至此滅亡，西亞、北非的古代文明也隨之宣告終結。

波斯王宮具有波斯帝國的宏大氣象，圖為王宮柱頂上裝飾的牛頭像。▼

古代印度藝術

古印度大窣睹波 ▲
前的雕像

在古代印度的文學作品中，最著名的要數《摩訶婆羅多》和《羅摩衍那》這兩部史詩。前者的基本內容大約形成於西元前5世紀，最後編訂於西元4世紀，傳說作者是毗耶娑（廣博仙人）；後者的基本內容可能形成於西元前4世紀，最後編訂於西元2世紀，傳說作者是跋彌（音譯）。《摩訶婆羅多》（「摩訶」意為「偉大的」，「婆羅多」是古代印度的王族名）共有十八篇，長達十萬頌（一頌兩行詩，每行十六個音）。這部史詩的大部分篇幅是講婆羅多王族的兩支後裔居樓與般度進行王位爭奪的故事。雙方的內部鬥爭不可調和，最終爆發了戰爭。經過十八天的血戰，般度族取勝。該史詩是一部詩體百科全書，彙集了當時印度的政治、經濟、社會、歷史、宗教、倫理、哲學、文學等方面的知識，為印度後世文學藝術創作提供了大量的素材。《羅摩衍那》（亦譯《臘瑪延那》）意為「羅摩的漫遊」。全詩共七篇，二萬四千頌。寫的是居薩羅國阿逾陀城十車王的兒子羅摩與妻子悉達悲歡離合的愛情故事。羅摩本應繼承父位為王，但遭到繼母陷害，被放逐到森林，並在那裡住了十四年。在此期間，他因經常追殺惡魔而激怒了魔王羅婆那，羅婆那設計將羅摩的妻子悉達劫往楞伽島。後來羅摩在大猴王的幫助下，打敗和殺死了魔王羅婆

濕婆的十種化身，濕婆是
古神話中的音樂、舞蹈之
神。　▶

那，救出悉達，一起回國復位。這部史詩生動曲折，在藝術上獨具特色，對世界文學產生了很大的影響。

《佛本生經》是一部民間故事集，它具有很高的藝術品味。該書有五百多個故事，寫的是佛陀前生前世的一些事蹟。儘管一些故事被佛教徒進行過加工，但仍保留著民間故事的特徵，其寓意深刻，愛憎分明。它約在西元前3世紀編成。

古代印度雄偉的建築和精美的藝術，大都開始於孔雀王朝，其中以桑奇建造的大窣睹波（即佛塔）最為著名。這座名為桑奇大塔的建築是一個直徑約33.6公尺的半圓形房子，頂端有一平臺，臺上有一方壇，壇上立有傘形柱。該建築是用來奉祀佛骨的，是敬拜佛的地方。大塔有四個大門，每個門雕刻著栩栩如生的以佛教為中心題材的畫面。其中以大塔東門上的「樹神托架像」最為典型。這位美麗的女神雙手托著繁茂的大樹，扭動的身軀形成「Ｓ」形，外輪廓線給人以節奏韻律感。這件人體雕像接近人體比例，具有寫實性，對性部位也無遮掩，被譽為印度東方美的典型作品。

阿旃陀石窟是亞洲最早的石窟，始鑿於西元前1世紀，完成於西元7世紀。阿旃陀石窟藝術是印度佛教藝術的集散地，是東方石窟藝術的源頭。該石窟位於海德拉巴省溫德亞山脈深山中，開鑿在距地面一百多公尺高的山腰間，共有二十九窟。阿旃陀石窟是建築、雕刻、繪畫三種藝術完美結合的典範，是世界藝術的寶庫。

印度史詩《羅摩衍那》▲插圖

毗濕奴寺　　　　　　　▲

2號窣睹波刻有阿育王▲時代十位著名僧侶的名字。

王政時代羅馬

母狼青銅像 ▲
這座著名的埃特魯斯坎青銅雕像鑄造於西元前480年，是羅馬的城市象徵。

角力壁畫 ▼
這是曾經統治羅馬的伊達拉利亞人非常喜愛的體育運動。

羅馬從傳說中的羅慕洛建城到西元前509年羅馬共和國的建立，這一段歷史習慣上被稱為「王政」時代。王政時代是羅馬從氏族社會（父系）向階級社會過渡的時代。

古羅馬城位於拉丁平原的北端，在臺伯河下游的左岸。按照「母狼育嬰」的故事傳說，羅馬城是由特洛伊神話英雄伊尼阿斯的後裔羅慕洛和勒莫兄弟二人建成的，並以羅慕洛的名字命名。羅慕洛建城的年代，據西元前1世紀羅馬作家瓦羅推算應是西元前754～前753年，古羅馬人就以這時作為紀元的開始。

王政時代的羅馬是一個大的部落聯盟，也就是羅馬人公社。它由三個特里布（部落）組成，每個特里布包括十個庫里亞（胞族），每個庫里亞包括十個氏族，共計三百個氏族。

王政時代前期，羅馬實行「軍事民主制」的管理制度。它的主要管理機構有庫里亞大會、元老院和勒克斯。庫里亞大會，即羅馬的民眾大會，由各氏族的成年男子參加，按庫里亞分組議事，所有重大問題都由庫里亞大會討論決定。它有權通過或否決一切法律，選舉包括勒克斯在內的高級公職人員，決定戰爭和審判重大案件。元老

院，即長老議事會，由三百個氏族長組成，有權預先討論向庫里亞大會提交的議案，還直接掌握收稅、徵兵、媾和等重要職權。勒克斯由庫里亞大會選舉產生，是羅馬的軍事首長、最高法官和祭司長。王政時代後期，由於鐵器工具的普遍使用和受伊達拉里亞文化、希臘文化的影響，社會經濟發展顯著，財富積累明顯，古老的氏族制度面臨著瓦解，家長制家庭逐漸從氏族中分化出來，成為社會的基本經濟單位，貧富進一步分化，私有制和階級關係逐漸萌芽。社會上出現了貴族和平民、保護人和被保護人的對立。軍事民主制中的民眾意志逐漸淡化，王權意志日益增強，羅馬社會正在急劇地向階級社會過渡，塞爾維烏斯的改革，又加速了這一歷史進程。

這尊身穿埃特魯斯坎風格外衣和斗蓬的雕像是太陽神阿普魯，其希臘名字是阿波羅。▲

　　西元前6世紀後期，羅馬的階級分化逐漸加劇，平民和氏族貴族之間的矛盾日趨白熱化。第六王塞爾維烏斯（約西元前578～前534年在位）為了適應歷史潮流，也為了有利於伊達拉里亞人的統治，依靠平民的支持，對羅馬社會進行了改革。改革的主要內容有：

　　(1) 重新登記羅馬居民，並按財產數量劃分為五個等級，這些等級提供數目不等的百人隊（森杜里亞）。無產者不入級，他們只象徵性地組織一個百人隊，共一百九十三個百人隊。

　　(2) 創設百人隊大會（森杜里亞大會），取代庫里亞大會並代行其職權。百人隊的成員都可參加，每個百人隊有一票表決權，這樣第一等級可以憑藉其百人隊數量上的優勢（九十八個），操縱表決。

　　(3) 把羅馬公社按城區劃分為四個地域性部落，以取代原來的三個血緣部落。新成立的地域性部落也叫特里布，每一個特里布有自己的首領和統一的宗教信仰。

　　塞爾維烏斯的改革，在鞏固了羅馬在拉丁姆地區地位的同時，也進一步摧毀了羅馬的氏族血緣關係，加速了羅馬氏族社會的解體，基本上完成了由氏族制度到國家的過渡。

　　西元前509年，羅馬推翻了伊達拉里亞人「高傲者」塔克文的統治，推舉布魯圖和柯來提努為執政官。羅馬從此結束了王政時代，進入了共和國時代。

希波戰爭

希波戰爭是由於波斯帝國向西擴張而引起的。從西元前546年開始，波斯先後征服了小亞細亞各希臘城邦，截斷了希臘與黑海的交通，佔領色雷斯和黑海海峽。黑海沿岸本是希臘各城邦特別是雅典的糧食供應地、商品銷售及奴隸來源的場所。波斯的佔領直接威脅著希臘各邦的生存和經濟發展。西元前500年，小亞細亞希臘人發動反對波斯的武裝起義。首先發動起義的城邦米利都請求希臘半島各邦協同作戰，但僅有雅典和愛勒多利亞派出二十五艘戰艦前來支援。大流士一世派兵於西元前493年攻佔米利都，並以雅典人曾援助米利都起義為藉口，發動了遠征希臘本土的侵略戰爭。

因此，希波戰爭的直接原因是波斯對小亞細亞希臘人的壓迫以及由此引起的反抗和雅典等邦的干預，更深一層的原因則是波斯統治者拓疆闢土的侵略野心及由此產生的對希臘各邦發展造成的嚴重威脅。

西元前492年夏，大流士一世派水陸兩路大軍沿色雷斯海岸南下，向希臘半島進攻，但無功而返。此後，波斯一面繼續備戰，一面派遣使臣進行外交詭詐，遭到雅典、斯巴達等邦的嚴辭拒絕。

兩年之後，波斯侵略軍跨海直攻阿提卡半島，並在東北部的馬拉松平原登陸。雅典獲悉後，傾全部兵力開往馬拉松，與數倍於己的波軍進行決戰。這場戰爭以波軍慘敗告終。馬拉松戰役成為歷史上以少勝多的光輝戰例，它大大鼓舞了希臘人的

這些彩色瓷磚構成的圖案是波斯常備軍精英一萬名不死隊成員。強有力的軍備，是波斯帝國稱霸的基礎。▲

這幅瓶畫表現了一個希臘人被擊倒後反戈一擊，舉劍砍向波斯人的情景。▼

鬥志，增強了保衛祖國的信心和決心。

西元前480年，大流士的後繼者薛西斯御駕親征，率五十萬大軍入侵希臘。斯巴達國王李奧尼達率軍在中希臘的溫泉關（德摩比利）英勇抗擊侵略軍。此戰波軍受到重創，從精神上鼓舞了希臘全民族的戰鬥意志。

波軍後來突破溫泉關，長驅直入中希臘，佔領了阿提卡。雅典軍民在泰米斯托克利的領導下，同波斯軍在薩拉米海灣展開了世界古代史上絕無僅有的殊死決戰。經過一整天的激戰，雅典海軍擊敗了擁有一千多艘戰艦的波斯海軍。此戰扭轉了整個戰爭局面，奠定了希臘人勝利的基礎。希臘軍從防禦轉入進攻，戰爭進入後期階段。

西元前478年，對海外利益不感興趣的斯巴達退出戰爭，雅典至此取得了領導權。同年冬，主張繼續作戰的各邦代表會聚提洛島，正式結成以雅典為首的「海上同盟」，史稱「提洛同盟」。這個同盟逐漸變成雅典同斯巴達爭霸希臘的工具。與此同時，提洛同盟軍隊繼續同波斯作戰，先後佔領了波斯在愛琴海域和小亞細亞南岸的許多地方。

西元前449年，雅典與波斯都無力徹底戰勝對方，不得不握手言和，簽署了停戰協定。結果，波斯放棄愛琴海的霸權，允許小亞細亞希臘城邦獨立。因雅典談判代表是卡利阿斯，便把這次和平協定稱為《卡利阿斯和約》。至此，希波戰爭以希臘，尤其是雅典的勝利而告終結。

李奧尼達在溫泉關戰役中　油畫 ▲

在溫泉關戰役中被敵人重重包圍時，李奧尼達解散了他的部隊，只留下三百名近衛隊員戰鬥到全軍覆沒。關於斯巴達人永不投降的傳說就來源於他的事蹟。

海神波塞冬青銅像 ◄

這件銅像是為紀念希臘人在海戰中的勝利而創作的，伸直的左臂象徵著征服，右手原握著準備投出的三叉戟。

伯羅奔尼撒戰爭

伯里克利是西元前五世 ▲
紀締造雅典帝國的一位元
勛，在紀念伯羅奔尼撒戰
爭中陣亡的雅典人的大會
上，他在頌辭中總結了他
所統治的這個城邦的優越
之處。

　　希波戰爭後，雅典成為希臘的最大勢力，引起斯巴達及其領導的伯羅奔尼撒同盟的不滿和敵視。兩者不可調和的政治、經濟矛盾最終導致了伯羅奔尼撒戰爭的爆發。

　　伯羅奔尼撒戰爭前後歷時二十六年（西元前431～前404年），分三個階段進行：西元前431～前421年為第一階段。在這一階段中，斯巴達陸軍攻佔了阿提卡，雅典海軍則活動在南希臘沿海一帶，雙方在陸地和海上的爭鬥互有勝負。於是，雙方在西元前421年簽訂了為期五十年的《尼西亞和約》，各自退出所佔領地區。經短期休戰後，戰爭再起，進入第二階段（西元前415～前413年）。在第二階段中，雅典向西西里島進攻，結果全軍覆沒，損失慘重。西元前413～前404年為第三階段。斯巴達在波斯支持下，取得了最後的勝利。雅典被迫簽署了城下之盟，參加伯羅奔尼撒同盟，海軍移交斯巴達，取消民主政治。

　　伯羅奔尼撒戰爭屬於希臘的一場內戰，但其牽涉面之廣、損失之巨、殺戮之殘酷卻遠遠甚於希波戰爭。整個希臘民窮財盡，政治走向無存，文化遭到破壞，希臘文明由鼎盛走向了衰落。戰後，希臘各邦都陷入了危機之中。戰爭使貧富兩極分化進一步加劇，土地和財富日益集中在少數人手中，而中小奴隸主經濟日益被大奴隸經濟所排擠，城邦的經濟基礎——小農和小手工業經濟逐漸崩潰，這些都成為城邦危機的根源。由於兩極分化嚴重和大奴隸主經濟的發展，導致各邦內部階級鬥爭趨於尖銳。奴隸主與奴隸、富人與窮人彼此仇殺、互相報

歷史學家修昔底德曾作為
將軍在伯羅奔尼撒戰爭中
指揮部隊作戰，因一次戰
鬥的失利而遭致放逐後，
他投入到解說這場戰爭的
寫作當中。　　　　　▲

復。這表明城邦體制已滿足不了現實政治的需要了。

　　伴隨著希臘各邦內部的危機，城邦間的矛盾也在不斷加深，導致了希臘出現爭霸和混戰的局面。當時在希臘城邦體制之內，已沒有一種力量有能力統一各邦。隨著希臘城邦的衰弱，位於半島最北部的馬其頓對希臘的征服和統治條件日益成熟了。

　　馬其頓人本為希臘人同族，但文明發展卻比希臘人晚了許多。西元前5世紀後期至西元前4世紀初期，馬其頓開始形成奴隸制國家。國王腓力二世（西元前359～前336年）統治馬其頓期間，進行了一系列改革：加強王權，改革幣制以加強對外貿易，建立常備軍，開採金礦以增加財力。改革後，馬其頓迅速發展成為軍事強國。

　　腓力二世憑藉強大的武裝力量，利用希臘各邦之間的矛盾，形成了對希臘半島的吞併之勢。面對馬其頓的威脅，希臘各邦內部分成了兩種對立的派別：親馬其頓派和反馬其頓派。前者由大奴隸主階級的代表人物組成，期望借助馬其頓的軍事實力，挽救城邦危機並對外進行擴張；後者由工商業奴隸主階層組成，極力反對向馬其頓的妥協，力圖維護城邦獨立。小農和小手工業者基本站在反馬其頓派一邊，願意城邦獨立。兩派立場截然對立，鬥爭非常激烈。這種局面反而加劇了城邦內部矛盾，有利於馬其頓的征服。西元前338年，腓力二世在中希臘的喀羅尼亞大敗雅典等組成的希臘聯軍，此戰確立了馬其頓在希臘的霸權地位。

　　第二年，腓力二世在科林斯召集希臘各城邦會議（僅斯巴達未參加）。會上決定組成以馬其頓為首的同盟會議，宣佈由馬其頓領導希臘各邦對波斯進行復仇戰爭。科林斯會議結束了希臘的城邦時代，希臘歷史進入馬其頓帝國軍事獨裁統治的時期。

一位手持韁繩凱旋的 ▲
戰車御手雕像，它是由這支軍隊的主人安置在阿波羅聖殿上的，以此來感謝神靈對勝利者的眷佑。

希臘騎士和斯巴達戰馬 ▲

從這兩件最早的青銅雕刻作品中可以看出希臘人共同的尚武精神。

古希臘文學與哲學

柏拉圖學院　油畫　▲

這是19世紀比利時象徵主義畫家尚·德維的作品，柏拉圖大約在西元前387年創辦了著名的雅典學院，向希臘的年輕人傳授有關真理和美學的課程。

古希臘哲學家　▲
蘇格拉底像

希臘的悲劇創作來源於　▲
酒神。

在文化史上，通常把西元前8世紀至前6世紀的希臘城邦形成時期稱為古風時代或古樸時代；把西元前5世紀至前4世紀的希臘盛期的歷史稱為古典時代。希臘文化的主要成就，以這兩個時期最為突出，所以人們習慣上將古風時期和古典時期的文化稱為古希臘文化，而將馬其頓征服後形成的文化稱為希臘化文化。

文學在古希臘文化中佔有重要的地位。而神話則是古希臘文學的土壤，此後的詩歌、戲劇均以神話傳說為題材。

古希臘神話最為突出的特點是「神人同形同性」。神與人的差別僅在於神的不朽和具有超人的能力，而性格等則和凡人沒有分別。神也具有人所具有的各種美德和惡習。神話只是「人話」的藝術加工和再現，神的社會反映了希臘人的社會情境。

希臘文學的另一成就是荷馬史詩和希西阿德的詩歌創作。荷馬史詩包括《伊里亞德》和《奧德賽》兩部分，內容均以特洛伊戰爭為線索。前者頌揚了堅毅勇猛的尚武精神，後者則抒寫了坦蕩好奇的浪漫激情。這兩部史詩生動感人，質樸流暢，是希臘的民間行吟歌手一代一代地加工提煉而逐漸形成的環繞中心事件的敘事詩。到了西元前8世紀前後，這部史詩由盲詩人荷馬最後整理定型，約西元前6世紀形成文字定本。比荷馬稍晚的希西阿德的《田功農時》是一部教諭詩，是古希臘流傳下來的第一首以現實生活為題材的詩作，風格清新

自然，渾然天成。

流傳至今的《伊索寓言》，相傳是與梭倫同時代的伊索的作品，其中的故事多來自民間，一些故事對人有深刻的教益。

古希臘文學的最高成就是戲劇，特別是其中的悲劇。悲劇起源於每年春季酒神節對酒神道尼蘇斯的歌頌和祭詩。悲劇題材雖多為神話傳說，但實際表現的卻是人們普遍關心的社會現實問題。

古希臘大劇場實景圖　▲

古希臘人對哲學的發展也有很大的貢獻，其中有許多舉世聞名的哲學家，影響最大的是蘇格拉底、柏拉圖、亞里士多德。蘇格拉底（西元前469～前339年）是唯心主義哲學家，他以研究社會倫理道德為主，認為哲學的目的在於教導人們要過有道德的生活。他的思想中有許多合理的內核，如辯證法、真理的相對性等。

擲鐵餅者　▼

柏拉圖的哲學思想核心為「理念論」，他認為在物質世界之上還有一個超經驗的理念世界，理念是第一性的，物質是第二性的；物質由理念衍生；物質世界變動不居，只有理念才是永恆不變的真實客觀存在。

亞里士多德（西元前384～前322年）在世界觀方面是個二元論者，他曾批判柏拉圖的理念論，承認物質的客觀存在性。「吾愛吾師，但更愛真理」是他的名言。

古希臘的唯物主義哲學首先產生於小亞城邦米利都和以弗所。最早的唯物論學派是米利都學派。

古希臘建築與雕刻

　　希臘人在藝術上的偉大創造，尤其是在建築和雕刻方面都達到了很高的水準，對後世產生了巨大的影響。

　　希臘人的建築藝術主要表現在他們的廟宇和公共建築物上，這些建築物多由大理石建成，極為典雅美觀。從古希臘柱廊和雕刻藝術裝飾的區別來看，建築可分為三種形式：形成於古風時代的多利亞式、愛奧尼亞式和形成於古典時代的科林斯式。多利亞式形態厚重樸實，石柱沒有柱礎，柱頭也沒有裝飾，呈簡單的圓盤形。其代表是西元前447～前438年建成的帕特農神廟。愛奧尼亞式形態典雅秀逸，石柱有柱礎，柱頭有渦捲形裝飾，比多利亞式更加優美。其代表是雅典的伊利特昂神廟。科林斯式是愛奧尼亞式的變化，柱基和柱頭更具裝飾

帕特農神廟 ▲

性，顯得華麗精巧。其代表是雅典比昂神廟。

　　雕刻與建築藝術有密切關係，希臘的雕刻藝術在現
實主義表現手法上尤為突出。雕刻作品以
體態健美、形象逼真和比例勻稱而得到普
遍稱讚。最著名的雕刻家是雅典的菲狄亞
斯（西元前462～前430年）、米隆（西元
前492～前452年）和坡里克利特（西元前
462～前416年）。菲狄亞斯以雕刻神像而
著稱，藝術特點是秀雅自然、高貴完美，
《雅典娜像》和「宙斯像」為其代表作。
米隆擅長刻畫運動中的人體，以《擲鐵餅
者》馳名於世，它生動地表現了運動員在
擲出鐵餅前一刹那間的姿勢，自然而準
確。坡里克利特則以雕刻靜態人體見長，
《持矛者像》是其代表作，形象堅實有
力，是人體雕塑的典範。

米隆的維納斯雕像　◄

世界上下五千年

雅典衛城遺址　　▲

79

羅馬的征服與擴張

世
界
上
下
五
千
年

羅馬的強勁對手 ▲
——一位高盧人在殺死妻
子後，寧可自殺也不願向
敵人投降。

　　羅馬共和國剛剛建立之時，只是臺伯河左岸拉丁姆地區的一個小城邦。周邊不僅有伊達拉里亞人、薩莫奈人、埃魁人等強鄰，還不時受到來自半島南部的希臘人、波河流域的高盧人的軍事威脅。面對這種局面，剛剛建立的羅馬國家對外發動了統一義大利的征伐。

　　羅馬征服義大利的第一步是征服伊達拉里亞人。這場「維愛」戰爭從西元前477年開始，先後進行了三次，直到西元前396年最後攻佔了維愛城，既解除了北鄰的威脅，又使羅馬的領土擴大了一倍。隨後不久，羅馬人又遏制了高盧人的進攻，迫使高盧人退回到波河流域。

　　西元前5世紀中葉以後，羅馬與薩莫奈人為爭奪富庶的坎佩尼亞、加普亞等地，進行了長期的爭鬥。從西元前343年開始，經過三次薩莫奈戰爭，羅馬於西元前290年終於戰勝了薩莫奈人，征服了中部義大利。

　　薩莫奈戰爭之後，羅馬轉入向南部義大利的進攻。至西元前272年，羅馬征服了除波河流域之外的整個義大利半島，成了西部地中海區的一個強國。

　　羅馬在征服義大利之後，沒有派人直接管理被征服地區，也不是採取同一政策，而是按照各地、各部族在被征服過程中的表現和對羅馬的態度以及他們各自在經濟上、戰略上的地位等綜合因素，將其劃分為五種類型，分而治之。

　　羅馬在爭奪地中海霸權的過程中，首當其衝的便是

征服西部地中海區域另一強國迦太基。迦太基版圖包括北非的西部，西班牙的東部和南部，西地中海的巴利阿里群島、撒丁島、科西嘉島以及西西里島的大部分。它是羅馬進一步對外擴張的主要對手。因羅馬人稱腓尼基人為「布匿」，所以兩國之間的戰爭被稱為「布匿戰爭」。

從西元前264年至西元前146年，布匿戰爭先後進行了三次。羅馬最終消滅了迦太基。

在布匿戰爭進行的同時，羅馬還通過西班牙戰爭、馬其頓戰爭和敘利亞戰爭完成了對西班牙、希臘、馬其頓和小亞細亞的征服。

羅馬的對外擴張和掠奪極大地促進了奴隸制經濟的發展和階級關係的變化。羅馬奴隸主在戰爭中掠奪了大量財富，侵佔了大片土地，俘獲了數以萬計的戰俘。這就為奴隸制的進一步發展奠定了基礎，而同一時期羅馬社會經濟的普遍高漲，也為大規模地經營和使用奴隸提供了可能。

西元前3世紀至前2世紀，羅馬奴隸制發展的一個重要特徵，就是奴隸勞動帶有明顯的商品生產的性質。

羅馬對地中海世界的征服和奴役，加速了它的手工業，特別是商業和高利貸業的發展。而伴隨而來的是羅馬社會又興起了一個新興的富有階層——騎士。騎士的生活目標是發財致富，而不看重門第和權力，不關心國家和公共福利。

高盧人的青銅頭盔　▲

凱爾特人，即羅馬人稱之的高盧人，他們曾和羅馬人共同佔據著義大利半島，精於冶煉，這具頭盔大概為高盧人首領所擁有。

羅馬人與迦太基人的戰鬥　油畫　▲

士兵胸甲　▲

亞歷山大大帝

亞歷山大帝國是在馬其頓王國的基礎上建立起來的。古馬其頓位於希臘半島北部,大體上相當於今天的南斯拉夫、保加利亞和希臘相互毗連的部分。西元前5世紀後期至西元前4世紀初期,馬其頓王國初步形成。隨後的科林斯會議,標誌著希臘城邦獨立時代的結束和馬其頓在希臘霸權的確立。

西元前336年夏,正當馬其頓與希臘聯軍準備進軍波斯之際,馬其頓發生了宮廷政變。在這個突如其來的政變後,腓力二世在其女兒的婚宴上被刺身亡,年僅二十歲的兒子亞歷山大隨之繼位。亞歷山大少年時曾師從希臘著名學者亞里斯多德,深受希臘文化的薰陶,並一度隨父參加喀羅尼亞戰役。因此,他即位時已是一位具有相當政治、軍事才能的人物了。他在迅速鎮壓了馬其頓貴族的叛亂和希臘的反馬其頓起義之後,便開始實施他遠征波斯的計劃。

西元前334年春,亞歷山大率步兵三萬、騎兵五千和戰艦一百六十艘,向波斯大舉進攻。這時,波斯帝國已趨衰弱,大流士三世又昏庸無能,根本無力同強大的亞歷山大軍隊相抗衡。馬其頓、希臘聯軍渡過赫勒斯滂海峽後,佔領了小亞細亞半島。第二年,亞歷山大又揮師南下,攻打敘利亞,與大流士三世軍隊會戰於伊蘇,波斯軍大敗。

亞歷山大大帝像　▲

亞歷山大士兵所戴的　▼
佛里幾亞頭盔

金橡葉花冠　▶
亞歷山大從他父親腓力二世
那裡得到的佩飾

西元前332年，亞歷山大佔領了埃及，旋即揮師北上，進攻巴比倫。在底格里斯河東岸的高加米拉戰役中，波斯軍被徹底擊潰，大流士三世逃亡，後被一倒戈波斯總督所殺，巴比倫和蘇撒先後淪亡。西元前330年春，亞歷山大又佔領了波斯舊都帕賽波里斯，波斯帝國至此滅亡。

後來，亞歷山大還進兵中亞細亞，遭到游牧部落的強烈抵抗。西元前327年，他率軍南下入侵印度，又遭到印度人民的反抗，加之士兵水土不服，厭戰情緒空前高漲，亞歷山大才不得不停止遠征，於西元前325年返回新都巴比倫，歷時十年之久的東征到此結束。

亞歷山大出征時，是馬其頓、希臘聯軍的統帥，充其量是個巴爾幹半島的小霸主。經過長達十年的征戰，建立了地跨歐、亞、非三洲的奴隸制大帝國，其疆域西起希臘半島和馬其頓，東到印度河上游流域，南達尼羅河第一瀑布，北至中亞的藥殺水（今錫爾河）。其領土之廣闊，可謂空前。

亞歷山大的威武戰馬 ▲
布斯法魯斯的雕像，布斯
法魯斯曾帶著主人安全地
經歷了數十次戰役。

表現不戴頭盔的亞歷 ▼
山大大帝追擊大流士戰馬
的圖畫

秦統一中國

秦國以秋風掃落葉之勢，先後消滅了韓、趙、魏、楚、燕、齊六國。西元前221年，秦統一了全國。

秦王嬴政自己從「三皇」和「五帝」兩個稱號中各取一個字，合起來稱為「皇帝」，並且因為他是歷史上第一代皇帝，就稱「始皇帝」。從此，中國歷史上就有了皇帝這個稱號。

秦始皇設置郡縣，把天下劃分為三十六個郡，郡以下設縣。每個郡都由中央政府直接任命三個長官去治理，他們分別是郡守、郡尉和郡監。郡守是一郡最高的行政長官，統管一郡所有的重大事務。郡尉管理治安，全郡的軍隊由他統領。郡監是負責執行監察方面的事情的官員。中央政府的組織機構也慢慢成型，秦始皇規定中央朝廷裡應設置丞相、御史大夫、太尉、廷尉、治粟內史等幾個重要的職務，協助皇帝治理國家。所有這些官員都由皇帝一人任免和調動，薪俸從國庫裡領取，一概不得世襲。秦始皇還統一貨幣，規定以後一律使用圓形方孔、每個重半兩的銅錢，以前各國的舊貨幣全都作廢，不許再在市面上流通。秦始皇還統一

秦始皇像　▲

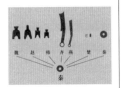

秦統一六國貨幣簡圖　▲

秦統一文字示意圖　▲

陽陵銅虎符　◀

這是秦始皇調動軍隊的憑證

了度量衡。秦始皇又下令，一要「車同軌」，二要「修馳道」。車同軌就是規定車軸上兩個輪子間的距離，所有車輛兩輪子間的距離都定為六尺（約合1.5公尺）。修馳道就是修築從京城咸陽到全國各個重要地方的大路。大路路面一律寬五十步（每步六尺）。秦始皇又下令統一全國的文字，規定將小篆作為全國統一使用的標準文字。後來秦始皇又命人根據民間流行的字體，整理成一種比小篆更便於書寫的字體，叫做隸書，全國通用。

秦始皇壽字蟲鳥篆書　　▲

廷尉李斯認為儒生利用歷史詆毀秦始皇的政策，並認為他們蠱惑民心。因此他進言秦始皇實行「焚書坑儒」，結果只剩下農書、醫書及求神問卜之類的實用性書籍保留下來，其他文字均被付之一炬。頑抗的儒生遭到鎮壓。

秦始皇統一中國以後所實行的廢分封、設郡縣，統一貨幣、度量衡、文字等政策，有利於加強國家的統一，有利於推動社會經濟文化的進一步發展。這是秦始皇建立的巨大功績。

秦兵馬俑一號坑實景圖　　▼▶

羅馬的奴隸起義

羅馬角鬥士頭盔 ▲

西元前一世紀的羅馬貨幣 ▲

面對新的形勢，羅馬奴隸制社會長期醞釀的各種矛盾開始充分暴露出來，各種鬥爭錯綜複雜，日趨尖銳。在這期間，爆發了兩次著名的奴隸起義──西西里奴隸起義和斯巴達克起義。

西西里奴隸起義發生過兩次（西元前137～前132年，西元前104～前101年），優努斯和克勒翁、薩維攸和阿鐵尼奧分別是起義的領袖。他們曾多次打敗前來鎮壓的羅馬軍隊，並一度分別在恩那城和特里奧卡拉城建立起自己的政權，最後均以失敗而告終。西西里奴隸起義沉重打擊了羅馬奴隸主的統治，拉開了羅馬共和國後期鬥爭的序幕。

當羅馬忙於第三次米特拉達梯戰爭的時候，義大利本土爆發了大規模的奴隸起義──斯巴達克起義。

西元前73年，色雷斯籍的角鬥奴斯巴達克率領七十名奴隸在加普亞舉起義旗，隊伍很快發展到七萬人，在起義隊伍最壯大時，曾達到十二萬人。斯巴達克起義軍在義大利本土上南征北戰，沉重地打擊了羅馬奴隸主階級。起義一直持續到西元前71年，最後遭到克拉蘇率領的羅馬軍隊的鎮壓，斯巴達克也在戰鬥中壯烈犧牲。

斯巴達克雕像 ◀

斯巴達克起義使奴隸主階級的統治秩序遭到沉重打擊，城邦制的危機也進一步加深了。統治階級進一步意識到必須尋找一種新的統治方式，以加強對奴隸等被壓迫階級的統治。斯巴達克起義也深刻影響了羅馬奴隸制經濟，此後，授產奴隸制剝削方式逐漸被奴隸主所接受，隸農制也開始出現。

角鬥浮雕　　　　　　　▲

斯巴達克起義後，羅馬社會各種矛盾更加白熱化，統治階級內部爭權奪利的鬥爭愈演愈烈，進一步加快了羅馬由城邦共和制向帝制轉變的步伐。西元前60年，羅馬三位具有相當實力的政治巨頭克拉蘇、龐培和凱撒為了共同的利益結成秘密的政治同盟，史稱「前三頭同盟」。三人瓜分了羅馬國家的權力，其同盟的實質是三人的獨裁統治。

世界上下五千年

科羅塞奧姆競技場　　　◀
野蠻的人獸決鬥就在這裡上演。

羅馬共和國的滅亡

蘇拉頭像　▲

獨裁者蘇拉是羅馬城中最令人恐怖的人

　　蘇拉出身於沒落的貴族世家，他為人剛愎自用，機敏狡猾，而且野心勃勃。西元前88年，蘇拉當選為執政官後，通過聯姻與貴族結盟，成為貴族派的領袖。隨後，蘇拉因爭奪米特拉達梯戰爭的指揮權和以馬略為代表的民主派展開了激烈的鬥爭。

　　西元前83年，蘇拉在結束了第一次米特拉達梯戰爭後返回義大利，不久即戰勝了以馬略為代表的民主派，並於次年冬以勝利者的姿態進入羅馬，重掌政權，發佈《公敵宣告》。隨後，他血腥屠殺馬略的追隨者，建立起羅馬歷史上第一個獨裁統治。

　　蘇拉被元老院宣佈為終身獨裁官。為加強和鞏固其獨裁統治，蘇拉恢復並加強了對元老院的嚴密控制，取消部落表決制，恢復百人隊表決制，剝奪了保民官的權力，並將其同黨充實到元老院。但是，蘇拉的獨裁並不鞏固。西元前78年，蘇拉一死，他的各項政策便逐漸被廢除。蘇拉獨裁開創了毀滅共和制的先例，使羅馬政權

表現凱撒被刺死的繪畫。　▲

儘管事先受到威脅，凱撒還是沒帶武器便來到元老院，在凶手中，他認出布魯圖斯──他之前非常信任的人，死前他說道：「你也這樣，我的兒子！」

凱撒頭像　▲

為之轉變。

西元前45年，凱撒在擊敗了龐培之後，成為羅馬唯一的最高統治者。其後，他通過各種途徑先後擁有了執政官、終身保民官、大元帥、大祭司長等各種頭銜。西元前44年，元老院又任命他為終身獨裁官。凱撒成為繼蘇拉之後的又一個獨裁者。凱撒掌權期間，針對當時的社會問題，實行了一系列改革。凱撒的改革使包括行省在內的羅馬境內所有奴隸主階級的利益得到維護，進一步擴大了羅馬國家的統治基礎，適應了共和制向帝制轉變的歷史趨勢。凱撒去世後不久，執政官安東尼、騎兵長官雷必達和凱撒的養子屋大維，密謀磋商，公開結成政治同盟，即「後三頭同盟」。三頭共同執掌羅馬政權，並三分行省。三人的地位和權力還獲得了公民大會的承認，披上了合法的外衣，成為名副其實的三人獨裁統治。

然而，盟約並未永久阻止內部爭奪。屋大維首先於西元前40年剝奪了雷必達的軍權，又於西元前31年六月在阿克興海角一戰中戰勝安東尼。安東尼在亞歷山大城陷落時自殺。次年，屋大維返回羅馬，建立並鞏固了個人獨裁統治，羅馬帝制最終取代了共和制度。

羅馬共和國的滅亡是羅馬經濟、政治發展的必然結果。一方面，羅馬共和國中期以後，奴隸制經濟發展迅速，土地兼併日益嚴重，大地主的形成和小農的破產瓦解了小農經濟，城邦賴以存在的經濟基礎逐漸崩潰，這就使得城邦滅亡成了歷史的必然。另一方面，羅馬征服了地中海世界後，事實上已經成了一個地域遼闊的帝國，階級關係和社會矛盾都發生了深刻的變化，原來建立在城邦基礎之上的共和政體已不能與這一變化相適應，只有代表更廣泛利益的奴隸主階級專制政權，才能夠勝任對廣大奴隸等被統治階級的專政。

西元前1世紀的纏絲 ▲
瑪瑙杯

羅馬人認為農業是最高 ▲
貴的職業，但當自給自足
無法實現時，人們發現奴
隸和佃農耕種了大部分土
地，城市地主在榨取他們
的勞動成果。

在這塊羅馬浮雕上，一 ▲
個不戴帽子的凱爾特人正
在抵抗羅馬士兵，保衛家
園。對此，凱撒作出了野
蠻的反應，在他佔領了凱
爾特的關隘之後，砍掉了
所有拿武器的人的雙手。

羅馬帝國的崛起

　　在城邦制基礎上建立起來的羅馬共和政體從地處義大利一隅的蕞爾小邦躍居為囊括地中海區域的奴隸制大帝國後，在階級關係發生變化和階級鬥爭日益加劇的形勢下，其共和政體已不能適應當時羅馬社會的發展，因而勢必要建立軍事獨裁以加強和鞏固整個帝國範圍內的奴隸主階級的統治。屋大維成為羅馬唯一的全權統治者後，便開始步凱撒的後塵，採用「元首」稱號正式開始他的軍事獨裁統治，成為了羅馬帝國實質上的皇帝。

屋大維像 ▼

　　屋大維獨攬大權後，曾先後獲得形形色色的頭銜：如「大元帥」、「元首」、「奧古斯都」、「祖國之父」等，所有這些頭銜表明，屋大維是集

西元10年左右的一幅鑲有寶石的浮雕，描繪 ▲
了奧古斯都出生在一位象徵羅馬的戴盔女神旁
邊，正以花環加冕。

行政、軍事、司法、財政和宗教等大權於一身的君主，其地位可謂至高無上。

為了維護自己的獨裁統治，屋大維特別注意提高奴隸主階級的地位，擴大他們的特權。他明確規定，元老必須出身貴族，服滿規定年限的軍役，擁有一百萬塞斯退斯的地產。元老可以擔任軍事長官、行省總督以及執政官之類的高級職位。僅次於元老地位的是騎士，其財產應為四十萬塞斯退斯。騎士有資格擔任督察使等財務官員，還可以擔任重要的軍政職務，諸如艦隊司令、供糧總監、埃及太守和近衛軍長官等。騎士可以作為元老候選人，元老之子在進入元老院之前必須先做騎士。這樣一來，共和制後期彼此爭鬥的這兩個等級，都在帝國社會中享受著元首政治的恩寵，因而也都大力支持元首政治，成為元首政治的中堅力量。

無產平民由於具有自由公民身分，而且是雇傭兵的來源之一，所以屋大維對他們實行既鎮壓又籠絡的兩手政策：一方面，嚴格限制平民的政治活動，以避免暴動的發生；另一方面，又以所謂的「麵包和競技場」策略，即發放救濟糧、舉辦娛樂活動和給予各種施捨等措施來收買他們。屋大維的這些手段的成功運用，使羅馬城市的無產平民或耽於娛樂，或充當政客權貴的門客黨羽，或充當雇傭兵，漸漸失去了早先的政治作用。對奴隸階層，屋大維則實行嚴厲的統治和殘酷鎮壓的政策。

屋大維在對外政策上採取了靈活多變的政策。在東方，他採取了較為緩和的手段來處理羅馬和安息之間的緊張關係；在西方，則繼續推行侵略擴張政策。經過數年的侵略戰爭，羅馬疆域擴張到東起幼發拉底河，西至大西洋，南到撒哈拉沙漠，北至多瑙河與萊茵河。

奧古斯都的妻子利維亞 ▲
曾經對丈夫施加了巨大的影響。

刻有「帝國之鷹」 ▲
的佩飾

奧古斯都時期的金幣 ▲

羅馬創立帝位繼承制

羅馬軍隊作戰時常用的 ▲
鐵製兵器尖頭

這只青銅環扣，用來固 ▲
定胸甲，保護羅馬士兵身
上的護甲。

　　西元14年屋大維去世後，屋大維的養子提比略（西
元14～37年在位）繼位，從此羅馬帝國開始了帝位繼承
制。在西元1～2世紀，羅馬帝國共經歷了三個王朝：朱
里亞・克勞狄王朝（西元14～68年）、弗拉維王朝（西
元69～96年）、安東尼王朝（西元96～192年）。在這三
個王朝統治的近兩百年間，帝國達到鼎盛，並號稱實現
了一代「羅馬的和平」。其實，此時的羅馬帝國仍然充
滿了統治階級的內部紛爭、奴隸起義和被壓迫民族的解
放鬥爭，所謂的「羅馬的和平」，只不過是統治階級的
自我標榜而已。

　　朱里亞・克勞狄王朝統治時期，皇權進一步加強，
官僚體系逐步建立。提比略的統治基本上延續了屋大維
的統治政策，他取消了公民大會的選舉權和立法權，將
權力移交給了元老院，以此緩解與元老院之間的矛盾。
同時，他又以暴力手段血腥鎮壓反對派，大肆迫害那些
被認為有反叛行為的人。在他統治期間，元首顧問會已
成為較固定的機構，經常處理重要事件。他重用近衛軍

克勞狄頭像　　　　　▲

尼祿頭像　　　　　▲

韋伯薌在尼祿死後的混亂中當 ▲
上羅馬皇帝，他在兒子台塔斯的
協助下鎮壓了猶太人的起義。

來保衛皇帝，但皇帝很快就被近衛軍所殺，而克勞狄則在近衛軍的擁戴下登上了皇帝的寶座。在克勞狄統治時期（西元41～54年），初步建立起了一整套官僚機構：秘書處掌管內政、外交和軍政，財務處經管財政，司法處處理法律事務。他將羅馬公民權授予行省居民，允許行省貴族進入元老院並委以高官。他還擴建了義大利的港口、道路，並興建了毛里塔尼亞行省。克勞狄死後，尼祿繼位。尼祿是歷史上著名的暴君，在他統治期間實行了一系列暴政，致使民怨沸騰。西元66年，巴勒斯坦爆發了大規模猶太人武裝起義，全殲羅馬駐軍。西元68年，高盧也爆發了討伐尼祿的起義，近衛軍隨之背叛尼祿，元老院也立即宣佈尼祿為人民公敵，尼祿在逃亡途中自殺。朱里亞・克勞狄王朝隨著尼祿的死亡而宣告終結。

克勞狄一世率軍入侵不 ▲
列顛時，共組成二十七個軍團，這是用於第八軍團的徽章——公牛和其他軍隊的徽章裝飾的青銅牌。

世界上下五千年

西元69年，即尼祿自殺後的第二年，東部行省和多瑙河軍團擁立韋伯薌為皇帝，建立弗拉維王朝（西元69～96年）。韋伯薌即任後，雖然殘酷地鎮壓了各地的起義，但他追隨克勞狄的政策，繼續向行省擴大公民權。為了挽救瀕臨崩潰的國家，他在政治、財政、軍事等方面進行了不少改革，使帝國政權不僅獲得羅馬、義大利奴隸主的支持，而且也獲得各省奴隸主的支持。西元79年，韋伯薌去世，其長子台塔斯繼位。台塔斯執政後不久，即被圖密善推翻。十五年後，殘暴的圖密善政權也在一次政變中宣告消亡，弗拉維王朝也隨之宣告結束。

提圖斯凱旋門　　　　　▼

羅馬帝國的黃金時代

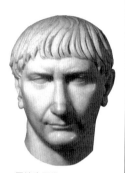

圖拉真頭像 ▲

圖拉真在位時，集中力量對外擴張，使達西亞人遭到毀滅性打擊，以致這一地區逐漸以它的征服者之名為後人知，即羅馬尼亞。

哈德良頭像 ▼

他非常迷戀希臘文化，以致於他的鬍鬚和頭髮都仿效希臘英雄們。

西元96年，由元老院推舉，舊貴族元老出身的涅爾瓦當上了皇帝，開始了安東尼王朝的統治時期。安東尼王朝是帝國皇權最為穩固的時期，被稱為羅馬帝國的「黃金時代」。在涅爾瓦統治期間，元老院的地位又得到恢復，並且實施了一些緩和社會矛盾的措施，但涅爾瓦遭到了軍界，特別是邊疆的統帥們的反對。涅爾瓦在位兩年後死去，戰功卓著的日耳曼總督圖拉真被推舉為皇帝。圖拉真即位後，實行較為溫和的政策，改善與元老院的關係，關心人民的疾苦，把帝國的疆土擴展到空前絕後的程度。圖拉真的後繼者哈德良，卻獨斷專行，激起人民反抗。西元132年，猶太人終於掀起大規模起義，他們佔領羅馬殖民地，殺死殖民者，堅持鬥爭達三年之久，但終遭殘酷鎮壓。繼哈德良之後的安東尼·庇阿統治時期，被認為是羅馬最為安定並且繁榮昌盛的時期。他對外採取防禦政策，對內與元老院和睦相處。但好景不長，到馬可·奧勒留統治時期，羅馬的「黃金時代」就結束了。

在展翅飛翔的勝利女神陪伴下，長鬚的 ▲
馬可·奧勒留與其軍隊列隊進入羅馬。

西元1世紀至2

世紀，大規模的戰爭已經停止，羅馬境內的廣大地區出現了長期的和平局面，為社會經濟的發展提供了極為有利的環境。

當時，生產工具和生產技術都有了較為明顯的進步。農業上出現了帶輪犁、割穀器，工業上則開始使用水磨、滑車和排水器械等工具。手工業發展尤為顯著，不僅門類增多，而且分工十分精細。傳統的手工業，如阿列提烏姆的製陶業、阿普亞的青銅製造業、莫納德的製燈業都興盛一時，產品遠銷外地。商業貿易也十分活躍，水陸商道暢通無阻，來往商旅絡繹不絕。對外貿易西達不列顛，東到印度、中國。這種規模廣泛的海陸貿易，促進了羅馬帝國各地城市的繁榮。這一時期，羅馬興起了一些著名的城市，如不列顛的倫丁尼姆（倫敦）、高盧的魯格敦（里昂）等等。羅馬城已經成為全國的中樞，阿普亞、那不勒斯等城市也都成為手工業和商業的中心。迦太基等曾被摧毀的城市也開始復甦，亞歷山大里亞城成為商品集散地和內外貿易的樞紐。

西元1世紀至2世紀羅馬帝國經濟繁榮和發展，是建立在落後的生產技術和殘酷剝削奴隸的基礎之上的，因此這種繁榮局面不可能持久。到西元2世紀末，奴隸制帝國的危機已經開始明顯暴露出來，羅馬帝國的黃金時代至此已經走到了窮途末路。

作為羅馬文化的一個重要組成部分，建築藝術也是古羅馬留給後世的一份寶貴遺產。羅馬的建築在共和國末期開始發展，到帝國時代達到空前規模。羅馬最著名的建築物，是屋大維時代修建、哈德良時代重建的萬神殿，這座神廟是古代神廟建築藝術的最高成就之一。西元1世紀晚期修建的哥羅賽姆大劇場，是羅馬劇場建築的典型，整個劇場可容納觀眾五萬人，其規模之宏大，讓人驚歎。

哈德良時代重建的萬神 ▲
殿內景圖

羅馬圖拉真紀功柱　　▲

羅馬帝國的衰落

農耕圖　　　　　▲

到西元3世紀，羅馬農業上的衰落給經濟帶來嚴重的損失。

羅馬石棺像　　　▼

　　從西元2世紀末到3世紀末，羅馬帝國爆發了全面的危機，史稱「三世紀危機」。

　　「三世紀危機」的根本原因，在於奴隸制社會基本矛盾的激化。在羅馬帝國前期，社會生產力得到進一步提高，勞動工具有了很大改進，這是羅馬帝國前期的「黃金時代」形成的主要原因。但到了西元2世紀以後，由於羅馬長期的奴隸制統治，人們開始鄙視勞動。伴隨著貧富分化的加劇，羅馬出現了流氓無產者人數急劇增加的現象。他們逃避勞動，完全靠社會養活，成為寄生在羅馬社會肌體上的贅瘤。更為嚴重的是，羅馬奴隸主階級及其統治機構日益腐朽，規模日趨龐大，各種開支浩繁，娛樂奢侈之風日盛。這種現象的出現，造成了財源枯竭，財政日益緊張，從而導致捐稅不斷增加，貨幣的含金量銳減，再加上國內混戰不已，社會動盪不安，羅馬帝國陷入了全面危機之中。

　　「三世紀危機」在經濟上首先表現為農業的衰落，農業的衰落又導致了手工業的衰落和商業及城市的蕭條。手工業作坊是靠奴隸和隸農的勞動支撐的，由於奴隸勞動生產率的降低和行省手工業產品的競爭排擠，各城市在共和末期和帝國初期發展起來的手工業也逐漸衰落下來。農業的衰落減少了農產品對城市市場的供應，而社會動盪、蠻族

入侵、海盜猖獗、商路阻塞以及政府強令城市徵收捐稅，再加上新發行的劣質貨幣不受歡迎，高成色的貨幣又被大量收藏，這一切都嚴重地影響了商業的發展，加劇了經濟的蕭條。

「三世紀危機」在政治上表現為統治集團內部紛爭不斷，混戰不休。軍人干預政治，尤其是近衛軍直接控制皇帝廢立的現象，使中央政權處於嚴重癱瘓狀態。西元192年，安東尼王朝的末帝康茂德被殺後，在短短六個月內近衛軍就先後擁立了兩個皇帝。行省駐軍也混水摸魚，各自擁立自己的皇帝，羅馬內部於是發生了一場四帝爭奪王位的混戰（西元193～197年）。

針對這種狀況，在塞維魯王朝（西元193～235年）的建立者塞維魯統治時，採取了抑制元老院、優撫軍隊的政策，但卻又引發了「士兵派」與「元老派」的鬥爭，軍人的權力反而更加膨脹。

塞維魯王朝結束後，羅馬又陷入長達五十年的大混戰，其間甚至出現過「三十僭主」（西元253～268年）並存的現象，這種混戰的局面一直持續到西元284年戴克里先稱帝才結束。這期間，羅馬帝國實際上處於瓦解狀態，中央政權完全陷入癱瘓。

殘酷的剝削和奴役，使羅馬境內的廣大奴隸陷入了苦難的深淵，在忍無可忍中，他們終於揭竿而起。西元206年，義大利首先爆發了由布拉領導的起義。西元238年，北非掀起了奴隸、隸農和當地土著居民的起義。西元263年，羅馬造幣工人發動暴動。西元274年，埃及爆發了費爾姆起義。爆發於西元269年的「巴高達」起義，是其中規模最大的一次起義。這些時斷時續、大大小小的起義，沉重地打擊了奴隸主的統治，讓本已處在崩潰邊緣的羅馬帝國更加迅速地走向滅亡。

羅馬內部的危機和動盪，給外族入侵提供了可乘之機。在東方，薩珊波斯攻佔了羅馬的幼發拉底河流域，並繼續向西擴張，進攻敘利亞。在東北，多瑙河以北的哥德人南下掠取拜占庭，襲擾小亞細亞和愛琴海地區。在北方，日耳曼人越過羅馬邊境，進入高盧的中部和東部，並在西班牙的東北部站穩了腳跟。阿爾曼尼人則乘機南下深入義大利中部。隨著日耳曼人大量湧入羅馬，羅馬帝國已處於四面楚歌的境地。

羅馬共治體制下的四位 ▲
皇帝像

基督教的產生與演變

基督教有關好心的牧人▲
讓迷途的羔羊返回羊群的
故事，是和基督教的形象
密切相關的，後來人們常
把基督比喻為迷途羔羊的
拯救者。

這個珠光寶氣的十字架▲
是皇帝查士丁尼二世贈送
給羅馬主教的禮物。

基督教產生於西元1世紀中期散居在巴勒斯坦和小亞細亞的猶太居民中，由艾賽尼派衍生而來。

基督教出現於下層猶太人中間，這有其深刻的歷史根源。猶太人歷史上就是一個多災多難的民族，不斷受到鄰近民族的欺凌。後來猶太人散居世界各地，長期飽嘗亡國之苦，尤其對羅馬的統治和奴役感受最深。西元66年和西元132年，他們曾兩次掀起大規模起義，但均告失敗。基督教正是在猶太人走投無路情況下而誕生。

早期基督教的思想吸收了在埃及、敘利亞、小亞細亞和伊朗等地廣為流行的宗教思想，教義雖然比較簡單，特徵卻很鮮明。主要表現在以下兩個方面：一是崇信耶和華為宇宙唯一真神，上帝將降福於所有民族的「選民」。基督教的「選民」打破了猶太教的概念，不僅包括猶太人，也包括其他一切非猶太民族的人民。二是強調只要信仰基督的降臨，就能得到拯救和上帝的恩賜。廢除了猶太教的各種獻祭和繁瑣的禮儀。基督教早期的政治思想是圍繞「天國思想」而形成的：反對羅馬和猶太上層的黑暗統治；仇視有錢有勢的人，同情弱者，救濟貧困；建立平等的、共同消費的、勞動人民掌權的新社會。這些政治思想，具有很強的鼓動性和戰鬥性。

基督教在羅馬帝國境內，特別是在地中海東部沿岸的各族下層居民中，得到了廣泛傳播。初期基督教的信徒主要是奴隸、隸農和自由貧民，他們在城鎮組織一些小規模的公社，以十字架為標誌，每個公社的信徒平等地在一起聚會、聽道、禱告、聚餐，彼此互相幫助。公

社的領導人被尊稱為長老或執事，後來又增設了財務監督。

在基督教早期的傳播過程中，以中產階級為骨幹的保羅派，逐漸戰勝了以貧民為骨幹的彼得派，從而使基督教發生了深刻的變化。這時期，基督教的變化主要表現在：（1）社會基礎的擴大和信徒成分的變化。（2）主教等神職人員的產生及其對教會的控制。隨著信徒的增多和捐獻的增加，早先的公社變成了教會，後來在教會裡又逐漸出現了集神權、財政權和管理權於一身的主教。主教制的產生，說明有產者已經掌握了教會。與此同時，《新約全書》各篇也逐漸定型，負責補充和解釋基督教教義的神學家——教父也開始出現。

華美的聖母　油畫　▲

在遭受長達三百年的迫害後，西元313年，基督教終於成為羅馬的國教。從此以後，雖然基督教藝術和其所表現出的人物形象大方光彩、華美異常，但基督教實際上卻走入了一個偏離基本教義的黑暗時期。

從西元2世紀末期開始，受奴隸制危機的影響，基督教得到了迅速發展。城鄉中等階層的居民以及受到震動和衝擊的奴隸主、大地主、大商人、官僚甚至皇室成員，紛紛皈依基督教。基督教的教會組織迅速發展，規模急劇擴大，羅馬、拜占庭、迦太基、亞歷山大里亞等城市逐漸成為所在地區教會的中心。大量有產者的加入，改變了基督教的社會成分，使基督教的教義發生了根本性的轉變。

基督教的發展和演變，使羅馬統治者對它的態度也發生了變化。他們逐漸改變了對基督教的政策，由最初的鎮壓改為寬容與鎮壓並行，再轉為依靠、扶植和利用。西元313年，皇帝君士坦丁頒佈《米蘭敕令》，正式承認基督教為合法宗教。西元325年，君士坦丁又將「三位一體」派定為正統派，而且確立了皇帝對教會的最高領導權。西元392年，提奧多西把基督教定為國教，讓基督教上升到羅馬帝國唯一合法宗教的地位。

這個宏大的雕像是國王 ▲
沙普爾二世的一種理想化
的面部雕像，它由一整塊
銀雕鑄而成。沙普爾二世
同時也是帶領他的家族與
羅馬帝國長期對抗的薩珊
王朝中最不仁慈的一位。

錢幣。君士坦丁大帝和 ▲
他象徵性的夥伴希臘皇帝
亞歷山大大帝（上）。兩
者都贏了「偉大」這一稱
譽，但他們的繼承人都辜
負了他們的期望。西元
337年君士坦丁死後，其
子君士坦丁一世（下）同
兩位兄弟爭奪對東部帝國
的控制權，而於西元350
年在一次軍事叛變中被
殺。

羅馬帝國的分裂

　　西元395年，羅馬帝國正式分裂為東、西兩部分。分裂後的西羅馬帝國，重演了「三世紀危機」時的悲劇。

　　「三世紀危機」時期，隨著羅馬帝國隸農制的進一步盛行，隸農逐漸成為羅馬農業生產的主要勞動力，隸農的身分和地位也日益惡化。這個悲劇的結果是，奴隸逐漸被排斥出生產領域。羅馬統治階級為挽救搖搖欲墜的政權，只好千方百計地維護奴隸制生產關係，從而致使羅馬社會的階級矛盾和民族矛盾進一步激化，廣大奴隸、隸農和其他下層人民的反抗鬥爭此起彼伏。西元4世紀以後，羅馬境內發生的人民起義，影響巨大的有三次：巴高達運動、阿哥尼斯特運動和西哥德起義。西元3世紀中期曾經爆發過的巴高達運動被鎮壓下去後，西元4世紀末期又重新發展起來，並由高盧蔓延到西班牙，到西元5世紀中期，聲勢浩大的農民戰爭，致使羅馬在不列顛、高盧、西班牙的統治完全瓦解。阿哥尼斯特運動於西元4世紀30年代開始在北非爆發，很快達到高潮，其參加者主要是奴隸、隸農和農民。西元373年，其起義主力遭到殘酷鎮壓後，餘部仍堅持鬥爭，直到汪達爾王國的建立。這次運動極其沉重地打擊了羅馬在北非的統治。

　　羅馬帝國內部的危機和人民起義給外族入侵提供了可乘之機，從西元4世紀末期開始，境外的蠻族相繼侵入羅馬。西哥德人率先侵入義大利，洗劫了羅馬城後，接著進入高盧。日耳曼部族中的汪達爾人、蘇維匯人和阿蘭人，則越過萊茵河，深入高盧和西班牙內地。汪達

爾人渡過直布羅陀海峽，佔領北非後，又一次洗劫了羅馬城。匈奴人也攻入義大利，直搗羅馬，迫使羅馬議和賠款後才撤出義大利。法蘭克人和勃艮第人侵入羅馬的北高盧和東高

伊斯坦布爾（君士坦丁堡）的古城牆 ▲

盧。到西元4世紀70年代，西羅馬帝國的領土僅僅剩下受過多次攻擊的義大利半島沒被佔領。

西元476年九月日耳曼人奧多雅克廢黜最後一個羅馬皇帝羅慕洛。至此，西羅馬帝國在人民起義和外族入侵的浪潮中最終滅亡。

西羅馬帝國的滅亡是羅馬奴隸制危機、封建制因素成長的必然結果。導致西羅馬帝國滅亡的根本原因，就在於羅馬社會的基本矛盾，即日益發展的社會生產力與奴隸制生產關係之間的矛盾。如果說奴隸、隸農和其他下層人民的反抗鬥爭從內部動搖著羅馬奴隸主階級統治的基礎，那麼統治階級內部的腐敗、混戰則進一步加速了西羅馬帝國的覆滅。另外，騎士階層、流氓無產者和馬略軍事改革所帶來的消極影響，東西羅馬的分裂和自保，帝國軍隊以及帝國政權本身的蠻族化，以及西羅馬帝國統治者對西哥德人的政策失誤等等，也對羅馬帝國的分裂和西羅馬帝國的滅亡產生了不可忽視的影響。

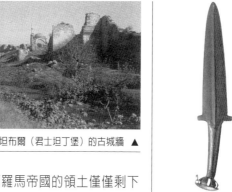

外族軍隊的入侵，使羅 ▲
馬帝國的領土支離破碎，
圖為匈奴士兵使用的鈴首
青銅短劍。

在今天英格蘭與蘇格蘭分界處，哈德良長城從海岸延伸開來，壯觀的景象使人回憶起當年強大的羅馬曾佔據不列顛，但到西元5世紀中期，羅馬在這裡的統治已危在旦夕。　▼

世界上下五千年

亞歷山大帝國的衰亡

在一次突圍中,亞歷山 ▲
大騎著戰馬布斯法魯斯粉
碎了戴頭巾的波斯軍隊。

一個政權無論曾經多麼強大,都有它走向衰老、死亡的那一天,龐大的亞歷山大帝國同樣也不能例外。

亞歷山大的東侵,給東方人民帶來了極為深重的災難,使他們飽受戰亂之苦。但是在客觀上,亞歷山大的東侵又使得希臘文明與埃及、巴比倫和印度的文明得以接觸、交流、融匯,增加了各民族間互相整合的機會,加快了人類歷史由分散走向整體的進程。

西元前333年亞歷山大的遠征軍在敘利亞的伊蘇斯戰役中打敗了大流士率領的波斯軍。這次戰役使古希臘和古代東方的關係告一段落。

為了讓帝國這臺龐大的機器更為有效地運轉,亞歷山大採取了一系列措施:定都巴比倫城,把統治中心放在東方,保留波斯帝國的行政制度,實行分省統治;鼓勵東西方種族間的通婚,藉此緩和民族矛盾;以馬其頓和希臘人充當骨幹力量,藉此保證征服者的統治地位;襲用東方專制政體,並利用宗教進行統治,鼓吹君權神授,從而使帝國的統治呈現出東方、馬其頓、希臘城邦三種因素的混合的特色。

亞歷山大雖然以武力建立龐大的軍事帝國,但這個

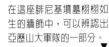

在這座腓尼基墳墓栩栩如
生的牆飾中,可以辨認出
亞歷山大軍隊的一部分。
▼

帝國既沒有統一的經濟基礎，也沒有共同的語言，所以其解體幾乎是不可避免的。

西元前323年六月，亞歷山大病逝。他的部將為爭奪對帝國的控制權而長期彼此征戰，帝國迅速瓦解。到西元前3世紀初，龐大的帝國一分為三，形成三個較大的王國：一個是馬其頓王國，它恢復原狀，成為一個疆域不大的民族王國，雖然未能直接統治其南面的希臘諸城邦，但基本上控制了這些地區；另一個是托勒密王朝統治下的埃及王國，埃及王國的特點是自然資源豐富，又有大海和沙漠作堅固的屏障，因此後來也成為三個王國中維持最久的一個；最後一個塞琉古王國，它由帝國的亞洲諸行省組成，是三個王國中疆域最為遼闊的一個。三足鼎立格局的形成，似乎預示著一個新的歷史時期的來臨，但這些國家奴隸制度的本質並沒有發生根本性的改變，只是城邦政治普遍為中央集權制所代替。希臘文化與東方文化之間的相互融合，展現出進一步發展的趨勢。這些王國存在的時間長短不一，到西元前30年，便先後被羅馬所滅亡。這標誌著亞歷山大帝國的神話至此已完全終結，同時也預示著一個新的時代的來臨。

這是一本中世紀的羊皮 ▲
書的一頁，記錄了亞歷山
大事蹟。

這幅來自提洛的工藝品 ▲
中，戴奧尼索斯騎著咆哮
的豹子，反映了這位希臘
神的雙重性格，並隨著希
臘文化傳遍亞歷山大的帝
國而日益受到歡迎。

金質戰車模型　　▶

希臘化時代

古希臘數學家歐幾里德▲及其希臘文《幾何原本》書影

古希臘雕塑家阿基桑德羅斯的作品之一——拉奧孔▼

古希臘物理學家阿基米德像 ▲

從西元前334年亞歷山大東侵開始，到西元前30年亞歷山大帝國被羅馬所吞併，這三百多年間地中海東部地區的歷史，被後世史學家稱之為希臘化時代。

希臘化時代的文化，是希臘文化與東方文化相互交流融匯的結晶。雖然它仍屬希臘文化的範疇，即使用希臘語言、承襲希臘的傳統，但與古典時期的希臘文化有明顯的不同。這不僅在於它包含了一定的東方文化的因素，而且還在於它是對那個擴大了的、變化了的世界的最直接的反映。如果說雅典文化是一種城邦文化，那麼希臘化時代的文化就是一種走向帝國的、多民族的文化。其基本的特徵是：希臘一體化和地方多元性相結合，消極沒落的個人主義和眼界開闊的世界主義相並存。與此同時，它的文化中心也從雅典移到了埃及的亞歷山大里亞。希臘化時代的文化，其成就主要包括如下幾個方面：

一是哲學方面，由於城邦理想的破滅和現實世界的擴大，人們的思想走上了兩個極端：一方面，人們滿懷熱情地去擁抱廣闊的世界；另一方面，卻對這個世界充滿了失望，退而只顧個人。

當時流行一時的斯多噶派、伊比鳩魯派、犬儒學派和懷疑主義，就是這兩種思潮的反映。二是文學方面，在形式上和內容上都有不同程度的創新，各種詩體有了明確的形式和內容，甚至還出現了一種科普詩，即用詩的語言來介紹科學研究的成果。三是藝術方面，個人肖像數量大增，群體雕塑、風俗雕塑和紀念性雕塑出現，城市建築有了總體規劃，東方的建築藝術得到了充分應用。四是史學方面，歷史著作的體例增多，出現了年代記、回憶錄、人物傳記、國別史、世界性通史、斷代史以及有別於政治史的文明史。五是宗教方面，出現了各種宗教相混合和向一神教發展的趨向。另外，科學方面取得的進步也超過了17世紀以前的任何時期。數學家歐幾里德的著作《幾何原本》，是世界上最早的公理化的數學作品，它的內容至今仍在學校裡被教師講授。阿基米德發現了槓桿定律和浮力的大小等於物體排開的液體重量的定律，提出了物體表面積和體積的計算方法。醫生們首次了解了心臟在血液循環中的作用、脈搏的重要性、感覺神經和運動神經的功能以及大腦的腦回。

　　希臘化時代的文化繼承和發展了希臘古典文化，吸收和利用了東方文化，成為從希臘文化到羅馬文化，進而到西方文化的橋樑。它打破了歷史上形成的東、西方世界各自獨立的格局，使它們合而為一，使人們首次想到把整個文明世界當作一個整體。

苦行的哲學家　油畫　▲

西元前4世紀的希臘犬儒派哲學家第歐根尼在白天點燈，用以「尋找誠實的人」。這是19世紀格羅姆的作品。

希臘化時期神廟中殘留　▲
的柱子，充分體現了這一時期的建築特色。

希臘化時期最成功的　◀
戲劇家是雅典的米南德，他的劇本片段常被複製成壁畫。儘管在表演中演員們仍舊戴著面具（左上），但已更多地體現了人物的本質。

安息帝國與絲綢之路

西元前2世紀用黏土製 ▲
成的帕提亞的戰士頭像

在歷史上，安息曾先後臣服於亞歷山大帝國和塞琉古王國，直到西元前247年安息才宣告獨立，建立了阿爾薩息王朝。安息立國之初，仍受到塞琉古王國的威脅，直到西元前1世紀中葉才隨著國家的日趨強大而慢慢擺脫了塞琉古王國的束縛。國王密特里達特一世時期（西元前170～前138年），安息帝國積極向外擴張，佔領了伊朗高原西部、兩河流域和中亞細亞南部，開始成為一個強大的帝國。

安息帝國在政治上實行君主制，王位由阿爾薩息家族世襲，但王權受貴族和僧侶議事會的限制。在奴隸主階層中，有七個顯貴氏族處於領導地位，操縱著國家的軍事、政治和經濟大權。國家軍隊以騎兵為主，分重裝騎兵和輕裝騎兵，貴族在軍隊中佔有重要地位。安息境內的兩河流域經濟發達，是帝國的經濟命脈，東部山地、沙漠以及邊緣草原地帶比較落後，居民仍屬游牧部落。

從西元前1世紀中葉起，安息帝國與不斷東侵的羅馬帝國之間長期進行著戰爭，安息帝國曾大敗過羅馬軍，雙方一度相持於兩河流域和敘利亞一帶。儘管安息帝國對西方的羅馬帝國長期處於戰爭狀態，但是對東方的中國卻始終和睦相處，關係密切。西元前2世紀末，張騫出使西域時，曾派副使訪問安息帝國，安息國王派大將率騎兵二萬到邊境迎接。從此，雙方往來密切，東西方

角狀飲杯 ▼
尼薩是安息都城，這個角狀
杯是在尼薩附近被發現的。

106

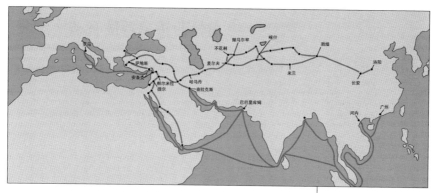

交通有了很大發展，「絲綢之路」成了當時重要的國際商道。「絲綢之路」的西段大部分在安息帝國境內，這不僅促進了中國與安息帝國之間商業的發展，而且也加強了東西方文化的交流。

安息帝國是一個鬆散的聯合體，由於長期的對外戰爭和內部矛盾嚴重地削弱了中央政權的統治，國家逐漸喪失了抵禦外來侵略的能力。西元226年，安息帝國在新興的薩珊波斯的大舉入侵下，軍隊節節敗退，很快便被薩珊波斯吞併。

絲綢之路路線圖 ▲

絲綢之路跨經六個歐洲國家，最大的威脅來自中亞地區佔山為王的強盜，為保護駝隊和線路的暢通，安息士兵常在本國道路上巡視。

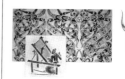
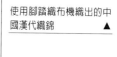

使用腳踏織布機織出的中國漢代織錦 ▲

這位3世紀哈特拉婦女的穿著及旁邊的 ▲▶
首飾充分體現了帕提亞人的審美時尚。

帕提亞人浮雕 ▲

安息帝國是由帕提亞人建立的。

匈奴西遷與亞歐民族大遷徙

漠南草原　▲

匈奴人建立的游牧帝國，最大特點就是「動」，此地為匈奴人曾活動過的地域。

「單于和親」瓦當　▲

此瓦當是漢、匈和親的有力證明。

西元6世紀，斯拉夫人南遷，進佔了色雷斯等地，成為今天東歐各國人的祖先。圖為保加利亞色雷斯人墓地內的女子立像。

　　匈奴是中國漠北的一個游牧民族，興起於西元前3世紀左右的戰國時期，秦漢時強盛起來，人口約為二百萬。秦漢時期，匈奴多次入侵中國的河套、山西以及河北等地，對中國北部邊疆構成了嚴重威脅。秦始皇曾派大將蒙恬北伐匈奴，並修築了萬里長城，以抵禦匈奴騎兵。

　　西漢初年，匈奴又不斷南下，騷擾漢王朝的北部邊境。從漢高祖到漢武帝，多對匈奴採取和親政策。漢武帝時，漢、匈之間的戰爭不斷升級，結果匈奴大敗，勢力漸衰。西元前54年，匈奴分裂為南、北二部。南匈奴歸附漢朝，北匈奴在漢朝軍隊的打擊下瓦解。東漢初，匈奴再度分裂為南、北二部。南匈奴與漢朝友好，後逐漸與漢人融合；北匈奴對南匈奴和東漢政權則持敵視態度。西元91年，北匈奴在東漢和南匈奴的聯合打擊下敗亡，北匈奴的一部分由單于率領離開漠北向西遷移。著名的匈奴西遷故事，就在這個時候開始了。

　　西遷的匈奴人大約有二十餘萬，他們首先在大漠西北烏孫所轄的悅般地區停留下來。西元105年至106年，北匈奴曾遣使來到漢朝，請求和親，漢帝沒有同意，從此北匈奴失去了與漢朝的聯繫。西元2世紀中葉，因不堪忍受鮮卑人的壓迫，北匈奴離開居住了七十餘年的悅般而西遷康居。因前往康居的道路極為艱險，所以只能挑選勇敢善戰者前往，剩下的老弱婦幼仍留在悅般。留下來的這些人後來逐漸與柔然（阿瓦爾人）部融合。

　　康居位於中亞錫爾河流域，與佔據阿姆河流域的大夏（大月氏人）為鄰，北匈奴在此停留了近百年。西元

3世紀中葉，因受到貴霜帝國和康居的聯合攻擊，北匈奴再次被迫離開康居遷往粟特。西元4世紀中葉，北匈奴人又離開生活了一個世紀的粟特西遷至東歐頓河流域。進入歐洲的匈奴人，首先與阿蘭人發生衝突。結果，阿蘭人大敗。不久，匈奴又乘勝進犯東哥德，這次進犯的結果是引發了日耳曼人的民族大遷徙。

匈奴西遷歷時二百八十年，長途跋涉六千餘公里，不僅跨越了整個中亞，而且深入歐洲腹地。在匈奴西遷的推動下，亞歐大陸眾多游牧民族紛紛捲入民族大遷徙的浪潮中。

在匈奴西遷的推動下，中國北方的游牧民族則開始南遷。

歐洲的斯拉夫和日耳曼等游牧民族也開始了聲勢浩大的民族大遷徙。

西元5世紀至6世紀，斯拉夫人開始南遷，他們越過多瑙河，不斷進攻羅馬邊境。西元578年，約十萬斯拉夫人進佔色雷斯、馬其頓和帖撒利等地。到7世紀初，斯拉夫人已遍佈巴爾幹半島北部各地，後來又經過幾個世紀的大遷徙，斯拉夫人各地居民經過長期的融合，逐漸形成了今天東歐的各個民族國家。

日耳曼人早在西元1世紀就從北歐南下，成為羅馬帝國北部的強鄰。西元4世紀，匈奴人西遷到達歐洲，從而引發了日耳曼人長達兩個世紀的民族大遷徙。西元375年，匈奴人進攻黑海沿岸的東哥德，在日耳曼諸部落中產生了連鎖效應。東哥德人戰敗後渡過德涅斯特河進入保加利亞，後又南下希臘，北轉義大利；西哥德人渡過多瑙河，先是定居於麥西亞（今保加利亞），後又攻入義大利，西元410年攻陷羅馬，西元419年移民高盧；汪達爾人進入高盧，後轉入西班牙，西元439年到達北非；盎格魯撒克遜人渡海進入不列顛；原居奧得河一帶的勃艮第人，定居於高盧的東南部；法蘭克人從萊茵河南下佔領高盧的北部地區；原易北河下游的倫巴底人，於西元568年在義大利北部建國。歐洲民族大遷徙至此結束。在這場大遷徙浪潮中，西羅馬帝國滅亡了，日耳曼人則成了西歐的重要民族，他們與當地的克爾特人、羅馬人長期融合，逐漸形成今天西歐各個民族國家。

由匈奴西遷引發的這場歷時幾個世紀的民族大遷徙，不僅打破了亞歐大陸南耕北牧的傳統格局，突破了地域間的封閉，而且還加強了亞歐大陸各地區、各民族間的經濟文化交流和民族融合，奠定了現代亞歐大陸主要民族和國家的基礎，從而形成了世界歷史的新格局和新版圖。

日耳曼人的征服歷程

日耳曼人是歐洲一個較為古老的游牧部族。在凱撒時代，日耳曼人正處在氏族公社階段，過著半游牧的生活，尚未完全定居，主要以畜牧和狩獵為生，兼營農業。他們的農業經營也是粗放型的，還帶有原始流動性質，幾乎是一年一遷徙。

在一個半世紀後的塔西陀時代，日耳曼原始社會已有了顯著進步。農業已成為主要生產部門，農業生產工具也有了極大改進，重犁開始代替木製輕犁。糧食生產出現剩餘，已經掌握了穀物釀酒技術。耕種的地方不再是一年一易，而是幾年才遷徙一次，生活也因此相對穩定，有了定居的村落。

東哥德人屬於日耳曼的一個部落 ▼

在經濟發展的同時，日耳曼人的土地制度和社會制度也開始發生變化。土地雖然仍歸氏族公有，定期分配給各家使用，但土地分配時卻出現了不平等，顯貴家族佔有較多較好的土地，戰利品也分得較多，成為氏族貴族。奴隸也開始產生，但主要來源於戰俘，數目不多。日耳曼人對待奴隸較為寬容，奴隸的地位近似於羅馬的隸農。

日耳曼人的氏族制雖然已開始解體，但國家卻尚未產生。氏族成員之間的平等關係被打破，佔有奴隸、職位世襲的氏族貴族和軍事貴族開始形成。軍事貴族的權力最初十分有限，但隨著掠奪戰爭的加劇，其權勢和財富日益擴大。軍事貴族周圍往往集結了許多親兵，雙方結成依從關係。親兵效忠貴族，貴族則供養親兵。如果貴族戰死，而親兵活著回

來，則被認為是奇恥大辱。久而久之，軍事貴族和親兵結成了專以戰爭和掠奪為生的軍事集團。

西元2世紀初，羅馬軍團撤出萊茵河流域，轉入戰略防禦。日耳曼人與羅馬之間的戰火逐漸平息，日耳曼社會進入了一個相對穩定的發展時期。羅馬生產工具與技術的輸入、雙方貿易交往的擴大，使日耳曼人不斷受到羅馬文明的影響。到西元3世紀時，日耳曼人的經濟又有了進一步的發展。

經過近百年的休養生息，日耳曼人口不斷增加，內部貧富分化日益加劇。西元3世紀時，日耳曼各部開始結成部落聯盟。從西元3世紀起，這些部落聯盟經常侵襲羅馬帝國邊境，羅馬此時已無力抵禦，不得不允許整族的日耳曼人以「同盟者」的身分進入羅馬境內，為其戍邊。西元4世紀末，在匈奴騎兵的壓迫下，小規模的日耳曼移民變成了大規模的民族遷徙，並以不可遏制之勢迅速蔓延至羅馬全境。

西元375年，匈奴向黑海沿岸的東哥德人發動進攻，引發了日耳曼諸部落向西方的大遷徙，從而開始了武力征服羅馬奴隸制帝國的過程。匈奴在粉碎了東哥德聯盟後，又迫使西哥德人向東羅馬地區潰退。西元376年，在得到羅馬皇帝瓦倫斯的許諾後，西哥德人渡過多瑙河，定居羅馬北部。在這裡，他們受到了羅馬官吏和奴隸主的盤剝凌辱，西哥德人被迫起兵反抗。西元378年，亞得里亞堡一戰，羅馬軍隊大敗，羅馬皇帝瓦倫斯戰死。羅馬的軍事防線被打開了第一個缺口，腐朽的羅馬軍隊隨之全線崩潰。

西哥德人打敗羅馬軍隊後定居希臘，不久轉而進攻義大利。西元410年，西哥德人又一舉攻陷羅馬。古都的陷落震驚了整個歐洲，它意味著羅馬帝國大勢已去，滅亡已指日可待。隨後，西哥德人轉戰南義大利，然後又揮師北上，進入高盧南部和西班牙。

就在西哥德人進攻義大利的同時，日耳曼人的其他部落也紛紛西遷，突破了羅馬帝國的北部防線。另外，汪達爾人穿過高盧和西班牙，渡海進入北非，佔領迦太基；勃艮第和法蘭克分別佔領高盧的南部和北部；東哥德人和倫巴底人進入義大利。至此，歷時兩個世紀的日耳曼民族大遷徙宣告結束。

在民族大遷徙的過程中，羅馬帝國受到了來自日耳曼游牧民族和國內奴隸、隸農和各族人民的沉重打擊，最終灰飛煙滅。日耳曼人在被征服的羅馬土地上建立了一系列的封建國家。

阿拉伯帝國的興起

阿拉伯人給予優美書法 ▲
很高的價值，成組放大的
手跡與幾何圖形一起被用
來裝飾很多的建築物。這
是一句阿拉伯名言，出自
第四位哈里發塔列卜之
手。

自從穆罕默德死後，阿拉伯帝國的繼
任者都稱為「哈里發」，意為先知的繼承
人。最初的四任哈里發，都由阿拉伯軍事
團體從穆罕默德的近親和密友中選出。第一任哈里發叫
艾布・伯克爾（西元632～634年在位），在他短暫的統
治期內，平息了半島各部落的叛亂，調和了穆斯林各派
別之間的關係，使政權得到鞏固，並走上了對外擴張的
道路。

第二任哈里發叫歐麥爾（西元634～644年在位），
他發動了阿拉伯歷史上規模空前的大征服戰爭，在「聖
戰」的旗幟下，對內部危機四伏、國力削弱的拜占庭以
及伊朗等中亞國家發動了一系列軍事進攻。西元635
年，在約旦河支流的雅姆克河谷，他率軍打敗了拜占庭
軍隊，佔領了敘利亞。西元638年，進攻耶路撒冷，征
服了巴勒斯坦。不久，又攻佔了伊拉克，深入波斯腹
地。西元642年，滅亡薩珊波斯帝國。與此同時，西路
大軍佔領開羅，將埃及納入哈里發國家的版圖。

第三任哈里發鄂斯曼統治時期（西元644～656年在
位），阿拉伯貴族和牧民之間地位和貧富的差別日益明
顯，國家政權開始具有貴族專政性質。鄂斯曼的親信及
其家族──倭馬亞家族，掌握了國家和軍隊的高級職
位。以阿里為代表的反對派創立了「什葉派」，反對鄂
斯曼政權，伊斯蘭世界從此開始了長期的宗教糾紛和政
治內訌。

西元656年，什葉派刺殺了鄂斯曼，阿里任第四任
哈里發（西元656～661年在位）。以敘利亞總督摩阿維

古城大馬士革 ▲

倭馬亞王朝曾定都於此，形
成強大的阿拉伯帝國，與唐
帝國並世稱雄。

亞為首的倭馬亞家族不承認阿里政權，還有一部分不滿阿里的人，也脫離了什葉派，另組軍事民主派——「哈瓦立及派」。至此，伊斯蘭教之爭更加嚴重。

西元661年，阿里被軍事民主派刺殺，敘利亞總督摩阿維亞趁機奪取了哈里發的權位，開始了倭馬亞王朝的統治時期（西元661～750年）。

倭馬亞王朝初期，將鎮壓反對派、鞏固統治作為頭等大事。而後在「聖戰」的口號下，繼續進行大規模擴張。阿拉伯軍隊幾乎同時向北、東、西三個方向出擊。在西方，新月旗橫掃北非，佔領了從突尼斯直到摩洛哥的馬格里布，將領土擴張到大西洋沿岸。又於西元714年征服了西哥德王國，佔領庇里牛斯半島，深入到歐洲腹地。直到西元732年，才被法蘭克軍隊打敗，其入侵西歐內陸的勢頭受阻。在北方，阿拉伯軍隊曾三次進攻君士坦丁堡，由於受到頑強抵抗而終未得手。在東方，向伊朗和中亞地區進攻。西元8世紀中期，阿拉伯帝國最後形成，與當時的唐帝國、拜占庭帝國和查理曼帝國為鄰，並世稱雄。倭馬亞帝國的各項管理機構和制度逐漸完善，阿拉伯社會封建生產關係也迅速發展起來，阿拉伯語從此成為帝國官方語言。

倭馬亞王朝統治後期，宗教矛盾、民族矛盾、階級矛盾以及統治階級內部的矛盾，錯綜複雜，尖銳激烈，各教派和各民族的反抗鬥爭愈演愈烈。西元747年，奴隸出身的伊朗人阿布·穆蘇里姆在伊朗東部的呼羅珊發動起義，提出減輕賦稅、取消勞役的主張，得到廣泛回應。西元750年，起義軍佔領了大馬士革，推翻了倭馬亞王朝。然而，勝利果實卻被伊拉克大貴族阿布·阿拔斯奪取，他自稱哈里發，建立了阿拔斯王朝，遷都巴格達。

騎馬的倭馬亞王朝▲
哈里發復原圖

阿拉伯勇士舉著先知穆罕
默德的旗幟向西進軍，傳
播他們的信仰。▼

穆罕默德創立伊斯蘭教

麥加的天房　　　▲

如今每年都有幾百萬人到麥加朝聖，天房是朝聖者們必拜之地。

以色列的岩頂圓寺是世界上最古老的伊斯蘭教建築之一。該寺矗立在老城東邊，是耶路撒冷最高的建築。　　　▼

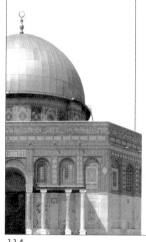

　　阿拉伯半島地處東西方交通要道，自古就是東西方大國必爭之地。西元525年，拜占庭慫恿阿比西尼亞（今衣索比亞）佔領也門，控制了東西方的商路。西元575年，薩珊波斯又出兵驅逐阿比西尼亞人，控制了也門，並將東西方的商路改道由霍爾木茲海峽經由波斯灣到達中東。無休止的戰亂和傳統商路的改變，使阿拉伯南部農業生產瀕臨崩潰，商業蕭條，城市失去往日的繁華。人口的大量北移，使阿拉伯半島又回到游牧或半游牧的生活狀態。雖然戰亂頻繁，但國際商貿活動也溝通了半島與外部世界的聯繫，給阿拉伯社會帶來了東西方先進的文化：阿比西尼亞人帶來了他們信奉的基督教；薩珊波斯人信奉的祆教也隨著他們對半島的控制傳入阿拉伯社會；猶太人則讓阿拉伯人見識了猶太教。所以，信仰多神教的阿拉伯人早在伊斯蘭教產生之前，就已經接觸到大量的有關多神教的知識。

　　國際紛爭和半島經濟的衰敗，使阿拉伯各氏族部落之間的矛盾、民族矛盾、階級矛盾一觸即發。各種矛盾表現得最為劇烈的是麥加，因而一般阿拉伯民眾要求實現社會安定、過上美好而幸福的生活的願望，在這裡表現得也最為突出。穆罕默德（約西元570～632年）就出生在麥加的古萊西部落哈希姆族的一個沒落商人家庭。他的父親在他還沒有出生時就死於去敘利亞經商的途中，六歲時，他又不幸失去了母親，由祖父和叔父帶大。十二歲時，他便隨商隊外出經商。童年的不幸，讓穆罕默德早熟，使他極早就關注起現實社會問題，早年的經商活動又使他諳熟了半島上的風土人情和宗教信

仰。二十五歲時，他與麥加的富有寡婦赫底徹結婚，這為他以後專心思考現實社會問題提供了雄厚的物質基礎。經過一段苦心修行之後，西元610年，穆罕默德宣佈自己已獲得阿拉的啟示，伊斯蘭教由此建立起來。

「伊斯蘭」意為順從，即順從真主阿拉的旨意。穆罕默德為自己所創立的宗教取名「伊斯蘭」，可見其統一阿拉伯半島的鮮明的政治目的。但傳教之路卻是異常艱難的，在麥加，伊斯蘭教首先遭到以蘇菲揚為首的麥加貴族的反對。這時因為穆罕默德的宗教在觸動阿拉伯人傳統的多神信仰的同時，還妨礙了控制著克爾白神廟的麥加商人貴族從神廟崇拜活動中獲得收益。西元622年九月，穆罕默德偕同少數信徒星夜逃往麥加以北的雅特里布，這在伊斯蘭教歷史上有著極為重大的意義。

穆罕默德在雅特里布將追隨他的穆斯林（遷士）和當地的穆斯林（輔士）聯合了起來，組成了穆斯林公社（烏馬），將雅特里布改名為麥地那，意為「先知之城」。至此，政教合一的阿拉伯國家雛形已經形成。隨後，穆罕默德在穆斯林的支持下，積極擴大伊斯蘭教的勢力和影響。在西元624年的白爾德戰役中，他再次擊敗來犯的麥加貴族軍隊。西元630年，穆罕默德的穆斯林武裝兵臨麥加城下，麥加貴族只得被迫承認其權威，宣佈接受伊斯蘭教。阿拉伯半島其他地區紛紛表示歸順伊斯蘭教。西元632年在穆罕默德去世時，阿拉伯半島在伊斯蘭教的旗幟下完成了政治統一。

隨後，阿拉伯國家處於四大哈里發統治時期（西元632～661年）。他們在鞏固了半島的政治統一的基礎上，將統治區域擴大到中亞和地中海沿岸，這使伊斯蘭教得以成為世界性宗教。與此同時，阿拉伯國家在其所征服地區（拜占庭帝國、薩珊波斯屬地）封建制度的影響下，也逐漸走上封建化的道路。

在這本《可蘭經》▲
首頁，圍繞阿拉伯經文四周的是令人眼花撩亂的幾何圖案。

禮拜是穆斯林重要的▲
「五功」之一，在伊斯蘭教產生初期，穆罕默德每日都進行五次禮拜。

法蘭克王國

身著羅馬服飾出現在硬幣上的查理曼大帝像。▲

西元6世紀騎在馬上的武士徽章，是法蘭克人權力正在上升的標誌。▲

騎士制度興起於8世紀，當時的統治者有足夠財富可以向騎士們提供戰馬、武器與盔甲，以使他們在戰爭中效忠法蘭克王國。▼

　　西元1世紀，法蘭克人居住在萊茵河的下游。西元406年，法蘭克人隨同西哥德人、勃艮第人一起進入羅馬帝國的高盧地區（今法國境內）。西元481年，克洛維成為法蘭克人的軍事首領，經過多年征戰，法蘭克開始走向強大。到西元511年克洛維去世時，法蘭克王國已將羅馬高盧的大部分地區征服。

　　在征服的過程中，佔領羅馬皇室領地的法蘭克國王將其作為獎賞，賜予他的廷臣、將軍、親信、教會和修道院。這些新興法蘭克貴族的地主與被保留下來的高盧羅馬大地主一起，構成了法蘭克國家的地主階級。

　　法蘭克地主階級的發展歷程，同時也是自由農民喪失土地淪為依附農民的歷程。代表地主階級利益的封建統治者將封建化的成果以法律的形式肯定下來，這就構成了法蘭克封建化的一條主線。這一過程可分如下三個階段：

　　第一階段是內戰時期（西元511～714年）。這個時期的特徵是王權衰弱，社會動盪不安。長期的戰爭破壞使較脆弱的自由農民只好投身於大地主的門下，法蘭克的封建生產關係也由此產生，其結果是大土地所有制的成長和自由農民逐漸淪為依附農民。

　　第二階段是宮相查理·馬特的采邑制改革時期（西元714～741年）。他下令將土地作為「采邑」進行分封，但受封者必須以服騎兵役為條件，且不得世襲。這一改革取得了明顯成效：加強了法蘭克王國的軍事力量。促進了法蘭克封建生產關係的發展。

斯特拉斯堡運河上的 ◀
木橋

斯特拉斯堡地處伊爾河的一座小島上,西元5世紀,法蘭克人在這裡建城堡,成為歐洲重要的文化中心之一。

巴黎的塞納河岸　　▲

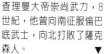

查理曼大帝崇尚武力,8世紀,他曾向南征服倫巴底武士,向北打敗了薩克森人。　　▼

　　第三階段是加洛林王朝時期(西元751～987年)。西元751年,宮相丕平發動政變並登上了王位,建立了加洛林王朝。這個王朝在查理曼統治時期(西元768～814年),通過開疆拓土,形成了一個版圖廣大、民族眾多的帝國,史稱查理曼帝國。

　　隨著大土地所有制的增長,「特恩權」也開始盛行起來。大封建主在獲得土地所有權的同時,也獲得了對這塊土地上的勞動者的統治權。就這樣,大土地所有制與小生產相結合的超經濟的剝削形式在法蘭克確立起來了。

　　隨著法蘭克封建化的完成,法蘭克王國也逐漸走向解體。西元814年,查理曼去世後,加洛林帝國即宣告分裂。西元843年,查理曼的三個孫子簽訂了所謂的《凡爾登條約》,將法蘭克王國一分為三。

世界上下五千年

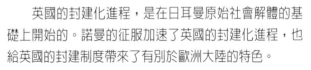

英國的王權制度

主教貝克特被砍於坎特伯雷大教堂的祭壇前，貝克特的結局來源於他對英王亨利二世削弱教會法庭權力決定的抵制。▲

阿爾弗烈德的首飾 ▲

西元878年，阿爾弗烈德痛擊入侵的丹麥人，迫使丹麥求和，簽訂《威德摩爾和約》，將英國一分為二。

英國的封建化進程，是在日耳曼原始社會解體的基礎上開始的。諾曼的征服加速了英國的封建化進程，也給英國的封建制度帶來了有別於歐洲大陸的特色。

英國在西元5世紀前稱「不列顛」。西元前1世紀初，不列顛遭到羅馬人的入侵，至西元1世紀，不列顛成為羅馬帝國的一個行省。不列顛又遭到日耳曼人的大舉入侵，到西元7世紀初，不列顛大體上形成了由北到南7個主要國家，即諾森伯利亞、麥西亞、東盎格利亞、埃塞克斯、肯特、蘇塞克斯和威塞克斯。這便是英國歷史上著名的七國時代。

七國間的相互兼併，使英國先後形成了三大權力中心，即7世紀的諾森伯利亞、8世紀的麥西亞和9世紀的威塞克斯。當威塞克斯稱雄之時，英國開始遭到丹麥人的入侵。國王阿爾弗烈德（西元871～899年）採取靈活的戰略戰術，取得了對丹麥人的絕對勝利，雙方簽訂了《威德摩爾和約》，將英國一分為二，把從泰晤士河口到提茲河的盎格里亞的大部分地區割讓給丹麥人，形成丹麥法區。西元886年，阿爾弗烈德收復倫敦。到他去世時，威塞克斯已基本上統一了除丹麥法區之外的整個英格蘭。他的後繼者繼續北進，收復了丹麥人所佔領土，威塞克斯國王開始自稱「全不列顛之王」。

西元10世紀末11世紀初，丹麥人再次入侵英格蘭，但沒有根本觸動英格蘭的政治制度，盎格魯撒克遜時期，英格蘭建立起較為系統的王權體系。到西元10世紀，以國王的宮廷為核心，形成了中央機構。

西元1066年，英王愛德華去世，諾曼第公爵威廉登

上國王寶座，建立了諾曼第王朝，對英國的封建化進程產生了巨大影響。

　　其一，這一征服為英格蘭王權的確立奠定了強大的物質基礎。西元1086年，威廉完成了對全國土地賦役狀況的調查、登記和造冊工作。這一重大舉措，確立了英國的封建領地均受自國王的觀念。

　　其二，這一征服為英格蘭王權的確立奠定了強大的階級基礎。威廉確立了不同於其他國家的封建原則：我的封臣的封臣也是我的封臣。這句話的意思是說，英國的大小封建主都要直接受命於國王，直接為國王服役，封建主之間的私戰是不合法的。

　　最後，威廉一世通過王室法庭將王權的統治範圍擴大到全國。威廉一世將教會的審判權嚴格控制在有關靈魂的案件之內，禁止教會插手其他事務。到亨利二世（西元1154～1189年在位）時，王室的司法權又進一步擴大到教會和領主的某些領地、轄區。王室法庭審理的範圍不僅包括重大案件，一般的民事案件也被納入王室法庭的許可權。同時，亨利二世還廣泛採用陪審制，使司法審判更趨合理。

　　隨著王權不斷得到加強，到西元1200年，英格蘭的封建化過程便宣告完成。

在一幅以鯨魚骨雕成 ▲ 的早期盎格魯—撒克遜基督徒的棺材上，留有羅馬異教與基督教的象徵符號的奇異混合，顯示了8世紀早期不列顛文化中的複雜性。

一面巨盾和手柄，為 ▲ 國王的武士身分與盎格魯撒克遜人看重軍事才能方面提供了證據。

地毯畫：黑斯廷斯 ▶ 戰役

英格蘭在這場戰役中實現了「諾曼征服」，建立了諾曼第王朝。

王權與教權之爭

在西歐封建社會，王權利用封臣制建立起一套封建隸屬關係，來實施對全國的統治，而國王一般很難對全國實行直接控制。這就為以羅馬教皇為首的天主教會的勢力提供了發展空間，從而引發了王權與教權之間的爭鬥。

西元568年，倫巴德人大舉南下進逼義大利，嚴重威脅著羅馬的安全，教皇在法蘭克人的幫助下，打敗了倫巴底人，這大大地提高了教皇的威望。羅馬教皇不僅是教皇國的實際統治者，而且還成了西歐各國教會的最高領袖。

王權與教權之爭，就這樣開始了。

在西歐早期封建社會裡，王權與教權之爭因各國具體情況不同，表現出的激烈程度也不一樣。

在德國，國王或皇帝是借助教會來加強他的封建統治的，各地的主教和修道院院長大多是國王或皇帝的封臣或附庸，要向國王或皇帝宣誓效忠，並接受國王或皇帝的任免。為此，德國國王或皇帝授予他們廣泛的特權，即「奧托特權」。後來，教皇對德國的主教任免權又提出要求，認為教會權力不應由國王授予，即使皇帝也無權插

教皇格列高利一世的 ▲
象牙雕像

從西元590年至604年，作為教皇，他的嚴屬施行宗教信條與政治上的敏銳極大地加強了羅馬教皇的權力，他的傳教熱情使基督教信仰傳遍西方文明世界的最遠邊界。

由於渴望建立基督教 ▲
的至上權威並促進他的臣民的教育，查理曼大帝開始了一場文化上的復興運動。圖為前來學習的英國學習者阿爾克溫（右）與跟隨他的修士。

◀西元800年聖誕日，教皇立奧三世在羅馬聖彼德教堂為查理曼加冕稱帝。

手主教的遴選和續任。從教皇尼古拉二世（西元
1058～1061年在位）到亞歷山大二世（西元
1061～1073年在位），歷任教皇都不斷提出對德
國主教的續任權，到教皇格列高利七世（西元
1073～1085年在位）時，兩者之間的矛盾達到白
熱化。西元1075年，格列高利通諭廢除世俗君主
對教職的續任權。德國的神聖羅馬帝國皇帝亨利
四世針鋒相對，於西元1076年一月在沃姆斯召集
德國主教開會，嚴厲譴責教皇。同年二月初，教
皇宣佈將亨利四世開除教籍，並要求亨利四世遜
位。在這種嚴峻的形勢下，亨利四世被迫於西元
1077年一月翻越阿爾卑斯山到教皇住地卡諾莎城
堡請求教皇的寬恕。這便是歷史上著名的「卡諾

德國科隆大教堂實景圖 ▲

莎事件」。亨利四世的悔過表現只不過是一種策略，恢復權力之後，亨利四世
立即回國鎮壓了反對派，並將格列高利七世拉下教皇寶座。

王權與教權雙方如此大打出手，絕不是因為表面上的主教續任權之爭，而
實際上是對物質利益的爭奪。在當時，主教、修道院院長等神職是獲利頗豐的
肥缺。教會可以利用宗教的名義徵收各種名目的租稅、罰金、捐贈等。這就意
味著，誰冊封這些神職，誰就可以把教會或修道院的收入據為己有。國王和教
皇自然都不肯放過如此誘人的獲利機會。因此，雙方的這種利益爭奪的鬥爭是
不可調和的。

亨利四世與教皇格列高利之間的鬥爭，並沒有取得最終的結果，王權與教
權的鬥爭在雙方的後繼者中間繼續展開。直到西元1122年雙方才相互妥協，簽
訂了《沃姆斯宗教協定》，將主教、修道院院長的宗教權力和世俗權力一分為
二，由教會和國王分別授予。德國的主教續任權之爭，至此告一段落，但還遠
遠沒有結束。

王權與教權的鬥爭，是西歐封建王權衰弱的表現，也是羅馬教皇勢力發展
的結果。在雙方鬥爭的過程中，教權雖然一開始佔了上風，但隨著各國王權的
不斷加強，教權逐漸從屬於王權。最終，在西元16世紀的宗教改革運動中，王
權在民族教會的旗幟下實現了全面的統治。

拜占庭帝國的軍事制度

西元395年，羅馬帝國一分為二，以君士坦丁堡為首都的被稱之為「東羅馬帝國」，因其都城地處古希臘商業殖民城市拜占庭的舊址上，所以又被稱為「拜占庭帝國」。

拜占庭帝國的版圖包括歐洲的巴爾幹半島、亞洲的小亞細亞、敘利亞、巴勒斯坦、兩河流域以及非洲的埃及等地，橫跨歐、亞、非三大洲。

拜占庭的封建化的背景是頻繁的對外戰爭。西元6世紀初，拜占庭在東西方幾乎沒有可以與其抗衡的競爭對手，從而導致其擴張野心的膨脹。

為了提高軍隊的戰鬥力，西元610年建立的希拉克略王朝開始將其從前曾在局部地區實行過的軍區制在整個帝國推行起來。帝國將土地作為軍餉，按照軍種和級別頒發給各級官兵。士兵定居在其部隊駐守的地區，平時經營田產，以土地經營所得裝備自己。軍區制將本國公民作為軍隊的主要來源，在全國範圍內建立起一整套軍事化體制。

軍區制的實行，有著深遠的歷史影響。首先，它使拜占庭國家擁有了充足而穩定的兵源。其次，在戰爭不斷和自然災害頻繁的情況下，軍區制為小農的復興創造了條件。軍區制

拜占庭的純金皇冠閃閃 ▲
發光，上面有珍珠、寶石和珠寶掛飾。它的琺瑯飾板刻畫了11世紀的皇帝邁克爾七世及基督和眾神。

皇帝的金詔發布，用一 ▲
枚金圓牌封起來。金圓牌的上面是基督和聖母像，另一面是皇帝像。

聖索非亞大教堂 ▶

將近千年，拜占庭帝國的宗教與慶典活動都以聖索非亞大教堂為中心。

的成功推行，使拜占庭穩定了以巴爾幹半島為中心的疆域，同時使已經進入巴爾幹半島的斯拉夫人臣服，成為拜占庭的臣民。除此之外，拜占庭還因此打垮了阿瓦爾人，擊敗了波斯人，並將阿拉伯人的擴張勢頭阻止在小亞細亞和東地中海一帶。可以說，軍區制的推行為拜占庭此後數百年的強盛奠定了堅實的基礎。

另外，軍區制的推行也為軍事大地產階層和貴族勢力的崛起創造了條件，為拜占庭封建化開闢了道路。各軍區的將軍和中央政府的一些高級官職，由於各種原因，逐漸變成世襲，這樣就形成了軍事貴族階層。軍區的將軍們握有對農民的管理、調動大權和徵稅權，極易將小農牢牢地控制在自己手中。他們的興起對小農階層構成了巨大的威脅，到西元11世紀末，拜占庭的小農幾乎不復存在。科穆寧王朝（西元1081～1185年）時期，軍區制被監領地制所取代，按規定，自由農民成為了依附農，拜占庭的封建化自此宣告完成。

封建化的完成，加強了拜占庭的國力，但它長期發展的結果，卻是地方割據勢力的膨脹，這就導致了帝國力量的削弱。至西元12世紀末，已無力抵抗塞爾柱突厥人入侵的拜占庭人，不得不向羅馬教皇發出求救信，由此引發了一場長達近兩百年的西方封建主對東方的掠奪戰爭──十字軍東征。這場漫無天日的浩劫，使拜占庭帝國元氣大傷。此後，拜占庭帝國雖然恢復了帝位，但只能偏安於君士坦丁堡，拜占庭帝國從此徹底退出了歷史舞臺。

延續了千年之久的拜占庭帝國的對外影響主要體現在文化擴張方面，特別是對東正教的傳播上。通過這種方式，拜占庭將其文化和政治模式傳播給了東歐大批的斯拉夫人。所以有的人說：「拜占庭對東方的斯拉夫世界來說，猶如羅馬對西方的日耳曼世界一般。」

10世紀的拜占庭士兵，▲ 身著羅馬「戰裙」、護心，頭戴鐵盔，兵器在握，隨時準備投入戰鬥。

拜占庭時期的象牙雕刻 ▲

這個雕刻在赤土色陶器 ▲
上的彩色浮雕是佛羅倫斯
羊毛業行會的標誌。

比薩是義大利著名的城市
共和國,著名的比薩教堂
與斜塔建立時,比薩城貿
易興隆,與近東地區交往
密切,因此建築也受到了
伊斯蘭教的影響。 ▼

義大利城市共和國

　　義大利城市共和國的典型代表是威尼斯、佛羅倫
斯、熱那亞和比薩。

　　查理曼帝國分裂後,義大利被羅退爾所統治。西元
855年羅退爾去世之後,義大利從此便陷入了長達十個
世紀之久的政治紛爭之中,在西元1861年之前,一直沒
有得到統一,甚至連名義上的中央政權都沒有產生過。

　　西元7～8世紀時,義大利的手工業與農業分工就已
開始了。到西元9～10世紀,許多地方出現了定期集
市。羅馬時代的舊城也非常活躍,逐漸成為工商業的中
心。在倫巴底和托斯坎納出現的一系列新興城市,開始
與東地中海沿岸各國發展貿易往來,從而得到東方的貴
重的貨幣資本,並將這些資金及時地投入到手工業、商
業和銀行業中。手工業生產因此日趨
發達,分工也日趨細密。銀行業的發
達,使義大利一些城市的貨幣在國際
市場上大量流通。

　　富裕起來的義大利城市為捍衛自
身的利益、取消封建義務、剷除發展
工商業的障礙,與統治它們的教俗封
建主展開了的激烈鬥爭。通過鬥爭,
它們不僅獲得了對城市的統治權,而
且逐漸控制了周圍的廣大地區,形成
了一些城市國家。城市國家統治權所
達到的地方,那裡的封建貴族和農民
也都隨之變成了城市國家的公民。城
市國家所轄地區,甚至包括許多小市

威尼斯作為義大利
著名的城市共和
國，其貿易和航海
業都很發達。▶

流通於義大利商業城市中的貨幣 ▲
是中世紀歐洲最穩定的貨幣之一。
圖為佛羅倫斯的鑄幣佛羅休，當時
的國際貿易中廣泛使用佛羅休。

義大利富商佛朗西斯科像 ▶

鎮和眾多農村。

　　義大利城市國家在政體上與歐洲其他封建國家
截然不同。歐洲大陸當時盛行君主政體，而義大利
城市國家卻實行共和政體。國家行政機構起初是全
體成員大會和地方執政官會議，後來由選舉產生的
委員組成議會取代了原來龐大的全體成員大會，由
其決定立法、宣戰、媾和等城市國家的重大事項。
執政官雖由市民選舉產生，但一般為顯貴家族所壟
斷。在執政官之下設立各種委員會，各個城市所設
有所不同，各城市的統治權大多為貴族和富商所掌
握。義大利著名的城市共和國，如威尼斯、佛羅倫
斯、熱那亞和比薩等，都是義大利從事工商業、航
海業的大城市共和國。

鑲嵌鏍鈿蓮花葵花鏡 ▲
唐

唐太宗李世民有言「以銅為鏡，可以正衣冠，以人為鏡，可以明得失」。唐鏡製作之精，樣式之多，裝飾之美，工藝之巧，堪稱歷朝歷代冠首。鏡內區飾花蕾、蓮葉紋，外區為四朵大蓮枝，中間為盛開的花瓣以及繁茂的枝葉、蔓生的花叢。整個紋飾由玉石、青金石、貝殼、琥珀組成，色彩艷麗，具有極強的裝飾性。

唐太宗像 ▲

唐代畫家閻立本所繪 ►
《步輦圖》

貞觀之治

　　唐太宗在位二十三年，其年號是貞觀。唐太宗非常重視歷史的經驗教訓，他說過：「以史為鏡，可以知興亡。」既而認識到歷史上周、秦統治時間的長短取決於統治者本身所實行的政策，周因「唯善是務，積功素德」，所以持久；秦因「恣其奢淫，好行刑罰」，故而短暫。於是，他就從政治、經濟等各方面採取各種措施，勵精圖治，走上富國強民的道路。

　　唐太宗認為，首先應解決百姓的問題。解決百姓的問題，主要是發展生產，休養生息。他曾下詔停修勞民傷財的洛陽乾元殿，並且表示：「後日或以事至洛陽，雖露居亦無傷也。」為了不誤農時，他把太子舉行冠禮的日子由二月推遲至十月。當時有人提出「用二月為勝」，太宗明確地表示反對說：「農時甚要，不可暫失。」另外，他還盡量減輕百姓負擔，反對竭澤而漁。貞觀元年（西元627年），山東大旱，太宗下令減免當年租賦。貞觀二年（西元628年），關中出現旱災，老百姓有賣子為生者，他命御府出金帛幫他們贖回兒女。貞觀三年，免關中二年租稅，關東給復一年。此外，他頒佈

詔書，釋放宮女、縱放鷹犬、提倡節儉、淳厚民風、輕徭薄賦，從而緩和了各種社會矛盾，創造一種安全的社會環境，發展了生產，鞏固了政權。

唐長安城西門今景　▲

唐太宗是一個善於採納大家意見，明辨是非，擇善而從的君主，而且他還能舉賢任能，量才適用。只要是有才幹，不論貴賤，不論從前跟隨的是何人，均為其所用。謀臣魏徵原是太子李建成的人，李建成死後被唐太宗視為左膀右臂。魏徵直言敢諫，即使引起太宗大怒也毫不退讓。魏徵病逝後，太宗痛哭著說：「以銅為鏡，可以正衣冠；以史為鏡，可以知興亡；以人為鏡，可以明得失。魏徵死去，我就失去一面鏡子了。」

在對外關係上，唐太宗採取積極防禦策略，以抵抗北方突厥族的不斷侵擾。貞觀三年（西元629年），唐太宗派李靖、李勣率軍十幾萬，分道出擊，消滅了東突厥，俘獲頡利可汗。貞觀八年（西元634年），又遣大軍進攻吐谷渾，大獲全勝，解除了對河西各州的威脅。平定東突厥之後，唐太宗採取廣設羈縻州府、安置降眾的政策，不僅消除了邊患，而且緩和了民族矛盾。唐太宗還派遣文成公主與吐蕃和親。

唐三彩武士俑　▲

此外，他還審察建立新的法令，反對嚴刑峻法，要求它相對的穩定，認為「法令數變，則吏得為奸」，這樣就給了貪官污吏以可乘之機。

唐太宗從經濟、政治、民族關係等各方面採取積極的政策，促進了經濟的發展，政治的安定，民族關係的改善，從而使社會出現了一個安定祥和的環境，史稱「貞觀之治」。

唐代騎兵俑　▲

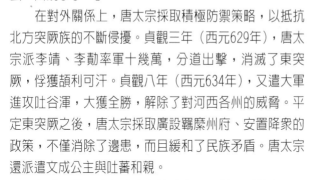

朝鮮半島的統一

新羅統一朝鮮半島後 ▲
建造的三層石塔

　　早在西元前4世紀至前3世紀，朝鮮北部就出現過一個古朝鮮。西元前194年，燕人衛滿滅古朝鮮建立衛氏朝鮮。西元前108年，漢武帝滅衛氏朝鮮，在該地區設置了樂浪、玄菟、臨屯、真番四郡，並派駐太守進行統治。西元3世紀初期，東漢王朝滅亡，朝鮮北部的高句麗趁機興起，並於西元4世紀初滅了樂浪郡，在其北與

高句麗古墓中的墓主 ▶
壁畫

高麗青瓷白堆雙耳壺 ▲

百濟金銅製香爐 ▲

新羅金冠 ▲

中國展開領土之爭，在其南與百濟、新羅長期爭戰不休，形成朝鮮歷史上的「三國時代」。在這個時期，當高句麗和百濟爭雄時，地處朝鮮半島東南一隅的新羅乘機與隋、唐王朝媾和。因此當高句麗與百濟發現新羅已構成對他們的威脅時，便聯合向其展開進攻。新羅於是求助於當時的唐朝，在唐朝的協助下，西元676年新羅完成了朝鮮半島的統一。

朝鮮半島統一後，類似於中國的封建制度便很快建立起來。他們首先形成了土地國有制，西元687年又頒佈實壽祿邑制，由國家對文武官員授予一定數量的收租地作為祿邑。這一制度的實行，導致了土地兼併的發展。於是，西元722年，開始推行丁田制，對十五歲以上的男性公民一律授予一定數量的土地，分為口分田和永業田，前者限於本人終身享用，不得買賣或轉讓；後者，可以世襲。農民因此而被附著於土地上，成為繳納田租、貢品和擔負各種徭役的國家依附民。封建土地制度在全國確立起來後，為適應封建制度的需要，朝鮮還參照唐朝的政治制度，建立起了一套比較完善的中央集權的國家體制。

高麗的半伽沉思坐像 ▶

新羅人物騎馬土器 ▲

129

日本的幕府統治

　　日本的封建制度是在中國唐朝的影響下建立起來的，但在以後的發展過程中卻又表現出許多類似歐洲封建制度的特點，走上與中國截然不同的道路。

　　西元5世紀時，興起於本州中部的奴隸制國家大和統一了日本。大和在與中國的交往過程中，逐漸建立起自己的封建制度。起初，大和通過朝鮮與中國保持著間接的接觸。後來，推古女皇（西元592～628年在位）於西元593年立廐戶皇子為太子（即聖德太子，西元574～622年在位），隨之將國家管理大權交給他，於是太子開始推行一系列改革措施。這些改革中最重要的一條就是建立了與中國隋王朝的直接聯繫，派遣留學生到中國學習先進的文化，這為日本後來的發展奠定了基礎。西元645年，深受留唐學生影響的中大兄和中臣鐮足發動政變，消滅了專橫跋扈的蘇我氏勢力，推舉孝德天皇即位，建年號大化。西元646年，孝德天皇正式頒佈改革詔書。因這場改革開始於大化年間，所以史稱「大化革新」。

　　大化革新確立了以封建土地國有制為基礎、以天皇為中心的中央集權政治體制。這種改革雖然使日本走向富強，但也留下了瓦解這一制度的因素。主要原因如下：其一，班田農民負擔過重，不堪忍受。其二，它沒有從根本上消除土地私有制。到西元8世紀末，班田制便近廢弛，日本就出現了類似西歐封建社會

聖德王子與他的兩個兒子 ▲

大化革新時所繪製的地產地圖 ▼

的莊園和武士階層，走上了不同於中國封建社會模式的發展道路。

地方豪強為了保護自己的莊園，在血緣關係和主從制的基礎上，將自己家族和僕從中的青壯年武裝起來，成為武士。西元11世紀，無數分散的武士逐漸形成地域性的武士集團，其中最強大的關東源氏和關西平氏集團之間發生了激烈的武裝衝突。西元1185年，源氏打敗平氏取得中央政權。西元1192年，源賴朝被任命為「征夷大將軍」，在鎌倉建立幕府（西元1192～1333年），表面上尊重天皇統治，實際上已是天皇之外的新政府。從此，日本進入軍事封建貴族專政時期（西元1192～1868年）。

鎌倉幕府建立了以幕府將軍為首的中央集權統治體制。幕府在中央設政所、侍所和問注所，分管全國的政治、軍事和司法大權。而在地方上，幕府將軍派武士擔任守護和地頭。1336年，足利尊氏自任「征夷大將軍」，建立起日本歷史上的室町幕府（西元1336～1573年），室町幕府時期戰亂不斷。戰國時期（西元1467～1573年），各守護大名之間更是混戰不休，一些在地方上擁有實權的幕府中下級武士和國人領主，趁機擴充各自的武裝力量，形成了獨立於幕府體制之外的大封建主（即戰國大名）。戰國大名採取「富國強民」的政策，勵精圖治，積極發展經濟，漸漸發展成一股統一的力量。1573年，尾張國大名織田信長戰敗三十六個戰國大名後進入京都，推翻了室町幕府的統治。1590年，織田信長的部將豐臣秀吉，完成了全國的政治統一。1603年，豐臣秀吉的部將德川家康任「征夷大將軍」，在江戶（今日本東京）設幕府，這便是日本歷史上著名的江戶幕府（亦稱德川幕府，西元1603～1868年）。

穿著禮儀服的源賴朝 ▲

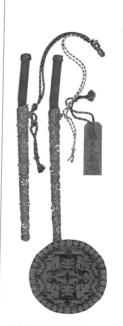

異彩紛呈的聖武珍寶 ▲

歐洲中世紀的城市自治

在15世紀弗蘭德爾人的 ▲
手稿中，描繪了工人們正
辛勞地把大石塊搬到城牆
外的情景。當時很多歐洲
中心城市都為泥濘的大道
鋪上一層美觀的路面。

這幅15世紀的微型畫，記
錄了弗蘭德爾公社接到城
市特許狀時的情景。 ▼

　　歐洲中世紀的城市不是從過去的歷史中現成地繼承
下來的，而主要是新建的。9世紀前後，隨著耕地面積
的擴大，耕作技術的提高，農業產品開始有了剩餘。封
建主的領地內，出現了一批手藝熟練的鐵匠、木匠、武
器匠、皮革匠、織呢匠以及陶工等。他們脫離對封建主
的依附，離開原領地，在不屬於原來主人的土地上形成
了集市，由集市擴大為城市。西歐的城市完全是工商業
發展的結果。

　　歐洲中世紀的土地大多由領主佔有，當時許多封建
主都想方設法招徠那些從其他封建主領地上出走的手藝
人，吸引他們到自己的領地上從事手工業生產。西歐的
部分封建主甚至還主動投入人力、物力、財力參與了城
市的興建。德意志的薩克森和巴伐利亞公爵獅子亨利，
在伊薩河畔建造了慕尼黑城，並在河上修建了一座橋
樑。他還重建了律伯克城，修築了城牆，設立了市場和
造幣廠。位於德國西部萊茵河流域的四十二座城市中，
有十二座城市是在維爾茨
堡主教們的規劃下興建
的。猶太人是中世紀時期
的富有者，許多封建主為
了自己領地上城市的發
展，總是想方設法吸引他
們。德意志施佩耶城主教
魯迪格就曾用現金和一部
分谷地換取城郊的一塊山
坡地，用以安置猶太人。

中世紀歐洲的城市，最先在地中海沿岸興起。較早興起的地中海城市中，著名的有義大利的威尼斯和熱那亞。這一時期歐洲其他地區興起的著名城市，有法國的馬賽、巴黎，英國的倫敦，德意志的科隆，捷克的布拉格。這些城市的興起是西歐封建社會進入發達階段的重要標誌之一。

15世紀巴黎的縮影，魔 ▲ 鬼逃離了上帝的金手掌的控制，隱喻了城市手工業者擺脫封建主統治的鬥爭。

歐洲新興城市大多隸屬於教俗封建主，封建主派家臣對他的城市進行統治。封建主們像對待莊園裡的農民一樣，向城市的居民徵收捐稅，攤派勞役和兵役。隨著封建主們對城市的勒索日益加重，受到生存威脅的手工業者，為了爭取自由而展開了爭取城市自治的鬥爭。

這些鬥爭開始於11世紀，至13世紀時已遍及西歐各地。最早的是康布雷城，1077年市民舉行起義，宣佈成立公社。1108年，琅城人民用巨額金錢向主教戈德里贖買了自治權，成立了公社。但戈德里揮霍盡贖金後卻背棄諾言，又取消了城市自治權。1112年，琅城公社舉行起義，衝進主教住宅，殺死了戈德里。起義遭鎮壓後城市又恢復了封建主的統治，但琅城市民堅持鬥爭，並最終於1128年贏得了爭取自治權利鬥爭的完全勝利。

經過鬥爭，西歐城市大多擺脫了封建主的直接控制，取得了不同程度的自治權。義大利、德意志和法國北部的一些城市，獲得了較為充分的自治權。在法國，康布雷等一批城市建立了城市公社；在德意志，出現了律伯克、紐倫堡等一批帝國自由城市。

並非所有西歐城市都獲得了上述自治權利，有些城市只擁有有限的自治權利。如法國的奧爾良、南特、里昂及英國的許多城市，但即使是在這些城市中，居民也大都擺脫了封建依附，他們的人身是自由的。

弗蘭德爾商人獲得了城 ▲ 市特許狀，圖中文獻為「約翰五大憲章」，它授予倫敦市民選舉市長的權利。

133

西歐中世紀的莊園生活

這幅弗蘭德爾繪畫反映▲
了典型的莊園生活，莊園
主正和他的總管商量收穫
葡萄，農民則鋤地、採果
實、修枝等。

在中世紀的西歐各國莊園中，法國的莊園最有代表性。那時，國王、各級封建主和教會的領地都劃分為許多莊園，遍佈全國各地。莊園大小不等，通常由一個或幾個村莊組成，莊園的生產目的主要是為領主及其侍從提供生活物資，同時為農奴制農民提供生活必需品。

查理大帝統治時期，自由農民大量破產，農村公社基本消失，代之而起的是封建莊園。莊園的全部土地屬於封建主，而耕地通常分成兩種：一種是封建主的自營地，由封建主的管家監督農奴耕作。另一種是農奴的份地，由封建主派給各個農奴家庭使用。農奴死後其兒孫如果繼續耕種，則必須向封建主繳納繼承金。莊園內設有磨坊、油坊、麵包房等作坊，除鹽和封建主需要的奢侈品外，莊園可生產本身所需的一切產品。

英國的封建莊園制度，形成於10～11世紀之間。教俗貴族的侵奪、丹麥人的襲擾和貢稅負擔的加重，造成了大批自由農民的破產。為了籌集對丹麥人作戰的軍費，從阿爾弗烈德時期開始偶爾徵收的丹麥金，到其後繼者時期幾乎變成了常稅。沉重的負擔使自由農民紛紛破產，土地併入封建主之手，封建莊園在英國各地就這樣出現了。

在西歐莊園制度下，農奴的生活比較有保障。以英國為例，13～14世紀時，全國每戶農奴大約平均擁有二十二到二十六隻羊。此外，農奴已不同於奴隸，他們在政治上已具有一定的權利和地位。

在莊園內，農奴除了耕種自己的份地外，領主還要

這幅插圖選自12世紀供▲
見習修女閱讀的《少女寶
鑒》手稿中，描繪了莊園
農奴在收穫季節辛苦勞作
的場面。

求農奴履行季節性極強的勞役即布恩工，但這要在領主或其總官向農奴發出「邀請」並按規定提供酒飯的前提下方能進行。因為原則上農奴向領主提供布恩工是出於友愛，如同當農活吃緊時他們也要相互幫助一樣。按畢曉普斯托恩、諾頓和登頓的慣例，佃農如果使用自己的犁履行兩個犁地布恩工，在這兩天中一天吃肉，另一天吃魚，另外還有足量的啤酒。犁隊中凡使用自己耕牛的人甚至可在領主家中用餐。所有承擔割麥布恩工的人其午餐有湯、小麥麵包、牛肉和奶酪，晚餐有麵包、奶酪和啤酒。次日，他們將有湯、小麥麵包、魚、奶酪和啤酒。在午餐時，麵包不限量，晚餐每人限用一條。

西歐農奴制度伴隨莊園制度的確立而產生，但它的瓦解時間要早於莊園制度的瓦解。在英國，農奴制度在14世紀末期就已經不復存在了。農奴制度在英國的瓦解與14世紀末瓦特·泰勒農民起義有關，懼於農民起義的巨大威力，起義後英國許多封建主廢除了勞役制度。英國農奴制瓦解的又一原因是商品經濟的發展，商品經濟的高速發展必然會侵蝕和最終摧毀封建農奴制度。

西歐各國農奴制度瓦解的時間不盡相同，法國農奴制度15世紀已基本上廢除，而西班牙、德意志等地農奴制度存在時間較長，一直延續到資產階級革命前夕。

金屬製品既稀少又昂貴，圖中的鐵釜大概屬於富有的領主家庭。窮人使用的水罐和餐具一般是陶製或木製品，如圖中的水罐和木匙。 ▲

這只製作於12世紀的琺瑯質小匣上描繪了狩獵和求愛的場面，反映了當時人們的基本生活情調。 ▲

一月，人們舉行宴會慶祝新年。 ▲

四月，人們修剪樹木，栽種樹苗。 ▼

六月或七月，剪羊毛。 ▲

十一月，狩獵，準備過冬的臘肉。 ▼

12世紀標有宗教節日的英國年曆，描繪了一年中不同月份的傳統活動。 ▲

十字軍東征

君士坦丁堡鑲嵌畫上的 ▲
阿列克修斯一世，正是他
在任拜占庭皇帝時，為了
解除塞爾柱人的威脅向西
方基督教兄弟求援，從而
引來了十字軍。

西歐各國的教俗封建主企圖到富裕先進的東方擴張領土和掠奪財富，是十字軍東征的主要原因。

十字軍東征的第二個原因，是羅馬教廷和西歐教會的慫恿。1095年十一月，教皇烏爾班二世在法國克勒芒召開的宗教會議上發表了蠱惑人心的演說，抨擊東方伊斯蘭教徒的殘暴，號召各國領主、騎士和普通人拿起武器，奪回主的墳墓。這次演說後不久，十字軍東征行動正式付諸實施。

另外，義大利各商業共和國出於利益的考慮，也對十字軍東征起了推波助瀾的作用。義大利商人企圖利用西歐的軍事力量打擊自己的競爭對手，以便獨佔東西方貿易，因此而支持十字軍向東方擴張。

十字軍東征從1096年春開始，到1291年結束，先後進行了八次，時間長達兩百年。

第一次十字軍分為農民和騎士兩支隊伍。1096年初春，法國北部和德國萊茵地區的農民集結了約六、七萬人，在法國阿緬的隱修士彼得的領導下，沿朝聖者的路線向東方進發。因缺少武器，又無糧秣供應，這群烏合之眾到達小亞西亞後即被突厥人殲滅，生還君士坦丁堡者僅三、四千人。

騎士是第一次十

一幅繪有十字軍東征圖案
的耶路撒冷地圖 ▼

薩拉丁的穆斯林軍隊，他們在十
字軍東征十擊敗了對方。 ▼

字軍的主力。1096年秋，他們從法國、德意志和義大利分別向君士坦丁堡集結，共有三、四萬人，於1099年七月攻陷耶路撒冷，並以該城為中心，建立了耶路撒冷王國。

雖然建立了耶路撒冷王國，但十字軍國家在近東卻一直處於孤立無援的境地，為確保十字軍佔領的土地，教皇於1119年在耶路撒冷建立了神殿騎士團。神殿騎士團是一宗教性軍事組織，隨後成立的宗教性軍事組織還有醫院騎士團和條頓騎士團。

1144年，塞爾柱突厥人、摩蘇爾總督贊古攻佔愛德薩，教皇為此組織了第二次十字軍東征，結果大敗而歸。西元1187年，埃及蘇丹、庫爾德人薩拉丁奪取耶路撒冷，於是又組織了第三次十字軍東征。這次雖然有英、法、德三國國王參加，但由於同盟內部矛盾重重，戰略目標不一，未能奪回耶路撒冷。

第三次十字軍東征失敗不久，剛上任的教皇英諾森三世便發動了第四次十字軍東征。這次的進攻目標是埃及，但運送大軍去埃及需要大量船隻，於是只好請求有水上城市之稱的威尼斯給予幫助。威尼斯與埃及有頻繁的貿易往來，因此不希望埃及受到戰爭破壞，第四次十字軍東征只得放棄埃及，轉而去進攻同一宗教的拜占庭帝國。1204年，十字軍攻佔拜占庭首都君士坦丁堡，並在被征服的拜占庭土地上建立了拉丁帝國。拉丁帝國於1261年被殘存的拜占庭統治勢力摧毀。此後，十字軍又進行了四次東侵，但均遭失敗。1291年，十字軍的最後一個據點阿克城被攻陷，十字軍東征至此徹底失敗。

近兩個世紀的十字軍東征，使地中海東部各國生靈塗炭，大量財富被毀，許多文明古蹟化為灰燼，幾十萬人死於非命，社會生產力遭到極大破壞。

但戰爭也在無形中推動了社會的前進，十字軍東侵運動後，東西方的往來更加頻繁，從而促進了手工業和商業的發展，這一客觀結果是人們所始料不及的。另外，西歐封建主到東方後也開闊了眼界，領略了海外諸國較高的物質文明和精神文明。

十字軍東征的另一重要成果是削弱了拜占庭、阿拉伯商人在東西方貿易中的地位，從而加強了西歐商人在地中海貿易中的勢力。

教皇烏爾班二世佈道鼓動信徒起身響 ▲
應號召，參加第一次十字軍東征，以解
放聖城耶路撒冷。

成吉思汗與他的大漠帝國

這頂鑲金頭盔是為高官 ▲
所製作的，式樣與蒙古騎
兵戴的鐵帽或皮帽相同。

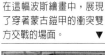

在這幅波斯繪畫中，展現
了穿著蒙古鎧甲的衝突雙
方交戰的場面。 ▼

蒙古原是中國北方的少數民族，最初在貝加爾湖東部和黑龍江上游一帶，唐時稱「蒙古室韋」，分為很多部落。到了12世紀時，以戰爭、掠奪為榮的蒙古人佔據了大漠南北廣闊的草原。當時的版圖，東起貝加爾湖和黑龍江沿岸，西至額爾濟斯河和葉尼塞河上游，南抵萬里長城，北達西伯利亞。蒙古的大多數部落住在草原地帶，從事游牧；少數部落住在林區和河畔，以原始的漁獵為生。

12世紀後期，蒙古社會進入高速發展時期，開始經營農業，生產鐵製工具，出現了私有制和階級分化，氏族社會解體。一家一戶的個體游牧取代了以氏族為單位的集體游牧方式。部落首領（汗）和貴族（那顏）擁有大量的牲畜和牧場。與此同時，各部落間的掠奪戰爭日趨頻繁。無休止的戰爭、仇殺，使社會生產和人民生活遭到了嚴重破壞，上百個分散部落，在聚散興衰中結為幾個大的部落集團。

13世紀初，出生於乞顏孛兒只斤部的成吉思汗（原名鐵木真，西元1162～1227年），開始了統一蒙古草原的戰爭。從1200年到1207年的八年之中，他先後征服了

塔塔兒、克烈、乃蠻和蔑兒乞部落，實現了蒙古各主要部落的統一。

1206年春，蒙古草原各部落首領在斡難河畔召開大會，會上推舉鐵木真為大汗，尊號「成吉思汗」，為「海洋」、「強盛」之意。這個新生的國家使世代飽受戰亂之苦的蒙古草原各部落，過著相對安定的生活，並逐漸融合為一個民族。

成吉思汗制定了一套完整的統治制度，將行政、軍事和生產合為一體。他將全國居民分為十戶、百戶、千戶和萬戶，分別由成吉思汗的親屬和開國功臣擔任十戶長、百戶長、千戶長和萬戶長，統一管轄。分封制打破了氏族部落的血緣關係，按地域劃分人口，鞏固了蒙古的統一，也使封建關係逐步建立起來。

成吉思汗還組建了一支直接歸他指揮的常備軍——護衛軍，這是一支職守明確、制度嚴格、裝備精良的隊伍。全蒙古的青壯年男子，一律為兵，由各級長官統領，實行軍政合一的制度，平時生產，戰時作戰。

1205年、1207年、1209年，蒙古三次向西夏進攻，西夏戰敗求和，向蒙古納貢稱臣。1218年蒙古滅掉西遼。隨後，又進行了三次大規模西征。1219～1225年，成吉思汗親率二十萬大軍，進行第一次西征。當時中亞大國花剌子模國內部矛盾重重，封建主各據一方，不能協同作戰。蒙古軍隊勢如破竹，1222年便滅掉了花剌子模，佔領整個中亞。然後揮師北上，越過高加索山，進入頓河流域的草原地帶，一舉擊敗了當時的突厥人和俄羅斯王公聯軍，但在進攻伏爾加時，被保加利亞人打敗。1225年，成吉思汗率兵經裡海回到闊別近六年的故鄉。1227年七月，成吉思汗在西夏病死，但蒙古秘不發喪，待西夏國王投降被處死後，才發喪北歸，而立國近二百年的西夏，也至此滅亡了。

成吉思汗像　　▲

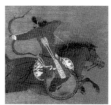

在騎馬飛馳之際扭身射 ▲
箭，蒙古獵手的靈活與火
器使他們在歐亞戰場上成
了無敵的草原神兵。

成吉思汗陵內供奉的　　▲
馬鞍與蒙古刀

阿拉伯帝國的滅亡

一艘由阿拉伯人乘坐、▲
印度船員掌舵的船隻正駛
向伊斯蘭港口，穆斯林商
人航行到他們已知世界的
各個地方去做生意

阿拔斯王朝時期，帝國中心向東轉移。最初
的近百年內，由於停止了對外的征服戰爭，社會
比較安定，經濟得以恢復和發展，政治也日趨穩
定，文化繁榮昌盛，這是阿拉伯帝國的黃金時
代。同時，封建生產關係確立起來，生產力也得
到發展。農業作為國家收入的重要來源，受到國
家的高度重視，政府不斷改善和擴大水利灌溉系
統，減輕農民負擔。美索不達米亞、大馬士革地
區、波斯灣東岸和阿姆河、錫爾河流域，是阿拔斯王朝
的四大糧倉，這些地方土地肥沃，農產富饒。手工業在
許多地區也蓬勃發展起來，大馬士革的綢緞、敘利亞的
玻璃和布哈拉的毛織品、香水、珠寶等都行銷遠方。首
都巴格達成為國際性的商業發達的都市。此外還有許多
大城市，如巴士拉、亞歷山大里亞、大馬士革等。國際
貿易也異常活躍，中國的絲綢和瓷器、印度的香料、中
亞的寶石、東非的象牙和黃金等，都經阿拉伯商人遠銷
世界各地。

在這幅描繪巴格達城的圖
畫中，用磚頭建造的樓房
在底格里斯河東岸拔地而
起。作為阿拔斯王朝的首
都，巴格達是當時偉大的
商業中心。　　　　▶

　　　阿拔斯王朝
後期，帝國內部
各種矛盾交織在
一起，人民起
義、教派鬥爭層
出不窮。為維持
龐大的官僚機構
和人數眾多的軍
隊，統治階級不

阿拔斯王朝時期的舞蹈復原圖 ◀

製作於10世紀的西班牙煤油燈。西班牙隨著阿拉伯帝國的江河日下而宣佈獨立，進一步削弱了帝國的實力。 ▼

斷加重人民的負擔，使社會矛盾更加尖銳。9世紀中葉以後，人民起義遍及全國。776～783年，中亞地區發生粟特農民起義，這次起義長達七年之久，終遭哈里發鎮壓。816～837年，阿塞拜疆發生了著名的巴貝克起義，891年爆發了卡爾馬特教派大起義，雖相繼失敗，但都給帝國以沉重的打擊。在這之後，各地封建主紛紛割據，稱霸一方，各自為政。西班牙、馬格里布、埃及、敘利亞等地先後獨立。到10世紀時，帝國已支離破碎，徒有虛名。11世紀時，其統治區只剩下以巴格達為中心的兩河流域。

1055年，塞爾柱人佔領巴格達，哈里發僅作為伊斯蘭主存在。1258年，蒙古軍攻陷巴格達，殺了哈里發，阿拉伯帝國壽終正寢。

曾屬於法蒂瑪哈里發穆伊茲的象牙珠寶盒 ▼

德國的城市同盟

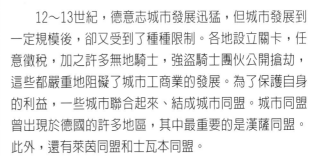

12～13世紀，德意志城市發展迅猛，但城市發展到一定規模後，卻又受到了種種限制。各地設立關卡，任意徵稅，加之許多無地騎士，強盜騎士團伙公開搶劫，這些都嚴重地阻礙了城市工商業的發展。為了保護自身的利益，一些城市聯合起來、結成城市同盟。城市同盟曾出現於德國的許多地區，其中最重要的是漢薩同盟。此外，還有萊茵同盟和士瓦本同盟。

漢薩同盟自14世紀中葉起進入鼎盛時期，最多時曾聯合二百多個北歐城市，它們東起波羅的海東南岸，西到尼德蘭的廣大地區。同盟的最高權力機關每三年召集一次代表會議，第一次同盟會議召開於1363年。按規定入盟城市必須派一至兩名本市議會的議員作為代表出席會議。會議決議由代表投票表決，決議具有法律效力。全體成員城市必須遵守。對違反決議城市的處罰一般是勒令出盟。漢薩同盟沒有常設管理機構，也沒有共同的金庫和常備軍，作戰所需軍事力量是臨時集結各城市的陸海軍。1363～1370年，漢薩同盟曾和瑞典等國結盟，大敗丹麥國王瓦爾德馬四世，迫使其締結斯特拉爾公和約，丹麥被迫承認漢薩同盟在波羅的海和北海地區的貿易特權，同時丹麥也可以在松德海峽從事漁業捕撈。

漢薩同盟的商業貿易範圍南達英格蘭，北至波羅的海沿岸諸國。同盟在海外貿易的中心城市設有商站，比較重要的有倫敦、布魯日、卑爾根、維斯比和諾夫哥羅德等城市的商站，每個商站還在附近城市設若干分站。商站享有治外法權，它們可以不執行當地的法律，管理和運營按照同盟的法規進行。

繁忙的漢堡港口 ▲

把漢薩各港口與其他貿易中心聯結起來的帆船，僅帶著標有航向的沿海略圖出海。

擁有一百六十個加盟城 ▲ 市的漢薩同盟雖然控制著通向法國南部的陸路商道，但主要經營海上貿易。這是當時繪製的航海圖。

世界上下五千年

15世紀中葉以後，漢薩同盟逐漸走向衰落。衰落的原因主要有三個：一是歐洲各中央集權民族國家相繼形成後限制其在本國的活動；二是新航路開闢後歐洲的商業重心發生了重大南移；三是同盟內部各集團間的矛盾日趨加深，窩裡鬥現象十分嚴重。1494年，莫斯科大公伊凡三世首先把北德商人逐出諾夫哥羅德，並關閉漢薩同盟在該城的貿易商站。新航路開闢後，歐洲的商業重心轉到了大西洋沿岸各城市。尼德蘭和英國的城市迅速崛起，它們的經濟實力逐漸超過了漢薩同盟。至1500年，荷蘭人在波羅的海的船隻總數已大大地超過了漢薩同盟。北德城市此後再也無力與荷蘭競爭。北海和波羅的海的商業特權由此喪失。16世紀末，漢薩同盟的影響已不復存在。1669年，漢薩同盟正式宣布解散。

萊茵和士瓦本同盟在德國歷史上也曾有重要影響。萊茵同盟創建於1254年。與漢薩同盟不同，它擁有同盟武裝和艦隊。他們要求有統一的君權，取消關卡和關稅壁壘。參加萊茵同盟的城市有五十多個，後來由於城市與諸侯的矛盾趨於緩和，同盟在1257年曾一度解散。14世紀後半期又因情況發生變化而重建。1381年，萊茵同盟與士瓦本同盟合併。1388年，合併後的同盟被諸侯軍隊擊敗，以後便一蹶不振，1450年宣佈解體。

士瓦本同盟始建於1331年。最初參加同盟的為士瓦本地區的十四個帝國自由城市、如烏爾姆、康斯坦茨、奧格新堡等。與萊茵同盟一樣，它也曾一度解散，1376年重建。1377年，在羅伊特林根戰勝符騰堡伯爵烏爾利希後。同盟氣勢大盛，士瓦本地區其他城市紛紛入盟。1381年與萊茵同盟合併，擴大吸收了巴伐利亞和法蘭克尼亞的部分城市，同盟成員最多時高達八十多個。1388年，同盟被神聖羅馬帝國皇帝，諸侯及騎士組成的聯軍擊潰，1389年宣告解散。

奧格斯堡是一個行會中心。1368年，六家行會的代表被選出組成市政會。圖中顯示，新成員在市政廳的會場就職。

當社會需要外國書籍時，德意志書商就聘請翻譯，提供如薄伽丘《論傑出女人》一類的書籍。

木刻工人在1284年為德國唱詩班雕刻的座椅裝飾。

世界上下五千年

143

基督教會的權力機構

教皇英諾森三世像 ▲

按照教會的說法，已經死去的聖徒的衣服、遺骨或頭髮等遺物，滲透著死者的精神，因而具有神秘性。此圖盒子裡裝的是一名殉教者——敘利亞主教聖巴拉斯的臂骨。 ▼

　　隨著基督教勢力的不斷擴張，教會的權力不但高於諸侯，甚至凌駕於君主之上。它利用各種途徑從政治、經濟、文化各個方面加強自己的勢力，由此導致了西歐封建社會政體形式的二元結構。

　　強大起來的基督教仿照世俗的等級制度，建立了一套相應的教階制。最高宗教首腦為羅馬教皇，其下分設大主教、主教、神甫等。除高級主教外，男女修道院院長及騎士團首領也直接由羅馬教皇任命。教皇格列高利七世曾宣稱，他有上帝所授予的廢除帝王的特權，教會教條同時也成為政治信條，《聖經》詞句在各種法庭中都有法律效力。這樣，基督教會儼然成了西歐最大的封建主。它通過國王、各級封建主的贈予和破產農民的

德國斯皮雷大教堂內景圖 ▼

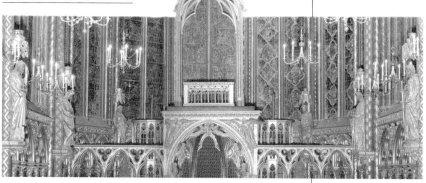

法國中世紀神聖教堂內景 ▼

「貢獻」，兼併了大量土地，封建化之後的西歐大約有三分之一的土地掌握在教會寺院手中。教會享有免稅特權，教會還可向全體教徒徵收什一稅。此外，他們還經營商業，從事高利貸活動。就這樣，教會成為西歐中世紀最有經濟實力的社會集團。

基督教聖杯 ▲

　　在思想文化領域，教會排斥異己，尤其是對古代文化極為壓制、摧殘。他們宣揚蒙昧主義，認為不學無術才是真正的虔誠，上帝是全知全能的，人民是上帝不知不覺的奴僕；宣揚禁慾主義，認為人一生下來就有罪，即原罪。人之所以生下來就有罪，是因為他們的始祖亞當、夏娃犯了罪，他們的子孫即整個人類也理所當然都是罪人。人們只有相信上帝，用禁慾、齋戒、懺悔等方法，才能擺脫人世的罪惡和痛苦，得到上帝的拯救，死後升入天堂。否則，就要被打入地獄，萬劫不復，永世不得超生。

教皇英諾森三世為十字軍東征而設置的募捐箱 ▲

《一千零一夜》與阿拉伯文化

《一千零一夜》中的 ▲
「山魯佐德給國王講故事」
插圖

伊斯蘭教聖書《可蘭經》▲

阿拉伯文化是由8～13世紀阿拉伯帝國境內各族人民共同創造的。阿拉伯帝國幅員遼闊，地大物博，其中包括許多世界古老文明的發源地，如美索不達米亞、波斯、印度、敘利亞和埃及等地。帝國政治的相對穩定、交通的發達、經濟的繁榮，為阿拉伯文化的形成與發展提供了有利條件。統治者對文化的需求，使其一方面積極吸收人才為帝國服務，一方面組織人力翻譯和研究古代東西方文化典籍與著作，極大地促進了帝國文化的發展。8世紀中葉，中國的造紙術和羅盤傳入阿拉伯帝國，促進了阿拉伯文化的繁榮和發展。阿拉伯人經過長期的努力，使帝國境內希臘文化、波斯文化、印度文化和阿拉伯文化互相交融，形成了一種新的阿拉伯文化。它以阿拉伯語為語言工具，以伊斯蘭教及其人生觀作為指導思想。這種不同於其他文化傳統的阿拉伯文化，領先當時西歐若干個世紀，在世界文化史上留下了輝煌的篇章。

舉世聞名的阿拉伯文學是世界文學藝術寶庫之一，其中對世界文學有重要貢獻的要數《一千零一夜》。它是中世紀中期近東各國、阿拉伯地區廣大藝人、文人、學士經過幾百年收集、加工、提煉、編纂而成的。這部書以6世紀的波斯故事為線索，吸收了印度、希臘、希

| 1 | 2 | 3 | 4 | 5 | 6 | 7 | 8 | 9 | 0 |

阿拉伯數字 ▶

伯來、埃及等地的童話和寓言故事，到14世紀最後編定，成為一部童話和故事集。其中的故事富於啓迪意義，在許多篇章中歌頌了勞動人民純樸善良的高尚品質和愛憎分明的感情，揭露和鞭笞了封建社會的黑暗。《一千零一夜》描述的新興阿拉伯商人經商航海、追求財富的冒險故事也精采紛呈。同時，也反映了伊斯蘭世界各民族人民的社會生活與風俗習慣，是研究阿拉伯歷史的寶貴參考資料。可以說，《一千零一夜》是世界文學史上的一顆明珠，它對後來西方各國的文學、音樂、戲劇和繪畫都產生了深遠的影響。

　　阿拉伯藝術也別具特色，這在清真寺的建築中表現得尤為突出。由於受正統伊斯蘭教派的影響，禁止偶像崇拜，人物和動物的造型藝術比較缺乏。為了彌補這方面的不足，藝術家獨具匠心，利用阿拉伯字母和幾何圖案進行巧妙構思，使阿拉伯的繪畫、雕刻、鑲嵌藝術具有抽象化的特點。阿拉伯建築藝術對歐洲產生了深刻的影響。

　　阿拉伯人既是文化的創造者，也是文化的傳播者，中國古代的羅盤、造紙術、火藥和印度的代數學、十進位法，都是通過阿拉伯人傳到西方的。同時，阿拉伯人在古希臘、古羅馬文化與歐洲文藝復興之間建立了縱向聯繫，在歐洲文化發展史上也具有承先啓後的作用。

穆斯林的科學家們設計 ▲ 了許多構思巧妙的機械裝置。圖中繪有一個腳踏滑輪的機械人，當它手中杯子盛滿水後，杯子的重量使機械人沿著地板的斜坡下滑，推開櫃門獻上清水和毛巾。

阿拉伯人在天文領域取得了突出的成就，他們把波斯、印度和希臘天文學推向了一個新的境界。阿拉伯10世紀的著作《恆星書》，書中用人和動物的形象描繪出天空的星座。下圖為當時使用的天體觀測儀。　　　　　◀

世界歷史上疆域最大的蒙古帝國

1235～1242年間，成吉思汗的孫子拔都領兵，第二次遠征歐洲。1236年，拔都在伏爾加河上游擊敗保加爾人，進入俄羅斯平原。1240年，攻下基輔，佔領了俄羅斯大部分土地。1241年，拔都繼續西征，分南、北兩路，進攻波蘭和匈牙利。在侵略了亞得里亞海東岸、塞爾維亞和保加利亞領土後，拔都便率軍返回伏爾加河下游，建立了欽察汗國（西元1243～1480年），又稱「金帳汗國」。

1252～1259年，成吉思汗的另一孫子旭烈兀率兵，進行了第三次西征。這次西征的目的是征服波斯。1258年，蒙古軍攻佔了阿拉伯帝國首都巴格達，歷時五百餘年的阿拔斯王朝滅亡了。1260年，旭烈兀率蒙古軍隊繼續西進時，在攻下大馬士革之後，被埃及、蘇丹軍隊挫敗，西進中止。1264年，大汗忽必烈（西元1260～1294年在位）正式冊封旭烈兀為伊兒汗，旭烈兀遂在其征服的伊朗、阿富汗、兩河流域和中亞阿姆河西南地區建立了伊兒汗國。

蒙古經過三次西征，佔領了中亞細亞、西南亞及東

元太祖窩闊台像 ▲

世界上下五千年

多瑙河上的戰鬥 ▶

圖中戴頭盔的匈牙利人試圖阻擋輕裝上陣、以強弓為武器的蒙古軍過河，1241～1242年間，成吉思汗的子孫已將帝國疆域拓展到了歐洲的中部。

歐大片土地，並在征服地區建立起欽察汗國、伊兒汗國、察合台汗國和窩闊台汗國，合稱「蒙古帝國四大汗國」，名義上均臣屬於帝國本部的大汗政權。

1227年，蒙古滅亡西夏後，解除了後顧之憂，遂進一步擴大對金戰爭。窩闊台（西元1186～1241年在位）繼汗位後，採取聯宋滅金政策。1233年，蒙古軍攻克汴京，金哀宗出逃蔡州（今河南汝縣）。1234年，南宋與蒙古聯合攻入蔡州，金王朝滅亡。隨後，蒙古軍隊佔領黃河流域的廣大地區，隔淮水與南宋為鄰。1251年，蒙哥汗繼位（西元1251～1258年）派他的弟弟忽必烈向川滇進軍，對南宋形成包圍之勢。1252～1255年，忽必烈滅大理，1254年招降吐蕃諸部，控制了藏及整個西南地區。不久，蒙古軍兵分三路，向南宋進攻。1259年，蒙哥汗病死於軍中，忽必烈繼汗位，建元「中統」，遷都燕京，稱大都（今北京）。1271年，改國號元朝。1273年，忽必烈發動了最後滅亡南宋的戰爭，他親率二十萬大軍，分水、陸兩路南下。南宋政權無力抵抗，1276年宋都臨安（今浙江杭州）淪陷。1279年，南宋左丞相陸秀夫背負幼主趙昺投入大海，南宋遂亡。

南宋的滅亡，使蒙古人建立了元朝，結束了五代以來長達三百多年的分裂割據局面，完成了中國的大統一，鞏固和發展了多民族統一的國家。震驚世界的西征，給被征服地區的人民造成了巨大的災難，無數的社會財富被掠奪，無數的生命慘遭殺戮，生產力遭到極大的破壞。但蒙古軍西征，在客觀上衝破了長期以來各國之間相互隔絕的狀態，促進了東西方經濟、文化的交流。

蒙古汗國在崛起幾十年後，被成吉思汗及其後繼者創建成為歷史上疆域最大的帝國。它的版圖幾乎囊括了整個亞洲和大部分歐洲。

元世祖出獵圖　▲

刻絲百花輦龍圖　▲

元代堆朱花鳥文盒　▲

蒙古分治

察合台汗國銀幣 ▲

元代五體文夜巡銅牌 ▲

蒙古騎兵押送戰俘圖 ▼

　　剛從原始社會跨入文明門檻的蒙古征服者，遠遠落後於被征服的先進民族和國家，不僅不可能給被征服地區帶來先進的生產方式，反而由於原始的游牧習性，以諸多落後習俗干擾了被征服地區封建社會的正常發展。另一方面，東亞、西亞和東歐的封建社會結構差異很大，中亞與俄羅斯南部草原更以游牧宗法封建關係為主，蒙古大帝國本部與各汗國之間的社會封建結構迥然不同。散居在各地的蒙古人，一旦進入被征服的先進民族之中，很容易被其同化，採用被征服者的語言、宗教信仰和文化，而自己的特點逐漸喪失。因此，蒙古統治階級因地制宜，對征服地區採取分而治之的辦法。

　　隨著侵佔地區的日益擴大，蒙古征服者受當地封建制農業經濟的影響加深，滋長了土地觀念，地域統治觀念也日益膨脹起來。統治階級的封建領地逐漸發展成為獨立的封建王國，這樣一來，便不斷發生利害衝突。各封地對大汗沒有明確的臣屬關係，主要靠宗族關係維持大汗的君主地位。各汗國和中央大汗之間的聯繫也很少。加之王朝內部爭奪汗位的鬥爭持續不斷，諸汗更是

整裝待發的馬可‧波羅 ◀
正與威尼斯的親朋告別，
並於1275年到達忽必烈帳
下。當時中國的海路、陸
路均向世界開放，蒙古帝
國的廣闊疆域使貨物、知
識和思想得到了國際性的
交流。

擁兵自重，甚至於與中央大汗分庭抗禮。

　　1260年，忽必烈繼任大汗後，無力統治如此龐大的
帝國，於是欽察汗國、察合台汗國和伊兒汗國，從對大
汗的鬆散隸屬關係，逐漸發展成為獨立的汗國。

元代靛青雙耳三足香爐 ▲

　　正在安營紮寨的蒙古人。這些生產力落後的蒙古征服者，只是
　　一味地征戰，相較於歷史的進程而言，這種毀滅性的征服嚴重
　　干擾了被征服地區封建社會的發展。　　　　　　　　　　　▼

黃金之國 —— 迦納

▲ 歐洲人眼中的西非，黃金礦藏極為豐富，圖中的國王手持金塊，富甲天下。

迦納首都阿克拉今日景觀 ▼

　　迦納地處塞內加爾河和尼日爾河上游一帶（今馬里西部和塞內加爾東部）。由於境內盛產黃金，素有「黃金之國」的稱謂，後來的西方殖民者稱迦納為「黃金海岸」。

　　迦納大約建國於3世紀，國民主要是尼格羅種索寧凱人。9～10世紀是迦納王國的鼎盛時期。國王實行專制統治，擁有一支強大的軍隊，並建有一套比較嚴密的朝廷機構，其中包括法院、起訴院和內閣。中央派總督管理各地，地方須向中央納稅。家庭奴隸普遍存在，家奴可以買賣或轉讓。國王和奴隸主常用奴隸來殉葬。迦納還保留了母系氏族遺風，王位按母系繼承。

　　迦納盛產黃金，吸引了北非及各地商人到此進行貿易。國王實行壟斷，規定開採的金塊全部歸國王所有，

民眾只能淘取金沙。商人從國外運進一馱鹽要交一個金第納爾，出境則收兩個金第納爾。巨大的財政收入使得迦納非常富裕，國王生活奢華，穿金飾金，連馬鞍、馬椿、狗項圈都是用大塊黃金鑄成的。

　　迦納的富裕使其不斷遭到別國的侵襲。9世紀時，柏柏爾人時常侵擾迦納。從11世紀中葉起，北非摩洛哥人不斷入侵迦納，雖然迦納驅逐了摩洛哥人，但元氣大傷，國勢衰微。13世紀前期，迦納被其藩屬馬里王國所滅。

中世紀非洲的赤陶雕像 ▲

圖中的天然金塊發現於 ▶
剛果河流域。

表現迦納人淘洗金沙 ◀
的圖畫

西非蘇丹的阿拉伯文化

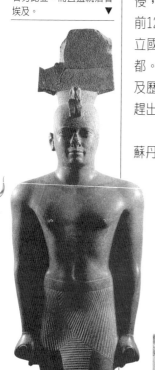

在蘇丹博爾戈爾山的神廟建築群中，努比亞（即庫施國）國王塔哈卡的巨大雕像透出一股王者之氣，作為第二十五王朝的第三代法老，塔哈卡不僅統治著努比亞，而且還統治著埃及。▼

蘇丹地處埃及和衣索比亞之間，古代埃及人稱之為努比亞。從西元前3000年起，埃及法老便不斷派軍南侵，對努比亞的黃金、象牙等財物進行大肆掠奪。西元前12世紀末，努比亞人擺脫了埃及人的威脅，建立了獨立國家——庫施國，在尼羅河第四瀑布附近的納帕塔建都。西元前8世紀，庫施國曾一度征服埃及，建立了埃及歷史上的第二十五王朝，但不久就被兇猛的亞述軍隊趕出埃及。

西元前530年左右，庫施王國南遷，在麥羅埃（今蘇丹首都喀土穆北）定都。1～3世紀是庫施國奴隸制的全盛期，農業和手工業已十分發達，首都麥羅埃成為地中海以南最大的冶鐵中心，被稱為「古代非洲的伯明罕」。都城內建有宏大的宮殿、金字塔和太陽寺，寺內刻有庫施人自己創造的象形文字。庫施

哈伊墓中的壁畫，描繪了一位努比亞公主被送到第十八王朝法老處，以感謝他為庫施國派來了代其行使權力的總督哈伊。▼

與埃及、西亞、印度等地都有貿易往來。在麥羅埃遺址出土了大量古埃及、古羅馬的錢幣，還有一個中國式的鼎。

4世紀時，庫施王國被阿克蘇姆國所滅。6世紀中葉，基督教傳入蘇丹，蘇丹地區形成了兩個基督教國家，即北部的穆卡拉和南部的阿勒瓦。7世紀中葉至13世紀，阿拉伯人逐步蠶食、征服蘇丹全境，蘇丹也日益阿拉伯化。

西元前8世紀一位庫施 ▲
王后佩戴的水晶球護身
符，上面刻有哈索爾女神
的雕像。

典型的中非國家的風土人情 ▼

蘇丹首都喀土穆的景色 ▼

這座花崗岩石碑記載了生
活在西元前一百年左右的
庫施國王坦伊達馬尼的事
蹟，其文字為尚未破譯的
麥羅埃語。 ▼

英國議會政治

英國國王約翰像 ▲

英王約翰登上王位後不
久，被法王腓力派兵攻破
了巴黎西北八十八公里處
城堡的外牆，此後，為了
籌集軍餉，英王開始向各
封建主徵收款項。 ▼

議會政治是指國會或類似的代議機構在一國的政治
生活中居於重要地位。中世紀時期，英國、法國、尼德
蘭、卡斯提、阿拉岡以及卡斯提與阿拉岡聯合後組成的
西班牙，議會政治已開始存在。英國是實行封建議會政
治的典型國家，它的議會政治源於《自由大憲章》和
《牛津條例》的制定。

《自由大憲章》制定於1215年。國王約翰登上英國
王位後與法國發生了戰爭，為了籌集戰爭軍費，約翰向
各封建主徵收款項，規定不交或遲交即受罰款。這種專
橫的做法，引起了世俗貴族的不滿。加上約翰一向專橫
暴戾，勒索無度，也觸犯了中小貴族和市民的利益。大
封建主利用人們對約翰的不滿，在市民和騎士支持下組
織武裝，進攻倫敦，迫使約翰於1215年六月簽署了《自
由大憲章》。1258年，英國大貴族們又在牛津開會，通
過了進一步限制王權的決議——《牛津條例》。《自由大
憲章》和《牛津條例》的制定，在英國歷史上具有重大
而深遠的意義，它首次打破了法律高於王權的原則，初
步提出了組成國會管理國家的思想，奠定了英國封建社
會制稅原則的基礎，納稅主體有權決定納稅事宜。

《自由大憲章》和《牛津條例》簽署後，國王約翰
和他的繼任者都沒有誠意
遵守，人們於是繼續進行
鬥爭。1263年，勒斯特伯
爵西蒙‧孟福爾聯合騎士
和市民打敗並俘虜了國
王。1265年，英國召開了

由封建貴族、主教以及各郡騎士代表和各大城市市民代表參加的封建主大會。1295年，英王愛德華一世為籌集軍費召開國會，出席會議的社會成分和1265年會議完全一致。此後國會經常召開會議，並以1295年的國會為榜樣。於是1295年的國會被稱為「模範國會」。1297年國會正式獲得了批准賦稅徵收的權力。14世紀初，國會又獲得了頒佈法律的權力，同時成為王國的最高法庭。英國國會從1341年起，又分為上、下兩院。上議院由教俗貴族組成，下議院由地方騎士和市民代表組成。至此，等級代表會議與國王相結合的統治形式在英國正式確立。

正在舉行加冕儀式的 ▲
愛德華一世

法國中世紀的三級會議在存在形式和開會方式上與英國國會有所區別，但對王權的制衡作用也是相當明顯的。

1302年，法王腓力四世與教皇發生衝突，為了尋求社會各階層的支持，於是召開了法國歷史上第一次三級會議。會議由高級僧侶、貴族和市民三個等級的代表組成，會議召開方式是由國王召集，三個等級分別開會，每個等級只有一票表決權。法國三級會議的職能是國王要徵收新稅，事先必須要經過三級會議同意；監督賦稅的開支及國家有關和戰等重大問題，都要交由三級會議討論。

與英國、法國的代議機構相類似，尼德蘭、卡斯提、阿拉岡以及從斐迪南到查理一世統治時期的西班牙的議會也有限制王權的作用。

總而言之，西歐各國大多自中世紀中期就形成了制約王權的議會政治，它們與東方集權專制國家在行政制度上的區別是非常明顯的。

法國札克雷起義

法國的札克雷起義發生在英法百年戰爭的第一階段，起義的原因是兵禍和黑死病流行，大量人口死亡使農民陷入絕望境地。

1358年五月，法國北方博韋地區的農民首先揭竿而起，史稱「札克雷起義」（「札克雷」意為「鄉下佬」）。起義以閃電般的速度席捲了法國北部及巴黎附近地區。在農民吉約姆·卡爾領導下，起義者高喊著「消滅所有貴族，一個也不留」的口號，搗毀貴族的住宅和城堡，殺死領主，焚燒登記農民義務的賬冊。與此同時，巴黎的市民也舉行起義。

1356年的普瓦蒂埃戰役，兵禍同樣是法國札克雷起義的原因。 ▲

圖為一群全副武裝的暴徒在洗劫一位法國富商的家。 ▼

三千名手工業者在艾田・馬賽的率領下衝進王宮，殺死宮內兩名近臣。國王查理逃出巴黎，在北方集結軍隊準備反撲。1358年六月十日，起義農民隊伍六、七千人與封建貴族和國王組織的一支一千餘人的軍隊在博韋地區麥羅村決戰。面對為數眾多的起義軍，國王查理不敢輕舉妄動，遂採用欺騙手法，假裝和農民談判，將起義領袖卡爾騙到軍中並予以扣留。失去領袖和指揮的農民，群龍無首，頓時成了烏合之眾，遂被貴族軍隊擊敗。此後，統治者又到處捕殺起義者，先後殺死農民達兩萬餘人，卡爾也在大屠殺中喪命。至此，一場較大規模的農民起義被鎮壓下去。

1349年夏天，法國保護▲
下的城市圖納伊，黑死病病人的死亡速度比挖墳還快。

表現札克雷起義軍被　▲
官軍俘虜的圖畫

在西歐一些國家，包括◀
英國和法國，14世紀的日常生活被生動地雕刻在教堂坐椅的上面，稱為「椅雕」，此圖表現八月裡一群農民挽著袖子一起收割莊稼的情景。

英國瓦特・泰勒起義

英王查理二世的畫像 ▲

　　英國的瓦特・泰勒農民起義爆發於英法百年戰爭的第二階段，因起義領袖為瓦特・泰勒，所以史學家將這次起義稱作「瓦特・泰勒起義」。

　　1377年，新國王查理二世剛上臺，為了同法國進行戰爭而開徵人頭稅，規定凡年滿十四歲的男女，無論貧富都必須繳納。1380年，人頭稅稅額倍增，激起人們的強烈不滿。次年五月底，埃塞克斯郡農民在忍無可忍中殺死徵收人頭稅的稅吏，由此揭開了瓦特・泰勒起義的序幕。

瓦特・泰勒和約翰・保爾領導英國勞動者運動 ▼

畫中左側是瓦特・泰勒，中間坐在馬上的人是提倡社會平等的祭司約翰・保爾。

瓦特·泰勒起義爆發後，四方紛紛回應，起義很快席捲了英國的二十五個郡。各地起義農民大多在當地同貴族鬥爭，而埃塞克斯和肯特郡農民十萬之眾則在起義領袖瓦特·泰勒的率領下，分兩路進軍倫敦。在倫敦貧民的幫助下，起義軍順利進城，搗毀大臣官邸，殺死法官，衝進監獄，釋放囚犯，國王查理二世被嚇得躲進了倫敦塔。起義群眾迫使國王出來談判，首次談判在邁爾恩德舉行。起義農民要求減輕農奴義務，每畝貨幣地租限定在四便士，並要求確保全國貿易自由及赦免起義者。這些要求反映了一般富裕農民的要求。國王應允，並頒發敕令作為保證。部分農民相信了國王的承諾，當晚自倫敦返鄉。大部分農民仍不滿足，在瓦特·泰勒領導下要求與國王進行第二次談判，談判在斯密茨菲爾德舉行。起義農民要求沒收教會土地分給農民，將領主佔領的土地歸還給農民，廢除雇工法，取消領主特權。這些要求反映了貧苦農民的要求，談判期間倫敦城貧民起來回應，搗毀商店，打死富商和高利貸者。為了控制局面，國王、貴族和倫敦富豪密謀用欺騙和暴力來粉碎起義。會談時，倫敦市長刺死瓦特·泰勒，國王則用謊言欺騙農民返回家鄉。農民回到家鄉後，國王立即派騎士到各地進行鎮壓，起義最終歸於失敗。

這幅14世紀的繪畫表現 ▲ 了一位紡織工在腳踏織機上織布的情形。戰爭前，英國經濟的主要來源是羊毛出口，但隨著戰爭的失利，英王對羊毛施以重稅，導致弗蘭德爾紡織業日趨衰落。

忍無可忍的農民們自發 ▶ 地反抗所受的壓迫，圖中他們正用刀劍攻擊一名貴族婦女。

季節性的市集、市場和 ▲ 鄉村節日使農民從日常農業勞動中獲得喘息之機。此圖所示的是當時流行於農村的莫利斯舞。

英法「百年戰爭」

查理七世的加冕禮 ▲
油畫

畫面中央便是率領軍隊於奧爾良大敗英軍的「聖女貞德」。

在克雷西戰役中，英軍依靠弓箭手和馬下武裝士兵對付法國的馬上騎兵，這種作戰方針成為戰爭史上的一次革命，英軍藉此取得了徹底勝利。▼

　　1337年，英國對法國宣戰，戰爭斷斷續續，直到1453年才宣告結束，史稱「百年戰爭」。

　　1328年，法國卡佩王朝國王查理四世沒有子嗣，死後王位被瓦洛亞家族的腓力六世繼承。查理四世是腓力四世的兒子，腓力四世外孫、英王愛德華三世想以外孫的名義繼承王位，法國貴族予以拒絕。矛盾由此激化，導致戰爭爆發。

　　王位繼承問題實際上只不過是戰爭的導火線，戰爭的真正目的在於爭奪領土。

　　另外，弗蘭德爾的歸屬問題也一直是兩國矛盾的焦點。

　　英、法兩國從1337年十一月開始，進入戰爭狀態，到1338年正式開戰。法王宣佈，沒收愛德華三世在法國的領地，隨即出兵基恩。1340年，雙方海軍在些耳德河口愛克留斯港發生激戰，法軍戰敗。1346年，弗蘭德爾邊境克勒西一戰，法軍再敗。1347年，英軍奪取加萊港。1356年，法軍又在普瓦提埃戰役中慘敗。法王約翰和許多王親貴族在這次戰役中成了英軍俘虜，只得於1360年和英國簽訂《布勒丁尼和約》。和約規定英王愛德華三世放棄對法國王位的要求，法國則把加萊港和西南部地區割讓給英國，並許以重金贖回被俘國王。1364年，法王約翰死於倫敦，太子繼位。新任法王查理五世執政後，臥薪嘗膽，改組軍隊，廢除騎士軍，改用雇傭兵，裝備炮兵，建設海軍，準備再戰。

世界上下五千年

1369年，法軍主動向英軍發動進攻，戰爭由此進入第二階段。法軍改變戰術，引誘英軍長驅直入，避免同英軍進行陣地戰，只用精銳部隊襲擊英軍。英軍遭受重創，法軍隨即收復了普瓦都和布列塔尼。法國又出動艦隊於1372年攻佔拉羅舍爾，重新控制海峽，封鎖了英國在北部的運輸。到1380年，法國已收復大部分失地。

英國不甘心失敗，英王亨利五世聯合勃艮第黨人做內應，於1415年開始大舉進攻法國，百年戰爭由此進入第三階段。英軍在1415年的阿金庫爾戰役中大敗法軍，俘虜奧爾良公爵，重新佔領諾曼第。法國王太子查理被迫逃往南方，勃艮第黨人掌握國家政權。1420年，英國與勃艮第黨勾結，把不平等的《特魯瓦條約》強加給法國。按照該條約，法國的半壁河山盡入英人之手，查理六世以後的法國王位由英王繼承。1422年，英、法兩國國王先後去世，不滿周歲的英王亨利六世被宣佈兼任法國國王。偏安南方的法國王太子查理也在布爾日宣佈即位，稱查理七世，法國被分裂開來，形成了南、北兩個政權對峙的局面。

1428年，英軍又向法國軍事重鎮奧爾良發動進攻，保衛奧爾良成了關係法國命運的決戰。法國農村姑娘貞德於1429年晉見國王，獲准率領軍隊解救奧爾良。經五個月的艱苦奮戰，貞德大敗英軍，奧爾良之圍解除，貞德威名遠揚。1430年，在康邊附近的戰役中，貞德為勃艮第黨人所俘，以四萬法郎的價格賣給英國人。1431年五月二十四日，貞德在盧昂被宗教法庭以女巫的罪名處以火刑。

「聖女貞德」的死激起法國軍民的普遍憤怒，他們奮勇打擊英軍，接二連三地收復北方失地。1453年，英軍在波爾多決戰中全軍覆沒。法國隨之收復了除加萊港之外的全部領土，取得了戰爭的最後勝利，英法百年戰爭至此結束。

「百年戰爭」中發▶
生在斯魯斯港口的
大規模海戰。

歐洲的異端運動與早期宗教改革

教會在社會、經濟和文化等方面的極端做法，引起了教會內部中下層人士的強烈反對，異端運動與早期宗教改革就在這一背景下開始了。

異端運動首先從法國南部的阿爾比城展開，著名的阿爾比派採用摩尼教的某些思想，主張善惡二元論，反對天主教會的儀式和組織，不承認教會的權力，譴責教會聚斂財富。阿爾比派思想在人民中迅速傳播開來，引起教會的極大恐慌，教皇不得不在1208年親自組織十字軍到法國南部對這一派別進行鎮壓。

鎮壓了阿爾比派後，教皇設立異端法庭以強化鎮壓手段。但人民的反封建鬥爭並沒有因此而中止，在義大利又出現了異端教派「使徒兄弟派」。使徒兄弟派同樣反對教會腐化，主張信徒財產共有、地位平等，因而吸引了大批貧苦農民和市民參加。使徒兄弟派立即遭到異端法庭的鎮壓，其創始人塞加烈於1300年被燒死在帕爾瑪。他的繼承者在義大利北部地區的皮埃蒙特發動農民起義，堅持鬥爭四年多，最後也被十字軍鎮壓。

在異端運動如火如荼之際，歐洲還開展早期宗教改革運動。這類改革運動可分兩種：一種旨在強化教皇和教會權力；另一種主張限制教會兼併土地，反對教皇過多干涉各國教會事務。後一種宗教改革運動成了後來歐洲大規模宗教改革運動的先聲。

法國的早期宗教改革主要是10～12世紀的克呂尼運動，英國的早期宗教改革主要是羅拉德派運動。該教派反對天主教會，以英國為主要活動區域，在西歐其他國家的農民和城市平民中也有所傳播。14世紀中葉，英國

這是一幅捷克手抄本 ▲
《聖經》的插畫，描述了胡司被燒死在火刑柱上的情景。

的羅拉德派多為威克里夫的信徒。威克里夫曾任牛津大學神學教授、神甫。他極力反對教皇至上，認為教皇無權從英國收取貢賦，主張教會應隸屬國王，建議國王沒收教會土地；另外，他否認教士有赦罪權，要求簡化教會儀式，用民族語言禮拜，建立擺脫教廷控制的民族教會。而羅拉德運動則比威克里夫更為激進，其代表人物下級牧師約翰‧保爾反對封建制度，反對教會佔有土地，主張社會平等、財產平等。保爾的思想後來成為英國1381年瓦特‧泰勒農民起義的思想武器，羅拉德派對16世紀英國的宗教改革有很大影響。

在這幅15世紀的繪畫　▲
上，當教士佈道、舉行彌撒和聖餐禮時，周圍的信徒都恭敬地跪在地上。

　　在歐洲各國的早期宗教改革中，捷克的胡司的宗教改革活動影響最大。胡司是捷克布拉格大學教授，歷任神學系主任、校長。1401年，他又受神父職，次年兼任布拉格伯利恆教堂教士。他深受英國宗教改革家威克里夫思想影響，提出了自己的宗教改革主張。他反對德意志封建主與天主教會盤剝捷克，嚴厲譴責教皇兜售贖罪券；反對教會大肆佔有土地，抨擊教士的奢侈墮落行為；主張用捷克語舉行宗教儀式，認為主禮教士和教徒是平等的，他們在彌撒儀式中應和教徒同領象徵聖體的麵餅和象徵聖血的葡萄酒。胡司的宗教改革得到了捷克農民、市民和下層貴族的普遍支持，但卻引起了羅馬教皇和德國天主教會的仇恨。1414年，康斯坦茨宗教會逮捕了胡司，並於次年七月以異端罪用火刑將其處死。胡司之死激起了捷克人民的極大義憤，由此引發了長達十五年之久的反對德國封建主和天主教會的民族解放戰爭。

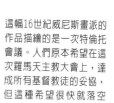

這幅16世紀威尼斯畫派的作品描繪的是一次特倫托會議。人們原本希望在這次羅馬天主教大會上，達成所有基督教徒的妥協，但這種希望很快就落空了。
　　　　　　　　　　　▼

水上城市威尼斯

這個12世紀拜占庭風格 ▲
的金銀香爐見於威尼斯聖
馬克教堂,這座教堂保存
有1024年威尼斯對君士坦
丁堡十字軍戰爭的遺物。

聖馬可教堂的這四匹銅 ▲
馬是1024年從君士坦丁堡
擄掠來的眾多財富的一部
分。

　　威尼斯城最早建在長約3.2公里、寬約1.6公里的群島和泥灘上,直到5世紀中葉,這裡還只是個不起眼的小漁村。西元568年倫巴底人入侵北義大利時,許多大陸居民被逐往瀉湖諸島並建立較大的居民區。7世紀中葉,這裡成為一個獨立的政治實體,被稱為拜占庭威尼斯群島。西元810年,查理大帝之子丕平率航隊佔領威尼斯,隨即又被拜占庭奪回。第二年,雙方訂立和約,查理大帝承認威尼斯為拜占庭疆土,並允許威尼斯在半島大陸上享受貿易權利。因威尼斯處於拜占庭帝國境內,與君士坦丁堡的經濟聯繫密切,並能充分利用與東方恢復貿易的有利條件,經濟實力得以迅速增長,9世紀40年代,威尼斯脫離拜占庭成為獨立的城市共和國。

　　9~10世紀,威尼斯在地中海上極為活躍。除了從事東西方商品貿易外,威尼斯商人還將歐洲的基督徒販運到阿拉伯帝國賣為奴隸,從中獲取鉅額利潤。其領土也迅速擴張至達爾馬提亞,並控制了通往巴勒斯坦的海

帶翅的獅子是聖馬可的傳統象徵,它採用了威尼斯的象徵符號。在維托雷‧卡爾帕喬這幅畫的背景上聳立著古時威尼斯總督的華廈,在這裡威尼斯成了歐洲第一個海上帝國。 ▼

166

上通道。十字軍東征給威尼斯突飛猛進的擴張又帶來了時機。它乘機在地中海東岸奪取了西頓、推羅等港口，並將之作為對東方的貿易據點。特別是第四次十字軍東征，威尼斯商人從中獲得巨大利益。13～15世紀，威尼斯已達到鼎盛時期，成為一個包括克里特島、塞浦路斯島和愛琴海眾多島嶼在內的廣袤的海上大帝國，擁有三百艘大商船、三千隻小船和四十六艘軍艦、三萬六千名水手。威尼斯城是當時歐洲最大的城市，人口約二十萬。威尼斯從1284年開始鑄造金幣杜卡特，是當時國際市場上通用的標準貨幣。當時威尼斯年收入高達一百萬杜卡特，這是歐洲其他國家無法與之相提並論的。

　　威尼斯是由商人貴族進行統治的國家，最高權力機關大議會設立於1063年，由四千八百人組成，具有立法權和監察權。1171年，這個議事會選舉任命了總督。1297年，威尼斯又通過立法形式明確規定，只有名列「黃金簿」的幾百家大貴族才有資格選舉大議會的議員，只有以往四年中是大議會成員的人才有資格當選。大議會成員除非是世襲，除此之外不再增加新的成員。國家的行政權屬於從大議會中選出的小議會，小議會又稱「元老院」，由一百二十名議員組成。城市共和國的一切重大行政措施和宣戰、媾和等，都由小議會決策。國家元首即總督，由選舉產生，為終身制。

　　威尼斯城市共和國的商人貴族的世襲統治，曾遭到中下層市民的反對。1310年，以提埃波洛為首的下層市民舉行起義，但遭到了市政當局的鎮壓。此後，威尼斯成立了一個由十人組成的治安委員會，秘密監視上自總督下至一般市民的一切「非法」行為。對被告人的審訊和判決都在秘密中進行，對於那些被認為是威脅共和國安全的人或實行暗殺，或關入「鉛牢」。

　　15世紀末，隨著新航路的開闢，商業重心轉移到了大西洋沿岸，威尼斯城市共和國隨之走向衰落。

聖馬可教堂內景 ▶

瑪雅文化

玄武岩國王頭像　▲

古代瑪雅神明塑像　▼

瑪雅文化發源於今中美洲的宏都拉斯、瓜地馬拉、墨西哥的尤卡坦半島一帶。西元前10世紀，瑪雅人過上了定居的農耕生活。他們從野生植物中培育出馬鈴薯、玉米、南瓜、番茄、棉花、辣椒、可可和煙草等多種農作物，學會了養蜂取蜜、飼養家畜，並能製造各種石製工具和金銀飾品。

西元前後，在尤卡坦半島南端貝登‧伊查湖（今瓜地馬拉的貝登省）的東北部，瑪雅人的奴隸制城邦逐漸形成，到9世紀末，僅有文字記載的城邦就有一百一十多個。城邦的首領稱為哈拉奇‧維尼克（意為「大人」）。他獨攬國家大權，職位採取世襲制。貴族與僧侶佔有大量土地和奴隸，奴隸可以買賣。農民要負擔許多徭役和貢賦。9世紀末，尤卡坦半島的瑪雅城邦突然不明原因地衰落了。

10～11世紀，瑪雅潘和烏斯瑪爾等城邦又相繼建立。12～13世紀，瑪雅潘成為尤卡坦半島北部的霸主，直到1441年，烏斯瑪爾聯合各邦打敗了瑪雅潘，尤卡坦半島各邦至此陷入了長期紛爭。15世紀中葉，西班牙人入侵尤卡坦半島，瑪雅文化遭到嚴重破壞。

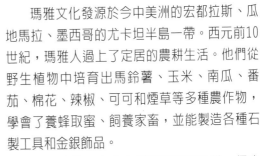

瑪雅手稿　▲
寫在一長條樹皮紙上，象形文字以黑紅兩種顏料寫成。

瑪雅文化的卓越成就在天文曆法、數學、文字、建築等方面都有所表現。由於種植的需要，瑪雅人很早就注意觀測天象，能推算出月亮、金星和其他行星的運行周期以及日蝕、月蝕的時間。他們創造的太陽曆，得出一年為365.2420天的精確數據，比現在的365.2422天相差只有萬分之二。瑪雅人在數學上創造了二十進位制。各種數目只用三種符號表示：黑點是一，短線是五，貝殼圖形是○。瑪雅人對「○」的概念比歐洲人早八百年。

　　瑪雅人早在西元初就創造了自己的象形文字，這種文字既表音又表意，每個字都用方格式環形花紋圍起來。瑪雅人還用毛髮製筆，用榕樹皮做紙，寫下了大量書籍，內容有詩歌、歷史、神話、戲劇、天文曆法等，後大多被西班牙殖民者焚毀。瑪雅人還有立碑記事的傳統，各邦每隔二十年豎一塊石碑，把發生過的重大事件刻記下來。已發現的記年碑刻表明，瑪雅人這一傳統保持了一千二百多年，直到西班牙人入侵才中止。

瑪雅人的算術圖譜　▲

瑪雅士兵雕像　　▲

蒂卡爾一號神廟遺址　◄

169

城市學校的興起

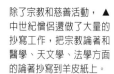

除了宗教和慈善活動，▲
中世紀僧侶還做了大量的
抄寫工作，把宗教論著和
醫學、天文學、法學方面
的論著抄寫到羊皮紙上。

馬丁·路德像　　▼

　　從教會對文化與教育的壟斷中崛起的大學教育，對
歐洲科學與思想進步的推動作用，是無法估量的。

　　中世紀初期，由教會興辦大主教學校、僧侶學校和
教區學校，其主要教育目的是為上帝、教會和王權培養
服務人才。中世紀時期教會對文化教育事業壟斷的負面
影響雖然極大，但它向世俗統治者獨立辦教育，使社會
進步思想得以萌生的歷史作用也值得肯定。歐洲歷史上
一些有進步思想的思想家，大部分都受過這種教會學校
的教育。

　　經院哲學是教會學校的主要課程，這門課程主張理
性服從信仰，哲學應是神學的婢女，人們學術活動的中
心任務，就是論證基督教教條的正確性。經院哲學的創
始者、愛爾蘭人愛利吉納認為，真正的宗教便是真正的
哲學，真正的哲學也就是真正的宗教。兩者的不同之
處，僅僅在於哲學以思考為主，而宗教以信仰為主。義
大利的托馬斯·阿奎那是經院哲學的代表人物，他死後
先後被三位教皇宣佈為聖徒、天主教會博士和宗教哲學
的最高權威。他的著作《神學大全》被尊為經院哲學的
百科全書，作為歐洲中世紀大學的神學教材，長達幾個
世紀之久。托馬斯·阿奎那在該書中聲稱，理性與信仰
一致，信仰是心靈的最高能力，身體隸屬於靈魂，物質
隸屬於精神，哲學隸屬於神學，世俗則隸屬於教會。他
認為，上帝創造世界，宇宙中的一切都是按等級的階梯
來安排的，從非生物體開始逐級上升到植物界、動
物界，再進而上升到人、聖徒、天使、上帝。而教
皇則是上帝在人間的代表，位在世俗君主之上。他

還認為，下級服從上級，上級統攝下級，俗人服從僧侶，國王服從教皇。托馬斯‧阿奎那由此證明，上帝安排的封建等級制度及教階制度都是合理的。上述經院哲學思想，直到今天仍在影響著世界。

到了11世紀，教會學校已不能滿足新興市民的需要，他們要求建立城市學校，於是多數城市建立了所謂的世俗教育學校。城市學校包括用本民族語言教學的讀寫學校、職業技術教育學校、男童高級學校、女童初級學校。15世紀，歐洲各城市的世俗教育學校基本上擺脫了教會控制，奠定了近代歐洲世俗教育的基礎。

中世紀義大利波倫那大學生在全神貫注地聽法學課。▲

中世紀歐洲大學主要有兩類：一類是城市辦世俗大學，另一類是由培養僧侶的教育研究機構發展而成的大學。到15世紀末，歐洲的這類大學已達八十餘所。中世紀歐洲大學的興起，是世界教育發展史上的重大事件。歐洲大學不僅培育了像哥白尼、伽利略、哈維、莫爾、法蘭西斯‧培根等一大批科學家、思想家、學者，而且大學中的許多傑出人物還直接參與社會改革，大大地推動了歐洲社會的進步。13世紀中期，英國牛津大學講師羅吉爾‧培根第一個站出來批判經院哲學，因此被教會幽禁長達十五年；15世紀初，教皇派人到捷克兜售贖罪券，布拉格大學教授胡司又站出來公開揭露和抨擊這一勒索行為，為此獻出了寶貴的生命；16世紀初，德國威登堡大學教授馬丁‧路德掀起的那場聲勢浩大、波及大半個歐洲的宗教改革運動，影響則惠及當代。

莫斯科擺脫蒙古統治

這三幅圖表現了16世紀 ▲
上半期俄羅斯人民的生活
情景,他們或騎馬,或乘
雪橇,或坐四輪馬車外出
旅行。

　　1235年,趁俄羅斯內戰不休之際,蒙古大汗派拔都率軍西征。1237年,蒙古大軍進入東北俄羅斯地區,佔領里亞贊公國後,又立即攻佔莫斯科和弗拉基米爾。西元1243年,拔都以伏爾加河地區為中心,建立了欽察汗國。

　　莫斯科原是俄羅斯托夫‧蘇茲達爾公的屬地,蒙古人統治時期借助蒙古的力量發展起來。14世紀初,莫斯科作為公國,登上了俄羅斯地區的政治舞臺。莫斯科大公為了與特維爾大公爭奪全俄羅斯大公的權位,用金錢收買蒙古王公和自己的政敵,同時也採用暴力方式來消滅競爭對手。1328年,莫斯科大公伊凡一世如願以償,終於被冊封為弗拉基米爾及全俄羅斯大公。

　　在整個14世紀,莫斯科的力量不斷增長,欽察汗國的力量卻日趨衰落,為莫斯科擺脫統治提供了契機。

　　本來,欽察汗國想利用特維爾來對付莫斯科,但沒有成功。1378年,馬麥汗以別吉乞為統帥進攻莫斯科,卻在奧卡河支流沃查河被莫斯科軍隊打敗。這是蒙古人自西征以來,第一次被俄羅斯人打敗。

　　馬麥汗在沃查河戰役失敗後並不甘心,又積極搜羅兵馬,準備與莫斯科一決雌雄。他集結了五、六萬軍隊後,準備和立陶宛大公亞蓋洛結盟,聯合進攻莫斯科。1380年夏,馬麥汗沿頓河北上,等待與立陶宛會師。莫斯科得知情報後,一面集結軍隊迎擊,同時打破蒙、立聯盟,以閃電般的速度渡過頓河後與蒙古軍在庫里科沃平原交戰。馬麥汗匆匆應戰,經過一整天的激戰,馬麥汗的軍隊被徹底打敗,馬麥汗隻身逃走。庫里科沃平原

伊凡大帝鐘樓實景圖　　　▲

戰役是莫斯科擺脫蒙古統治的具有決定意義的重大戰役，戰役的組織者和指揮者底米特里因此而獲得了「頓河英雄」的光榮稱號。

馬麥汗失敗後，1382年，脫脫迷失汗又反撲莫斯科，重新恢復對俄羅斯地區的統治。

1471年七月，莫斯科大公伊凡三世進攻諾夫哥羅德。諾夫哥羅德失敗後，被迫接受伊凡三世為自己的最高立法者和審判者。1478年，伊凡三世吞併諾夫哥羅德。1485年，伊凡三世以特維爾王公勾結波蘭為由，又率軍包圍特維爾，特維爾王公逃到立陶宛，貴族們開城投降。此後，其他小國紛紛成為莫斯科的附庸，或者直接併入莫斯科的版圖。

在1480年，莫斯科徹底擺脫了蒙古人的統治。1480年夏，阿合馬汗再次遠征莫斯科。阿合馬汗這次本指望得到波蘭、立陶宛的援助，但因有莫斯科軍隊的堵截和受到克里米亞汗的進攻，加之波、立軍隊未予以回應，阿合馬汗不得不撤兵，伊凡三世因此贏得勝利。至此，蒙古貴族對俄羅斯人兩百餘年的統治宣告結束。

統一俄羅斯地區後，莫斯科政權成了全國性的管理機構。至16世紀初，中央集權的君主專制制度在莫斯科終於建立起來。1547年一月，根據總主教馬卡利的建議，大公伊凡四世正式加冕，號稱沙皇。

為紀念伊凡出生而建造 ▲
的克洛蒙耶穌升天教堂

1547年，「恐怖的伊凡」▲
接受加冕，成為沙皇，他
在加冕儀式上所戴的皇
冠，據說在11世紀時曾屬
拜占庭。

波克洛夫大教堂（即瓦 ◀
西里升天大教堂）

為紀念1552年伊凡佔領喀山
而建，據說教堂竣工時，伊
凡弄瞎了所有參與興建該教
堂的建築師，因為他不想讓
他們建造比這更富麗堂皇的
其他建築。

173

奧斯曼帝國的擴張與強盛

奧斯曼帝國時期的白
地藍彩草花碟 ▲

奧斯曼帝國挺進東歐，歐
洲的騎士精神之花被擊
潰。這是奧斯曼軍隊在多
瑙河與匈牙利軍隊展開戰
鬥的情景。▼

奧斯曼土耳其人是西突厥人的一支，原來在今
蒙古西部直至中亞的廣大草原地區生活。13世紀
初，為躲避蒙古強大的軍事進攻，而遷至小亞細
亞，依附於塞爾柱人的羅姆蘇丹國，接受伊斯蘭
教，其酋長埃爾托格魯爾從羅姆蘇丹國接受了位於
薩卡里亞河流域靠近拜占庭邊境的一塊很小的封
地。其後，羅姆蘇丹國在蒙古人的攻戰中解體，埃爾托
格魯爾的兒子奧斯曼（西元1282～1326年）繼承首領職
位，趁機擴大勢力，打敗了鄰近的拜占庭軍隊，宣告奧
斯曼土耳其人獨立並建國。

奧斯曼獨立後，仿效塞爾柱土耳其人的軍事采邑
制，分封土地，使封建關係逐漸建立，同時也刺激了奧
斯曼土耳其人的對外擴張。奧斯曼的兒子烏爾汗統治時
期（西元1326～1359年）建立了常備軍，並依靠這支軍
事力量，吞併了原來羅姆蘇丹國的土地，繼而又把矛頭
指向海峽對岸的歐洲，首當其衝的是東羅馬帝國。

1326年，奧斯曼土耳其人輕取布魯薩城，並將都城
遷到這裡。1331年攻克尼西亞城，1337年又佔領尼科米

底亞，從而征服了東羅馬帝國在小亞細亞的全部領土，奠定了奧斯曼土耳其帝國的基礎。1345年，東羅馬帝國內部因王位之爭發生內亂，烏爾汗利用其矛盾與東羅馬皇帝結盟，取得了掠奪巴爾幹半島的特權。1354年，土耳其人渡過達達尼爾海峽，佔領了加利波里，並

以此為陣地，大舉向東南歐地區進攻。穆拉德一世統治時期（西元1359～1389年）對外擴張進入一個新的階段。1362年佔領亞得里亞堡，不久在此地建都，遂切斷了君士坦丁堡與歐洲大陸的陸上通道，使之變成了一座孤城。接著轉向對保加利亞、塞爾維亞等地進攻。巴葉齊德時期（西元1389～1403年），土耳其人在科索沃戰役中打敗了巴爾幹各國聯軍，吞併了塞爾維亞，之後又征服了保加利亞、阿爾巴尼亞等國，震動了整個歐洲。1396年，奧斯曼軍隊在多瑙河畔的尼科堡幾乎使歐洲天主教諸國組成的十字軍全軍覆沒。到14世紀末，巴爾幹半島絕大部分土地被納入土耳其帝國統治之下。

15世紀，帖木兒帝國的擴張對奧斯曼在亞洲的統治構成直接威脅。1402年安卡拉一役，土耳其軍隊一敗塗地，蘇丹巴葉齊德被俘後受辱而死，帝國進入內亂時期。穆罕默德二世（西元1451～1481年在位）時，奧斯曼土耳其人又掀起新的擴張高潮。1453年，二十萬土耳其大軍和數百艘戰船，攻下了君士坦丁堡，繼而遷都於此，更名為伊斯坦布爾，將聖索菲亞大教堂改為清真寺。存在了千年之久的東羅馬帝國滅亡了，君士坦丁堡變成了穆斯林世界新的政治中心，奧斯曼帝國從此進入了更加興旺與強盛的時期。

穆罕默德二世肖像 ▲

蒙古征服者跛子帖木兒 ▲

作為軍事指揮官，他在安卡拉重創奧斯曼土耳其軍隊。

開闢歐亞新航線

最先探尋通往印度航路的是葡萄牙人。1415年，葡萄牙人攻佔了直布羅陀海峽南岸的休達城，建立了第一個殖民地。在後來的七十年間，他們從未停止沿非洲西海岸向南探險，並先後到達佛得角、幾內亞灣、加納海岸、剛果河口和安哥拉，為遠航印度做了充分的準備。

1486年，葡萄牙人迪亞士帶領三艘輕便帆船開始遠航。第二年抵達非洲最南端的海

新航線的開闢大大激發了航海家們探索熱情。 ▼

1498年，達‧伽馬率領 ▲
第一艘歐洲船隊駛入維查耶那加爾所屬的卡里庫特港。

強大的西非貝寧王國 ▲
16世紀的象牙製品，雕刻上的人物表現出非洲人第一次看見葡萄牙水手時面露驚異的神情。

角，將其命名為「風暴角」，後由葡萄牙國王改名為「好望角」，意為通往印度的希望之角。1497年七月八日，達‧伽馬率領四艘帆船從里斯本出發，沿迪亞士當年走過的航線南行，於十一月到達好望角。接著沿非洲東岸北航，在次年三月一日抵達莫桑比克。四月，由阿拉伯水手引航，從肯亞的馬林迪橫渡印度洋，並於五月二十日抵達印度西海岸的卡利庫特城，這是人類歷史上首次完成從西歐繞過非洲來到東方的航行，從而開闢了歐亞之間的新航路。

◄ ►
葡萄牙諾福克郡國王的林恩教堂的橡木坐板和陶碗，上面畫的是高甲板武裝商船，適合遠洋航行。14世紀末15世紀初海上探險的成功激發起全歐洲民眾的豐富想像。

航海星盤　◄

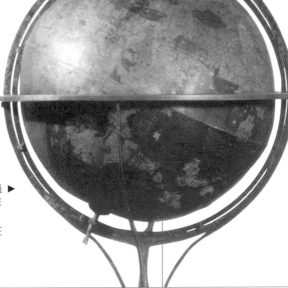

迄今為止，人類最早地球儀 ►
是按托氏的坐標，於1492年在德國繪製而成的。同年，哥倫布發現美洲，但未趕在地球儀製作之前。

阿茲特克文化

阿茲特克人原在墨西哥西部的海島上居住，據傳說戰神輝齊波羅齊特利曾給他們這樣的啟示：如果看到一隻鷹站在仙人掌上啄食一條蛇，那就是他們定居的地方。後來，祭司按照神意帶領族人定居在墨西哥的特斯科科湖西岸，阿茲特克人稱該地為「墨西哥」，意為戰神指定的地方。現今，鷹吃蛇的圖案成為墨西哥國徽。

1325年，阿茲特克人在湖中的小島上建立了都城——特諾奇蒂特蘭城（今墨西哥城）。至孟特祖瑪一世（西元1440～1469年在位）時期，阿茲特克人已經控制了整個墨西哥盆地，形成了早期奴隸制國家。阿茲特克國家的權力機關是「最高會議」，由二十名氏族首領組成，從中選出兩名執政，一個管民事，一個管軍事，後者權力較大，被視為神的化身。土地仍為村社公有，但土地私有和貧富分化現象已經出現，戰俘和負債人淪為奴隸的現象普遍存在。阿茲特克人的文化受到瑪雅文化的影響。農業是主要的經濟形式，他們注意引水灌溉，並用在水中打樁和在木筏上鋪湖泥的辦法擴大農田和菜園面積，這種地被稱為「浮動園地」。阿茲特克人也能製造金、銀、銅器。他們製造的陶器造型美觀，以褐地黑紋為特徵。衣料多用棉花和各色羽毛混合織成，色彩豔麗奪目。他們能用珍貴鳥羽和貝殼編織鑲嵌成各種精美飾品，其工藝之精巧聞名於世。

阿茲特克人的曆法和象形文字同瑪雅人相似。他們將一年定為365.06天，分成十八個月，每月二十天，每週五天。每天都有特定的名稱，如猴日、雨日、海獸日等。阿茲特克人的象形文字書籍與瑪雅人幾乎遭受同樣

這個塑像表現的是阿茲特克人的羽蛇神——昆茲奧考特▲

儀式上使用的羽毛盾牌，是用來獎勵戰鬥中表現英勇的阿茲特克戰士的。▲

阿茲特克國王摩台祖瑪二世的王冠▲

的命運，多被西班牙殖民者焚毀，保存下來的只有兩部「貢賦冊」，它是了解阿茲特克人社會生活的寶貴資料。

首都特諾奇蒂特蘭城集中體現了阿茲特克人的建築藝術。城市建在兩個小島上，有三條寬闊的長堤與湖岸相連，其中一條長達七英里，長堤上架有可以阻敵的吊橋。城內街道整齊，花園遍佈，供水系統完備，居民超過十萬人，比當時的倫敦、巴黎還要大。全城共建有金字塔神廟四十座，位於中心廣場的最大一座高達三十五公尺，有一百四十四級臺階。富人住宅都塗成白色或紅色，極為富麗壯觀。1519年，西班牙殖民者佔領了這座城市，將其摧毀。

這些高大的印第安武士石像聳立在墨西哥圖拉古城的羽蛇神金字塔廟頂端，曾經是支撐廟宇屋頂的柱石。這是托爾特克文明的產物之一，托爾特克是阿茲特克之前在墨西哥叱咤風雲的三大部落之一，他們創造出了令人矚目的文化。圖拉城是他們的首都。▼

◀ 這枚魔王胸飾上鑲嵌著的綠松石打磨成細小鱗片，是阿茲特克人精美絕倫的文物之一。

這是一本手稿的首頁，▲ 它向我們講述了特諾奇蒂特蘭城是如何興盛起來的。圖案正中是阿茲特克的標誌。

阿茲特克人用石面具裝 ▲ 扮眾神，這張面具代表了春天和新生之神。

一把祭司用的阿茲特克 ▲ 匕首露出它鋒利的玉髓刀刃。

179

哥倫布 ▲

繪有哥倫布所獲得榮譽 ▲
的紋章，其中的鐵錨代表
了他的稱號：海軍大將。

哥倫布繪製的地圖 ▶

哥倫布發現新大陸

　　正當葡萄牙人沿非洲海岸探尋通往印度的新航路時，西班牙人則從另一方向尋找通往東方的航路，結果哥倫布發現了「新大陸」──美洲。克利斯多夫·哥倫布（西元1451～1506年）是義大利熱那亞的水手，他早年讀過《馬可波羅遊記》，相信地圓學說，對於遠航探險活動非常癡迷。多年來，哥倫布一直想組織一支西航印度和中國的探險隊，為此曾先後向英國和葡萄牙國王請求資助，但均遭拒絕，於是轉而求助於西班牙女王。1492年四月，西班牙女王伊莎貝拉最終採納了他的建議，決定派他以西班牙王室的名義去尋找通往印度和中國的航路。

　　西元1492年八月三日，哥倫布率領八十七名水手，分乘三艘帆船，從西班牙的巴羅斯港出發，經過七十天的艱苦航行，於十月十二日到達巴哈馬群島中的一個小島，將其命名為「聖薩爾瓦多」，意為「救世主」。隨後，向南航抵古巴和海地。1493年三月十五日，哥倫布返回西班牙。在後來的八年間，哥倫布又三次西航，先後到過買加、波多黎各、多明尼加等地，還到過中美洲的宏都拉斯和巴拿馬。但是，哥倫布所發現的地方並不富饒，離人們的期望太遠，因而招致人們的誤解、謾罵。最後，國王剝奪了他的財產。1506年，他在窮困潦倒中死去。哥倫布生前一直把他所發現的地方誤認為是印度，後來人們以他的名字稱這個「新

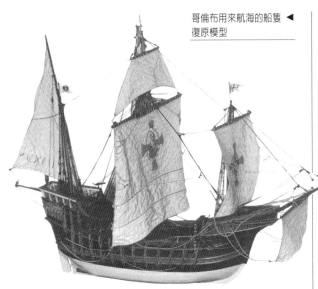

麥哲倫像　　　　　　▲

世界上下五千年

大陸」為「亞美利加洲」。

　　　葡萄牙貴族費爾南多‧麥哲倫（西元1470～1521年），深受哥倫布等人探險的影響，在西班牙國王的支持下，進行了人類歷史上首次環球航行。

　　　1519年九月二十日，麥哲倫率領二百六十五名水手，分乘五艘帆船從西班牙的聖盧卡爾港出發，橫渡大西洋，並於次年三月到達南美洲巴塔哥尼亞。然後沿海岸南下，於十月到達南美洲南端的海峽，該海峽後來被命名為「麥哲倫海峽」。隨後他們在時人所稱的「南海」中航行三個月，由於沒有遇到風浪，便將其命名為「太平洋」。1521年三月，船隊抵達菲律賓群島。因與當地居民發生衝突，麥哲倫被殺。當這支探險隊橫渡印度洋，繞過好望角，於1522年九月七日重返西班牙時，僅剩下一艘帆船和十八名船員。

斐迪南和伊莎貝拉木刻
雕像　　　　　　　▼

哥倫布出行前在葡萄牙尋求
支持者未果，後來得到西班
牙統治者斐迪南和伊莎貝拉
的支持。

地理大發現帶來的革命

金質神冠胸飾 ▲

這些非洲的黃金財富，磁石一般吸引著西班牙殖民者，每年他們從殖民地運回的黃金多達幾千公斤，並大量開採礦山。

里斯本是16世紀歐洲最重要的商業中心城市，圖為該市的著名古蹟貝倫塔。 ▼

地理大發現引發了「商業革命」和「價格革命」。

商業革命的主要內容是：形成世界市場，增加了商品種類和商品流通量，商路和商業中心的轉移以及商業經營方式的發展。

地理大發現之後，隨著西歐商人的貿易範圍的進一步擴大，歐洲與亞洲、非洲、美洲之間建立了直接的商業聯繫，東西半球及其局部地區彼此隔絕、不相往來的狀況得到根本改變。同時世界市場開始形成，從而為新興資產階級開闢了更廣闊的活動空間。歐洲市場上匯集了來自各大洲的商品，如美洲的可可、煙草，非洲的象牙、咖啡，亞洲的茶葉、香料、絲綢。商品不僅種類繁多，而且流通量大增。

主要商路和國際貿易中心地中海商業城市逐漸衰落，與此同時，大西洋沿岸的里斯本、塞維利亞、安特衛普和倫敦取而代之。

此外，商業經營方式也發生了變化，股份公司、證券交易所、銀行信貸業、保險業等相繼興起，使已經萌芽的資本主義得以迅速發展。

「價格革命」是指歐洲殖民主義者從殖民地特別是美洲掠奪了大量金銀，使歐洲市場上的貨幣流通量劇增，從而導致物價上漲。據資料記載：在一個世紀內，西歐的黃金數量增加了117%，白銀增加了206%；西歐各國的物價平均上漲兩倍左右，西班牙則高達4.5倍。

世界上下五千年

「價格革命」使新興的工商業資產階級以及與市場有聯繫的貴族牟取了暴利，賺得了鉅額資本，而收取定額貨幣地租的封建貴族的實際收入則大大減少，經濟地位每況愈下。「價格革命」是資本原始積累的因素之一，它加速了西歐封建制的衰落與資本主義的發展。

　　從整個人類歷史的進程來看，地理大發現開闢了歐洲人的海上新時代，人類活動空間從大陸轉向海洋，改變了東西兩半球相對隔絕互不往來的格局。這樣，由地理大發現引發的商業革命，通過以西歐為中心的世界貿易網把原先半封閉的地區性經濟聯繫起來，形成資本主義的世界市場，在人類歷史上第一次出現了東西兩半球多種文明的匯合與全球一體化的新進程，從而使世界的發展逐漸形成一個全新的格局。

16世紀初用於殖民和開 ▲
拓海外市場的船隻草圖

巴西薩爾瓦多的歷史 ◀
建築

薩爾瓦多是葡萄牙殖民者在巴西建立的第一座城市，也是葡萄牙在美洲領地的首府。

地理大發現大大促進了歐洲與美洲乃至世界各地的貿易往來。　　　▼

世界上下五千年

印加帝國

印加人金像　▲

修復後的庫斯科西班牙聖多明各教堂，建在印加太陽神廟彎曲的牆基上，其建築形式體現出兩種文化的衝突。　▼

　　印加在13～15世紀時，還處在部落聯盟階段。1438～1533年，印加逐步發展為統一而強大的奴隸制帝國，它的版圖以秘魯為中心，包括哥倫比亞、厄瓜多爾、玻利維亞、阿根廷和智利的一部分，人口達到六百萬以上。

　　印加帝國有著比較完備的奴隸制統治機構。國王被視為太陽之子，神的化身，權力至高無上；貴族和祭司享有特權，靠剝削農民和奴隸為生。全國分為四個區，每區下轄幾個省。社會的基層單位是「艾柳」，即農村公社。村社土地分為三種：「印加田」歸國家所有，「太陽田」供祭司或宗教所用，「公社田」屬村社所有。三種土地都由農民耕種，除此之外，農民要向國家納稅、服勞役。

　　印加人對人類農業文明的發展做出過重大貢獻。他們培育的農作物約有四十多種，其中有番茄、草莓、鳳梨等，許多作物都是當時其他大陸所沒有的。印加人在建築和交通方面創造了許多奇蹟。首都庫斯科的殿堂、廟宇一律是由巨石砌成的。巨石之間不用任何泥漿，絲縫嚴密，薄刃難進。城內的太陽神廟是全國的宗教中心，廟內大殿正面牆壁上是用黃金繪製的太陽神像，當太陽照在神像上時，就放射出萬道金光。大殿外有一個獻給太陽神的「黃金花園」，園中的各種花鳥草木、走獸爬蟲都是用金銀製成的，做工之精巧，可以假亂真。印加人還修築

了遍佈全國的交通驛道，兩條主幹道
長達四、五千里，貫通全國。驛道
沿線設有驛站，建有烽火信號系
統，資訊傳遞極為快捷，無論是建
設水準和長度都超過古代羅馬帝國。印加人有自己的度
量衡，從墓葬中出土過骨、木及銀製成的天平秤。在醫
學上，他們能製作木乃伊，會從古柯中提取麻醉藥，甚
至會施行開顱術。印加人沒有文字，他們用「基普」
——一種結繩記事法來記載歷史的神話傳說。

　　1531年，皮薩羅率領西班牙殖民者入侵印加帝國。
第二年，他們誘捕了印加王阿塔瓦爾帕，在騙取了印第
安人的大量贖金之後，又殘忍地殺害了他，印加帝國從
此滅亡。

魚形容器 ▲

魚是喀喀湖地區印加人的主
要食物，也是工匠們選題之
一。

秘魯印加文化遺跡 ◀
馬丘比丘

「馬丘比丘」意思是「古老
的山峰」，它坐落於安第斯
山脈地區兩座險峻的山峰之
間，是印加帝國的都城遺
址。這座建於西班牙人入侵
前一百年的城堡，現已成為
傳奇般的印加文明最著名的
遺跡。

印加帝國的著名遺蹟——太陽門 ▲

華美的提花披風 ▲
式襯衣與胸針是只
有印加貴族才能擁
有的奢侈品。

185

葡萄牙與西班牙的殖民掠奪

西班牙對中南美 ▲
洲的征服者：埃爾
南·科爾泰斯（上）
和弗朗西斯科·皮
薩羅（下）

這個非洲人製作的銅像，
塑造了一個葡萄牙士兵正
用火繩槍射擊的情景。從
16世紀開始葡萄牙人就將
槍炮賣給西非海岸的國王
們，然後換回黃金、象牙
和奴隸。
▼

殖民主義者用征服、奴役甚至消滅殖民地人民的殘酷手段積累了鉅額財富。殖民掠奪給亞、非、拉人民帶來了深重的災難，嚴重阻礙了這些國家和地區的發展進程。

葡萄牙和西班牙是最早走上殖民征服道路的國家。

16世紀初期，葡萄牙人口不足一百五十萬，經濟和軍事勢力與歐洲其他大國相差懸殊，不可能在亞非大陸建立龐大的殖民帝國。葡萄牙的殖民征服主要採取了這樣幾個途徑：

首先在通往東方的新航路沿岸及周圍地區建立軍事據點，建立海上霸權，控制商路，進行貿易掠奪。自1502年達·伽馬率二十艘武裝商船再征印度後，葡萄牙殖民者在幾年內就佔領了非洲東岸的莫桑比克、索發拉、基爾瓦、桑給巴爾等地，並將這些據點作為從西歐到東方漫長航線上的補給站。

其次從事欺騙性貿易。葡萄牙人用鏡子、別針、玻璃球等廉價手工業品騙取亞非土著居民的珍珠、寶石、象牙等貴重物品，從中獲得高額利潤。

再次是從事奴隸貿易，將非洲黑人奴隸源源不斷地販往美洲大陸，從中牟取暴利。

哥倫布發現美洲，揭開了西班牙殖民者遠征美洲的序幕。從15世紀末到16世紀初，西班牙人首先把加勒比海和西印度群島納入自己的勢力範圍，先後在海地、牙買加、波多黎各等地建立殖民據點，並以此為基地開始對中南美洲廣大地區進行武力征服。1521年，西班牙貴

族科爾泰斯率軍征服墨西哥，摧毀了印第安人古代文明的中心——「阿茲特克帝國」。1533年，西班牙冒險家皮薩羅率軍佔領了印加人的首府庫斯科，使印第安人古代文明的另一中心「印加帝國」也慘遭塗炭，從此淪為西班牙的殖民地。此後，西班牙殖民者在不足二十年的時間內，相繼征服了厄瓜多爾、烏拉圭、玻利維亞、哥倫比亞、阿根廷等地。到16世紀中葉，除葡屬巴西外，整個中南美洲幾乎全部成為西班牙的殖民地。

西班牙與葡萄牙殖民征服和統治有區別，到16世紀中葉，西班牙已在中南美洲建立起殖民帝國。西班牙在當地設立殖民政府，委派總督治理，並向殖民地大量移民。貴族、商人紛紛湧入美洲，大肆掠奪印第安人的土地和財富，建立封建的大地產制。

從早期殖民征服目的看，西、葡兩國王室積極組織和支持海外探險活動，大肆進行殖民掠奪，主要為了擴大封建統治範圍。葡萄牙人早在沿著非洲西海岸探險時，就宣佈西非為王室所有，並求得羅馬教皇認可。

自哥倫布首航之後，西班牙派出的所有遠征隊每到一地，就將該地宣佈為西班牙王室的財產，這都是典型的封建殖民侵略。

從早期殖民征服導致的直接後果來說，在海外，葡萄牙沿亞非海岸線建立了一個個殖民據點，控制了東西方商路，進行封建性的掠奪貿易。而西班牙不僅在中南美洲建立了龐大的殖民帝國，還將本國的封建制度移植到殖民地，建立了封建的大地產制。在國內，兩國在殖民征服過程中掠奪了大量財富，使本國封建統治階級有牢固的物質基礎，當西歐其他國家的封建制度日趨解體時，西班牙和葡萄牙的封建制度卻一度得到加強。兩國將掠奪所得的金銀財富大量用於維持龐大的官僚機構和對外的征服戰爭中，同時，王室、貴族和商人將大量的錢財花在進口各種商品上，以滿足其奢侈的生活享受。因此，這些錢財不僅沒有在兩國起到資本原始積累的作用，反而打擊了本國工業，延緩了資本主義發展的進程，使其很快喪失了殖民優勢。

這是一個16世紀歐洲玉石浮雕。▲剛果國王阿方索一世皈依天主教，把他的王國變成葡萄牙的保護國。

義大利文藝復興

具有文藝復興風格的
佛羅倫斯聖十字教堂 ▲

人文主義精神是一種勇於進取、樂觀向上的世界觀，它是照亮人們精神世界的一盞明燈。15世紀末16世紀初，文藝復興在義大利進入全盛時期，並開始跨越阿爾卑斯山，廣泛傳播到歐洲其他國家，一直持續到17世紀初。這一時期的文藝復興通常被稱為後期文藝復興。在這一百多年的時間裡，文藝復興與商業的繁榮、人口的增長和不同文明之間的交相呼應，不僅在更大範圍內改變了人們的觀念和生活方式，也進一步衝擊和動搖了教皇和教會的權威。至此，全球文明的序幕已經完全拉開。

米開朗基羅著名雕塑
《比埃塔》 ▼

與早期文藝復興相比，後期文藝復興呈現出一些新的特點和氣象。早期文藝復興僅局限於以佛羅倫斯為中心的義大利，而且只是表現在文學藝術領域內。它對人們的思想觀念，特別是對宗教神學觀的衝擊極為有限，它更多的是繼承了古典文化的傳統。而後期文藝復興幾乎遍及西歐各國，文藝復興不僅在文學藝術領域，而且在政治思想、哲學思想、自然科學的各個領域裡展開。它以創新的精神，取得了一系列輝煌的成就。

義大利後期文藝復興的主要代表人物有人文主義藝術大師達‧芬奇、米開朗基羅、拉斐爾和政治思想家馬基維里、康帕內拉等。

李奧納多‧達‧芬奇（西元1452～1519年）博學多識，才藝雙全。他既是藝術大師，又是科學家、發明家、哲學

家。他的取材於《聖經》故事的代表作《最後的晚餐》，著重刻畫耶穌在晚餐席上對門徒說「你們當中有一個人出賣了我」的一剎那間，十二個門徒不同的表情、姿態及複雜的內心活動，形象刻畫生動鮮明。他的另一名作《蒙娜麗莎》，是世界美術史上最具代表性的肖像畫之一。達・芬奇突破宗教題材的局限，把一位面帶微笑的市民少婦的端莊秀麗勾畫得唯妙唯肖，給人以強烈的現實主義感。

米開朗基羅（西元1475～1564年）的代表作雕像《大衛》、《摩西》取材於《聖經》故事，這兩件不朽之作塑造了兩位雄偉剛健的古猶太人的英雄形象，突出刻畫了人的精神意志。其繪畫傑作《創世紀》和《末日審判》兩幅壁畫，賦予神以人性，表達了他對人類美好生活的憧憬。

有「畫聖」之稱的拉斐爾（西元1482～1520年）曾繪製多幅聖母像，其藝術風格典雅、優美。在他筆下，人們心目中幽靈般的聖母完全是另一種溫柔善良的世俗女性形象，絲毫沒有禁慾主義和神秘主義色彩，如《西斯廷聖母》、《草地上的聖母》等。

洛倫佐像　◀

義大利文藝復興以佛羅倫斯為中心，美第奇家族是佛羅倫斯的實際統治者，而家族中天賦最高的是洛倫佐。

拉斐爾自畫像　▲

波堤切利所繪的婦女具　▲
有文藝復興時期人們理想中的美女特徵。

達・芬奇的名畫　▲
《蒙娜麗莎》

文藝復興時期的出版業　◀
為了學術和通訊提供了便利，圖為出版社出版的維吉爾的詩集。

莎士比亞蠟像　▲

北歐文藝復興時期的　▲
代表人物伊拉斯莫

托馬斯·莫爾所作的　▲
《烏托邦》插圖

文藝復興在歐洲的傳播

　　15世紀後期至17世紀初，文藝復興在德、法、英等國相繼而起。人文主義作家、政治思想家、科學家、哲學家都從各自的領域向傳統觀念和宗教神學發起強烈的挑戰。

　　在文學領域裡，出生於鹿特丹的伊拉斯莫（約西元1466～1536年）是阿爾卑斯山以北很有影響的人文主義者。他首次修訂希臘文《聖經》中的許多錯誤，對教會解釋教義的權威提出了挑戰。伊拉斯莫的諷刺作品《愚人頌》（西元1509年），借「愚人」女子之口，嘲笑教皇、僧侶的貪婪、愚昧，譴責貴族的放蕩、虛榮。他主張廢除禁慾主義和形式主義的宗教儀式，建立合理教會，為馬丁·路德的宗教改革開了先聲。

　　拉伯雷（西元1494～1553年）是法國文藝復興的代表人物。其取材於民間故事的代表作《巨人傳》，以敘述高朗古傑、高康大和龐大固埃祖孫三代巨人國王的神奇事蹟為主線，影射法國現實生活和社會矛盾，堪稱諷刺文學的經典之作。拉伯雷嘲弄教士的愚昧和貴族的沒落，痛斥經院哲學的虛偽，同時提出反映人文主義理想的政治和宗教主張，表達了新興資產階級要求個性解放的願望。

　　莎士比亞（西元1564～1616年）是文藝復興時期英國傑出的戲劇家和詩人，一生著有三十七個劇本和一百五十四首十四行詩。他創作的戲劇有歷史劇、喜劇和悲劇等多種體裁。歷史劇以帝王將相為主角，描述了13至15世紀英國著名國王的生平事蹟，充分反映了新興資產階級反對分裂、擁護王權的政治願望。他的喜劇則充滿

樂觀主義情調，讚美友誼與愛情，表達了人文主義的道德理想。莎士比亞於17世紀初寫的四大悲劇，代表了他創作的最高成就。這些悲劇突出反映了資產階級人文主義思想同封建邪惡勢力之間的較量和衝突，並以先進力量的失敗作為結局，控訴封建制度和封建貴族的罪惡行徑。莎士比亞的作品語言生動活潑，很有感染力，在歐洲文壇上獨樹一幟。

　　西班牙現實主義作家塞萬提斯（西元1547～1616年）創作的《唐‧吉訶德》，是一部傳世的文學作品。他以幽默、誇張的手法，融詼諧與嚴肅、偉大與庸俗於一體，將唐‧吉訶德塑造成新舊交替時期複雜而矛盾的典型，使之具有復古主義和人文主義理想的雙重性格。這部作品描繪了當時西班牙社會廣闊圖景。

　　在政治思想領域裡，法國的布丹（西元1530～1596年）在《國家論》一書中系統闡述了國家主權的理論，把國家主權作為一種游離於社會並凌駕在社會之上的統治力量，反映了歐洲民族國家正在形成的現實。英國的托馬斯‧莫爾（西元1478～1535年）提出否定資本主義制度的政治主張。他在《烏托邦》一書中既抨擊了英國現存社會制度的黑暗，又描繪了一種理想的社會制度：廢除私有制，人人勞動，人人平等，按需分配等。這深刻地影響了以後的社會主義思潮，莫爾也因此成為西歐空想社會主義的奠基人。

拉伯雷像　　　　▲

畫家筆下的唐‧吉訶德 ▲

畫家筆下的奧菲莉婭是 ▶
莎士比亞著名悲劇《哈姆雷特》中的一個不幸少女。

人類科學史上的重大進展

在天文學領域内，波蘭人哥白尼（西元1473～1543年）率先舉起了革命的旗幟。他在1540年寫成的《天體運行》一書中提出「日心說」，極大地動搖了中世紀長期流行並為教會奉為信條的「地心說」，它標誌著自然科學擺脫神學獲得獨立發展。繼承並發展了哥白尼學說的有義大利科學家布魯諾（西元1548～1600年）、伽利略（西元1564～1642年）和德國學者開普勒（西元1571～1630年）等人。布魯諾提出了宇宙無限的觀點；伽利略透過自製的望遠鏡進行觀察，為「日心說」提供了最重要的天文證明；開普勒總結出行星運動的三大定律，糾正了哥白尼關於行星沿圓形軌道繞太陽運行的觀點，提出行星運行的軌道為橢圓形。

這一時期，在物理學、數學和醫學方面也有許多重大的發明、發現。伽利略的慣性定律、力作用獨立定律，義大利數學家卡爾達諾（西元1501～1576年）的解三次方程公式，比利時醫生維薩留斯（西元1514～1564年）的解剖學，英國醫生哈維（西元1578～1657年）的人體血液循環理論等，都極大地推進了科學的發展。

在哲學思想領域，機械唯物論擺脫經院哲學的束縛發展起來。英國近代資產階級唯物論哲學家法蘭西斯‧培根（西元1561～1626年）著有《學術的進展》、《新工具》、《科學的價值與增長》等，他提出的歸納法，成為研究自然科學的方法，並提出「知識就是力量」的名言，這反映了新興資產階級需要利用科學知識認識和改造自然，造福人類的要求。

法國理性主義的創始人笛卡爾（西元1596～1650年）

伽利略像 ▲

有關哥白尼的《天體運行論》的描述 ▲

笛卡爾像 ▼

世界上下五千年

審判伽利略 ◀

伽利略於1632年出版了《關
於托勒密和哥白尼兩大世界
體系的對話》，提出了全新
的宇宙論。結果宗教裁判所
命令伽利略說清楚自己為什
麼質疑傳統的觀念。最終伽
利略被迫宣稱地球是宇宙中
靜止不動的中心。

認為宇宙是統一於運動的物質，但是他又把物質運動
只看作是機械運動。在認識論上，他採用理性演繹
法，片面強調理性認識的可造性，否認感性認識的作
用。同時，由於無法解釋理性認識的來源，於是不得
不求助於神為真理，因此他也是「心物彼此孤
立」的二元論者。

　　文藝復興運動持續近三百年，其重大歷史
意義在於它不僅創造光輝燦爛的新文化，尤為
重要的是改變了
人們的觀念，解
放了人們的思
想。它是資本主
義時代到來的先聲，也是
資本主義發展的基礎。

世界上下五千年

哥白尼像 ▲

培根像 ◀

伽利略的望遠鏡復原 ▲
模型

馬丁・路德與宗教改革

馬丁・路德像　　　▲

　　馬丁・路德（西元1483～1546年）是德國宗教改革的發起者，他出身於富裕市民家庭，十八歲進入愛爾福特大學攻讀法律，後來他放棄了學業，進了奧古斯丁修道院。1510年，路德被修道院派到羅馬朝拜，在羅馬他目睹了教廷的種種腐敗現象，於是對教會的贖罪得救制度產生了懷疑。1512年，路德獲神學博士學位，被任命為維登堡修道院副院長和維登堡大學神學教授。在此期間，他認真研讀《聖經》，發現天主教會的制度及其神學理論與基督教教義嚴重背離，認為信徒只要依靠個人對耶穌的信仰即可得救，信仰的唯一依據是《聖經》，而非天主教會制定的神學。這樣，路德對教皇的權威，從理論上予以否定，同時還否定了天主教神學的基本觀念。

　　1517年，美因茲大主教亞爾伯特透過出售贖罪券，以聚斂財富。十月三十一日，路德在維登堡的卡斯爾教堂的大門上張貼《九十五條論綱》，對出賣贖罪券的做

宗教改革時期，路德派與天主教正在討論一些分歧的觀點。　　　▼

法予以痛斥，提出了「信仰耶穌即可得救」的原則。1519年，路德在萊比錫的一次辯論會上，又公開否定了教皇的神權，宣稱教皇同樣可以犯錯誤。

1520年，路德發表《論基督徒的自由》和《教會被囚於巴比倫》兩篇重要文章，全面闡述了「因信稱義」的宗教改革理論。其主要內容是，只要有信仰，人人在上帝面前都享有平等的權利和地位，並能得到上帝的恩典，從而使靈魂得救；在人與上帝之間，無需宗教律法、禮儀和神職人員作為仲介，信仰的唯一依據是《聖經》；簡化繁瑣的宗教儀式，七項聖禮中只保留洗禮、聖餐兩項。從根本上否定了教皇至高無上的地位和教會高於國家的天主教思想。

路德的理論和活動使教廷大為恐慌。教皇命令路德在六十天之內改變觀點，否則將開除他的教籍，但路德依舊堅持自己的觀點。1521年四月，在教廷的支持下，神聖羅馬帝國皇帝發佈旨意，取消對路德的法律保護，但是議會沒有聽從，反而將路德召到議會陳述他的觀點。路德在議會的演說引起陣陣歡呼。會後，路德在群眾的保護下離開會場，避開了皇帝的逮捕，逃亡到薩克森，被薩克森選侯腓特烈保護起來。從此，路德潛心於對神學的研究與寫作，繼續宣揚其宗教改革的主張。

1534年出版的由馬丁·路德所譯《舊約》的卷首插圖 ▲

神聖羅馬帝國皇帝查理五世使用的鍛造鋼盾，他是宗教改革運動的世俗阻力之一。◄

路德派與羅馬天主教的 ▲重要區別在於所謂的聖禮儀式中，如圖所示，天主教認為洗禮只有教士才能實行，而路德派則讓一個俗人給一個孩子洗禮，以此向這一觀念挑戰。

英國的都鐸王朝

1485年，英國封建主之間的內戰——玫瑰戰爭結束後，亨利七世登上王位，開始了都鐸王朝（西元1485～1603年）的專制統治。都鐸王朝的統治者在封建貴族、資產階級和新貴族共同支持王權的基礎上，採取了一系列政策，使專制王權得到鞏固。

首先，削弱大貴族勢力，剝奪教會貴族的特權和財產。亨利七世統治時，加大了打擊封建割據勢力的力度。他下令禁止貴族蓄養家兵，宣佈取締封建家臣團，摧毀貴族修建的城堡，並發揮「皇室法庭」的作用，使之成為專門審理政治叛亂案件的機構，以懲治那些不聽從皇室命令的大貴族。1540年，亨利八世又進一步將樞密院作為自己的諮詢機構和最高司法機關，其官員多從資產階級和新貴族當中選任，從而使他們成為專制王權的支柱。

1533年，亨利八世與羅馬教皇決裂，施行宗教改革，自己隨之成為英國教會的最高首腦。他將教會沒收所得的大批土地廉價賣給或賞賜給資產階級和新貴族，進一步為專制王權奠定了堅實的社會基礎。

其次，為了滿足封建貴族的願望，維護封建秩序，都鐸王朝頒佈了一系列懲治流浪者的法律。自15世紀70年代興起的圈地運動，破壞了封建土地

亨利七世像 ▲

這種四輪馬車在16世紀▲中期被引入英國，當時規定地方各教區負責本區內路段的修築和保養。

16世紀英國南部普利茅▶斯港的海岸地形圖，許多航海家包括法蘭西斯．德雷克（右）和沃爾特．雷利（左），都從這裡裝船啟航。

所有制，使廣大農民喪失土地而成為流浪
者。都鐸王朝的統治者頒佈限制圈地和懲
治流浪者的法律，其目的在於使農民回到
原來的土地上，鞏固封建制度。

　　再次，在政治上，與資產階級結盟，
控制國會，使之成為專制王權的工具；在經濟上，實行
重商主義政策，如保護工商業、獎勵海外貿易和殖民掠
奪等。

　　都鐸王朝既維護封建貴族的利益，同時又執行對資
產階級和新貴
族有利的重商
主義政策。這
種現象反映了
英國的專制王
權當時在兩個
對立的階級間
起著某種協調
作用。

畫中描繪了1588年侵入 ▲
英國的西班牙「無敵艦
隊」，在英國艦隊炮火轟
擊下慌張撤退的情景。

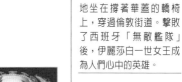

女王伊麗莎白一世威嚴 ▲
地坐在撐著華蓋的轎椅
上，穿過倫敦街道。擊敗
了西班牙「無敵艦隊」
後，伊麗莎白一世女王成
為人們心中的英雄。

這是北漢普郡的伯利山
莊，是伊麗莎白一世的財
政大臣兼國務秘書威廉·
西塞爾建造的三座富麗堂
皇的建築之一。　　▼

亨利八世和他的六位妻子　　▲

英國的圈地運動

「圈地運動」是剝奪農民土地的原始積累形式。英國的圈地運動始於13～14世紀。當時，一些領主受到羊毛出口增長的刺激，強行圈佔村社的公有土地，將其變為牧場。到了16～17世紀，隨著英國工業迅猛發展，呢絨工業大幅度膨脹，羊毛需求量急劇增長，價格日益上漲，這就進一步刺激了養羊業的繁榮。加之這時美洲的黃金大量流入歐洲，引起貨幣貶值，物價上漲，地主徵收的固定地租實際上已大大減少。因此，越

來自南美洲北海岸的泰 ▲
羅納地區的黃金飾品。16
～17世紀，南美洲黃金大
量湧入歐洲，引起貨幣貶
值。

一個衣著體面的男士將手伸進衣袋 ▼
裡，要資助路邊一個渾身傷痛的乞
丐。圈地運動使許多農民流離失
所，成為流浪者和乞丐。

來越多的土地貴族更加瘋狂地強行圈佔公共土地和農民的耕地，用來發展養羊業，至此，「圈地運動」達到高潮。在那些被圈佔的土地上，一般都是採取雇傭農業工人進行生產的資本主義經營方式。「圈地運動」一方面造成生產物料和土地的集中並將其轉化為資本；另一方面又使得大量破產農民變成乞丐和流浪者。英國的農業資本主義就是在「圈地運動」的基礎上發展起來的。

16世紀的英國，只有達 ▲
官貴人才有資格穿戴品貴
的毛衣。

此插圖反映了14世紀英 ▲
國早期圈地運動的情形。

圈地運動造成了「羊吃人」
的悲慘結局。 ▶

法國的君主專制制度

法蘭西斯一世（居中者）▲

1572年八月二十三日，法國國王下令展開聖巴托羅繆日大屠殺，大量胡格諾教徒被殺，然而這卻使南北矛盾更加尖銳。 ▼

　　新的階級關係的形成，為法國的專制王權提供了生存的土壤。地理大發現以後，受工商業發展和「價格革命」的影響，貴族地主的固定地租收入減少，經濟地位下降。但他們依舊保持著各種政治特權，這種特權需要強大的王權來維護封建秩序。新興資產階級靠購買公債、向政府貸款、充當納稅人等手段聚斂了大量財富，這是法國原始資本積累的主要特點。富有的資產階級又通過購買破落貴族的爵位及其產業，步入貴族行列，從而在經濟上和政治上與王權的聯繫更加緊密。他們出於維護自身利益的需要，也極力主張加強王權。這樣，萌芽於路易十一統治時期（西元1461～1483年）的君主專制制度很快就建立和發展起來。到法蘭西斯一世統治時期（西元1515～1547年），專制制度最終確立。法蘭西斯一世剷除割據勢力，停止召開三級會議，國家的一切重大問題都由他和少數近臣做出決策。同時逐漸脫離羅馬教廷的控制，實現教會的民族化，並使法國教會成為專制統治的工具。

　　法蘭西斯一世也制定施

行了符合新興資產階級利益的工商業政策，如扶植本國毛紡織業，禁止進口外國呢絨，為本國商人取得在土耳其各港口貿易的特惠權等。這樣，既使資產階級得到了王權保護的好處，又鞏固了王權的統治。此時，喀爾文教在法國各地廣泛傳播，法國南部的封建貴族企圖利用宗教改革來對抗專制君主，以圖恢復其往日的獨立地位。而北部的封建貴族則以「保衛王權，保護天主教」為口號，同南部形成對立的兩派，最終於1562年爆發戰爭。喀爾文教在法國稱為胡格諾教，因此這場戰爭在歷史上被稱為「胡格諾戰爭」（西元1562～1594年）。

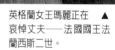

英格蘭女王瑪麗正在哀悼丈夫──法國國王法蘭西斯二世。　▲

1572年的聖巴托羅繆節（八月二十三日）之夜，天主教徒在王室支持下，大肆屠殺巴黎的胡格諾教徒，使南北矛盾更加尖銳，國家處於分裂狀態。1589年，法王亨利三世在混亂中遇刺身亡，胡格諾集團的波旁・亨利即位，稱亨利四世，從此開始了波旁王朝的統治。為了鞏固王位以及取得北部貴族的支持，亨利四世皈依了天主教，並立天主教為國教，但同時也允許胡格諾教徒享有信仰自由及擔任國家公職的權利。亨利四世還通過實行鼓勵發展農業、扶植手工工場、發展海外貿易、保持關稅等措施，逐漸鞏固了王權。其子路易十三（西元1610～1643年）統治時期，任用首相黎塞留進行改革，改革的主要內容是逼迫教會繳納鉅額捐稅；加強中央各部門的職能及中央對地方的控制；派監察官統攬各省行政、司法、財政大權，以此削弱地方貴族和各省總督的權力；同時實行重商主義政策。這一系列的改革使專制王權得到進一步加強，為資本主義的發展創造了有利條件。

這是1564年法國畫家所畫的一幅畫，畫中描繪里昂的民眾正在傾聽一位加爾文教士佈道的場景。　▼

尼德蘭資產階級革命

尼德蘭起義軍領袖奧蘭治·威廉像▲

「尼德蘭」本意為「低地」，指萊茵河、馬斯河、些耳德河下游及北海沿岸一帶的低窪地區，大致相當於今天的荷蘭、比利時、盧森堡和法國的東北部。到了16世紀初，尼德蘭又因王室聯姻和繼承關係歸屬西班牙統治。

16世紀以前，尼德蘭已成為歐洲經濟最發達的地區之一。地理大發現以後，歐洲國家貿易中心移向大西洋沿岸，進一步推動了尼德蘭工商業的繁榮。阿姆斯特丹是北方的商業中心，與英、俄、波羅的海沿岸各國有著密切的貿易往來。

1565年，瑪格麗特的兒子結婚，尼德蘭上層貴族大舉慶賀，靡費浩大，激怒了平民，也使本來就反感腓力二世的貴族們堅定了反叛的決心。▲

資本主義的發展，引起了階級關係的深刻變化。由大商人、工場主和農場主組成的城鄉新興資產階級不斷發展壯大，荷蘭、西蘭的封建貴族採取資本主義方式經營土地而變成新貴族。資產階級和新貴族大多信奉喀爾文教，他們要求發展資本主義，擺脫封建關係的束縛，推翻西班牙的專制統治。廣大農民和城市平民大多信奉

反對腓力宗教政策的喀爾文教徒搗毀天主聖像▶

再洗禮派或喀爾文教，他們受階級和民族的雙重壓迫，強烈要求改變現狀，成為革命的主力軍。

腓力二世（西元1556～1598年）繼位後，繼續推行高壓政策。他在尼德蘭廣設宗教裁判所，殘害新教徒；剝奪城市自治權，限制尼德蘭商人進入西班牙港口。1559年，腓力二世派他的姐姐瑪格麗特到尼德蘭做總督，格蘭維爾主教為輔政，以加強對尼德蘭的直接控制。這些帶有民族壓迫性質的專制政策成為尼德蘭革命的導火線。

1566年四月，以奧蘭治·威廉親王為首的「貴族同盟」向瑪格麗特總督呈遞請願書，要求廢除「血腥敕令」，召開三級會議，撤出西班牙駐軍，罷免格蘭維爾的職務，但被西班牙當局拒絕。八月十一日，弗蘭德爾的一些工業城市爆發了以平民為主的「破壞聖像運動」，從而拉開了尼德蘭革命的序幕。在兩個月內，先後有十二個省爆發了起義。不久，荷蘭、西蘭兩省先後擺脫了西班牙的統治。同年七月，奧蘭治·威廉被推舉為兩省的總督。到1573年底，北方其他各省也相繼獨立，奧蘭治·威廉成為各省公認的總督。

面對南方貴族的分裂行徑，北方各省於同年成立了「烏特勒支同盟」，宣告各省永不分離，並以各省代表組成的三級會議為最高權力機構。1581年，三級會議決定廢除腓力二世的王位，成立聯省共和國，簡稱荷蘭共和國。西班牙對北方的進攻卻屢遭失敗，不得不於1609年與聯省共和國締結十二年休戰協定，事實上，承認了聯省共和國的獨立。1648年簽訂的《威斯特發里亞和約》，正式給予聯省共和國以獨立地位。至此，荷蘭成為人類歷史上第一個資產階級共和國。

荷蘭是人類歷史上第一▲個資產階級共和國，它的國民從未喪失探索世界奧秘的興趣，這隻人工合成的荷蘭鑲金蝸牛，是收藏家最喜歡的物品之一。

16世紀尼德蘭的一種高級豪華鑲銀木碗　　　▼

歐洲第一次大規模國際戰爭

斐迪南像 ▲

他對新教會的鎮壓激起了人民的強烈反抗，直接導致了歐洲三十年戰爭的爆發。

表現了「三十年戰爭」期間士兵搶劫農舍的圖畫 ▼

　　自1618年～1648年，歐洲發生了以德國為主戰場的第一次大規模國際戰爭──「三十年戰爭」，它是宗教改革後教派之間鬥爭加劇的必然結果，也是當時歐洲各國政治矛盾與領土紛爭的反映。

　　德國宗教改革後，諸侯分成新教諸侯和舊教諸侯兩大集團。在德國七大選侯中，三個選侯屬新教，四個選侯屬舊教，雙方展開爭奪教產為目的的長期鬥爭。德國皇室哈布斯堡家族當時不僅有世襲領地奧地利，而且還控制著捷克和匈牙利的西部以及德國的士瓦本和阿爾薩斯一帶，其家族還統治著西班牙及其殖民地，是勢力最強的諸侯。德皇以自身的強大勢力，與西班牙的哈布斯堡家族聯合，對外鎮壓尼德蘭革命，干涉法國胡格諾戰爭，與英、法專制王權為敵；對內打擊新教諸侯，大力扶植舊勢力。

　　為了抵禦以德皇為首的舊教集團的勢力，新教諸侯於1608年組成以巴拉丁選侯腓特烈為首的「新教同盟」。次年，舊教諸侯成立「天主教同盟」與之對抗。隨著兩大集團之間鬥爭的不斷激化，歐洲國際局勢也變

Ifrael ex. Cum Priuil. Reg.

得複雜起來。為了削弱哈布斯堡皇室並從中得利，丹麥、瑞典、英國、法國、荷蘭等國公開表示支持「新教同盟」，而羅馬教皇、德皇和西班牙則站在「天主教同盟」一邊。這樣，德國成為歐洲國際矛盾的核心。

17世紀的英國木刻描繪▲了一位全副武裝的滑膛槍手，下圖是九個圓形木彈筒，每一筒裝著能射一發的彈藥。

1618年，捷克布拉格人民發動的反對哈布斯堡王朝起義，揭開了「三十年戰爭」的序幕。胡司戰爭失敗後，捷克於1526年重新併入神聖羅馬帝國版圖。1617年，耶穌信徒斐迪南繼任捷克國王後，試圖恢復天主教的統治地位，禁止新教徒集會，撤銷先前給予捷克的自治權和信仰自由。此舉激起了捷克人民的強烈反對。1618年五月二十三日，憤怒的布拉格群眾衝進王宮，把正在與捷克國會代表談判的國王的兩名特使從窗戶拋入壕溝。這個「擲出窗外事件」使長期積壓的宗教矛盾終於爆發，並引發了曠日持久的「三十年戰爭」。

新教同盟首領腓特烈像 ▲

由宗教紛爭引發「三十年戰爭」，是一場德皇意欲加強權力、新舊教諸侯要求割據稱雄、幾個大國趁機擴張的戰爭。它嚴重削弱了歐洲的天主教和封建勢力，同時加劇了德國的分裂割據局面。

表現「三十年戰爭」殘酷一面的絞架樹　　　　▼

圖畫描繪了一個雲遊托▲
缽僧透過吹號來表明自己
的到來，他們幫助第一任
薩非國王伊斯梅爾一世奪
取了國家權力。

畫中描繪了1526年四月▲
帕尼帕特戰役中莫臥兒人
追擊逃竄的德里蘇丹軍隊
的情景。

穆斯林世界的崛起

在基督教世界向海外擴張的同時，穆斯林世界也在歐亞大陸拓展自己的地盤。在小亞細亞，奧斯曼土耳其帝國繼1453年攻佔君士坦丁堡、滅亡拜占庭帝國後，不斷對外侵略領土，16世紀又展開新一輪的擴張，將亞、非、歐的許多地區納入其統治之下。在蘇里曼一世統治時期（西元1520～1566年），奧斯曼土耳其帝國達到鼎盛。其版圖東起波斯灣，西至匈牙利，北抵高加索，南到埃及和馬格里布的東部地區，並將紅海、黑海和地中海的東部控制在自己的勢力範圍內，成為跨越歐、亞、非三洲的封建軍事大帝國。蘇里曼一世還參與歐洲各國的紛爭，並與法王法蘭西斯一世結為同盟，共同對抗羅馬教皇和哈布斯堡家族，多次出兵匈牙利、奧地利。這對於歐洲局勢和新教勢力的發展都產生了重要影響。

帖木兒帝國瓦解後，伊朗境內形成了幾個獨立的政權。1502年，伊斯梅爾一世經過一系列戰爭，建立了以大不里斯為首都的薩非王朝，並奉伊斯蘭教的什葉派為國教。此後，薩非王朝與信奉伊斯蘭教遜尼派的奧斯曼土耳其帝國進行了近一個多世紀的戰爭。阿拔斯一世統治時期（西元1587～1629年），曾與哈布斯堡家族聯合攻打法國和奧斯曼土耳其帝國，並從後者手中奪得了許多土地，還向東打敗中亞的烏茲別克汗國，從而一躍成為西亞最強大的國家。

在南亞地區，佔據喀布爾的帖木兒的後裔巴布林（西元1482～1530年）乘印度分裂之機，於1525年率軍入侵印度，次年佔領德里，結束了德里蘇丹國的統治，由此開始了莫臥兒帝國（西元1526～1857年）的統治。

世界上下五千年

206

到其孫阿克巴統治時期（西元1556～1605年），統一了北印度，同時在政治、經濟、文化和風俗等方面進行了全面改革，從而使莫臥兒帝國空前繁榮，疆域超過了以往的王朝。其版圖北起阿富汗和喀什米爾，南至瓦利河，西起俾路支、信德，東到孟加拉和阿薩姆。

在這三大穆斯林帝國的輝煌時期，它們憑藉強大的軍事力量，對外進行擴張，對內剷除封建割據勢力，加強中央集權統治，為經濟的發展創造了有利條件。地處歐亞海陸交通要衝的奧斯曼土耳其帝國，貿易比較發達。莫臥兒帝國在阿克巴統治時期統一貨幣、度量衡，鼓勵工商業的發展。薩非王朝經濟的發展也很顯著。

但是，這三大帝國的輝煌時期持續的時間很短，17世紀以後，它們都在內外交困中相繼衰落下去。其主要原因是：

首先，建立在軍事征服基礎上的穆斯林帝國經濟基礎較薄弱，帝國的繼承者大多昏聵無能，難以駕馭國內局勢，封建貴族勢力日益膨脹，中央的權力嚴重削弱。

其次，封建生產關係制約了經濟的發展。工商業雖有不同程度的發展，但在整個社會經濟中所佔的比重十分有限。

第三，國內階級矛盾、民族矛盾和宗教矛盾日益激化，各地人民舉行的起義一浪高過一浪，動搖了穆斯林帝國的統治。

第四，三大帝國的許多地區都是古代文明的發祥地，這裡的人們更多的是繼承文化傳統，缺乏創新意識。更重要的是，他們對已發生巨變的歐洲缺乏瞭解。

比較來看，西歐因從事世界性貿易而愈來愈富裕，愈來愈擁有先進的生產力，而一度令人生畏的穆斯林帝國則因很少參與新的世界經濟而仍處於靜止狀態，所以逐漸落到後面。

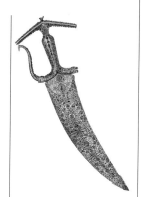

印度金質短刀，刀鞘上 ▲
鑲滿了各種寶石。

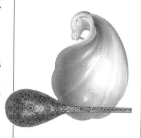

這個葫蘆形狀的白玉酒杯，雕工細膩精美。據說它是阿克巴的孫子沙傑漢皇帝用過的酒器。　▼

世界上下五千年

利瑪竇與「西學東漸」

利瑪竇像　▲

明代金壺　▲

中國的封建專制統治到明代達到鼎盛時期。明朝中葉以後，封建統治集團日漸腐朽沒落，先後出現了宦官專權與外戚爭權的局面。包括皇室在內的中央權貴和地方豪族大肆搜刮民脂民膏，兼併土地，農民的賦稅、徭役和地租負擔不斷加重，造成尖銳的社會矛盾和階級矛盾。生活於水深火熱之中的廣大農民紛紛揭竿而起，衝擊腐朽的封建統治，最後發展成為推翻明王朝的明末農民大起義。

明朝中葉，社會經濟發展迅速，不僅農業和手工業的生產水準遠遠超過了前代，而且商品生產、流通領域也進一步擴大，在江南和東南沿海地區興起了一些手工業和商業重鎮，投入市場的商品種類和數量日益增多。16世紀後期至17世紀初的嘉靖、萬曆時期，在商品經濟最發達的江南一帶，出現了資本主義生產關係萌芽，其中紡織業表現最為突出。但是，在自給自足的自然經濟佔主導地位、封建生產關係非常牢固的情況下，商品經濟只能得到有限的發展。資本主義性質的手工業與家庭手工業及官辦手工業相比，只不過是滄海一粟。同一時期英、法等國的專制王權，都曾對工商業和海外貿易發展實行鼓勵的政策，為本國資本主義的發展創造有利條件。而明朝統治者仍然推行沿襲已久的重農輕商的政策，因而使剛剛萌芽的資本主義生產關係受到抑制，發展極為緩慢。

在海外貿易方面，明朝實行「片板不許下海」的海

禁政策。永樂皇帝派鄭和七次下西洋，堪稱世界航海史上的壯舉，但其宗旨不過是為宣揚封建帝國的聲威而已。那一時期的海外貿易主要局限於朝貢貿易範圍，沒有促進當時社會經濟的發展。當時西方列強角逐海外，而明朝統治者仍然閉關鎖國，不注

意以海外貿易積累貨幣資本，促進資本主義萌芽的發展。這是中國從16世紀起落後於西方的又一個重要原因。

　　明末利瑪竇拉開「西學東漸」的序幕後，萬曆皇帝以及徐光啟、李之藻等開明人士在中西文化的衝突與融合面前，顯示出一種歷史和文化的自覺。他們重用西方傳教士，採納西學並加以利用。然而，在觀念深處，生活於「天朝上國」的人們仍然陶醉於昔日的輝煌之中，對世界新格局茫然無知。這種華夏中心意識成為中國走向世界、走向現代化的巨大障礙。

利瑪竇宗教論文中的 ▲
中文，拉丁文拼音書法

南都繁會圖 ◄

圖卷描繪了明代中期南京城市商業繁榮的景象。

日本重建封建秩序

豐臣秀吉像　▲

平安時代的武士鎧甲　▲

德川家康的一位將領與 ▶
大阪城堡的守衛者搏鬥。
堡壘裡豐臣秀吉之子豐臣
秀賴堅守很長時間，最後
被迫自殺，而他的妻子和
孩子則被處死。

受中國文化影響頗深的日本自12世紀末開始，其政治制度有了重大的變化，形成了雙重政府：一個是設在京都，以天皇為首的文官朝廷，沒有任何實權，天皇僅是最高權力的象徵；另一個是以將軍為首的幕府，掌握著國家大權，是事實上的中央政府。自15世紀中葉起，由於將軍的權力被削弱，各地守護大名形成強有力的割據勢力，彼此混戰，爭城奪地，日本進入了「戰國時代」（西元1467～1573年）。

戰國時代，守護大名在長期的混戰中，勢力消耗殆盡，出身於中小武士地主的「戰國大名」隨之崛起。他們為了增強自身的勢力，積極發展農業生產，獎勵工商業，廢除關卡和座（行會），允許自由經商。16世紀前期，日本湧現出許多自治城市，對外貿易日益繁榮，與亞洲許多國家有了頻繁的貿易往來。16世紀中葉，日本又與葡萄牙和西班牙建立了貿易關係。商品貨幣經濟的發展，使各地區之間的經濟聯繫得到了加強，國內統一市場開始形成，為政治統一奠定了經濟基礎。戰國大名為維護自身的政治、經濟利益，迫切需要結束封建割據

狀態，建立中央集權國家。這樣，實現國內統一的條件逐漸成熟。但是，由於城市經濟完全從屬於大名領國的

軍事和政治，工商業者的獨立性極為有限，因此他們不能像西歐的工商業者那樣成為實現國家統一的政治力量，以致統一運動必須由封建大名來完成。

16世紀末17世紀初的日本局勢圖 ▲

在兼併戰爭中，尾張國的一個中等封建主織田信長（西元1534～1582年），通過鼓勵工商業、提倡天主教、從葡萄牙購買槍炮、建立騎兵常備軍等措施，勢力日益強盛。他不斷吞併割據勢力，並於1573年推翻了室町幕府，成為全國最有勢力的大名，奠定了統一日本的基礎。後來，織田信長因部下叛亂被迫自殺。其部下豐臣秀吉（西元1536～1598年）打著天皇的旗號，繼續進行統一戰爭，到1590年，長達一百多年的分裂局面宣告結束，日本的統一得以實現。

豐臣秀吉為了加強獨裁統治，不許農民棄農遷居，將他們牢固地束縛在土地上。同時沒收民間武器，防止農民起義。他還規定武士必須在城市居住，嚴禁他們轉為農民或經商，從而確立了兵農分離和士農工商業者自由經營的局面；同時又對工商業者採取了嚴格的控制措施，取消城市自治，對外貿易實行特許制度。這樣，將處於萌芽狀態的市民自治運動扼殺了，已經動搖了的封建制度重新鞏固起來。

日本的茶道是日本最具 ▲
特色的一項傳統文化。

織田信長的妹妹，後來 ▲
的淺井長政夫人，被認為
是「天下最美的女人」。

查理一世的專制統治

查理一世雕像　▲

查理一世與瑪麗在婚禮上　▼

14世紀時，契約租地農的出現標誌著英國農業資本主義的萌芽。15世紀末，圈地運動的興起，進一步促進了農業資本主義的發展。到17世紀初期，資本主義農牧場在東南部地區已相當普遍。農業資本主義的發展引發了農村社會結構的重大變化。貴族的分裂、鄉紳的崛起和農民的分化，瓦解了封建社會的根基，傳統社會關係的平衡被打破，為革命的爆發奠定了深厚的基礎。

英國特有的議會傳統為革命的爆發提供了有利的政治條件。議會原本是封建王權的御用工具，但從14世紀起，議會取得了參與立法、批准稅收、監督國王政策等權力。到了16世紀末17世紀初，新興革命力量以議會反對派的身分，利用議會的傳統權力，與封建王權展開了鬥爭。

17世紀前期，尚未出現成熟的資產階級政治理論，而宗教啟發了英國革命的思想動力。16世紀60年代，喀爾文教傳入英國。喀爾文教反對國教教士奢華腐敗，主張勤勞和節儉，該教派在英國被稱為「清教」。清教的教義反映了資產階級的政治和經濟願望，越來越多的資產階級、新貴族以及部分農民、手工業者、工人等成為清教徒，掀起了所謂「清教運動」。清教運動實質是一場塗上宗教色彩的資產階級運動。

與歐洲大陸各國相比，革命前的英國專制君主制存在許多薄弱的地方。首

先，英國因是島國，平時不需要強大的陸軍保衛國土，所以英國沒有常備軍；其次，英國的官僚機器在都鐸王朝時期雖有所加強，但其總體規模遠比法國等大陸國家小得多；最後，英王的固定收入只有王室關稅和領地收入兩項，數量非常少，因此，政府不得不經常求助於議會補助金。封建專制王權的相對虛弱也是有利於革命較早發生的重要條件。

1603年，都鐸王朝最後一位君主伊麗莎白一世死後無嗣，由蘇格蘭國王詹姆斯六世繼承王位，即詹姆斯一世（1603～1625年在位），從此開始了斯圖亞特王朝的統治。

詹姆斯一世極力鼓吹君權神授論，宣稱國王是上帝派到世間的，具有至高無上的權威，理所當然地不受法律和國會的制約。以他的繼承人查理一世為代表的封建貴族階級和資產階級新貴族之間的鬥爭更為激烈，鬥爭集中表現為國王和國會之間的衝突。

1625年六月，查理一世為徵收新稅而召開國會，國會對此堅決予以否決。查理一世怒不可遏，宣佈解散國會。這樣，英國在1629年到1640年期間沒有國會，史稱「無國會時期」。

到17世紀30年代末期，英國的階級矛盾空前激化，國王與國會的衝突日益尖銳，城鄉人民的鬥爭頻繁發生，封建專制統治已陷入深刻的危機之中，革命形勢已經成熟。

查理一世行獵圖 ▲

詹姆斯一世像 ▲

從這幅當時刻製的版畫 ▶ 中可以看出，陰謀家們正在謀劃後來失敗了的1605年政變的「炸藥陰謀」。

蘇格蘭爆發清教徒革命

新模範軍旗幟 ▲

　　1638年，蘇格蘭爆發了反對君主專制制度的起義。這次起義直接引發了英國革命。

　　蘇格蘭原是一個獨立國家。1603年，詹姆斯一世身兼蘇格蘭和英國國王，但兩國並未正式合併成一個國家。1637年，查理一世強令蘇格蘭接受英國國教，企圖在那裡推行專制制度，激起蘇格蘭人的反英起義。1638年，起義者組成特別委員會，制定了《民族聖約》，宣誓為保衛喀爾文教而戰。查理一世遠征蘇格蘭，慘遭失敗，只好暫時求和，以贏得時間，伺機再戰。為了籌措軍費，查理一世不得不於1640年四月重新召集已經停開了十一年的國會。反對派約翰·皮姆等人強烈反對戰爭，並要求處死寵臣斯特拉福。查理一世無奈，又於五月解散國會。國會解散的第二天，倫敦市民奮起示威，廣大農民的反圈地鬥爭向縱面發展。同年八月，蘇格蘭軍再次發動進攻，佔領了英國北部兩郡，查理一世被迫兩次召集國會。

　　國會開幕不久，在人民群眾的呼聲和壓力下，國會兩院通過逮捕斯特拉福和勞德大主教的提案，並同意將斯特拉福處以死刑。查理一世認為這是對王權的挑戰，於是遲遲不批准國會的決議。1641年五月九日，倫敦市民數萬人手持刀劍棍棒，連夜舉行示威，並宣佈要衝進王宮。查理一世只好簽署了判決書。三天後，斯特拉福被送上斷頭臺。四年後，勞德大主教也被處決。國會取得了首次勝利。

　　不久，國會開始分為兩派，兩派的分野大致與清教運動中的兩個派別吻合，也稱為長老派和獨立派，兩派

圖中的查理一世正在尋 ▲
找地球儀上的蘇格蘭

在一些問題上有重大分歧。

查理一世利用國會內部的分歧，伺機反撲。他派軍隊進入倫敦，在各要塞安置大炮，並使用自己的衛隊把守國會。1642年一月四日，查理一世親自帶領士兵，到下議院去逮捕皮姆等人。得悉這些人已被群眾隱藏在商業區

在戰爭中，克倫威爾領導著「新模 ▲ 範軍」奮勇殺敵。

時，又在第二天帶兵去商業區搜捕。結果遭到兩千多武裝市民的阻攔，白金漢郡的農民五千人也進入倫敦聲援。查理一世在倫敦陷於孤立，不得不於一月十日逃離首都，到北部約克郡糾集反動武裝，準備發動內戰。國會也於七月十二日通過決議，成立國會軍隊。至此，國王與國會的鬥爭達到動武的程度。1642年八月二十二日，查理一世在諾丁漢向國會宣戰，挑起了內戰。

內戰初期，雙方的力量對比有利於國會。然而由於掌握革命領導權的長老派分子的動搖和妥協，國會節節敗退。到1643年秋，王軍不斷取勝，佔領了全國的四分之三的地區。

國會軍中唯一保持不敗的是奧利佛‧克倫威爾率領的軍隊。克倫威爾（西元1599～1658年）出身於中等鄉紳家庭，是一個虔誠的清教徒。1628年和1640年先後兩次被選為下議院議員，是國會中獨立派的領袖。內戰爆發後，他自己籌款組建了一支由自耕農和手工業者組成的騎兵隊。騎兵隊紀律嚴明，驍勇善戰，在林肯郡戰場連連獲勝，被譽為「鐵騎軍」。

1643年九月，國會為挽回敗局，同蘇格蘭國會訂立《聖約》。1644年初，蘇格蘭軍隊進入英國，與國會軍協同作戰，王軍陷入南北受敵的困境。七月二日，在馬斯頓草原展開會戰，克倫威爾的「鐵騎軍」在這次戰役中發揮巨大的作用，最後戰勝王軍。這次會戰是內戰的轉捩點。1645年一月，國會通過了克倫威爾提出的軍隊改革議案，決定建立由克倫威爾操縱的「新模範軍」。新模範軍主要由平民組成，因此，這支軍隊的士氣很高，很有戰鬥力。從此，獨立派掌握了軍權，保證了內戰的勝利。

1645年六月十四日，剛剛組建的新模範軍在納西比同王軍相遇，經過激烈的戰鬥，打垮了王軍主力。此後，新模範軍又攻克了王軍控制的許多地區。1646年五月，國會軍攻克牛津，查理一世逃到蘇格蘭，被蘇格蘭扣留。次年二月，英國國會用四十萬英鎊把查理引渡到倫敦。第一次內戰宣告結束。

查理一世身著盔甲，
凝視前方，但等待他的最
終地點是斷頭台。

17世紀上半葉的英國
騎兵

17世紀上半葉的倫敦白廳
是當時政府所在地。

查理一世被推上斷頭臺

英國的國會軍戰勝王軍後，長期國會的反人民政策激化了社會矛盾，人民群眾的反抗鬥爭不斷爆發，尤其是農民運動更是蓬勃發展。1645年，西部和西南部農民掀起「棒民運動」，他們以棍棒、鐮刀等武器，既反對王軍，也反對國會軍。「棒民運動」後來被克倫威爾統領的新模範軍鎮壓了。對這一行動，軍隊中發生了分歧，從而埋下了軍隊和國會決裂的種子。

國會軍戰士大多數都是穿上軍裝的城鄉勞苦大眾，他們對長期國會的政策非常不滿。1647年三月，國會通過了解散軍隊的決議。士兵們堅決抵制，軍隊中選出士兵和軍官代表，組成全軍委員會，領導了這場鬥爭。克倫威爾支持軍隊的要求，派兵把國王從國會的保護下奪取過來，在軍隊中監押。1647年八月六日，軍隊開進倫敦，用武力迫使國會驅走與軍隊為敵的長老派議員，從此，獨立派掌握了國會。

然而，軍隊內部也存在著矛盾，以獨立派為核心的上層軍官與以平等派為核心的下層軍官和士兵的鬥爭在軍隊掌管國會後日益加深。

平等派是一個小資產階級民主派別，領袖人物是約翰‧利爾本（西元1618～1657年）。利爾本寫了許多文章，要求實現真正的平等、國家的最高權力歸於人民、實行普選制、建立共和國、取消國王和上院、減輕稅收等，這些是平等派的基本主張。

十月末到十一月初，平等派和獨立派在倫敦郊區的帕特尼會議上展開了激烈的爭論。十一月十五日，九個團隊的平等派士兵把《人民

《公約》貼在帽子上，舉行武裝示威。克倫威爾派兵鎮壓了平等派的這次示威活動，取消了士兵在全軍委員會中的代表，使之變成獨立派軍官控制的軍官委員會。這種做法，使獨立派在取得政權後開始背叛和拋棄自己的同盟者，而與人民群眾對立。

查理一世（右）與他的 ▲
擁護者在一起。

軍隊內部的分裂與鬥爭使革命力量大大削弱，為封建復辟勢力的抬頭提供了機會。1647年十一月，查理一世從監護所逃跑，在威特島被扣留。不久，蘇格蘭國會和英國長老派分別派代表到威特島，與查理密謀復位問題。1648年二月，王黨在南威爾斯發動叛亂，第二次內戰爆發了。七月，王黨勾結的蘇格蘭反革命軍隊進入英國北部，支持查理復辟。

查理一世在威斯敏斯特 ▲
宮受到來自獨立派和平等派的訴訟。

面對封建復辟勢力的威脅，以克倫威爾為首的獨立派不得不與平等派重新聯合。1648年四月二十九日，克倫威爾重新召開全軍會議，並允諾在戰後實現平等派的《人民公約》。兩派決定團結起來一致對敵，消滅王黨，並將國王交法庭審判。八月，克倫威爾率軍在普萊斯頓戰役中擊潰了蘇格蘭反動軍隊。九月，攻佔了蘇格蘭首都愛丁堡，蘇格蘭的政權轉移到與英國國會結盟的長老派左翼手中。至此，第二次內戰宣告結束。

為了防止王黨勢力死灰復燃，國會與軍隊共同組成特別法庭，審判查理一世。1649年一月二十七日，在人民群眾的呼聲壓力下，查理被判處死刑。三十日，查理一世在成千上萬群眾的圍觀下，在白廳前廣場被送上斷頭臺。

圖畫描繪了查理一世被處死後，當劊子手拿著國王的頭顱示眾時，一位婦女當場昏厥的情景。 ▼

克倫威爾實行護國公制

共和國建立後，掌握政權的獨立派面臨著嚴重的社會經濟問題。

由於內戰的破壞，加之連年旱災，農業歉收，糧價上漲，人民生活急劇下降。工業生產也遭受了巨大的破壞，英國主要工業部門均陷入蕭條，城市工人失業嚴重，不少人死於貧困和饑餓。獨立派政府不但沒有採取改善人民生活狀況的措施，反而變本加厲，不斷增加稅收，城鄉人民的生活更加貧困。因此，英國廣大人民群眾的鬥爭又不斷興起。

由於獨立派政府拒絕實現《人民公約》，平等派奮起抗爭。1649年三月，利爾本發表了題為《粉碎英國的新枷鎖》的小冊子，把共和國的統治者斥為新國王和新權貴，號召人民起來實現《人民公約》。五月，利爾本等人在獄中起草了新的《人民公約》，提出資產階級民主主義的政治綱領。新《人民公約》主張實行普選制，建立每年改選一次的一院制國會，提出法律面前人人平等。1649年五～六月，英國各地爆發平等派士兵起義。然而，這些起義由於領導不力，組織渙散，最後都遭到克倫威爾的武力鎮壓。平等派運動從此逐漸消沉下去。

共和國成立後，英國又出現了比平等派更為激進的派別，其成員主要是農村貧民。因他們到處佔領公地，開墾荒地，被稱為「掘地派」，又稱「真正平等派」。該派主張消滅土地私有制，平均地權，不納捐稅。掘地派不但要求普選權，而

克倫威爾像 ▲

該印章用來印在官方文件上，以證實其真實性。印章畫面顯示了1651年議長主持議會時的情景。 ▲

反應掘地派運動的圖畫 ▼

且提出平分土地的口號，它代表了廣大貧苦農民的利益。掘地派的領袖和思想家是傑拉爾德・溫斯坦萊（西元1609～1652年）。他早年經商破產，後淪為雇農。他在《自由法典》這部代表作中提出，社會不平等的根源是土地私有制，主張人人都應擁有土地，享有平等的權利。溫斯坦萊的思想帶有空想共產主義的色彩，反映了窮苦農民和城市貧民的要求，對推動英國革命有重大意義。

1649年四月，三十多名掘地派分子在倫敦附近塞爾利郡的聖・喬治山集體掘地開荒，這一行動產生了很大影響。掘地運動很快蔓延到諾桑普特、肯特、白金漢、蘭開夏和亨丁頓等郡。掘地派主張用和平手段實現自己的主張，並幻想得到國會的保護。結果，在克倫威爾的殘酷鎮壓下慘遭失敗。

平等派和掘地派被鎮壓後，共和國賴以存在的社會階級基礎受到嚴重削弱。隨後，克倫威爾又發動了對愛爾蘭和蘇格蘭的戰爭。戰爭中掠奪來的大量土地，大部分被高級軍官佔有，這使軍隊喪失了原來的革命精神，其性質也發生了變化，由革命的武裝力量變為克倫威爾個人軍事獨裁的工具。

在共和國成立後的幾年中，以克倫威爾為首的獨立派在軍事上、政治上取得不少勝利，但國內矛盾仍然錯綜交織，社會不滿情緒有增無減。為了進一步鞏固自己的統治地位，克倫威爾於1653年四月帶領軍隊驅散了存在十三年之久的長期國會，宣佈實行護國公制。十二月，克倫威爾舉行護國公就職儀式，其規模和隆重程度不比國王登基大典遜色。然而，在護國公制的背後，共和國已名存實亡。

克倫威爾統治時期倫敦泰晤士河上的冬日景像 ▲

共和國時期英國的海上艦隊 ▼

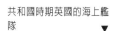

斯圖亞特王朝復辟

國會議員塞繆爾・皮普 ▲
斯詳細記錄了17世紀60年
代倫敦社會生活的全貌。

這幅荷蘭油畫創作於1660
年。為慶祝查理・斯圖亞
特之子、王位繼承人查理
二世復辟，王室在海牙舉
行了盛大的舞會。 ▼

護國政府建立後，國內人民的反壓迫鬥爭仍在繼續，共和國和民主派對獨裁政權非常不滿，保王黨趁機叛亂。克倫威爾為了鞏固自己的專制統治，採取一系列加強獨裁機構的措施。

1655年夏，他把全國劃分為十一個軍區，各區派少將一名，統管全區的行政、軍事、稅收、治安等大權，直接對護國公負責。克倫威爾就是以這種軍區制度對全國人民實行他的獨裁統治。此外，護國政府還推行了一些維護教會和封建地主的政策，如確認地主的土地所有權、保護教會的稅等等。

為了使資產階級和新貴族的需要得到滿足，克倫威爾對外實行殖民掠奪政策。1655年，為了爭奪海上霸權，英國對西班牙宣戰，奪取了世界奴隸貿易中心牙買加島。1658年，英國再次對西班牙發動戰爭，攻佔了敦刻爾克，控制了世界貿易的主要通道，為18世紀英國的殖民擴張鋪平了道路。

護國政府的倒行逆施加劇了國內矛盾。1658年，新國會召開，共和派議員對護國政府發起猛烈攻擊，因此國會被解散。此後，共和派和平等派在各地發動反政府暴動，農民起義也接連爆發。逃亡國外的查理二世開始積極準備策動叛亂。就在這危機四伏的時候，克倫威爾於1658年九月病逝，其子理查・克倫威爾繼任護國公。理查懦弱無能，高級軍官們趁機爭權奪勢，國內政局

混亂不堪。理查被迫於1659年五月辭去護國公一
職，護國政權逐告瓦解。

護國政權解體後，政權落到高級軍官手
裡。他們迫於日益高漲的人民革命運動，
不惜與長老派妥協言和，恢復了國會。但
是國會恢復不久就通過決議，要求懲辦
1653年解散國會的軍官，於是軍官們再次
解散國會，組成「安全委員會」，進行軍事
統治。然而，「安全委員會」受到各階層人
民的抵制和反對，各地方政權也拒絕接受委員
會的領導，軍官們只好於1659年底又重新恢復了國
會。

查理二世像 ▲

由於政局不穩，人民革命又此起彼伏，共和派和平
等派在各地舉行集會，鼓吹成立共和政體。資產階級和
新貴族懾於人民的聲威，但又對軍官們感到失望，於是
便轉向昔日的敵人，同王黨集團攜手合作，密謀讓查理
二世復辟。復辟活動很快得到駐防蘇格蘭的英軍司令蒙
克將軍的支持。1660年二月，蒙克率軍開進倫敦，以武
力控制了政府，召集了長老派和王黨分子佔優勢的新國
會，為復辟鋪平了道路。同時，國會同查理二世舉行了
簡單談判。四月，查理二世在荷蘭的布雷達發表宣言。

《布雷達宣言》實質上
是國王同資產階級新貴
族之間達成的協定。五
月八日，國會通過決
議，迎立查理二世為英
國國王。五月二十九
日，查理二世在倫敦登
上王位，斯圖亞特王朝
最終復辟了。

1666年九月二日，一場大
火肆虐於倫敦，直到查理
二世下令炸毀所有大火可
能蔓延到的房屋後，火勢
才得到控制。 ▼

英國「光榮革命」

國王威廉與女王瑪麗像 ▲

陶製威廉三世半身像 ▲

詹姆斯二世像 ▶

資產階級和新貴族早年的革命性已不復存在，他們懼怕人民革命，不敢依靠人民群眾推翻復辟王朝，只能寄希望於發動宮廷政變，來實現他們的目的。由於詹姆斯二世年老無嗣，國會決定在詹姆斯死後迎立其女兒——信奉新教的瑪麗及其丈夫荷蘭執政威廉為英國女王和國王。1688年，詹姆斯得子，使資產階級和新貴族的美夢破滅。於是他們決定請威廉擁兵入英，逼詹姆斯退位。1688年十一月初，威廉以保護「新教、自

由、財產和國會」的名義，
率兵在英國西南海岸登陸，
領兵直逼倫敦。一路上，受
到資產階級和新貴族的歡
迎。詹姆斯二世的大臣、王
族、軍官也紛紛倒向威廉。
詹姆斯二世在眾叛親離的情
況下，慌忙逃往法國。1688

描繪詹姆斯乘船逃往法 ▲
國的繪畫

年十二月十八日，威廉進入倫敦。1689年二月六日，國
會宣佈詹姆斯二世「自行退位」。十三日，擁戴威廉為
英國國王，瑪麗為英國女王。斯圖亞特復辟王朝宣告終
結，這就是英國歷史上的「1688年政變」。

　　資產階級史學家把這次政變渲染為「光榮革命」。
實際上，這次政變只不過是資產階級和新貴族聯合土地
貴族為奪取政權而發動的一場宮廷
政變而已。儘管如此，「1688年政
變」確立了資產階級和新貴族的統
治地位，鞏固了英國革命的成果，
成為英國歷史上的一個轉捩點。

17世紀英國的基督教堂 ▶

威廉在英國西海岸登陸，受到資產階級和新　　▲
貴族的歡迎。

英國實行君主立憲制

「光榮革命」打開了英國通往君主立憲制的大門。議會宣佈詹姆斯二世「自行退位」之後，把王冠和早已擬好的《權利法案》一起送給了威廉三世，此舉暗示威廉不是靠無條件的世襲資格，而是靠有條件的議會擁戴才能得以登臨大統。隨後，議會通過了一系列憲法性法案，對王權進行了種種法律限制。又連續通過幾個財政法案，剝奪了國王的正常財政來源。從此以後，離開議會的財政支持，國王將難以為繼。「光榮革命」從根本上使英國的中央權力結構發生了改變，同時又沒有割斷歷史超越傳統。原有的君主制形式繼承下來，國王繼續享有決策權、行政權、大臣任免權等許多重要權力，但他的這些權力只能在議會廣泛限制的範圍內行使，一遇衝突，只要議會採取不妥協態度和動用財政手段，最終總能迫使國王屈服。國家主權的重心已無可挽回地從國王一邊倒向議會一邊。

▲ 威廉三世開啟了英國君主立憲的大門

「光榮革命」後，議會的召開與選舉開始走上經常化和制度化的軌道。議會的地位穩步上升，王權日趨下降，國家權力結構的天平越來越傾向於議會一方。在立法上，國王雖然始終享有否決權，但這一權力自1708年起就變

英國議會所在地——威斯敏斯特宮 ▼

成一項有名無實的虛權，議會完全主宰了主權事務。在財政上，隨著財政預算制度、專款專用制度和財政審查制度的建立，議會對政府財政的控制得以完善。在行政上，國王的權力也逐步被剝奪。這個變化是通過內閣制度的建立完成的。

內閣派生於樞密院，其最初萌芽是外交委員會。樞密院原是國王政府的中樞機構，因為其成員繁多，影響了效能的發揮，國王便在其中成立了一些專門委員會，分掌某一方面的具體工作。其中，成立於17世紀初的外交委員會權力最大，凌駕於樞密院之上。該委員會由少數國王寵臣組成，經常秘密聚會於王宮內室，商定國家策略，所以人們稱之為「內閣」。在以後很長時期內，內閣並不是一個合法機構，議會多次對其進行攻擊。後來，隨著內閣高效能的優越性日益明顯，人們才心照不宣地接受了它。「光榮革命」後，內閣慢慢疏離國王，開始依附於議會。從喬治一世起，國王退出了內閣，首相產生。此後，內閣逐漸脫離了國王的控制。

從18世紀20年代到18世紀末，隨著兩黨政治結構的逐步形成，內閣制度的各種基本原則漸漸確立起來。而國王則真正變成有名無實的虛君，英國的君主立憲制得到完善。

矗立於泰晤士河邊的溫莎堡是英國皇室的主要修養地。▲

英國建於18世紀的大鐵橋　　　　▲

17世紀的英國進入君主立憲政體，圖為泰晤士河上人們在安詳地划船。▼

英國向北美殖民

新大陸森林裡的海狸給 ▲
了歐洲皮毛市場源源不斷
的供應，海狸帽一時成為
上流社會的流行時尚，這
給英國商人帶來了巨大財
富。

1620年九月六日，「五月
花號」載著移民新大陸的
清教徒離開英格蘭駛往美
洲。圖為「五月花號」內
部示意圖。 ▼

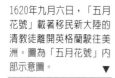

17世紀初，英國殖民者憑藉雄厚的經濟力量和先進
的武器，開始向北美殖民。

移民者托馬斯‧史密斯 ▲
船長像

在北美的殖民地中，由於
地理條件的差異而存在著多種
經濟成分。在北部殖民地，資
本主義工商業比較發達；中部
殖民地，大量存在著半封建的
租佃制；在南部殖民地，則盛
行黑人奴隸制。黑人奴隸在中
北部地區也有，但數量比較
少，大多是家內奴隸。另外，
十三個殖民地中普遍存在白人契約奴。他們的地位略高
於黑人奴隸，在五至七年期滿後便能成為自由公民。

為統治和管理北美殖民地，英國建立了一整套統治
機構。這是一套雙重機構，一是在英國政府內部設置的
管理殖民地事務的貿易司，二是派駐北美的總督及官
員。比起歐洲各國和西屬拉美殖民地，英屬北美殖民地
在社會政治結構中存在
較多的民主因素。首
先，各殖民地均仿效英
國，設有議會，而且選民
比例較高，白人成年男子大
多享有選舉權。第二，在經濟
生活中，由於北美地廣人稀，
取得土地比較容易，因而小塊土
地所有者大量存在，無產者數量較

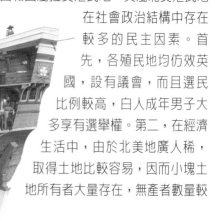

少，貧富差別不像歐洲那樣懸殊。第三，不存在封建特權和等級制度。北美雖然也有貴族，但他們的社會地位不是靠封建君主的封授和出身門第，而是靠個人的努力。他們雖佔據了殖民地的各級官職，但主要是靠競爭選舉獲得的，而不是靠世襲特權。第四，在北部諸殖民地盛行地方自治，當地人民透過參加市鎮大會，享有一定限度的參政權。這些民主因素使英國在北美的統治基礎不甚牢固，也使日後走向美國的獨立戰爭之路。

這組圖畫顯示了印第安 ▲
人為了打獵或節日慶祝，
用在身上繪畫的方式進行
裝飾。

英國政府希望殖民地成為英國工業的銷售市場及廉價的原料供應地，因此一直對北美殖民地的資本主義工商業實行限制政策。不過，在1763年以前，由於英國忙於對法國的爭霸戰爭，無暇嚴格執行這些限制政策。因此，18世紀上半期，北美殖民地的資本主義工商業發展迅速，呈現空前繁榮的景象。手工工場數量增多，規模擴大，某些工業技術已達到歐洲先進水準。

這幅描繪哈佛風景的 ▲
版畫創作於1725年，當時
這所大學已存在了八十九
年，為清教徒提供教育。
到了17世紀末，哈佛的教
育制度對某些新英格蘭人
來說顯得過分隨便，於是
他們建立了自己的大學，
就是今天的耶魯大學。

隨著經濟的發展，原來處於隔絕狀態的各殖民地之間的經濟聯繫日益緊密。到18世紀中葉，各殖民地之間建立起完善的郵政系統，許多橋樑、渡船和道路網把主要城市連結起來，經濟往來和文化交流更加便利。北方以工業品供應南方，南方則以農產品供應北方，逐漸形成了統一的北美市場。在此基礎上，北美人民形成了某些共同的文化觀念和心理素質，民族意識開始覺醒。人們普遍感到自己是與舊大陸不同的「新人」。於是，一個新興民族即美利堅民族誕生了。此外，這一時期歐洲啟蒙思想的廣泛傳播，也給其民族民主意識的發展以巨大動力。

這是17世紀50年代的一幅
圖畫，新阿姆斯特丹在
1664年被英國佔領，更名
為紐約後最終定型。 ▼

美國獨立

英法爭奪霸權的七年戰爭結束後，英國加強了對北美殖民地的剝削和壓迫，致使北美殖民地與英國之間的矛盾鬥爭趨於白熱化。北美人民的反抗鬥爭此起彼伏，最終爆發了獨立戰爭。

1775年四月十八日，萊克星頓的民兵首先吹響獨立戰爭的號角。當時，由各殖民地代表組成的大陸會議承擔起領導各地民兵作戰的任務，但其作戰目的只是反抗英國暴政，以武力迫使英國在政策方面作出讓步，而對民族獨立並沒有明確的認識，對英國仍抱有和解的態度。1776年一月，資產階級民主主義者潘恩發表《常識》後，北美人民才明確地提出獨立的要求。這一小冊子激發了人民的覺悟，爭取獨立迅速成為北美大陸的普遍呼聲，但大陸會議在這個問題上仍然猶豫不定。隨著戰爭的進行，英國在各殖民地的殖民統治紛紛瓦解。這時，大陸會議才在人民群眾的強大壓力下，於1776年七月四日發表由傑弗遜擬定的《獨立宣言》。

《獨立宣言》提倡資產階級自由平等和主權在民的思想，否定封建等級制度和專制統治。《獨立宣言》是

北美人民爭取獨立的一面旗幟。在它的鼓舞下，各地人民鬥志昂揚地走上戰場，為實現獨立而英勇戰鬥。

　　不過當時雙方力量相差懸殊，英國的人力、物力均超過北美幾倍或幾十倍，因此，在戰爭開始的最初兩年內，華盛頓領導的大陸軍屢屢失敗。但北美人民出於對自由的渴望，堅信自己的事業必將取得勝利。必勝的信念產生了無窮的力量，北美人民同心同德，克服一切困難，採用機動靈活的游擊戰術，不斷消耗英軍力量。1777年初，在民兵的配合下，美軍在薩拉托加大獲全勝。這次大捷是美國獨立戰爭的轉捩點。從此，美國掌握了戰爭的主動權。

　　薩拉托加大捷為美國爭取到國際援助創造了有利條件。法國首先放棄了中立政策，於1778年與美國簽訂條約，參加美國一方，對英作戰。接著，西班牙、荷蘭也參加反英戰爭。同時，普魯士、俄國、丹麥、瑞典和奧地利也組成武裝中立同盟，抵制英國對中立國的侵犯。這樣，英、美戰爭擴大為國際性戰爭，英國完全陷於孤立之中。1781年十月，最後一支英軍在約克鎮投降，獨立戰爭結束。1783年九月，英、美兩國簽訂《巴黎和約》，英國承認美國獨立。

《獨立宣言》公開宣讀 ▲
後，激動的紐約市民衝到百老匯街尾的滾木球遊戲草坪，搗毀喬治三世的塑像。

起草《獨立宣言》的委 ▲
員會成員們站在主席約翰‧漢考克面前，站立者中左數第四人為傑弗遜。

國會大廈　　　◄

世界上最早的成文憲法

1787年的《聯邦憲法》 ▲
封面

美國費城獨立廳中展覽 ▲
廳內的自由鐘

《聯邦憲法》的十二條
修正案 ▶

　　美國人民在爭取民族獨立的同時，還在社會政治、經濟領域內進行了一系列改革，收到了不錯的成效。首先，在1776～1780年，除羅德艾蘭和康乃狄克二州外，其餘十一個州都制定了州憲法。這些州憲法是世界史上最早的成文憲法。這些憲法還附有《權利法案》，都宣佈實行共和制、州政府官員選舉制，並限制州長權力，加強州議會權力。大多數州降低了議員財產資格，擴大了選舉權。其次，許多州廢除了維護大土地所有制的《限量嗣續法》和《長子繼承法》，而中部各州半封建的大地產租佃制趨於瓦解。最後，許多州宣佈實行宗教信仰自由，個別的州對刑法進行了改革，廢除了野蠻殘酷的刑罰，死刑範圍大大縮小。

　　獨立戰爭結束後，軍人復員，商品糧食的需求量大減，糧價暴跌，農民收入銳減，加上空前的通貨膨脹，大批下層人民負債累累，不少人因到期無力償還債務而被捕入獄，人民怨聲載道。不久，麻塞諸塞州的農民在退伍士兵謝斯的領導下，發動起義。起義者提出重新分配土地、取消債務、改革司法等主張。雖然這次起義很

快失敗，但它促使美國統治集團認識到，根據《邦聯條例》建立起來的國家機構難以有效地維護國內秩序，於是，他們著手制定新憲法。

　　《邦聯條例》是美

國1776年制定的第一部全國性憲法。當時，北美人民鑒於殖民地時代的經驗，害怕中央政府權力過於集中會導致暴政，所以給各州保留了很大的獨立性。因此，一定時期內，美國儼然是由十三個獨立國家組成的鬆散的聯盟。由於國家政權軟弱無力，美國商人在國際市場上經常受到外國商人的欺辱，西部白人也因缺乏中央政府的保護而經常遭受印第安人的侵擾。此外，當時歐洲各大國對新生的美國虎視眈眈，總想伺機侵犯，這一切都表明了加強中央權力的必要性。

1787年美國憲法制定時 ▲ 的情景。

世界上下五千年

1787年五月二十五日，制憲會議在費城舉行。在長達四個月的激烈爭論中，與會代表在互相妥協、調和各派矛盾的基礎上，於九月份制定出《聯邦憲法》。這部憲法確立了美國的共和政體和聯邦制度，加強了中央政府權力，並按照三權分立原則，國家權力分別授予立法、司法和行政三個部門。總統和議員由人民選舉產生，文官政府控制軍權，具有鮮明的民主色彩。

美國的共和制度是在明確的理論指導下，按照預先設計好的憲法框架構建起來的。根據1787年《聯邦憲法》，美國國會是最高立法機關，由參議院和眾議院組成。參、眾兩院均有權提議立法，但所有財政稅收法案必須由眾議院提出。

在中央與地方的權力劃分上，美國採取的是聯邦制形式。在這種制度下，國家的重要權力集中於中央政府手中，同時又給地方政府保留了一定程度的自治權。這樣，既可防止各地自行其是，又避免了權力過於集中。

實踐證明，美國在獨立革命之後創立的這套民主共和制度很成功，它使中央三個權力機構之間、中央與地方之間相互制約，彼此聯繫，既有利於防止獨裁，又在一定程度上保障了資產階級民主。民主共和制的開創是人類政治文明進步的主要表現之一。

瓊斯‧富蘭克林和華盛 ▲ 頓在1787年制憲會議時進入費城的獨立廳。

歐洲啟蒙運動

正在桌前工作的伏爾泰 ▲

伏爾泰是啟蒙運動中著名的
思想家。

啟蒙運動的出現有這樣幾個原因：首先，它的產生
是資產階級反對封建專制制度的時代要求。17～18世
紀，隨著資本主義的發展，封建專制制度的阻礙作用越
來越明顯，日益強大的資產階級迫切要求推翻這一腐朽
反動的制度。其次，啟蒙運動是在17世紀唯理主義哲學
的基礎上發展起來的。唯理主義哲學的代表人物笛卡
爾，用人的理性代替了神的啟示，用獨立思考代替了對
神的盲目信仰。這種與神學迷信相對立的理性學說是啟
蒙運動的思想淵源。另外，啟蒙運動的發生還與自然科
學的發展密切相關。

17～18世紀，歐洲自然科學的發展使人們認識到，
人類是可以征服自然的。由此類推，人類社會的發展也
是有規律可尋的。

啟蒙運動發源於英國，早期的代表人物是17世紀的
思想家霍布斯和洛克。18世紀，啟蒙運動在法國達到高
潮，湧現出一大批著名的啟蒙思想家。

他們要求破除神學迷信，高舉理性旗幟，為啟蒙運
動做出了巨大歷史貢獻。啟蒙思想家們提倡科學，反對
蒙昧主義，對宗教教義和神學進行了嚴厲的批判。其
中，伏爾泰對宗教神學的批判尤為辛辣。他指出，宗教
是「一些狡猾之徒虛構出來的最庸俗的欺騙之網」，教
義本身就是彌天大謊，教皇、僧侶全是「狂信者」、
「騙子手」。他毫不留情地揭露了《聖經》裡面的各種荒
誕不稽的迷信記載。他認為現存社會的一切災難都來源
於無知，而造成這種狀況的就是教會。因此，他號召人
們破除對上帝和神的盲目崇拜，為科學、理性和進步而

狄德羅像 ▲

他負責了百科全書的編撰，
標誌著理性時代的到來。

奮鬥。

　　在經濟理論上，啓蒙思想家們提出了經濟自由的思想。重農學派的創始人魁奈認為，農業是創造財富的唯一生產部門，因此只有從事農業的人才是生產階級。工業只不過是從事加工工作而已，經營工業的是非生產階級。除此之外，還有一個不勞而獲的土地所有者階級。他提出，國家的全部賦稅都應該由土地所有者階級負擔。他還建議，應鼓勵資本家用地主的土地，發展資本主義大農業；政府應實行「放任政策」，允許自由競爭和自由貿易等。

　　啓蒙運動是文藝復興運動的繼續發展。文藝復興反對天主教神學思想，追求現世的幸福。而啓蒙運動所反對的則是封建專制主義，所追求的是自由平等。啓蒙運動極大地啓迪了人們的反封建意識，在破除迷信、消除愚昧、弘揚理性方面起了振聾發聵的巨大作用，為後來的歐美尤其是法國興起的資產階級革命高潮提供了充分的輿論準備。

法國啓蒙運動的寓意畫 ▲

在代表知識傳播的書籍和報紙的包圍下，各大主要宗教的代表正在激烈討論。

1775年，在法國一貴婦人的沙龍上，客人正在宣讀伏爾泰的作品，啓蒙思想已深入人心。　　▼

法國大革命的導火線

1774年，圖爾高被任命 ▲ 為新冊立的路易十六國王的財政大臣，他試圖推行一系列改革，但遭到既得利益集團的反對，最終未能改變路易十六、法國王室及法國政治的失敗。

這幅畫展現了18世紀中後一家製鐵廠的全景。此時的法國，資本主義工商業已有較大發展。 ▼

法國在18世紀末期，是歐洲大陸上典型的封建專制國家。農業佔主導地位，但資本主義工商業已有較大發展，許多領域都在歐洲大陸各國中處於領先水準。然而，腐朽的封建專制制度嚴重阻礙了資本主義的發展。

資本主義工商業的發展，使法國階級關係發生了變化，而新的生產力與舊的生產關係的尖銳矛盾，使階級鬥爭日趨激化。革命前，波旁王朝的路易十六實行專制集權的殘暴統治，等級制度森嚴，全國居民被分為三個等級：天主教僧侶（教士）為第一等級；封建貴族為第二等級；資產階級、城市平民、工人和農民為第三等級。封建法律明文規定：「僧侶以禱告為國王服務；貴族以寶劍為國王服務；第三等級以財產為國王服務。」第一、第二等級為特權等級，他們霸佔了政府、軍隊和教會的重要職位，享有種種特權，不向國家繳納賦稅，過著驕奢淫逸的生活。

18世紀末，法國的統治階級已非常腐朽。國王及王室成員窮奢極欲。國內政治腐敗不堪，對外戰爭也屢遭失敗。「七年戰爭」中，法國丟失了大片海外殖民地，國際地位一落千丈，政府財政陷入崩潰。後又因參與北美獨立戰爭，軍費劇增，財政危機進一步加劇。1787～1788年，法國國內發生經濟危機，生產萎縮，糧價上漲，社會更加動盪不安。這一切都表明，法國的舊制度已陷入絕境，革命的爆發已不可避免。

迫於財政壓力，路易十六決定召開已中斷一百六十多年的三級會議。1789年春，資產階級利用這個機會，積極開展政治活動，尤其是在選舉三級會議代表和起草《陳情書》的過程中，大造輿論。在巴黎及各地出版的許多傳單和小冊子中，西哀耶士的《什麼是第三等級？》一書流傳最廣。各階級向三級會議提交的《陳情書》中提出了各自的要求。三級會議的召開及其鬥爭，成為法國大革命的導火線。

路易十六像 ▲

1789年五月五日，三級會議在凡爾賽宮正式開幕。出席會議的代表一千一百三十九人，其中第一等級二百九十一人，第二等級二百七十人，第三等級五百七十八人。國王在開幕詞中，要求與會代表商討解決財政危機的方案，而隻字不提政治改革問題。他還宣佈按慣例，三個等級分別開會討論，並以等級為單位進行表決（每個等級只有一票），以此來控制會議決定。第三等級的代表則堅決要求按代表人數進行表決，以便取得多數，實行有利於資產階級的改革。

自五月初以來，法國人民一直密切注意著三級會議的動態。巴黎市民成群結隊地來到凡爾賽，聲援第三等級代表的鬥爭。在這一有利形勢下，第三等級的代表們於六月十七日自行召開了國民會議，宣佈自己是國民的使者，拒絕徵收新稅，要求政府償付國債，宣佈國王無權否決國民會議的決議。不久，參加三級會議的低級僧侶和自由派貴族開始轉向第三等級，參加了國民會議。國王在局勢失去控制的情況下，被迫同意三個等級的代表在一個會場開會。七月九日，國民會議改為制憲議會，準備著手制定憲法。從三級會議到制憲議會，表明第三等級對國王的鬥爭獲得了初步勝利。

表現三級會議在巴黎 ▲
舉行的圖畫

巴黎人民攻克巴士底獄

1789年夏，鄉間宅邸烈 ▲
焰熊熊，心驚膽顫的主人
們乘馬車前往安全地帶。

1793年一月二十一日，路
易十六作為「民族的叛
徒」、「人類自由的敵人」
而被送上斷頭台。 ▼

制憲議會召開後，大資產階級和自由派貴族以為國
王已經讓步。沒想到，路易十六卻暗中調集軍隊，將巴
士底獄塔樓上的大炮對準了聖安東工人區。

國王準備以武力鎮壓革命群眾運動的消息傳出後，
巴黎各階層人民紛紛舉行遊行示威，卻遭到政府軍的槍
擊。

七月十三日凌晨，巴黎上空敲響了警鐘，起義的群
眾從殘廢軍人院和軍械庫中奪得大批槍支，同時連夜趕
造了五萬多支長矛。人民群眾築起街壘，同政府軍在街
巷裡展開了激烈的戰鬥。當晚，起義者佔領了除巴士底
獄和少數據點以外的巴黎主要市區。這時，大金融資產
階級和自由派貴族萬分驚恐，慌忙組成了巴黎市政廳常
務委員會，以便控制局勢的發展。七月十四日清晨，
「打到巴士底獄去」的口號聲響徹巴黎上空，三十萬起
義群眾加入了進攻巴士底獄的戰鬥。資產階級控制的市
政廳曾派人和守軍談判，但守軍司令卻下令開槍，造成
一百多名群眾傷
亡。憤怒的群眾異
常英勇，用大炮打
斷了吊橋繩索，攻
進巴士底獄，釋放
了獄中的政治犯，
處死了守衛司令。

七月十五日，
路易十六被迫從巴
黎撤軍，並承認了

制憲議會。以國王的弟弟亞多瓦伯爵為首的反動大臣、宮廷貴族們紛紛逃亡國外，企圖借助國外反動勢力伺機反撲。

七月十四日，革命者推翻了法國波旁王朝的專制統治，政權轉到制憲議會手裡，這是巴黎人民取得的偉大勝利。它標誌著法國資產階級革命的開端。後來，七月十四日這天被定為法國國慶日。

表現巴黎人民攻佔巴 ▲
士底獄的圖畫

1789年七月十四日巴黎人民攻克巴士底獄，吹響了全國城鄉人民革命的號角。全國各大城市在幾天之內相繼爆發了多次人民革命運動，推翻封建政權，成立了市政機關，建立了國民自衛軍，歷史上稱之為「市政革命」。代表大資產階級和自由派貴族利益的君主立憲派卻乘機展開政治活動，竊取了勝利果實，由金融資產階級的代表巴伊任巴黎市長，自由派貴族拉法葉特任國民自衛軍司令。

與此同時，轟轟烈烈的農民運動也席捲全國。深受封建剝削和壓迫的農民紛紛拿起武器，攻打地主莊園，用絞架處死地主老爺，嚇得封建貴族狼狽地逃到城市或國外。風起雲湧的農民運動不僅使封建專制統治的基礎發生了動搖，使城鎮革命的成果得到了鞏固，而且推動君主立憲派採取了一些改革措施。

在攻陷巴士底獄並釋放了為數不多的囚犯之後，人們抓住了監獄長。他被砍掉的頭顱，隨後被槍尖高高挑起。 ▼

法國的《人權宣言》

路易十六的王后瑪麗·▲ 安托瓦内特，她因奢靡生活和通敵叛國而被推上斷頭臺。

讓·雅克·盧梭像 ▲

1750年，三十八歲的盧梭因出版《論科學和藝術》而一舉成名，他提出的「自由、平等、博愛」成了法國大革命的戰鬥口號。

　　1789年八月四日夜，法國制憲議會緊急召開會議，內容是討論農民的土地問題。會上，手足無措的貴族和僧侶們紛紛表示放棄封建特權。八月五日至十一日，制憲議會通過了關於解決農民土地問題的《八月法令》。法令規定：廢除農民對地主的依附關係和勞役；廢除特權等級和各種特權；廢除教會的什一稅。但是，《八月法令》卻要求農民高價贖買土地；沒收教會的土地也分成大塊高價出售，結果大部分土地落入資產階級手中。這表明該法令實質上沒有解決農民的土地問題。

　　1789年8月26日，制憲議會通過了憲法的序言——《人權宣言》。《宣言》是以1776年北美《獨立宣言》為藍本，以啓蒙思想家的政治理論為依據而制定的。《宣言》指出人生來是平等的。《宣言》還宣佈取消等級差別，否定君權神授，「在法律面前，所有公民一律平等」，每個公民都享有人身、言論、信仰等自由，而且有反抗壓迫的權利。《宣言》還規定了「財產是神聖不可侵犯的權利」。

　　《人權宣言》是資產階級的綱領性文件，它的頒佈具有重大進步意義。它以法律的形式，第一次把啓蒙思想家所闡述的資產階級政治主張固定下來。它提出的「在法律面前人人平等」和「主權在民」的原則，既沉重地打擊了法國以至整個歐洲的封建專制制度，又調動了法國人民參加反封建鬥爭的積極性。

　　革命勝利後，路易十六在凡爾賽加緊策劃反革命活動。他一面拒絕批准《八月法令》和《人權宣言》，一面又暗中向凡爾賽集結軍隊。革命領袖馬拉主編的《人

民之友報》，揭露了其中陰謀，號召人民向凡爾賽進攻。當時，由於雹災而處於饑餓中的巴黎人民怒不可遏。十月五日，成千上萬的巴黎人民群眾，在聖安東婦女的帶領下，冒雨向凡爾賽進軍，並包圍了王宮，高呼著「要麵包」的口號。十月六日清晨，國王衛隊向群眾開槍。憤怒的群眾衝進王宮，逼迫國王批准了《八月法令》和《人權宣言》。群眾把國王和王后從凡爾賽押到巴黎，置於人民群眾的監督之下。不久，制憲議會遷到巴黎。這次事件，粉碎了國王的復辟陰謀，又一次挽救制憲議會，把革命進一步向前推進。

《人權宣言》宣傳畫 ▲

1791年九月十四日，制憲議會頒佈新憲法，史稱《1791年憲法》。新憲法規定法國為君主立憲政體國家，國王擁有最高統治權，既是行政首腦，又是陸海軍總司令，有權任命大臣和軍政官吏，有權暫停實施立法議會通過的法案。

制憲議會實行有利資產階級的改革：統一行政區，把全國劃為八十三個郡，取消了內地的關卡和苛捐雜稅；廢除工業法規和行會制度；取消了商品專賣權，實行糧食自由買賣；統一全國的度量衡和貨幣。這些措施加速了法國資本主義工商業的發展。還宣佈國家監督教會和神職人員；把教會地為收歸國有，並分成大塊高價出售。這些措施既打擊天主教會，又增加了政府收入，而且滿足大資產階級和自由派貴族購買土地的要求。

與此同時，制憲議會針對工人反饑餓的罷工鬥爭，於1791年六月通過了嚴禁工人集會、結社和罷工的《列霞不列埃法》。這表明資產階級剛剛掌權就用政治手段把資本和勞動之間的鬥爭限制在對資本有利的範圍內。

總之，制憲議會所通過的各項法令和政策雖具有一定進步意義，但改革的目的卻在於鞏固大資產階級和自由派貴族的統治，為資本主義的發展開闢道路。

飢餓的巴黎婦女正向凡 ▲
爾賽宮挺進。

法國結束君主制

在法國革命深入發展的同時，大資產階級與人民群眾之間的矛盾也日益尖銳起來。1791年六月二十一日深夜，國王和王后企圖逃亡國外，這一事件激起群眾的極大憤慨。巴黎有近三萬群眾在民主派的領導下舉行示威遊行，撕毀國王肖像，要求廢黜國王，建立共和國。然而，君主立憲派卻把國王保護起來，還說國王是被「劫持」走的，並非主動逃亡。群眾怒不可遏，紛紛到馬爾斯校場集會，再次要求廢黜國王，建立共和國。君主立憲派竟然派國民自衛軍前去鎮壓，開槍打死五十多人，傷幾百人。這一流血事件，說明君主立憲派已經背叛了人民。從此，革命陣營內部分裂了。

革命陣營內部的分裂，促使革命俱樂部重新組合和民主派的形成。自革命爆發以來巴黎出現了許多政治俱樂部，其中影響最大的要數雅各賓俱樂部。革命初期，雅各賓俱樂部的成員極為複雜，其中有自由派貴族、工商業資產階級和革命民主派。七月十七日流血事件後，君主立憲派公然退出雅各賓俱樂部，另組織了斐揚俱樂部，這是雅各賓俱樂部的第一次分裂。斐揚派被國王收買，成了右翼保守勢力。然而雅各賓俱樂部內仍存在著左、右兩派。右派是溫和的共和主義者，代表吉倫特郡和西南部大工商業資產階級的利益，稱吉倫特派；左派是革命民主主義者以羅伯斯庇爾為代表，稱雅各賓派。

路易十六被押回巴黎後，迫於革命的聲威，於1791年九月十四日批准了憲法。九月三十日，制憲議會宣佈解散，由公民選出的立法議會於十月一日正式成立。當時，法國正面臨著封建復辟勢力的嚴重威脅。同時，歐

雅各賓派的代表羅伯斯庇爾像 ▲

這是一張印有《馬賽曲》▲詞曲的歌單，歌單上還附有插圖。1792年七月，一支響應革命政府號召的馬賽義勇軍將其傳至巴黎。

洲各國的封建君主們驚恐萬狀，準備聯合出兵，干涉法國革命。

奧地利率先派兵開赴法國邊境。為保衛革命，立法議會對奧地利宣戰。在抗擊外國武裝干涉的鬥爭中，路易十六的反革命面目充分暴露出來。掌權的君主立憲派也沒能有效地組織戰鬥，致使法國在前線接連受挫。於是，巴黎人民於1792年八月九日再次舉行起義，囚禁了國王，宣佈廢除《1791年憲法》，並將召開普選產生的國民公會。這次起義結束了法國君主制，推翻了君主立憲派的統治，使法國大革命迎來了一個新的高潮。

八月九日起義後，代表工商業資產階級利益的吉倫特派掌握了國家政權。在革命形勢的推動之下，吉倫特派政府提出了一些社會經濟改革措施。在通過的法令和決議中，滿足了農民的一部分要求，這也是推翻君主制的直接成果。

1792年八月十九日，十萬普奧聯軍和一萬逃亡貴族組成的反動軍隊越過邊境，侵入法國領土。二十三日，隆維要塞司令不戰而降，叛變投敵。九月一日，凡爾登陷落，通往巴黎的大門被打開，法國革命處在生死關頭。在此時刻，吉倫特派竟怯懦動搖，準備放棄首都巴黎，向南方撤退；而雅各賓派卻發出了戰鬥號召，動員公民同敵人戰鬥到底。當時巴黎徵募了六萬名志願軍。當整裝待發的義勇軍得知關押在監獄裡的反革命分子準備陰謀暴亂時，就衝進監獄，處死了一千多名反革命分子，打擊了敵人的氣焰，鞏固了後方。

迅速開赴前線的法國義勇軍，士氣高昂，與普魯士軍隊在瓦爾密高地展開的戰鬥中，擊退了布倫瑞克率領的聯軍，取得戰爭以來的首次勝利。瓦爾密大捷沉重地打擊國內外反動勢力，法軍也開始由防禦轉入反攻，並迅速把敵人驅逐出境。法國人民又一次挽救了革命。

1791年，法國共和主義 ▲
激進分子、作家泰·孔德·米拉波遇難。

革命戰爭後，法國人對 ▲
班傑明·富蘭克林的崇拜達到了頂峰。有人說他是「從空中搶過了閃電，從暴君手中奪過了王權」。

法蘭西第一共和國成立

這是一位保皇黨士兵的 ▲
徽章，它其實是一枚聯結
著一顆心的十字架。支持
國王和教會的勢力集中於
法國西部的旺代省，但
1793年共和國軍隊打垮了
這股勢力。

這幅當時的版畫展示了
1794年六月八日，在德·
馬耳斯大街的一個音樂節
上，巴黎市民的唱詩班在
一個假山上為最高主宰唱
讚美詩的盛況。 ▼

為了控制國民公會，吉倫特派極力排斥、打擊雅各賓派。在國民公會中，兩派就如何處置國王的問題展開了激烈的爭論。雅各賓派要求把國王交給人民審判，以徹底粉碎國內外封建勢力的復辟陰謀，而吉倫特派為了同反動勢力妥協，極力袒護國王。1792年十一月間，在王宮的一個秘密壁櫥裡，發現了國王同歐洲封建宮廷勾結的文件以及同逃亡貴族往來的大批信件。巴黎人民得知消息後，怒不可遏，堅決要求立即審判國王。吉倫特派在國民公會裡還為國王開脫罪責，但經過激烈的辯論，大多數代表主張判處國王死刑。1793年一月二十一日，路易十六作為「民族的叛徒」、「人類自由的敵人」被送上斷頭臺。處死國王是革命人民的重大勝利，它不僅推動法國革命進一步前進，而且也打擊了歐洲的封建秩序和君主的權威。

路易十六於1774年從祖父路易十五那兒繼承王位。革命爆發時企圖逃到國外，未逐。1792年，王位被奪。1793年一月二十一日，被推上斷頭臺處死。

從1792年秋到1793年初，對外戰爭致使法國財政空虛，經濟遭到嚴重破壞：工業衰落，商業蕭條，農業減稅。然而，吉倫特派控制的國民公會，對群眾的疾苦置若罔聞，引起人民群眾的不滿。吉倫特派極端仇視忿激派的

革命活動，誣衊反映下層人民要求的忿激派是「瘋人派」，並進行迫害。雅各賓派起初沒有支持忿激派的要求。後來，出於戰勝國內外封建勢力的需要，便主動聯合忿激派，共同反對吉倫特派。1793年五月四日，在羅伯斯庇爾的提議下，國民公會終於通過了《糧食最高限價法案》。

法國在對外戰爭中的勝利和處決路易十六，使歐洲各國的君主極為恐慌。他們害怕自己的勁敵強盛而成為歐洲和海上霸主。不久，以英國為首的反法勢力組成了由普魯士、奧地利、荷蘭、葡萄牙、西班牙、那不勒斯、撒丁等國參加的第一次反法聯盟，對法國發動了新的進攻。

當時執政的吉倫特派，一心想鎮壓革命民主派和人民群眾，不願組織力量進行抵抗。因此，在反法聯軍的大舉進攻之下，法軍被迫退出比利時和德意志。隨後，前線總司令、吉倫特派的將軍杜木里埃叛變投敵。與此同時，國內的反革命分子也蠢蠢欲動，旺代、布列塔尼以及法國南部相繼發生了王黨暴動，法蘭西共和國面臨著嚴峻的考驗。

在國內外反革命勢力聯合進攻的危急時刻，吉倫特派徹底暴露了他們的真面目。三月，吉倫特派勾結王黨分子，殺害革命人士，破壞雅各賓派在各地的俱樂部。五月，吉倫特派又組成了「十二人委員會」，企圖羅織罪名，迫害雅各賓派領導人。這說明了吉倫特派已經轉變成革命的敵人，不推翻吉倫特派的統治，革命就有夭折的危險。

在內憂外患的緊急關頭，雅各賓派領導人民開展了反對國內外敵人的鬥爭。四月，成立了以丹敦為首的公安委員會，負責組織戰爭事宜。五月底，以羅伯斯庇爾為首的雅各賓派組成了巴黎各區聯合起義指揮部，任命雅各賓派左翼分子安里奧為國民自衛軍司令。

1793年五月三十一日凌晨，巴黎上空警鐘響起，起義群眾迅速包圍了國民公會。衝進會議廳的巴黎公社代表們，堅決要求解散「十二人委員會」，逮捕最反動的吉倫特派議員，鎮壓反革命叛亂。國民公會只同意解散「十二人委員會」，而沒有同意逮捕吉倫特派的首要分子。六月一日，巴黎獲悉，里昂吉倫特分子勾結王黨分子，殺害了八百名雅各賓派人士，同時傳來前線形勢惡化的消息。當晚，憤怒的革命群眾集會，示威遊行。六月二日，起義的群眾和國民自衛軍十萬人再次包圍了國民公會，當場逮捕了二十九名反動的吉倫特派議員，後來，其中的大部分議員被送上了斷頭臺。

「熱月政變」與「霧月政變」

　　雅各賓派執政後，開始推行恐怖統治。恐怖統治本是在特殊條件下採用的一種非常手段，一旦危機被克服，就應立即停止。然而，雅各賓派中的一些領導人在恐怖年代裡養成了一種排他自保和權欲膨脹的心態，使得他們在局勢好轉之後不但沒有調整，反而把恐怖統治變為剷除異己、維護自身權力的手段，最終導致雅各賓派內部發生分歧，分裂為三派，即埃貝爾派、丹敦派和羅伯斯庇爾派。埃貝爾派一向激進，他們要求繼續加強恐怖政策，丹敦派主張放棄恐怖統治，實行寬容政策；而當權的羅伯斯庇爾派對以上兩派則一律採用鎮壓政策。埃貝爾、丹敦及其主要夥伴先後被送上斷頭臺。此後，羅伯斯庇爾派陷於孤立。反羅伯斯庇爾的各派力量聯合在一起，於1794年七月二十七日（法國新曆，共和二年熱月九日）發動「熱月政變」，結束了雅各賓派的專政，開始了熱月黨人的統治。

　　新上臺的熱月黨人是大資產階級利益的代表，他們一方面取消了雅各賓派的恐怖政策和激進措施；另一方面努力保護革命成果，維護共和制，希望能重新建立資產階級的正常統治秩序。

　　1795年，熱月黨人制定了新憲法，隨後成立督政府。督政府懦弱無能，對內不能穩定政局，對外不能有效地抗

巴黎「無套褲漢」　▼
這一名稱來自於百姓們不穿只有貴族才穿的短褲，而他們卻是大革命的主力軍。

金字塔下的激烈戰爭 ▼
法國人對馬穆魯克騎兵的絕對勝利使開羅
在第二天臣服於拿破崙。

擊反法聯軍的進攻。經濟投機活動惡性膨脹，
貨幣貶值達到失控地步，下層人民起義和保王
黨叛亂頻繁發生。政治、經濟和軍事上的混亂
局面，說明缺乏效能的督政府已不可能有所作
為。在這種形勢下，1799年十一月九日（共和
八年霧月十八日）發生了「霧月政變」，軍事
獨裁者拿破崙·波拿巴應運而生，承擔起建立
強有力政權和穩定內外局勢的歷史使命。

拿破崙·波拿巴像 ▲

　　法國大革命是一次規模宏大、鬥爭曲折複
雜的資產階級革命，其勢如暴風驟雨，異常迅猛。在革
命過程中，人民群眾發揮了不可替代的作用。他們的革
命行動，推動革命不斷向前發展，並取得了一系列民主
成果，因而這次革命是一次資產階級民主革命。它不僅
結束了法國的封建統治，而且從根本上動搖了歐洲的封
建體系，有力地推動了歐洲資產階級革命運動和拉丁美
洲民族解放運動。

奧地利推行改革

瑪麗亞‧特利薩像　▲

18世紀中後期，奧地利的統治階級開始實行「開明專制」，自上而下地在全社會推行經濟改革。在主觀上，實行「開明專制」和改革的目的是為加強封建統治，但在客觀上它促進了資本主義的發展，順應了當時的歷史發展趨勢，有些改革甚至是在「科學與理性」的口號下實施的，可見啓蒙思想的影響之大。

奧地利是一個多民族的封建專制國家。統治奧地利的哈布斯堡家族，在幾百年之中，通過聯姻、繼承和戰爭等手段，不斷擴張領土。到18世紀時，其疆域除奧國本土外，還包括匈牙利、波西米亞、尼德蘭南部以及義大利北部地區。帝國境內階級矛盾和民族矛盾都達到白熱化程度，地方貴族離心傾向強烈。為了緩和矛盾、增強國力、加強統治，女皇瑪麗亞‧特利薩和她的兒子約瑟夫二世推行多方面改革。改革的主要內容有：第一，推行土地改革，逐步給農民以人身自由和婚姻自主權、職業選擇權。減少農民地租負擔。限制領主的裁判權，取消地主擔任國家收稅人的權利。第二，宣佈解散耶穌會和天主教修道院，沒收其財產歸國家所有，加強對教會的控制。實行宗教信仰寬容政策，宣佈天主教之外的其他基督教派也有合法地位，各派教徒與天主教徒享有同等的公民權利。第三，改組國家政府機構，加強

約瑟夫二世像　▲

1743年，瑪麗亞‧特利薩在宮廷中舉行車馬會　▶

中央集權。完善行政管理系統，成立跨領地的地方政府，排擠地方貴族勢力。將司法與行政分開，廢止刑訊逼供。實行募兵制，建立警察組織和常備軍。第四，獎勵工商業，實行保護關稅政策，建立國家工場，扶植經濟發展。

　　奧地利的改革因為遭到封建貴族的激烈反抗，收效甚微。約瑟夫二世逝世後，大多數改革措施被廢止了。

18世紀中葉維也納申布倫宮的壯闊景象，它是當時女皇的住所。　▲

奧地利皇家專用座椅，表現了強烈的洛可可風格。　▲

申布倫宮殿豪華內景　▼

鴉片戰爭

林則徐虎門銷煙使英國商人蒙受了巨大的損失，英國借機發動了蓄謀已久的鴉片戰爭。

1840年六月，英國侵略者在義律和又律兩兄弟的帶領下駛向廣州海面。但林則徐戒備森嚴，使英國侵略者無機可乘。英國侵略者只好繼續北上，尋找突破口。很快，他們就攻陷了浙江定海並繼續北上到達天津白河口。

以道光皇帝為首的清朝政府並沒有作好與英軍交戰的準備，一聽到英國攻打到天津的消息便驚慌了，本來反對林則徐禁煙的大臣更是火上澆油。道光帝聽信讒言，一面撤銷林則徐的職務，一面派奕山去廣州與英軍交涉，訂立了《廣州條約》，賠款六百萬元。

清政府的軟弱使英國侵略者的氣焰更加囂張，派樸

吸食鴉片所用的煙具 ▲

照片顯示了正在吸食鴉 ▲
片的中國人的萎靡之狀。

圓明園遺址　　　　▼

在第二次鴉片戰爭中，圓明園被英法聯軍燒毀。

簽署《南京條約》時的 ▲
情景

鼎查為全權公使向中國全面發動侵略戰爭。雙方在東南沿海展開了激烈的戰鬥。

在戰鬥中，英軍攻進福建廈門，不久退出，開到臺灣。英軍繼續北上定海。清軍浴血奮戰六晝夜，終於不敵，定海失陷。英軍接著攻打浙江鎮海，兩江總督裕謙親自登城指揮，兵敗自殺。

英軍乘勝又攻佔了寧波等地，戰爭持續了近兩年時間。1842年，英軍進犯鎮江，鎮江官兵兩千多人全部壯烈犧牲。鎮江失守，南京便成了英軍的攻擊目標。早已聞風喪膽的清朝政府決定投降，於該年八月與英軍在南京簽訂了中國歷史上第一個不平等條約——《南京條約》。條約包括割地、賠款、開通商口岸和協訂進出口貨物的稅率等內容。1843年續訂條約，英國又取得了領事裁判權和片面最惠國待遇。美國和法國趁火打劫，脅迫中國簽訂了《望廈條約》和《黃埔條約》。中國大門從此洞開，中國也逐步淪為半殖民地半封建國家。

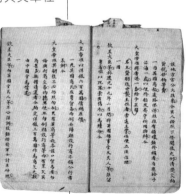

《南京條約》抄件 ▲

普魯士躋身歐洲強國之列

普魯士王國是位於德意志東北邊境的一片貴族領地，被稱為勃蘭登堡，處於霍亨索倫家族統治之下。自16世紀起，勃蘭登堡採用各種方式不斷擴張領土，並利用位於海外貿易必經之路的有利位置，積極發展經濟，國勢蒸蒸日上，成為德意志諸邦中唯一能與奧地利抗衡的國家。

18世紀中葉，腓特烈二世為使普魯士躋身於歐洲強國之列，也開始實行「開明專制」，進行改革。改革內容包括：第一，加強中央集權，提高政府工作效率。腓特烈把政府機構置於自己的絕對控制之下，要求官員講求效率，卻不給予他們處置權。這樣，普魯士的官僚機構就成為國王手中馴服而有效的御用工具。第二，疏通道路，修築橋樑，改善交通；吸引外國移民；發展工商業，增加稅收；擴充軍力。第三，開辦學校，發展教育；獎勵科學，扶助藝術。

腓特烈二世的「開明專制」表面上標榜科學與理性，但本質上仍是專制主義。他在進行改革、增強國力的同時，不斷發動對外戰爭，繼續

世界上下五千年

1763年柏林戰爭結束後，腓特烈大帝勝利返回首都柏林。▲

圖中這個精美的匣子中盛放著幾支牙製長笛。這僅僅是腓特烈大量收藏品中的一小部分。▲

這首「長笛獨奏曲」的樂譜係腓特烈親筆所書，它代表了腓特烈的音樂作品風格。▶

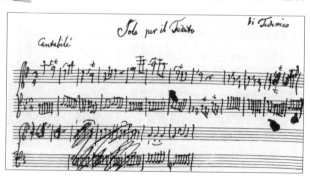

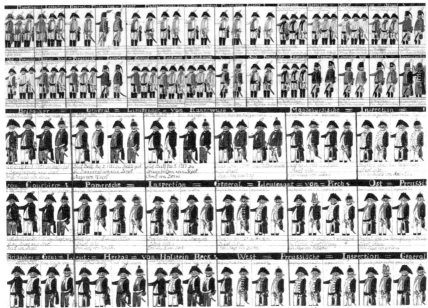

在這幅18世紀晚期的繪畫中，普魯士騎兵和步兵軍官們詳盡展示了各種 ▲
式樣的軍服。嚴格的紀律、不斷的操練和一個有效的補給基地，促使普魯士
軍隊在18世紀發展成一支在歐洲舉足輕重的軍事武裝。

擴充疆土。18世紀中期，他藉口奧地利的王位繼承問題，參加對奧戰爭，奪取了西里西亞。18世紀晚期，又與俄、奧一同瓜分波蘭。普魯士的實力迅速上升，躍居於歐洲強國之列。與此同時，普魯士也變得更加專制，更加軍國主義化了。

一位普魯士士兵的遺孀，身著丈夫的大衣和軍帽，正在為自己及孩子乞求施捨。七年戰爭之後，類似這樣的場景是司空見慣的。 ▶

從這幅腓特烈大帝 ▲
晚年肖像中可以看出，他已老態龍鍾。七十四歲時，他因在傾盆大雨中檢閱部隊而感染風寒病故。而後的德國人深情地懷念這位飽受憂慮折磨的國父。

251

俄國推行「開明」改革

彼得大帝是18世紀初期 ▲
俄羅斯的統治者，俄國歷
史上稱帝的第一人。他全
力以赴地將封閉保守的俄
羅斯轉變成一個真正的帝
國。

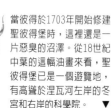

當彼得於1703年開始修建
聖彼得堡時，這裡還是一
片惡臭的沼澤。從18世紀
中葉的這幅油畫來看，聖
彼得堡已是一個遊覽地，
有高聳於涅瓦河左岸的冬
宮和右岸的科學院。
▼

近代的俄國是以莫斯科公國為中心，透過不斷兼併鄰國逐步形成的。到17世紀中葉，俄國已是一個疆土遼闊的封建大國，但經濟卻十分落後。農奴制度在俄國仍盛行不衰，農民沒有人身自由，飽受著貴族地主的殘酷剝削，生活非常悲慘。手工工場雖然開始出現，但數量很少，而且工場內的主要勞動力是農奴；政治上實行沙皇專制制度，所有權力都集中在沙皇一人手中；文化教育更為落後，識字的人非常少，全國人民都籠罩在無知和愚昧之中。

為使俄國儘快擺脫落後局面，1689年開始掌握實權的彼得一世進行了大刀闊斧的改革。在軍事上，彼得創建了新軍，實行義務兵役制。在政治上，成立國家參政院，並下設十二個「院」，掌管全國行政；把教會置於政府管轄範圍之下；將全國重新劃分為五十個省，以加強中央集權；文武官員實行級別晉升制，按軍功和功績

提升。在經濟上，實行優惠政策，鼓勵工商業的發展；推行重商主義，獎勵出口，限制進口；招聘外國專家，派遣留學生去西歐學習科學技術；為了解決工業上的勞動力問題，他准許商人將整個村連同農奴一起買去，讓農奴一邊種田一邊做工。在文化上，他仿照西方模式開辦學校，要求貴族子弟在十～十五歲期間都要上學，並簡化了俄文字母，翻譯了大量科技書籍；他創立科學院，興辦報紙，提倡西歐的生活方式。彼得的改革卓有成效，俄國的經濟、軍事實力迅速增強，為進一步對外擴張奠定了堅實的基礎。1721年，俄國最終打敗瑞典，奪取了芬蘭灣、里加灣和波羅的海沿岸的大片土地，打開了通往西方的窗口。至此，俄國一躍而成歐洲強國。

到18世紀後期，葉卡捷琳娜二世在經濟上繼續推行「開明」改革。她強調發展農業生產，取消了對土地買賣、轉讓的限制，為土地私有制鋪平了道路；她大力發展工業，削弱行會的控制，鼓勵各階層人士開辦工場；並逐步放棄了由國家控制商業的重商主義政策，鼓勵自由貿易。這些措施都在一定程度上為資本主義的發展提供了有利的條件。

聖彼得堡皇宮前的閱兵式 ◀

畫中的軍隊和觀看閱兵隊伍的上層人士的著裝都已西歐化。

葉卡捷琳娜每天大部分 ▲ 時間都在閱讀、書寫備忘錄及信件或簽署政令中度過。

圖為彼得大帝剪鬚運動 ▲ 中的一個場面。由於公眾對剪鬚存在抵觸情緒，彼得大帝恩准付出高額稅款的人可以不剪鬚。而那些做出這種選擇的人要佩戴上面有「已付錢」字樣的大紀念章。

這是莫斯科孤兒院的允建批文。這枚由葉卡捷琳娜賜予的雙頭鷹印章，可使孤兒免付學費。 ◀

拿破崙稱帝

拿破崙圍著為繼承法蘭 ▲
西皇帝而特製的白色貂皮
披肩，在黑色布景下，雙
目顯得更加炯炯有神。

拿破崙翻越阿爾卑斯山 ▼
油畫

十年的大革命風暴過後，穩定的局面重現於 ▲
巴黎。資產階級心懷感激地轉到愉悅的生活。

「霧月政變」後，拿破崙當上了法國第一執政官，成了法國的統治者。在他統治的最初五年中，實現了社會的穩定，實現了法國人民克服混亂和鞏固大革命成果的願望，為法國推行資本主義制度奠定了基礎。

1800年，拿破崙頒佈政法令，大力整治了大革命期間的政治，削弱了地方各級議會的權力，進一步鞏固和加強了中央集權，1801年，他同羅馬教皇簽訂了《教務專約》，宣佈天主教是「大多數法國人的宗教」，國家掌管教會的世俗權力，而教皇的職權只能在宗教事務範圍內行使。這實際上是在維護革命成果的基礎上對天主教進行改造。拿破崙還採取了一些有利於資本主義發展的財政經濟措施：組建了法蘭西銀行；成立了全國工業促進會，為工業提供補貼和機器設備，鼓勵採用新技術；在對外貿易上實行保護關稅的政策。這些措施實行後，法國外貿總額有了大幅度增長。

拿破崙的統治雖然帶有濃厚的專制色彩，但他卻非常重視法制建設。

1804年四月正式公佈實行的
《法國民法典》（1807年改名
為《拿破崙法典》）就是他
本人不斷督促和指導的成
果。法典共有條款二千二百
八十一條之多，詳細規定了
資本主義的財產制度和公民
平等的原則，保證了私有財
產不受侵犯，規定了一系列
保障契約自由和契約法律效
力的條款。

神話故事中「飛獅」的形象以 ▲
鍍金方式被鐫刻在1805年為拿破
崙特製的寶座扶手上。

圖為一枚「拿破崙」　▲
幣，為表示對皇帝的效忠
而發行，是自1804年以來
面額最大的金幣。

　　拿破崙所採取的措施使
他受到國內各階層普遍的歡迎和支持，這種情況反過來
又刺激了他權力欲的急劇膨漲。1804年十二月，拿破崙
終於如願以償，在巴黎聖母院加冕稱帝，號稱「拿破崙
一世」，建立了法蘭西第一帝國，即拿破崙帝國。帝國
建立後，政體和官制都有所變化。但在基本政策上，拿
破崙仍然堅持霧月政府時期的施政方針。在行使權力
上，由過去的第一執政官專權演變為皇帝獨裁。

拿破崙加冕儀式　　　　　▼

拿破崙帝國

法蘭西皇帝拿破崙‧波 ▲
拿巴雙眉緊蹙，掃視著戰
場。拿破崙憑藉他的軍事
韜略和政治敏銳，在二十
年間從一個科西嘉島小貴
族變成了主掌大半個歐洲
的人物。

刻有拿破崙頭像的勳章 ▲
授予為國家利益英勇奮鬥
的人們，而不分等級。這
雖使高級軍官不滿，卻激
起了人們的讚賞之情。拿
破崙曾授予了三萬枚這樣
的勳章。圖中這一枚是他
授予自己的。

　　拿破崙發動政變後，鑒於國內局勢混亂，曾向英、
俄、奧三國君主建議停戰，但遭到拒絕，他轉而採取了
卓有成效的外交政策：首先穩住普魯士的中立地位，接
著爭取俄國退出反法同盟，然後全力摧毀奧軍，最後集
中力量打擊英國。

　　1800年六月，拿破崙率領大軍擊潰駐義大利的奧
軍，進逼奧地利南部，迫使奧地利於1801年二月同法國
簽訂了《呂內維爾和約》，承認法國對萊茵河左岸地區
的佔領以及對比利時和義大利北中部地區的佔領。法國
則同意奧地利繼續佔有威尼斯。法軍戰勝奧地利，促成
了第二次反法同盟的解體。俄國此後退出了同盟，普魯
士保持中立。而且由於英國在海上實行的封鎖政策損害
了它們的利益，使它們同瑞典、丹麥共同組成了針對英
國的保護商業同盟。

　　在這種孤立的背景下，英國不得不同法國進行和平
談判。結果於1802年三月簽訂了《亞眠和約》。和約規
定：英國將近年來奪得的一部分殖民地交給法國及法國
的盟國西班牙和荷蘭。《亞眠和約》是英國外交上的一
次失敗，它承認了法國控制荷蘭和整個萊茵河左岸。但

俄奧聯軍在奧斯特里茨戰役中丟盔棄甲的慘況。 ▼

世
界
上
下
五
千
年

是，沒過多久，英、俄兩國便於1805年四月在聖彼得堡簽訂同盟條約，奧地利、瑞典和那不勒斯也相繼加入。於是，第三次反法同盟建立，歐洲戰事再起。同年十月，法、西聯合艦隊在特拉法加海角與納爾遜率領的英國艦隊展開激戰，結果法、西聯合艦隊幾乎全軍覆滅，這使拿破崙不得不放棄渡海進攻英國本土的計劃。但在歐洲大陸戰場上，拿破崙的軍隊卻連戰連捷。十一月，法軍攻佔了維也納。十二月，法軍與俄奧聯軍在奧斯特里茨進行大決戰，俄奧聯軍受到重創。第三次反法國同盟宣告失敗。拿破崙迫使奧地利簽訂《普雷斯堡和約》，給法國大量賠款，並承認巴伐利亞、符騰堡和巴登地區獨立。自此，奧地利在德意志原有的勢力喪失殆盡，而法蘭西第一帝國也成為遠超出法國本土的強大帝國。

拿破崙在德意志的擴張和想取得歐洲霸權的圖謀，使過去實行中立政策的普魯士感到受了嚴重的威脅。1806年九月，英、俄、普等國組成第四次反法同盟。十月，拿破崙率軍出征，在耶拿戰役中給普軍主力以毀滅性打擊，並攻佔了柏林。1807年六月戰勝俄軍後，沙皇亞歷山大一世和普魯士王威廉一世分別與拿破崙簽訂了《提爾西特和約》。和約對普魯士十分苛刻，除保留東普魯士、波美拉尼亞、勃蘭登堡和西里西亞外，普魯士喪失了其餘的大片領土，還要向法國賠款一億法郎。條約使普魯士統治的人口從一千萬降到四百九十三萬。

《提爾西特和約》的簽訂，宣告了第四次反法同盟的失敗。但是，它也表明拿破崙對外戰爭的性質已由保衛領土的自衛戰完全演變成爭奪歐洲霸權的非正義戰爭了。

打敗了歐洲大陸上的敵手後，拿破崙全力以赴對付英國。1806年十一月，拿破崙就已經宣佈《大陸封鎖令》，禁止大陸各國與英國通商。到了1807年十月，拿破崙在巴黎近郊楓丹白露行宮再次發佈敕令，強化大陸封鎖政策。

1809年，拿破崙又粉碎了英國與奧地利組成的第五次反法同盟，奧地利被迫與法國簽訂和約，向法國賠款割地。至此，拿破崙佔領的歐洲大陸領土已相當於本國面積的三倍，統治的外國人口達到七千五百萬人。拿破崙帝國進入鼎盛時期。

▲ 這只茶具在外形上酷似希臘水罐，出自拿破崙最欣賞的金匠馬丁·貝奈斯之手。

滑鐵盧之戰

滑鐵盧戰役中指揮普魯 ▲
士軍隊的布呂歇爾元帥

拿破崙帝國雖然前後多次打敗了反法同盟，但是，它的強盛是表面的，它面臨著種種不可調和的矛盾。拿破崙從佔領區掠奪大量財富運回法國，實行以戰養戰的政策，大部分軍費和軍用物資都從佔領區收取，迫使當地居民充當炮灰，這就激化了法國同這些被佔領區人民的矛盾。從1808年起，歐洲被壓迫民族掀起了反拿破崙帝國的民族解放運動。西、葡人民頑強的游擊戰爭牽制住拿破崙二十萬的精銳部隊。德意志地區和義大利半島起義活動空前高漲，沉重地打擊了拿破崙的統治。在《提爾西特和約》中蒙受屈辱的普魯士，通過資本主義性質的改革，國力迅速增強。所有這些反抗運動都是拿破崙無法遏制的。

從另一方面來看，無休止的對外戰爭也給法國人民帶來了沉重的災難。1800～1813年，拿破崙徵兵達一百五十萬人，致使田園荒蕪，農業凋敝，激起了農民的強烈不滿。大陸封鎖政策的失敗，又使得法國原料缺乏、

這幅畫表現了1815年六月
十八日進行的滑鐵盧戰役
中晚八時許的緊張情景。
▶

工廠停產、工人失業、市場萎縮，嚴重地損害了法國資產階級的利益。拿破崙在國內的威望日益下降，帝國的統治發生了危機。但是，迷信強權的拿破崙仍然一意孤行，他決定遠征與大陸體系作對的俄國，以新的對外征服來鞏固自己的統治。

1812年九月，拿破崙大軍長驅直入，開進莫斯科，但得到的卻是一座空城。一個月後，他被迫下令撤軍。撤退途中，拿破崙軍隊不斷遭到俄國正規軍和游擊隊的襲擊，加上饑餓和嚴寒的威脅，損失慘重。到了退出俄領土時，原有的七十萬大軍只剩五萬餘人。侵俄戰爭的失敗，是帝國由盛到衰的轉捩點。

1813年，英、俄、普、奧、西、葡、瑞等國組成第六次反法同盟。十月十九日，拿破崙在萊比錫與反法聯軍進行了一場大會戰，結果拿破崙遭到失敗。1814年三月底，聯軍攻佔了巴黎。幾天之後，拿破崙被迫退位，並被囚禁於地中海上的厄爾巴島。1814年九月，戰勝國在維也納召開會議，討論歐洲秩序的重建問題。會上列強為了自身的利益發生了分歧。拿破崙得知消息後於1815年三月逃出厄爾巴島，集結舊部並佔領了巴黎，發動了「百日政變」。英、俄、普、奧立即組織了第七次反法同盟。六月十八日，聯軍在比利時境內的滑鐵盧大敗拿破崙軍隊。拿破崙又被放逐到南大西洋的聖赫勒拿島。至此，拿破崙企圖改變歐洲版圖、稱霸歐洲的計劃宣告徹底失敗。

在前往被驅逐地聖赫勒拿島的路途中，拿破崙斜倚在「諾森伯倫」號巡洋艦的巨炮上，兩眼出神地望著前方，對自己的前程感到萬分茫然。　▲

這幅畫展示了法軍1812年冬季從莫斯科撤退過程中，泅涉布雷茲納河的情景。　▼

神聖同盟

英、俄、普、奧四國因反對拿破崙戰爭的需要而結成同盟。然而，隨著戰爭的結束，同盟各國的團結變得難以維繫。俄國沙皇亞歷山大一世以「歐洲和平仲裁人」自居，企圖充當拿破崙的角色；英國力圖維持歐洲均勢，既要防止法國東山再起，又要阻撓俄國取代法國；奧地利和普魯士爭奪德意志霸權的鬥爭進行得十分激烈；而那些被拿破崙征服的歐洲各國大大小小的王室，則分別依附於歐洲列強，都在試圖恢復舊日的統治。戰勝國在維也納召開了一次國際會議，並最終形成了維也納體系。

維也納會議於1814年十月一日至1815年六月九日在奧地利首都維也納召開。它是歐洲各國在打敗拿破崙後處理戰後問題的國際會議，實質上是一次消除法國大革命的影響，恢復封建統治秩序，瓜分拿破崙帝國遺產的會議。

維也納會議爭執的焦點是波蘭─薩克森問題。波蘭在歷史上曾三次遭俄、普、奧瓜分，一度從歐洲版圖上消失。拿破崙攻佔華沙後，在那裡成立了華沙大公國。由於在瓜分波蘭時華沙為普魯士所得，因此，普魯士王威廉三世要求佔領「原地」。而沙皇亞歷山大一世則希望霸佔波蘭，並且建議由普魯士佔領全部薩克森，作為它失去波蘭領土的補償。與此同時，俄、普與奧地利的矛盾則更加尖銳。由於俄國和普魯士將其他國家尤其是奧地利撇在一邊而單獨商討波蘭問題，奧地利極為不悅。奧地利首相梅特涅不願看到北方的普魯士強大起來，從而影響奧地利在德意志諸王國中的領導地位。同

華沙古老的街道 ▲

華沙地處歐洲中部，既沒有禦敵的天然屏障，又夾在列強中間，自古以來不斷受到侵略。拿破崙時代成立了華沙大公國，但不久大部分國土被俄國吞併。

奧地利首相梅特涅像 ▲

時，梅特涅對俄國也有所顧忌。因為俄國一向標榜自己是斯拉夫民族的天然朋友，一旦俄國勢力得到擴張，奧地利境內的民族問題必然激化。英國的既定政策是維持歐陸均勢，因此，在俄國咄咄逼人的氣勢下，英國決定支持奧地利。而以特殊身分參加會議的法國也發揮了一些作用，法國權衡利弊後，站到了英、奧一邊。1815年一月，英、奧、法三國簽訂了秘密同盟條約，規定三國如遇他國進攻，則互相援助。

英、奧、法三國的強硬立場，使俄、普作出妥協，雙方達成協定：普魯士佔領但澤和波茲南；奧地利佔領加里西亞；其餘部分組成波蘭王國，並由亞歷山大一世兼任波蘭國王。薩克森王國保留一部分領土，其餘的五分之二領土割讓給普魯士；另外，將萊茵河左岸和威斯特發里亞王國劃歸普魯士作為「補償」。

波蘭－薩克森問題解決後，列強便著手制定會議的總決議。但是，這時突然傳來拿破崙回巴黎重登帝位的消息，各國首腦驚恐萬分，緊急組織起第七次反法同盟。

拿破崙「百日政權」倒臺後，1815年十一月，戰勝國與法國又一次簽訂了《巴黎和約》。根據和約，法國割讓了薩爾路易、菲利普維爾和薩爾布魯根等地；東北部十七個城鎮和要塞由盟軍佔領三～五年；法國賠款七億法郎。

維也納會議的決議和第二次《巴黎和約》，造成了歐洲範圍內封建勢力復辟的局面。為了維護已確立的體系，防止再度爆發革命，1815年九月，俄、普、奧三國君主簽署條約，建立了帶有反動宗教色彩的「神聖同盟」。

經過維也納會議和其後歐洲政治力量的整合，歐洲在歷史上第一次真正被包括在一個共同的條約體系內。直到19世紀中葉，列強之間都沒有發生過大的戰爭，這說明維也納體系在整體上使歐洲出現了一個比較穩定的局面。

維也納會議現場，所有的決議都由 ▶
戰勝國作出。

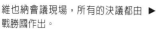

英國古典政治經濟學

亞當·斯密像 ▲

英國古典政治經濟學產生於資產階級上升時期，它代表了新興資產階級的利益和要求，是一種具有一定科學價值的經濟理論，是資產階級政治經濟學中最為進步的一個學派。它產生於17世紀中葉資產階級革命時期，19世紀中葉臻於完善。英國古典政治經濟學在經濟領域中大力宣傳資本主義生產方式的優越性，批判封建生產方式的落後性。

英國古典政治經濟學的創始人是威廉·佩第（西元1623～1687年），發展者是亞當·斯密（西元1723～1790年），完成者是大衛·李嘉圖（西元1772～1823年）。他們在分析資本主義生產關係的基礎上，試圖說明經濟現象的內在聯繫。他們的主要貢獻是奠定了勞動價值論的基礎。

英國古典政治經濟學家指出，勞動是價值的唯一源泉，商品的價值是由生產商品消耗的勞動量決定的；他們區分了商品的使用價值和交換價值、具體勞動和一般勞動。指出了創造價值的是一般勞動，而不是具體勞動。一般勞動所創造的價值用勞動時間來計量；他們看到了直接勞動與物化勞動，認為只有直接勞動才能創造價值，物化勞動是價值的轉移等。

英國古典政治經濟學家還指出，工人的工資只是工人勞動產品的一部分，工資的價值小於生產產品價值，從而肯定了剩餘價值的存在；他們認為勞動所創造的價值是工資、利潤和地租的源泉，從而肯定了生產物資佔有者無償佔有了一部分勞動產品價值。但他們只是看到了這種現象，並沒有區分出必要勞動與剩餘勞動。

威廉·佩第像 ▲

位於泰晤士河北岸的　▲
倫敦塔實景圖

達勒姆大教堂　　　▼

此外，他們還指出了地主階級、資產階級和工人階級是英國社會的三大基本階級，揭示了他們之間存在經濟上的對立，對社會各階級的經濟對立有清醒的認識。

但是，英國古典政治經濟學家主要是研究資本主義制度下物與物的關係，並沒有進一步揭示出隱藏在商品生產和商品交換中的人與人的關係；在揭示物與物的關係時，在理論上也有許多矛盾和錯誤之處。

英國古典政治經濟學家提出的勞動價值論，是一種具有一定科學成分的經濟理論，它也是馬克思主義政治經濟學的重要思想來源之一。

世界上下五千年

263

法國空想社會主義學說

19世紀英國工業發展 ▲
迅速

聖西門像 ▲

反映19世紀中葉法國鐵路
工業發展興盛的繪畫 ▼

19世紀空想社會主義學說的主要代表人物有：法國的聖西門、傅立葉和英國的歐文。聖西門的偉大功績在於他尖銳地抨擊了資本主義制度，力圖論證一種平等幸福的新社會取代資本主義社會的歷史必然性。他指出資本主義社會是一個「黑白顛倒的世界」，弊病叢生。聖西門批評資本主義制度使人們道德淪喪、精神低下，整個社會充斥著冷酷的利己主義。他斷言，資產階級革命後建立的資本主義制度是不合理的，它的存在僅僅是歷史的暫時現象，是達到真正普遍幸福的新社會的一個過渡階段。

傅立葉以經濟發展的水平為標準，把到目前為止的人類歷史劃分為五個階段：原始社會、蒙昧社會、宗法社會、野蠻社會和文明社會。他指出，每個社會階段都有著它自身的經濟特徵：小工業是宗法社會的特徵；中等工業是野蠻社會的特徵；大工業是文明社會的特徵等。他斷言，歷史是有規律地由低級向高級發展的，低級社會必然被高級社會所代替。這些思想帶有寶貴的唯物主義的辯證法因素。

傅立葉思想體系中最精采和最有價值的部分是他對資本主義制度的深刻而辛辣的批判。他把資本主義制度稱為文明制度的衰

落階段，認為它是人類經歷的最醜惡的制度，是一個「社會地獄」。傅立葉對資本主義制度的批判，都是為了論證文明社會必然為他所設想的和諧社會所代替。他宣稱，使人類進入和諧社會是歷史賦予他的使命。

歐文在《致拉納克郡的報告》中系統地闡述了通過組織勞動公社改造社會的計畫，形成了歐文的空想社會主義體系。1824年，歐文到美國印第安那州創辦了共產主義移民區——「新和諧村」。在那裡實行生產工具和財產公有、按勞動分配產品、共同參加勞動、人人平等、民主管理等原則。他計畫用兩年或兩年半的時間轉入完全的共產主義，實行按需分配。但是，這些公社很快就在資本主義關係的衝擊下失敗了。

19世紀初法國的織布機 ▲

挫折和失敗並沒有動搖他的堅強意志。1829年，他回到英國後，創辦全國勞動產品交易市場，以勞動小時值為價值尺度，實現產品交換，但也沒有成功。他還積極倡導合作社運動，被人稱為「合作社之父」。為了全人類的幸福，歐文不屈不撓地奮鬥了一生，始終不渝地堅持宣傳和實踐他的社會主義計畫和主張。聖西門、傅立葉和歐文的空想社會主義學說，反映了早期無產階級要求對社會進行普遍改造的良好願望，是一種同資產階級思想體系相對立的思想體系。他們對資本主義所進行的某種猜測和描繪、設計規劃的社會主義和共產主義社

歐文像 ▲

會的一些基本原則為馬克思、恩格斯創立科學共產主義理論提供了寶貴的思想材料。他們的思想和學說，是科學共產主義的思想來源之一。

19世紀前葉法國工人 ▶
階級有了很大的發展

英國工業革命

蒸汽機車噴著煙霧，順▲
利地從隧道深處開出來的
情景。

英國發明家瓦特像　　▲

1808年，蒸氣發動機運用
於鐵路，但用於大規模運
輸是在史蒂芬森製造的機
車「火箭號」之後。此圖
是「火箭號」的複製品。
　　　　　　　　　▼

英國工業革命開始於18世紀60年代，完成於19世紀40年代。從棉紡織業開始的。這是因為：首先，棉紡織業是新興的生產部門，投資少、利潤高、資金周轉期短。其次，棉紡織業與歷史悠久的毛紡織業相比，很少受舊傳統、舊習慣的束縛。該行業沒有行業組織，也不受行規的限制，採用新技術比較容易。當時棉紡織業比較集中，如蘭開夏的棉紡織業，由於氣候、溫度和濕度都非常適合棉紡織工業，這裡的棉織業發展尤為顯著。

1733年，蘭開夏的機械工凱伊發明了飛梭，將原來的擲梭子改為拉繩子，使梭子在滑槽上滑動，既解決了過去不能織較寬織品的問題，又節省了力氣，加快了速度，工作效率大大提高，織布的速度提高了一倍。但是，「紗荒」也隨之出現，改進紡紗技術便成為棉紡織業發展的關鍵。1779年，紡紗工人塞繆爾·克隆普頓改造了水力紡織機，因該機兼有珍妮機和水力紡紗機的優點，像騾子一樣兼有馬和驢的優點，於是人們將其命名為「騾機」。用這種機器紡出來的紗質量有顯著提高。

紡織機器的發明和使用又使動力成為急需解決的問題。以前的水力動力機在很大程度上受地理條件和季節

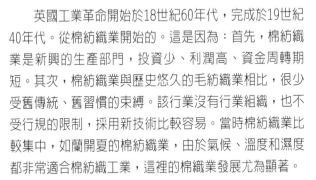

的限制。於是，發明一種打破這些限制、適應性更強的動力機成為工業發展最為緊迫的要求。早在1698年托馬斯·薩里夫就發明了蒸汽唧筒，用於礦山抽水。1705年，紐科門對該設備進行更新改造，製成第一

臺大氣壓力蒸汽機，利用蒸汽冷卻時產生部分真空形成的大氣壓力作為動能。但該機器不適於作為動力機器普遍安裝使用。哥拉斯堡大學的儀器修理工瓦特善於鑽研，具有較高的科學素養，他改進的紐科門蒸汽機，比原紐科門蒸汽機耗煤少，且功效提高了三倍。此後他又發明了能普遍使用的高效動力機——複式蒸汽機，因其適用廣，被稱為「萬能蒸汽機」。1785年，萬能蒸汽機開始用於棉紡織業。瓦特蒸汽機不再受地理、季節條件的限制，只要有煤作燃料就可以開動，而英國煤的蘊藏量非常豐富，建廠十分方便。因此，該機很快在全國廣泛應用於紡織業、冶金業、麵粉加工業，大工廠在英國各地紛紛建立起來。蒸汽機作為工業革命的象徵，標誌著人類社會生產進入了一個機械化時代。為了突出蒸汽機的重要作用，有人將這個時代形象地稱為「蒸汽時代」。

機器的大量製造，也使對金屬原料的需求量增加。蒸汽機的發明和使用，推動了冶鐵和採煤工業的發展。冶鐵業是英國古老的工業部門之一。過去一直用木炭作燃料，因而森林資源日趨枯竭。從17世紀中期起，冶鐵業衰落，鐵產量下降，英國不得不從外國大量進口生鐵。1735年，德爾貝父子發明用焦煤煉鐵。1760年加裝鼓風設備以後，這項技術被廣泛採用，有力地促進了冶鐵業的發展。1784年，工程師科爾特發明「攪煉法」和冶鋼的輾軋精煉法，採用這種方法，既降低了成本，又大大提高了冶煉的效率和品質，使生鐵產量在同一時間內增加十四倍。採煤和冶鐵技術的迅速提高，為其他工業部門的發展提供了條件。

蒸汽機的推廣和各生產部門實現機械化，對機器製造業本身提出了技術改革的迫切要求。18世紀末，英國開始使用汽錘和簡單的車床製造金屬零件。後來，先後發明了各種鍛壓設備和鑽床、刨床、鏜床等工作母機，實現了用機器生產機器。到19世紀40年代，英國工場手工業被大機器生產所取代，用機器生產機器的機器製造業也建立、發展起來，至此，工業革命基本完成。英國成為世界上第一個工業國家。

這幅畫展示了英國正在建造一條穿越山區的鄉村公路的情形。交通的改善顯示其在歐洲工業革命中是極為重要的因素。　▶

英國建立工廠制度

英國牧主向那些希望提 ▲
高畜群品質的農民租借公
羊。

機器的廣泛應用、工廠制
度的逐步建立使英國社會的階
級結構發生了變化。大工業出
現和發展的過程中，農民作為
一個階級被消滅了。手工業者
在大工業的衝擊下紛紛破產，
不得不加入到工人階級隊伍中來。資本主義社會中兩大
對立的階級──工業資產階級和工業無產階級形成了。
至工業革命完成時，英國已基本形成土地貴族、資產階
級、無產階級三個基本階級。

　　隨著工廠制度的出現，不僅出現了工業資產階級，
更重要的是出現了工業無產階級。那些因圈地運動而被
迫與土地分離、不得不外出謀生的農村大批無產者是其
最主要的來源。童工和失業破產的手工工人也是其中
重要的組成部分。工業無產階級與手工工場時代的工場
手工業工人不同。手工工場的工人大多與農村保持著較
密切的聯繫，或擁有簡單的生產工具，或租種小塊土
地，在工場勞動之餘還可以進行耕種，以維持一般的生
活。他們沒有完全擺脫小生產勞動者的地位。而工業無
產階級則一無所有，完全成為被資本家雇傭的奴隸，被
緊緊地束縛在機器上，集中到工廠裡，在統一的管理下
進行生產勞動。

這兩幅版畫描繪了工業家
威廉‧馬歇爾所建的一所
亞麻工廠的內部景觀及可
用來採光的圓錐形天窗
（右圖）。　　　　　▼

工廠制度下形成的工業資產階級與工業無產階級間的生產關係是一種全新的勞資關係。這一關係的特徵是勞動者向工廠主出賣勞動力、領取工資，勞動力變成了商品。勞動者在勞動中創造的價值遠遠超過了本人所得的工資，這部分被資本家剝削的利潤就是剩餘價值。這種不合理的佔有關係必然引起二者之間的對立。因此，工業資產階級與工業無產階級兩大階級的對立成為資本主義社會的基本矛盾。

由於資本家盲目和貪婪地追求利潤，不斷擴大生產，資本主義的固有矛盾，即生產的社會化和生產資源私人佔有制之間的矛盾日益激化，從而導致了經濟危機的發生。19世紀早期，在英國工業革命即將完成的1825年，英國發生了第一次經濟危機。危機期間，商品積壓，工廠倒閉，工人失業，社會騷亂。以後大約每十年出現一次，而且一次比一次持續的時間長、損失大。它伴隨著資本主義工業化的進程出現，成為資本主義工業化的一個特徵。

工業革命使大量勞動力從農村湧向城市，開始了城市化進程，這是工業革命的又一社會後果。首先，它使人們的生活方式發生了巨大改變。由於從產品的製作、房屋的建築到麵包的烘烤、衣服的縫製都使用了機器，勞動者整日忙碌於機器周圍，迫使他們隨著機器的轉動而加快生活節奏，成為機器的附庸。機器生產使工業與農業進一步分離，勞動分工更加明確，這又引起了一次人類歷史上的消費變革。人們所需要的一切物品都依賴於商品市場，於是商品流通的範圍更廣、速度更快。工業革命把大批勞動力從狹小天地中解放出來，於是人們的視野大大開闊。人們的觀念和習俗也隨之發生了變化。隨著工業革命中新發明的不斷湧現、新領域的不斷開闢，人們的思維空間也逐步開闊，其思想的共同特點是：重視人類自身的能力，極力追求財富的不斷增殖。工業革命的發展使這些思想逐漸變成資本主義社會的統治思想。它促使人們用新的眼光認識歷史、解釋現實和展望未來。同時，也不擇手段地追求更多的財富、更舒適的生活。

這是1855年的一幅石版畫，畫上是設菲爾德擁擠的房子和高聳的工廠煙囪。　▶

自由主義思潮

約翰‧穆勒像 ▲

工業革命以前，英國資產階級的主體是金融資產階級，他們與地主貴族結成聯盟，在1688年政變後長期掌權。工業革命中出現的工廠主們雖然來源很複雜，財富多寡不同，但共同的利益把他們聯繫在一起。隨著工業革命的不斷發展，他們的人數不斷增加。機器的運轉給他們帶來了鉅額的利潤。他們把從勞動者身上榨取的剩餘價值充分用於擴大生產，資本積累不斷增加，工業革命逐漸將他們推向財富的頂峰。他們在經濟實力大大增強的同時，在社會經濟生活中逐漸取代了金融資產階級和土地貴族的地位。他們不僅懂生產，具有組織生產和銷售產品的能力，而且他們之中還有許多科學和藝術的愛好者；他們不僅管理自己的工廠，而且關心整個地區的公益事業。到了19世紀初期，他們作為資產階級新生的一代迅速崛起。

隨著工業資產階級經濟實力的快速增長和社會經濟地位的不斷提高，其階級意識也日漸成熟。他們反對政府強加於工商業的種種限制，要求取消有礙工商業發展

由英國約克郡鐘錶匠 ▲
約翰‧哈里森設計的航行錶代表了英國18世紀的工業發展水準。

19世紀後葉的英國工業資本家過著奢華的生活，隨著資本積累的不斷增加，工業革命已將他們推向財富的頂峰。 ▶

的條款。他們無法忍受地主貴族與金融貴族壟斷政權的局面，期望能參加國家政權的管理。在這種時代條件下，反映資本主義經濟關係的古典政治經濟學在英國得到了最充分的發展，而且成為完整的學術體系。反映工業資產階級利益和要求的資產階級自由主義思潮也在英國出現了。

自由主義思潮的代表人物是耶利米‧邊沁（西元1784～1832年）和約翰‧穆勒（西元1806～1873年）。他們把現存的一切社會關係和政治關係都歸結為功利關係，要求國家的決策人和立法者以自由主義作為治國的方針。認為調和個人利益和社會利益是立法的任務，強調政治活動應盡量限制在保護人身安全和私有財產不受侵犯的範圍之內。鼓吹不干涉主義和放任自由的經濟原則。他們倡導思想自由、個性自由和言論自由，主張「真正的民主制」、建立代議制政府、給婦女選舉權等。他們的學說集中反映了工業資產階級自由競爭的主張。資產階級自由主義思潮成為19世紀中期推動英國乃至整個歐洲政治發展的一股不可低估的力量。

19世紀中葉倫敦資產 ▲
階級的裝束

1851年五月，世界博覽會在英國倫敦舉行時的景象。 ▶

法國里昂工人起義

里昂工人與政府軍之間 ▲
展開激烈槍戰。

自由引導人民　油畫 ▼

1831年十一月，法國的絲織業中心里昂爆發了法國歷史上第一次工人武裝起義。當時，里昂有三萬多紡織工人，他們飽受工廠主、大盤商的殘酷剝削和壓迫，常年掙扎在死亡線上。工人每天勞動十五～十八個小時，所得工資僅能買一磅麵包，難以維生。1831年十月，在六千多名工人的強烈抗議下，廠商同意增加工資，但事後拒不執行，激起工人的憤怒。十一月二十一日，里昂工人走上街頭，舉行罷工示威。遊行時遭到軍警襲擊，工人立刻拿起武器反擊。工人提出了「里昂應當有我們自己選出的代表」的政治要求。他們高呼「不能勞動而生，就要戰鬥而死」的口號。經過三天的浴血戰鬥，起義工人攻佔了市政廳，逮捕了省長，做了里昂的主人。但是，由於起義者沒有無產階級政黨的領導和革命理論的指導，未能鞏固勝利。十天後，就被反動政府鎮壓下去了。

路易‧菲力普篡取「七月革命」果實，成立「七月王朝」，繼續對人民進行殘酷統治。　◀

里昂市景　　　　　　　▲

世界上下五千年

　　1834年四月九日，里昂工人為了反對政府頒佈的禁止工人集會結社的反動法令和營救被捕的工人領袖，再次發動了武裝起義。起義工人修築了街壘，同敵人展開了長達六天的巷戰。與此同時，巴黎、馬賽等城市的工人紛紛舉行罷工和示威遊行，聲援里昂工人的起義抗爭。在這次起義中，工人們在宣言中針對七月王朝的反動統治，提出了推翻富人統治、爭取民主共和國的口號，帶有明顯的政治色彩。

　　雖然兩次里昂工人起義都失敗了，但是，它表明工人階級已經覺醒，無產階級和資產階級的鬥爭已經成為社會的主要矛盾。

表現法國資產階級在剛剛通行的火車上驚慌失措的漫畫。　▶

273

英國憲章運動

這幅畫表現的是1842年▲
人們列隊把三百多萬人簽
名的憲章請願書送往國會
的情景。

英國國會大廈實景圖 ▼

19世紀30、40年代，英國爆發了聲勢浩大的「憲章運動」。

在1832年的議會改革中，工業資產階級在工人和勞動人民的支持下，迫使金融貴族和地主貴族作出了讓步，取得了部分參政權，工業資產階級在滿足了自己的政治願望之後，在政治上與金融貴族和地主貴族結成了同盟，共同統治英國。這些事實進一步暴露出無產階級和資產階級利益的根本對立。工人群眾決心進行獨立的政治鬥爭，爭取本階級的政治權利。1836～1848年的憲章運動，就是在英國工人階級的政治覺悟有了明顯提高的歷史條件下爆發的。

1836年六月，成立了以木匠威廉‧洛維特為首的「倫敦工人協會」。1837年六月，該協會擬定了一個爭取普選權的文件，即《人民憲章》。1838年五月，《人民憲章》以法案形式公佈後，得到了廣大工人群眾的熱烈支持，全國各地紛紛舉行群眾集會和遊行，堅決擁護《人民憲章》。

憲章運動是一開始就具有全國規模的政治性運動，工人和其他勞動群眾成為這次運動的主要力量。1839年二月四日，憲章派在倫敦召開了第一次代表大會，定名

為「全國憲章派公會」，並通過了全國請願書，要求實現《人民憲章》。請願書公之於眾後，立即在全國掀起了簽名運動，到五月份，在請願書上簽名者多達一百二十萬人。

憲章運動開始後，出現過三次高潮。

1839年七月十二日，國會否決了請願書。消息傳出後，伯明罕工人舉行了起義，各地群眾舉行罷工和示威，憲章運動出現了第一次高潮。不久，政府派出大批軍隊鎮壓了起義，逮捕憲章派領袖，運動轉入低潮。

在1841～1842年經濟危機的推動下，工人階級掀起了第二次憲章運動的高潮。1842年四月十二日，憲章派在倫敦舉行了第二次代表大會，制定了請願書，向國會提出申請。除了堅持《人民憲章》的六項要求外，還提出了廢除「新濟貧法」、取消勞動院、要求政教分離、取消什一稅等，甚至提出了取消資本家對土地和生產源獨佔的要求。這次請願書所提出的更為激進的要求，說明憲章運動已經擺脫了資產階級的影響，具有更加純粹的無產階級性質。然而，國會又否決了請願書，憲章派領導機構號召工人舉行總罷工，進行抗議活動。八月九日，曼徹斯特工人首先宣佈總罷工，各地工人紛紛回應，罷工席捲全國，但由於政府派軍隊鎮壓了罷工，運動再次轉入低潮。

1847年的經濟危機和1848年歐洲各國的革命運動，特別是法國二月革命的勝利，給憲章運動注入了新的動力。1848年初，全國憲章協會恢復活動，籌備第三次請願。第三次請願書宣佈，勞動是一切財富的唯一源泉，勞動者對自己的勞動成果享有優先權，權力的唯一來源是人民。工人群眾還提出了建立共和國的要求。在第三次請願書上簽名的有五百多萬人，憲章運動形成了第三次高潮。1848年四月三日，憲章派召開第三次代表大會，到國會遞交請願書。政府調集了三十萬軍隊，準備鎮壓工人。四月十日清晨，當成千上萬的工人向國會進發時，憲章派的右翼領導人屈服於政府的武力威脅，力勸工人解散回家，請願書只由幾個領導人送交國會，這樣致使運動夭折了。隨後，政府下令解散憲章派組織，並大肆逮捕憲章派積極分子，憲章運動歸於失敗。

憲章運動雖然失敗了，但它的歷史意義是重大而深遠的。它已經不是個別工廠、個別地區的工人反對資產階級的鬥爭，而是全英國的工人階級共同進行的一場大規模的政治鬥爭。在鬥爭中，工人們建立了自己的組織，提出了本階級的政治要求，把矛頭指向了資產階級的政治統治。

德國西里西亞紡織工人起義

19世紀40年代，德國爆發了西里西亞紡織工人起義。作為德國紡織工業中心之一的西里西亞，隨著德國資本主義的發展，那裡的工人所受的剝削日益嚴重，無產階級和資產階級的矛盾越來越尖銳。西里西亞的紡織工人，身受資本主義和封建主義的雙重剝削。40年代初，企業主們為了增強同英國商品競爭的能力，拼命延長工時，大幅降低工資。工人們常年不能維持溫飽，勞動條件十分惡劣，大批工人掙扎在死亡線上。在起義以前，西里西亞三萬六千名工人中，有六千人死於饑餓。當時，工人們編了一首名為《血腥的屠殺》的歌謠，憤怒地控訴了工廠主和大盤商的吃人罪行。

1844年六月四日，一些工人唱著這支歌經過最殘忍的企業主茨支茲格爾的住宅，竟遭到毒打和逮捕。工人們長期壓抑的憤怒像火山一樣爆發出來，當天就搗毀了茨支茲格爾的住宅。第二天，三千多工人舉行了武裝起義，搗毀了一些企業，焚燒了資本家的賬簿和財產票據，並與前來鎮壓的軍警展開了肉搏戰。六月六日，普魯士政府調來大批軍隊鎮壓起義。起義失敗後，八十三名起義者被判重刑，數百名工人受到鞭笞和強迫勞役及其他懲罰。

這次西里西

飢餓的西里西亞工人闖入麵包店將其中的食品哄搶一空。

19世紀中期的德國工廠

亞自發的紡織工人暴動，從一開始就一致把矛頭指向了私有制，指向了資本剝削。它證明，德國工人階級已經開始覺醒，帶著本階級獨立的要求挺身而出，開始了反對資本主義剝削的英勇鬥爭。

在法國里昂工人起義、英國的憲章運動和德國的西里西亞紡織工起義中，工人階級已經提出了獨立的政治要求，並為實現自己的政治要求進行不屈不撓的政治鬥爭。它標誌著在資產階級和封建主階級爭奪政權的鬥爭尚未結束之時，工人階級已經作為一支獨立的政治力量登上了歷史舞臺，成為推動歷史前進的巨大動力。

在普魯士皇帝威廉四世 ▲
當政期間，德國的資本主義發展非常迅速，隨之而來的階級矛盾也日益尖銳。

但是，三大工人運動都失敗了。失敗的最根本的原因是沒有正確的革命理論作指導。當時，工人群眾在思想上深受空想社會主義和各種小資產階級社會主義的影響。他們對自己受剝削的根源、自己的歷史使命和求得解放的途徑等都缺乏科學的理解。空想社會主義除了無情地揭露了資本主義制度的矛盾和罪惡之外，對社會發展規律並沒有清醒的認識，找不到實現理想社會的階級力量，因而，不能給工人階級指出一條真正的解放道路；小資產階級社會主義流派則竭力鼓吹社會改良，誘使工人放棄政治鬥爭，力圖把工人運動引向歧途。因此，創立科學共產主義理論並把它與工人運動相結合，就成了工人階級反對資產階級的革命鬥爭的迫切需要。

西里西亞紡織工人起義表明了工人階級的覺醒。 ▶

德國古典哲學

德國古典哲學指的是18世紀末19世紀初，德國資本主義生產關係產生時期和資產階級革命前夕的德國資產階級哲學。

德國古典哲學的創始人是伊曼努爾·康得（西元1724～1804年）。他的主要著作有《純粹理性批判》、《實踐理性》、《判斷力批判》等。康德哲學的根本特徵是將唯物主義和唯心主義調和起來。一方面他承認在人的意識之外存在著客觀物質世界，即「自在之物」；另一方面，他又認為「自在之物」是不可知的，是超乎經驗之外的，是人的認識能力無法達到的「彼岸世界」。

德國古典唯心論哲學集大成者——喬治·威廉·費里德里希·黑格爾（西元1770～1831年），創立了歐洲哲學史上最龐大的客觀唯心論體系，他也是第一個系統地闡發了唯心論辯證法的哲學家。

黑格爾的客觀唯心論哲學體系，簡單概括就是從思維、精神出發，由思維轉化為存在、精神轉化為物質，然後再由存在轉化為思維、物質轉化為精神的過程。

黑格爾認為，在自然界和人類社會出現以前，就有

康德像　　　　　▲

康德原著書影　　▲

黑格爾曾經執教的耶拿 ▶
大學

一種精神或理性存在，這種精神既不是某個人的精神，也不是人類的精神，而是整個宇宙的精神，黑格爾把它稱作「絕對精神」。「絕對精神」是萬事萬物的源泉。世界上的任何現象，都是「絕對精神」的表現，都是由它衍生出來的。

現實世界沒有永恆的東西，而事物運動和發展的根源在於事物內部的矛盾性。把事物的矛盾和事物的發展聯繫起來，把矛盾看作是發展的源泉，這是黑格爾辯證法的精髓所在。

費爾巴哈唯物論是在批判黑格爾唯心論的基礎上建立起來的。他對黑格爾的精神第一性、物質第二性的唯心論予以批判，指出黑格爾的「絕對精神」外化為自然界的說法是一種偽裝了的宗教，是上帝創世說神學理論的翻版。費爾巴哈認為，物質是第一

黑格爾像 ▲

性的，精神是第二性的，「存在是主體，思維是客體；思維是從存在來的，自然、存在並不來自於思維」。他認為，人的精神、思維是人腦的附屬品，沒有肉體就不可能有精神和思維。因此，費爾巴哈把「人」當作他的哲學的核心，把自己的哲學叫做「人本學」。

但是，費爾巴哈的唯物論也有局限性。他對黑格爾哲學採取了全盤否定的態度，在批判黑格爾的唯心論觀點時，把黑格爾的辯證法思想也拋棄了。因此，他的唯物論帶有機械的、形而上學的特徵。

儘管如此，費爾巴哈仍不失為德國古典哲學中傑出的唯物主義哲學家。費爾巴哈認為物質的、可以感知的世界是唯一真實的世界，人的意識和思維是物質實體即人腦的產物，他的唯物主義觀對馬克思主義哲學的形成起了很大的積極作用，是馬克思主義哲學的重要思想來源。

19世紀前期的柏林街景 ▶

門羅主義

門羅像　　　　　　▲

維也納會議之後，歐洲列強忙於重建統治秩序。與此同時，西半球經歷著另一場巨變：年輕的美國在第二次對英國戰爭（西元1812～1814年）後，進入了一個新的歷史時期。在經濟上，美國啓動了工業革命的進程；在政治上，資產階級和種植園奴隸主的聯合政權得到加強。美國外交政策的目標處在從爭取和維護海上貿易自由權到維護大陸擴張「自由權」的轉折時期。與此同時，拉丁美洲人民反對西班牙和葡萄牙殖民統治的民族解放運動一浪高過一浪。到1821年為止，西屬美洲已誕生阿根延、智利、哥倫比亞、墨西哥和秘魯五個獨立的國家。在拉丁美洲各國獨立運動全面走向勝利的形勢下，以絞殺革命為己任的歐洲神聖同盟萬分惶恐，多次召開會議，圖謀鎮壓拉丁美洲革命。

1821年九月，俄國沙皇亞歷山大一世頒佈敕令，宣稱從白令海到北緯51度的美洲西岸間一百海里的水域歸屬俄國的勢力範圍。俄國的觸角已伸到靠近美國疆域的俄勒岡地區，其貿易據點向南延伸到聖弗朗西斯科海灣。為爭奪新興的拉丁美洲市場，英、美之間也進行著激烈的經濟爭奪戰。1822年八月，英國外交大臣喬治·坎寧從維護工商業資產階級利益的立場出發，極力主張維持歐洲的均勢，藉以保持英國的優勢地位。

坎寧把均勢體系的範圍擴展到美洲，這便同美國自建國以來實行的孤立主義的外交政策形成了對立。

1823年八月，坎寧接見美國公使理查德·拉什，建議英美兩國共同發表宣

門羅主義的誕生　　　　　▼

圖片表現了門羅（中站立者）召開內閣會議時的情景。

言，保證不侵佔拉丁美洲的任何部分，不允許
將原西屬殖民地的任何部分向其他國家轉讓。
接到拉什的報告後，從同年十一月七日起，美
國總統詹姆斯‧門羅多次召開內閣會議，研究
坎寧的建議和美國的對策。

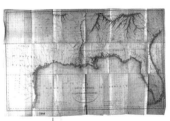

美國人從西班牙人手中 ▲
搶得了佛羅里達後，從而
將整個墨西哥灣牢牢地握
在手中。

　　1823年十二月，門羅總統向國會發表國情咨文，較
為全面地闡述了美國對拉丁美洲的政策。它主要包含三
項基本原則：「美洲體系原則」、「互不干涉原則」和
「非殖民原則」。這三項原則是美國對拉丁美洲政策體系
的概括，也體現了美國同歐洲列強之間的分歧。

　　門羅咨文宣稱：「神聖同盟各國的政治制度與美洲
根本不同，這種不同產生於它們各自不相同的政體。」
這實際上就是作為美國對拉丁美洲政策理論基礎的「美
洲體系原則」。「美洲體系」表現在這幾個方面：第
一，除繼續鼓吹美洲和歐洲在地理上的「天然隔絕」
外，進一步強調二者在政體上的區別；第二，從追求美
國一國的孤立，擴大為追求整個美洲的孤立，在美洲和
歐洲之間建起藩籬；第三，不再只力求不介入歐洲事
務，而是要將歐洲勢力從美洲這個「集體孤立圈」中排
斥出去。這個原則並不表明美洲國家在地理、政治和經
濟利益方面的共同利益，而是表現了美國一國的擴張利
益。「美洲是美洲人的美洲」實際上意味著「美洲是美
國人的美洲」。說到底，「美洲體系」不過是美國殖民體
系罷了。

此圖描繪了拉丁美洲土著
民族在美國的「庇護」下
「自由」地生活的情形。▼

　　門羅咨文發表後，並未引起國
際社會的普遍重視。國內新聞媒體
對它也沒有特殊的關注。其後，經
過歷屆美國政府的發揮，「門羅主
義」逐漸成為美國實現對外擴張戰
略的得心應手的工具。

拉丁美洲的獨立運動

拉丁美洲的獨立運動於1791年八月爆發在加勒比海地區的海地。不足兩萬人的海地起義軍在杜桑·盧維杜爾等傑出領袖的領導下，與廣大黑人和混血人種一道，經過十二年的浴血奮戰，打敗了法國、西班牙和英國三大歐洲侵略軍，贏得了民族解放和獨立，揭開了拉丁美洲獨立運動的序幕。

西屬拉丁美洲殖民地的獨立運動分為兩個階段。1810～1815年為第一階段，這一階段是各地普遍發動起義的時期。這場起義首先爆發在墨西哥礦區瓜那華托鎮，起義軍以農村印第安人、礦工和城市失業者為主體，以土生白人地主為領導。起義軍在初步建立政權後，沒有提出符合人民群眾利益的政

海地著名的黑人領袖
杜桑像 ▲

西班牙人留下的建築物，在新成立的智利共和國首都聖地牙哥的獨立廣場上聳立著，西班牙仍然深深影響著它先前的殖民地。▼

巴西獨立後的第一位皇帝 ▲
佩德羅像

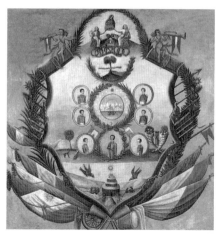

這是一幅1825年象徵畫，用以紀念秘魯獨立 ▲
解放運動領袖玻利瓦爾。

這幅插圖描繪了在剛剛獲得獨立的智利國旗 ▲
下，人們在安第斯酒館外揮舞頭巾，跳著蘇
格蘭雙人舞的情景。

治、經濟綱領，不敢發動廣大印第安人和黑人奴隸參加
革命。而且，各起義政權各自為政，力量分散。這樣一
來，到了1814年，隨著拿破崙帝國的覆滅和西班牙專制
統治的恢復，西班牙依靠神聖同盟的幫助，加強了對殖
民地的鎮壓。到1815年底，西屬拉丁美洲的獨立政權大
部分被瓦解了。

　　1816～1826年是拉丁美洲獨立運動的第二階段。起
義者吸取了從前的教訓，提出了較為明確的目標和綱
領，得到了下層群眾的支持和擁護。獨立運動開始走向
新的高潮並不斷取得勝利。在此期間，南美北部地區湧
現出獨立運動的領袖西蒙‧玻利瓦爾（西元1783～1830
年）等傑出人物。玻利瓦爾是哥倫比亞、委內瑞拉、厄
瓜多爾、巴拿馬和玻利維亞五個獨立國家的締造者，有
「解放者」之稱。南美南部地區獨立運動的領袖何塞‧
聖馬丁（西元1778～1850年）在解放阿根廷後，指揮了
翻越安第斯山脈的著名遠征，對智利和秘魯的解放做出
了重要貢獻。

玻利維亞士兵像　　　　　▲

馬克思創立共產主義學說

馬克思像　▲

馬克思、恩格斯創立的科學共產主義學說包括三個部分：馬克思主義哲學、政治經濟學和科學社會主義。馬克思和恩格斯在批判地繼承黑格爾唯心論辯證法的「合理內核」和費爾巴哈唯物論的「基本內核」的基礎上，創立了辯證唯物主義，將這一學說用來詮釋社會現象，並應用於人類歷史的研究，創立了歷史唯物主義，從而在哲學上完成了一次偉大的變革。

馬克思、恩格斯在創立自己的新哲學時，吸取並繼承了黑格爾關於內在矛盾和辯證發展的思想。同時，馬克思、恩格斯拋棄了黑格爾哲學的唯心論糟粕，把辯證法建立在唯物主義的基礎上，從根本上克服了黑格爾辯證法的缺陷，創立了具有全新內容的辯證法。

馬克思、恩格斯把辯證唯物主義的基本原理推廣運用到人類歷史上，用於解釋社會現象和社會生活，從而創造了歷史唯物主義學說。歷史唯物主義的創立，是人類認識史上的一次空前革命。它把唯心主義從它的最後藏身之所──社會歷史領域中清除出去，為社會生活各方面的研究奠定了堅實的科學基礎，使得關於社會、社會規律的學說，變成了同其他科學一樣能夠提供精確的知識和能夠預見的科學。

馬克思主義哲學即辯證唯物主義和歷史唯物主義的創立，為馬克思主義政治經濟學的創立提供了科學的方法論和理論基礎。馬克思、恩格斯把辯證唯物主義和歷史唯物主義運用到政治經濟學的研究，在批判地繼承英國古典政治經濟學的基礎上，創立了同以前一切資產階級政治經濟學根本對立的無產階級政治經濟學，從而也

馬克思致恩格斯的信函　▲

在政治經濟學領域完成了一次偉大的革命。

　　剩餘價值學說是馬克思主義政治經濟學的基石。馬克思以剩餘價值學說為基礎，全面地研究了資產階級的經濟規律，揭示了資本主義生產方式的基本矛盾和資本主義必然滅亡的規律，創建了無產階級政治經濟學體系，完成了政治經濟學中的革命，為無產階級認識自己在資本主義制度下的真正地位、奮起謀求自身的解放鬥爭提供了銳利的武器。馬克思、恩格斯以歷史唯物論和剩餘價值學說這兩個理論為前提，批判了空想社會主義的空想成分，繼承和吸取了其中的有益成分，創立了科學社會主義學說。

　　這樣，馬克思、恩格斯通過參加革命實踐，在批判地繼承19世紀人類所創造的優秀思想成果並加以改造的基礎上，創立了馬克思主義的三個組成部分——馬克思主義哲學、馬克思主義政治經濟學和科學社會主義學說，完成了歷史賦予他們的偉大使命。

　　1848年二月，馬克思和恩格斯合寫的《共產黨宣言》在倫敦出版。《共產黨宣言》把馬克思主義哲學、政治經濟學和科學社會主義的原理融為一體，完整地概括了無產階級的世界觀，體現了馬克思主義形成時期在理論上取得的最高成就。《宣言》運用辯證的和歷史的唯物主義原理考察了人類社會，特別是資本主義社會的產生、發展的歷史過程，全面地剖析了資本主義社會的經濟結構、階級關係及其國家上層建築，闡明了資本主義必然為社會主義所取代的歷史規律，明確指出了無產階級的偉大歷史使命，制訂了社會主義運動的理論和策略，向世界宣告了無產階級的奮鬥目標。

　　《共產黨宣言》是一部劃時代的歷史文獻。《宣言》中所表述的基本思想，包括了馬克思主義哲學、政治經濟學和科學社會主義的基本原則，是無產階級思想體系的完整概括。《宣言》的發表，標誌著馬克思主義的誕生。馬克思主義的誕生，是人類思想史上的一次偉大革命，從此，無產階級找到了科學理論作指導，有了戰勝敵人的強大思想武器，無產階級的面貌煥然一新，無產階級反對國際資本主義的鬥爭有了正確的方向。可以說，《共產黨宣言》開闢了一個新時代。

馬克思的一生都在堅持不斷地　▲
學習和實踐

世界上下五千年

285

德國1848年革命

德皇威廉四世謀求軍方▲
支持，妄圖將撲面而來的
民主浪潮拒於門外。

法國二月革命消息傳入德
國後，德國各地都掀起了
聲勢浩大的遊行和集會，
柏林也於同年三月爆發了
革命。　　　　　　▼

19世紀中期，德意志仍處在分裂之中。雖然有一個德意志邦聯，但是這個邦聯非常鬆散，設在法蘭克福的邦聯議會形同虛設。

政治上的割據狀態和德國的封建專制統治成為德國發展資本主義的嚴重障礙。實現全德的統一和消滅封建專制制度，成為擺在軟弱的德國資產階級和廣大德國人民面前的主要任務。1848年，法國二月革命的消息傳入德國後，德國各地都掀起了聲勢浩大的遊行和集會，農民運動也席捲德國，各邦的君主被迫妥協，先後任命資產階級自由派組閣，並採取了一些自由主義措施。

1848年三月，普魯士首府柏林爆發革命，柏林人民同軍警發生衝突。威廉四世看到武力鎮壓無法奏效，便許諾召集議會、制定憲法、建立德意志聯邦國家。同時，在起義人民的壓力下，還被迫下令把軍隊撤出柏林，改組政府。但新成立的資產階級自由派政府害怕工人階級會採取進一步的革命行動，因而同容克貴族妥協，這一行動預示了德國革命失敗的命運。六月十五日，威廉四世重新調集軍隊進入柏林，鎮壓了人民的起義，又改組了政府，解散了議會，把自由派趕出政府機構，反革命的政變成功。

1849年六月，普魯士政府又用武力解散了主張實現全德統一的法蘭克福議會，保留了封建制度，德意志的統一事業宣告失敗。

這是自由主義改革家們印發的宣傳單上的插圖：1848年普魯士首都柏林，▲揮動著警棍的警察驅散了人們的一次遊行示威。

普魯士具有哥德式建築 ▲
風格的修道院教堂

在德國1848年革命中，善變的君主與民族主義示威者並肩而行。　▲

圖為著名的德國工業家克魯伯位於埃森的工廠。克魯伯的工廠首先以製造 ▲
鐵軌聞名，隨後開始為普魯士的軍隊生產武器和彈藥。

圖為德國1848年革命 ▲
中，已覺醒的無產階級與
反動警察在柏林街頭展開
了激烈的巷戰。

法國1848年革命

國王路易‧菲力普逃離 ▲
巴黎後，一街頭頑童爬到
國王的寶座上遊戲。

在這幅繪製於1848年的油
畫中，可以深刻地感受到
那個時代這群隨時有可能
起身一搏的貧苦家庭的哀
愁——新的革命顯然即將
到來。　　　　　　▼

法國國王路易‧菲力普像 ▲

1848年二月二十二日，法國巴黎的工人、學生、手工業者和廣大市民舉行大規模的示威遊行。遊行很快轉變成武裝起義。起義者築起街壘，佔領了兵營、武器庫和主要街道，大批士兵也站在起義者一邊，向七月王朝政權宣戰。二十四日，國王路易‧菲力普見大勢已去，便帶著眷屬逃往英國。起義者佔領了王宮，成立了以資產階級共和派為主體的臨時政府。次日，臨時政府宣佈成立共和國，這就是歷史上的法蘭西第二共和國。共和派執政後，在政府內極力排擠工人階級的代表。法國的工人階級於六月二十三日發動起義，以示反抗。但由於沒有正確的領導，結果被資產階級共和派調集的軍隊鎮壓下去。起義雖然失敗了，但共和派因此失去了民心，共和國的社會基礎也遭到破壞。在十二月十日的選舉中，拿破崙一世的侄子、野心勃勃的路易‧波拿巴當選為總統。路易‧波拿巴上臺後，組成了代表大資產階級和地主利益的秩序黨，逐步奪取了共和派手中的權力。

拿破崙三世的「功德」◀
之一是擴建了香榭麗舍林
蔭道，但其結果卻是使得
在這條路上遊蕩的妓女變
得更多了。

　　1851年底，波拿巴又調集軍隊，解散了議會，把已成為他復辟君主制障礙的秩序黨也推出門外。至此，共和國實際上已經壽終正寢。

　　1852年十二月二日，路易·波拿巴宣佈法蘭西為帝國，他自己登上皇位，被人們稱為拿破崙三世。他的帝國被稱為法蘭西第二帝國。

1840年十二月十五日，巴黎以盛大而輝煌的葬禮，將拿破崙的遺骸送往安葬英雄的地方——巴黎傷殘軍人之家附近的墓地。在1830年反動國王查理十世被推翻後，法國進入了一個資產階級鞏固其勢力的平庸時期。此時，緬懷拿破崙時代英雄壯舉的社會心理日益增長並顯示出來，1848年拿破崙的侄子路易看準機會，憑藉其叔父的名望，攫取了法國的最高權力。　　　　　　　　▼

克里米亞戰爭

克里米亞戰爭是沙俄與英、法等列強在近東的一場爭霸戰爭，是列強為奪取黑海海峽而使矛盾激化的結果。在1841年《倫敦海峽公約》簽訂後，沙俄一直想重新確立自己在巴爾幹和黑海地區的霸主地位。1848年歐洲革命之後，沙皇尼古拉一世因充當了「歐洲憲兵」而身價倍增，於是自認為宰割土耳其、實現自己的擴張計劃的機會已經來到。

1853年十月四日，俄國向土耳其宣戰。十一月三十日，俄國黑海艦隊突襲並殲滅了停泊在錫諾普港的土耳其艦隊，一舉控制了黑海。1854年三月，英、法對俄國宣戰，撒丁王國因為與法國是同盟關係，也出兵參戰。由於戰爭主要集中在克里米亞半島，所以稱為「克里米亞戰爭」。

克里米亞戰爭使農奴制度和沙皇專制制度的腐朽性暴露無遺。在戰爭中，俄國司令部指揮不力，軍官貪污，後勤供應效率低下，前方軍隊缺乏彈藥，士兵缺衣少糧。法國軍隊用的是來福槍和散兵線戰術，而俄國士

這幅克里米亞戰爭的雕版畫描繪的是塞瓦斯托波爾以東的一個英軍戰地。 ▶

兵用的是滑膛槍和密集縱隊戰術。更為重要的是，俄國後方不穩，農民起義的事件不斷發生，俄國對外作戰的能力大為削弱。因此，俄國的失敗是戰爭的必然結果。

克里米亞的炮彈山谷 ▲
實景圖

1854年九月十四日，英法聯軍在克里米亞登陸。九月二十日，在阿爾瑪河擊敗俄軍主力。二十六日，包圍了塞瓦斯托波爾。塞瓦斯托波爾在英法軍隊的長期包圍和炮擊下，危在旦夕。十二月，奧地利同英法結盟，在多瑙河一線進行援助。1855年三月二日，俄皇尼古拉一世在內憂外患、走投無路的形勢下服毒自盡，其子亞歷山大二世即位。九月八日，經過長達三百四十九天的攻守戰之後，塞瓦斯托波爾終於被英法聯軍攻破，俄國徹底失敗。1856年三月三十日，交戰各方簽訂了《巴黎和約》，俄國除了被剝奪在黑海擁有艦隊和海軍基地的權利之外，還把一部分領土割讓給土耳其。

這幅用蒙太奇手法描繪的油畫是克里米亞半島的港口城市塞瓦斯托波爾保衛戰的情景，這是1855年九月從俄國手中奪來的。▼

美國南北戰爭爆發

林肯像 ▲

林肯就任總統時的盛大 ▲
典禮

美國從墨西哥手裡奪到了
加利福尼亞，此圖顯示大
批美國船隻進入加州首府
薩克拉門托時的情景。 ▼

19世紀40、50年代，是美國資本主義經濟迅猛發展的時期。北方的資本主義工業革命蓬勃發展，工業化進程也已經開始啟動，西部資本主義農業隨西進運動的進行而興旺發達，南部的種植園經濟由於植棉業的興起而方興未艾。在此背景下，美國掀起了大陸擴張的狂潮。1846年六月，美英簽訂了共同瓜分俄勒岡地區的條約，美國的版圖正式達到太平洋沿岸。1848年，美國打敗了墨西哥，奪取了原屬墨西哥的德克薩斯、新墨西哥和加利福尼亞等地。從此，美國國力大增，成為在西半球能同歐洲抗衡的泱泱大國。

美國獨立後，北方建立以雇傭勞動為基礎的資本主義制度，而南方仍保留著以奴隸勞動為基礎的種植園經濟。在北方的資本主義工業迅速發展的同時，南方的種植園經濟也因植棉業的繁榮而興旺起來。到40、50年代，南北雙方在土地問題上展開了尖銳的鬥爭。奴隸制度作為美國社會的一個「贅瘤」，嚴重地阻礙著美國資本主義在全國範圍內的發展。

到了40年代末，南北雙方在新侵佔的墨西哥土地上建立何種制度的問題上看法不一致。1850年雙方妥協，規定加利福尼亞以自由州身分加入聯邦，新墨西哥和猶他州的奴隸制存廢問題由當地居民投票決定。由於這兩州白人奴隸主佔多數，所以等於承認在兩州建立蓄

奴制。1854年，雙方又達成新的妥協，規定新近申請加入聯邦的堪薩斯和內布拉斯加兩地的奴隸制問題也交由當地居民投票決定。至此，打破了1820年達成的把奴隸制限制在北緯36°30′以南的《密蘇里妥協案》的規定，把整個西部向奴隸制開放。1854～1856年，堪薩斯的居民在投票時發生了武裝衝突，表明南北兩種社會制度的矛盾已到了兵戎相見的程度。

19世紀中葉剛剛建成時 ▲
的白宮是北方政治中心。

奴隸主的倒行逆施，引起了美國人民的憤慨。19世紀50年代，美國各地爆發的反對奴隸制的起義時有發生，其中影響最大的是約翰·布朗領導的武裝暴動。約翰·布朗是美國的一位傑出的廢奴主義者，他把畢生的精力都投入到解放奴隸的事業中。在長期的反對奴隸制的鬥爭實踐中，他認識到使用武力廢除奴隸制的必要性。1859年十月十六日，布朗率領二十二人的小分隊在維吉尼亞的哈潑斯渡口舉行起義。布朗率領起義者英勇地同前來鎮壓的軍隊作戰，最後因寡不敵眾，起義失敗，布朗本人受傷被俘。布朗在就義前發出如下誓言：「我，約翰·布朗，現在堅信只有用鮮血才能洗清這個罪惡深重的國家的滔天罪行。」布朗起義是美國內戰爆發的導火線。

約翰·布朗成為美國廢 ▲
除奴隸制度的一面旗幟。

1860年，反對奴隸制的共和黨在大選中獲勝，林肯當選為美國第十六任總統。至此，兩種制度的鬥爭由爭奪西部土地問題上升為政權問題，以和平方式已不能解決。1861年二月四日，南方七個蓄奴州宣佈脫離聯邦，成立「南方各州同盟」（後來「南方各州同盟」擴充為十一個州）。四月十二日，南方同盟炮擊北軍要塞薩姆特堡。四月十五日，林肯宣佈南方各州叛亂，號召人民為恢復聯邦的統一而戰鬥，並下令徵召志願軍七萬五千人。人民紛紛回應，很快就有三十萬人應徵，開赴前線。內戰不可避免地爆發了。

1861年剛剛獲得釋放的 ▲
黑人奴隸，此時他們的命
運尚未確定。

南北戰爭爆發時北方的 ▲
炮兵部隊集結紮營休息。

林肯發表《解放宣言》

南方軍隊防禦性要塞 ▲

南北戰爭中使用的當時 ▲
世界上口徑最大的迫擊炮

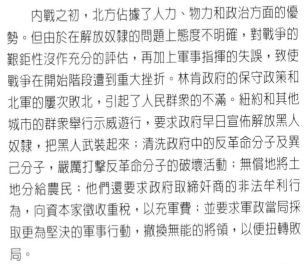

北方軍隊卓越的軍事將 ▲
領格蘭特像

　　內戰之初，北方佔據了人力、物力和政治方面的優勢。但由於在解放奴隸的問題上態度不明確，對戰爭的艱鉅性沒作充分的評估，再加上軍事指揮的失誤，致使戰爭在開始階段遭到重大挫折。林肯政府的保守政策和北軍的屢次敗北，引起了人民群眾的不滿。紐約和其他城市的群眾舉行示威遊行，要求政府早日宣佈解放黑人奴隸，把黑人武裝起來；清洗政府中的反革命分子及異己分子，嚴厲打擊反革命分子的破壞活動；無償地將土地分給農民；他們還要求政府取締奸商的非法牟利行為，向資本家徵收重稅，以充軍費；並要求軍政當局採取更為堅決的軍事行動，撤換無能的將領，以便扭轉敗局。

　　總之，群眾要求用革命的方法進行戰爭。到1862年夏秋之時，前線的失敗和後方人民群眾運動的高漲，迫使林肯政府改變了保守政策，採取了一系列革命措施。

　　1862年五月，林肯政府頒佈了《宅地法》，規定任何人交付十美元的登記費，就可以在西部取得一百六十英畝的土地，在所領得的土地上耕種五年後，就可以成為這塊土地的所有者。這一措施，滿足了廣大農民長久以來的要求，它極大地鼓舞了農民參加反對奴隸制戰爭的鬥志，同時也加快了開發西部的步伐，保證了北軍的軍糧供應。

　　1862年九月二十四日清晨，林肯發表了震驚世界的《解放宣言》，宣佈從1863年一月一日這天起，各叛亂州的奴隸全部獲得自由。這一偉大舉動是美國內戰進入「以革命方法進行戰爭」的階段的標誌。從此，解放奴

隸成為北方作戰的重要目標。

　　不過，當時林肯的《解放宣言》是作為「戰時措施」頒佈的，直到1865年一月在廣大群眾的壓力下，國會才通過了憲法修正案，禁止各州使用奴隸，正式在全國範圍內廢除奴隸制度。《解放宣言》發佈之後，林肯又推行了武裝黑人的政策。這個政策使大批黑人報名參軍，編成特別團隊，開赴前線投入戰鬥，此舉大大增強了北軍的戰鬥力。同時，林肯又採取了嚴厲鎮壓反革命的措施，撤換了指揮不力的將領，調整了軍事領導機構，任命有卓越軍事才能的格蘭特指揮軍隊，使前線的形勢大為改觀。

一幅反映獲得自由的奴 ▲
隸向林肯表示虔誠感激的
畫圖

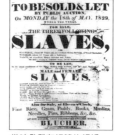

當時登載有奴隸的報紙 ▲
廣告

林肯坐像　◀

反映1862年北方軍隊攻克
紐奧爾良時的海戰場面的
繪畫　　　　　　　▼

美國南北戰爭結束

《解放宣言》的發佈和軍事上的調整，大大激發了美國人民的革命熱情，北方工人、農民及黑人積極參軍參戰；而南方黑人奴隸為支援北軍、解放自己，不斷舉行起義，有力地打擊了南方奴隸主，牽制了南軍的作戰力量。由於廣大人民群眾的革命積極性被充分調動起來，北方對南方的戰爭變成了一場群眾性的戰爭，從而使戰場上的形勢立即發生了根本性的變化，為北方取勝，奠定了良好的基礎。

1863年七月一日，北軍在東線戰場取得了蓋特茨堡戰役的勝利。這次勝利是整個內戰的轉捩點。從此以後，戰場上的主動權完全掌握在北方軍隊手中。七月四日，北軍在西線戰場攻陷了密西西比河下游的維克斯堡。至此，南軍的進攻力量被徹底摧毀，南軍開始潰退。到1864年，南方已是財力空虛，兵源枯竭，陷入了山窮水盡的地步，而北方則是越戰越勇。1864年春，北軍最高統帥作了新的軍事部署，決定在東、西兩線同時

由白人領導的黑人軍團 ▲
猛攻瓦格納堡壘

黑人的參戰加速了戰爭的進程，北方一步步走向勝利。

南方聯軍總司令羅伯特·
李將軍向格蘭特投降。 ▶

展開強大的攻勢。在東線，由格蘭特將軍親自指揮部隊向「南部各州同盟」首府里士滿進攻；在西線，九月二日，謝爾曼將軍率領六萬大軍從密蘇里河攻入南部腹地，並把南方最大的軍事工業城市亞特蘭大拿了下來。

1968年四月，南方軍隊 ▲
遭受重創，不得不放棄自
己的首府里士滿。

兩個月後，開始了有名的「向海洋進軍」，目標是薩凡納。士兵們鬥志高昂，於十二月二十一日攻佔了大西洋沿岸的重要港口薩凡納。1865年二月一日，謝爾曼大軍從薩凡納出發北上，準備和格蘭特將軍所率軍隊會師。1865年四三日，北軍攻佔了里士滿。九日，南軍總司令李將軍見大勢已去，率殘軍二萬八千人在維吉尼亞的阿城馬托克斯城向北軍投降。至此，歷時四年的美國內戰以北方的最後勝利告終，美國恢復了統一。

美國內戰是美國歷史上第二次資產階級革命。它摧毀了南方的奴隸制度，捍衛了聯邦的統一，為美國資本主義在全國範圍內的迅速發展鋪平了道路。雖然內戰後黑人仍沒有得到真正徹底的解放，黑人問題仍然是長期影響美國社會發展的嚴重問題，但這次內戰從根本上廢除了奴隸制，具有非常偉大的歷史意義。

美國內戰的意義遠遠超出了美國本國範圍。這次戰爭是19世紀50、60年代世界性民族民主運動的一個組成部分，它同英國人民爭取擴大民主權利的鬥爭、義大利統一運動、德意志統一運動、俄國農奴制改革、日本的明治維新等一起合成一股強大的歷史洪流，徹底掃除了仍然殘留在歐美的封建主義的最後一個「贅瘤」，在世界範圍內實現了資本主義的統一。從此，美國以大國的身分加入到世界資本主義體系中。美國進一步介入世界事務，加快了向海外擴張的步伐，加入了瓜分世界的列強的行列，並提出「門戶開放」的外交原則，把世界一體化進程推向新的歷史時期。

林肯雕像　　　　　▼

印度反英大起義

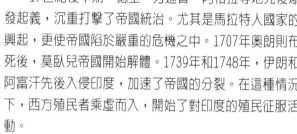

16世紀以來，印度就在莫臥兒帝國的統治下，國家統一，社會較為安定，印度的經濟有較大的發展。當時農業已出現了專業化和商品化的傾向，在此基礎上城鄉貿易出現了繁榮景象。

到17世紀中期，城市重工業進一步與農業分離。孟加拉、旁遮普等地生產出口棉織品的農村手工業者已有幾十萬戶。商品貨幣經濟的發展加速了封建國家土地所有制的瓦解，社會內部發生了階級分化，莫臥兒帝國陷入危機。

17世紀後半期，德里、旁遮普、阿格拉等地先後爆發起義，沉重打擊了帝國統治。尤其是馬拉特人國家的興起，更使帝國陷於嚴重的危機之中。1707年奧朗則布死後，莫臥兒帝國開始解體。1739年和1748年，伊朗和阿富汗先後入侵印度，加速了帝國的分裂。在這種情況下，西方殖民者乘虛而入，開始了對印度的殖民征服活動。

1774年，英國侵佔敘德，以後又接連攻佔了邁索爾、德里、信德。1849年，又佔領了旁遮普。至此，英國完成了對整個印度的佔領，印度淪為英國的殖民地。

1813年，英國議會通過《英屬印度法令》，取消了東印度公司對印度的貿易壟斷權。從此，英國工業資本對印度的掠奪進入了新階段，印度日益淪為英國的商品銷售市場和原料供應地。大量的英國棉紡織品湧入印度，使印度的手工業遭到毀滅性的打擊，千百萬城鄉手工業者失業、破

莫臥兒王朝最後一個皇 ▲
帝，1857年被起義者勸服領導反英起義，遭鎮壓後被流放到緬甸。

維多利亞十字勳章 ▲

英女王維多利亞一家 ▼

產，陷入絕境。殖民經濟下的印度農民生活境遇更為悲慘，農民除了向封建王公、地主繳納地租外，還要向殖民當局繳納高額田賦。由於田賦要以貨幣的形式來繳納，農民不得不低價出售農產品，或向高利貸者借債，農民的負債率達到百分之九十。

印度籍士兵對英國殖民當局的怨恨也日益增長。起義前夕，印度的二十四萬英軍中，有二十萬是印籍士兵，他們主要是從破產農民和手工業者中招募而來的。士兵們不但經常被英籍軍官無故克扣薪餉，而且還遭受種種侮辱，這些都引起了印度籍士兵的強烈不滿。

英國殖民者還損害了部分印度封建王公的利益。他們剝奪了封建王公的世襲待遇，縮減俸祿，還向他們徵收鉅額的賦稅。英國當局還隨意兼併部分封建王公的領地，剝奪他們的年金。英國殖民當局殘酷的統治、殘暴的掠奪和沉重的剝削，進一步激化了印度各階層同英國殖民者之間的民族矛盾。一場反對英國殖民統治、爭取民族獨立的民族起義在印度各地區醞釀著。

1857年初，英國殖民當局發下了一種用塗有牛脂和豬油的紙包裝的新子彈，使用時要用牙咬開。這對伊斯蘭教和印度教士兵是莫大的侮辱（印度教視母牛為神，伊斯蘭教禁忌豬肉），引起了士兵們的強烈不滿，成為民族大起義的導火線。這年二月，駐巴拉克普爾的士兵首先發起了反英大起義。起義者同英國殖民當局派去鎮壓的軍隊進行了殊死搏鬥，但由於實力相差懸殊、上層封建王公動搖和叛變以及起義者的戰略戰術失誤等原因，起義軍先後被英軍鎮壓。英軍對起義者和印度人民進行了滅絕人性的屠殺。

印度反英大起義雖然失敗了，但它在印度歷史上佔有重要地位，它的歷史意義是重大而深遠的。

這是一幅繪製於1830年的圖畫，描繪了南印度拉賈坦古拉王乘坐在一個豪華的象頭轎上，而一個不列顛公使騎著棕紅色的馬緊隨其後，英國殖民統治已愈演愈烈。　▼

299

美國的領土擴張與西部開發

在北美，由於美國的領土擴張和西進運動，促使了資本主義的橫向發展。

美國獨立後，建立了資產階級和種植園奴隸主階級的聯合政府，資產階級希望獲得更多的工業原料和擴大商品市場，以促進資本主義的發展。奴隸主階級則希望獲取更多的土地，來擴充種植園奴隸制經濟。因此，獨立的美國很快開始實行對外擴張的政策。18世紀末19世紀初，美國利用歐洲國家同法國作戰、雙方均無暇顧及美洲的有利形勢，通過購買、武裝顛覆和發動戰爭等手段，奪取了交戰國家在美洲的大片土地。1803年，美國從法國手裡購得面積達二百多萬平方公里的路易斯安那，使美國的領土擴展到墨西哥灣。1810年，美國侵入西班牙所屬的佛羅里達西部，並於同年出兵侵佔佛羅里達東部，第二年出低價從西班牙手中強行購買了佛羅里

表現美西戰爭中美國 ▲
軍隊登陸古巴的繪畫

美國在大規模的西進運 ▲
動中，遇到了印第安部落
的強烈抵抗，經過一番長
期的鬥爭，終於將印第安
人趕出了他們的家園。

西進運動引發了淘金熱，
許多東部移民為了自己的
黃金夢而千里迢迢來到西
部，從而把資本主義的洪
流也進一步引向西部。 ▶

達半島。到了19世紀30年代，美國又發動侵略墨西哥的戰爭，將墨西哥的大片領土掠奪過來。1846年，美國又以戰爭相威脅，從英國手中取得俄勒岡地區的一部分土地。最後，美國又在1867年從俄國手中購得阿拉斯加。這樣，美國領土從大西洋沿岸延伸到了太平洋沿岸，佔了北美大陸的一半土地。

號召人民開發西部的 ▲
宣傳畫

美國領土擴張的同時，又興起了大規模的西進運動。一批批的東部移民像洪水似地湧入西部地區，一望無際的西部荒原逐步得到開發。最先的移民在西部開荒種地，建立起居民點，開始發展農業，他們所需的生產材料及日用工業品則完全依賴於東部，這就為東部資本主義工業擴大了國內市場。從另一方面講，西部新農業區的開闢，又為東部城市和工業人口提供了必需的糧食及原料。這種商品經濟的性質，使得西部農民從一開始就處於急劇的兩極分化之中。少數人成為富裕的農業資本家，多數貧苦農民則走向破產，不得不受雇於人，成為農業工人。農業資本主義沿著這條所謂的「美國式道路」在西部迅速發展起來了。西部墾殖區在原料、市場方面所擁有的得天獨厚的優勢，強烈地吸引著東部的資本主義工業逐步西移。從食品與木材加工、屠宰、罐頭等輕工業到煤炭、鋼鐵、農機製造等重工業都陸續向西部地區擴散。隨著西部工業的興起，西部移民的開拓能力也大大增強，使得西進洪流有可能向更荒僻的「遠西部」推進，從而把資本主義進一步引向西部邊遠地區，直至太平洋沿岸。

由塞繆爾·科爾曼畫的 ▲
反映西進運動的著名油畫

總而言之，美國的領土擴張和西進運動的過程，也就是資本主義在北美大陸的橫向發展過程。

西部鐵路幹線的開通，▲
大大加強了東西部之間的
聯繫，大量的西部資源被
運往東部，同時東部的工
業產品也被引入西部。

鐵血宰相俾斯麥像 ▲

國王威廉一世與參謀長 ▲
馮·毛奇在觀看軍事演習。

1821年一月威廉一世加 ▲
冕為德意志帝國的皇帝,
台階下著白衣者為俾斯
麥。

世界上下五千年

威廉一世統一德國

　　1861年,威廉一世繼承普魯士王位,他打算通過軍事改革實現德國統一。但是,他的改革計畫在議會下院遭到資產階級的強烈反對。為擺脫困境,威廉一世於1862年九月起用鐵腕人物俾斯麥做普魯士宰相。

　　俾斯麥(西元1815～1898年)出身於普魯士勃蘭登堡世家,早年是頑固的保守派,認為德國統一只是一種幻想。1851年,俾斯麥任普魯士駐德意志邦聯議會的全權代表後,他的政見發生了根本性的變化。他認識到德意志遲早會統一,順應這一潮流的最好方式是由普魯士掌握統一運動的領導權,從而能夠保證普魯士君主政體和容克的特殊地位。普魯士要統一德國,捨武力外別無他途。

　　依照俾斯麥的最初設想,要排除那些妨礙實現統一的各種干擾,普魯士首先必須要與奧地利在戰場上決戰。但是,在發動對奧戰爭之前,德意志與丹麥之間卻突然發生了領土糾紛。糾紛的起因是雙方就施列斯維希、霍爾斯坦兩個公國的歸屬問題發生了矛盾。這是兩個以德語為主要語言的公爵領地,後者還是德意志邦聯的成員。兩個公國在名義上歸丹麥國王所有。1863年丹麥國王宣佈將施列斯維希正式併入丹麥,此舉馬上引起德意志境內日爾曼人的反對,俾斯麥趁機挑起對丹麥的戰爭,並將奧地利作為「盟友」拉入戰爭。1864年二月,戰爭開始,丹麥很快戰敗。丹麥被迫簽訂和約,將兩公國交與普奧共管。稍後,普魯士佔領了施列斯維希,奧地利佔有了與自己的領土並不毗連的霍爾斯坦。

　　接著,俾斯麥開始精心準備對奧地利的戰爭。發動

戰爭前，俾斯麥除了得到俄、法中立的保證外，他還與剛建立的義大利王國的首相加富爾簽訂了同盟條約，使奧地利陷入外交上的孤立。在作了一系列外交安排後，俾斯麥藉口奧地利對霍爾斯坦管理無方挑起兩國的爭執，並導致1866年六月普奧戰爭爆發。戰爭持續了七個星期。七月三日，普軍在薩多瓦一場戰役中大敗奧軍。八月二十三日，普、奧簽訂了《布拉格條約》，條約規定施列斯維希和霍爾斯坦歸普魯士所有，奧地利承認「沒有奧地利帝國參加的新德意志組織」，並同意在萊茵河以北成立一個由普魯士領導的德意志聯邦。1876年，北德意志聯邦宣告成立。德意志統一運動由此邁出了關鍵性的一步。

德軍當時使用的輕型陣 ▲
地炮

　　但北德意志聯邦的成立並不意味著統一任務已經完成，因為南部仍有四個邦國置身於聯邦之外，而最大的阻力來自法國。拿破崙三世曾經許諾在普奧戰爭期間保持中立。他之所以許諾是因為他自作聰明地認為戰爭會持續很久，普、奧兩國實力會因此互相削弱，這將有利於法國擴大對中歐局勢的影響。然而，戰爭結果卻出乎他的意料。

法軍在色當決戰中慘敗 ▲
圖為德國繳獲的法軍炮陣

　　1870年七月，普法戰爭爆發。拿破崙三世親臨前線督戰。但是法軍並沒有作好充分的戰鬥準備，後勤供應又跟不上，而它所面對的又是一支經過改造以及多次炮火洗禮的歐洲勁旅，戰爭一開始便注定了法國失敗的命運。在色當決戰中，法國軍隊一敗塗地，拿破崙三世連同他的十多萬士兵都成了普軍的俘虜。

　　色當戰役後，普軍深入法國腹地，兵臨巴黎城下。在此期間，南德諸邦與北德意志聯邦已經合併，成立德意志帝國。1871年一月十八日，威廉一世在巴黎凡爾賽宮舉行加冕典禮，正式即位為德意志帝國的皇帝。至此，德國統一終於完成。

1848年的德國國民會議 ▲

這次會議體現了明顯的泛日耳曼主義，一些代表提出建立一個包括波西米亞、瑞士、荷蘭等國在內的大德意志。

日本明治維新

明治天皇像 ▲

19世紀中期日本民間
生活木版畫 ▲

　　1866年六月，幕府發動第二次討伐長州的戰爭。七月，德川家茂突然死亡，德川慶喜繼任將軍，以舉行家茂的葬禮為藉口退兵。1867年十月，薩摩、長州、安藝三藩武士在京都召開秘密會議，決定組織聯軍正式討伐幕府，並把討幕計畫秘密上奏天皇。十月十四日，天皇給薩、長兩藩頒發密詔，命令他們討伐幕府。德川慶喜見勢不妙，被迫提出了「奉還大政」的請求，表示要辭去將軍職位，還政天皇。至此，統治日本二百六十多年的德川幕府在名義上宣告結束。

　　1868年一月三日，明治天皇出面召開了有倒幕派皇族公卿、大名及下級武士參加的御前會議，頒佈「王政復古」詔書，宣佈廢除幕府制，組織成立新的中央政府。德川慶喜不甘心失敗，於1868年一月集合軍隊向京都進軍，結果在京都附近的鳥羽、伏見被以薩、長兩藩軍隊為主力的政府軍擊敗，四月，德川慶喜走投無路，被迫投降，政府軍進佔江戶，改名為東京，次年三月遷都東京。明治天皇宣佈了新政府的施政綱領——《五條誓文》，綱領表達了地主資產階級在政治、經濟、文化、外交等方面進行改革的願望和決心。接著，明治政府展開了全面的改革運動。

　　日本明治維新的主要內容是：

　　第一，實行「富國強兵」政策，建立中央集權制的國家機構。

　　第二，變革土地制度，進行地稅改革。

　　第三，貫徹「殖產興業」，大力扶植資本主義。

　　第四，大力提倡「文明開化」，實行教育改革。

明治維新是
一次以農民為主
力、以資產階級
同資產階級化下
級武士為聯盟、
以資產階級化下
級武士為領導的
資產階級革命，

明治維新大力提倡 ▲
「文明開化」，學習西方。
圖為東京音樂學院的學生
穿戴上歐洲服飾在舉行一
場西洋音樂會。

推翻了幕府的封建統治，建立了地主資產階級聯盟的中
央集權國家，開拓了日本資本主義經濟的發展道路，成
為日本從封建社會進入資本主義社會的轉捩點。在人民
群眾的推動下，明治政府實行了一系列資產階級性質的
改革，加速了資本主義的發展，進而擺脫了淪為殖民地
的危機。但是，由於資產階級的軟弱性和其尚未形成獨
立的政治力量，明治維新的領導權掌握在代表地主資產
階級利益的武士集團手中，因而使這次革命進行得很不
徹底。

　　明治維新後，國家
的政治、經濟等方面仍
然存在著大量的封建因
素。農民的土地問題沒
有得到徹底解決，地主
階級始終在政治中佔主
導地位。這使地主資產
階級專政從一開始就具
有對內殘酷鎮壓人民、
對外大肆侵略擴張的性
質，為後來日本走上軍
國主義的道路埋下了伏
筆。

這四幅畫反映了明治維新
之前社會的四個等級：最
高的是武士，其次是農
民，然後是工匠，而所有
等級中地位最低的則是商
人。明治維新實行資本主
義性質的改革，大大提高
了商人的地位。 ▼

世界上下五千年

305

巴黎公社

▲ 巴黎公社的社員期望復
甦1789年法國大革命精
神,被視為帝國象徵的身
披羅馬長袍的拿破崙·波
拿巴的塑像被推翻。

梯也爾像　　　　　▲

▲ 巴黎公社的一名女性
領導人

馬克思主義自19世紀40年代誕生後,在各國工人階級中廣泛傳播,影響也越來越大,無產階級的革命鬥爭也由自發的鬥爭發展為自覺的鬥爭。19世紀後半期,國際無產階級革命運動日益走向成熟。國際團結得到加強,工人運動愈來愈具有國際性的特點,出現了國際無產階級的群眾性組織——第一國際和第二國際。

巴黎公社革命是19世紀以來國際工人運動的重大成就,是法蘭西第二帝國後期階級矛盾和民族矛盾爆發的結果。首先,巴黎公社革命是法國階級矛盾和階級鬥爭的必然結果。帝國末期,無產階級的反抗鬥爭日益高漲,蒲魯東的小資產階級社會主義、布朗基的空想共產主義思想得到廣泛傳播,還有一些人受馬克思主義影響,認識到奪取政權的重要性。廣大農民、小資產階級民主派和資產階級共和派對帝國政府的不滿情緒也日益增長。60年代後期的經濟危機進一步激化了階級矛盾。其次,巴黎公社革命是在法國面臨嚴重的民族危機的情況下爆發的。拿破崙三世在1870年七月的普法戰爭中遭受慘敗,法軍主力連同拿破崙三世都做了俘虜,這就加速了帝國的崩潰。在這種情況下,九月四日巴黎爆發革命,推翻了帝制,建立了共和制的資產階級臨時政府,即法蘭西第三共和國。此後,普軍繼續進攻法國,並於九月十九日包圍了巴黎。臨時政府雖然聲明要抗戰到底,可實際上卻成了向普軍乞和投降的「賣國政府」。1871年二月,梯也爾新政府同德國簽訂了《法蘭克福和約》,法國向德國賠款、割地。在嚴重的民族危機面前,巴黎無產階級建立了一百九十四個營的國民自衛

軍，既而成立了各區警備委員會及其中央機構，代替二十區中央委員會。1871年三月十八日，中央委員會領導巴黎無產階級發動武裝起義，很快佔領了巴黎，梯也爾政府逃到凡爾賽。三月二十六日，巴黎人民選舉產生了公社委員會。三月二十八日，在市政廳廣場隆重舉行了巴黎公社成立大會，歷史上第一個無產階級的政權誕生了。

五月流血週中的巴黎　▲

　　梯也爾政府逃到凡爾賽後，組織起反革命武裝，並於四月二日對公社發動進攻。第二天，公社兵分三路進攻凡爾賽，結果失敗。五月二十日，凡爾賽對巴黎發動總攻。二十一日，攻陷聖克盧門和附近的堡壘，凡爾賽軍進入巴黎。公社戰士在公社委員會領導下同敵人進行了頑強的巷戰，開始了歷史上有名的「五月流血週」。五月二十三日，公社戰略據點蒙馬特爾高地失守。二十四日，市中心被佔領。二十七日，守衛在拉雪茲神甫公墓的二百名戰士同五千名凡爾賽軍展開了殊死的搏鬥，最後彈盡糧絕，全部壯烈犧牲。二十八日，凡爾賽軍佔領了整個巴黎，存在七十二天的巴黎公社失敗了。

公社失敗後的巴黎一派　▲
破敗的景象

　　巴黎公社雖然失敗，但它的偉大歷史功績是不可磨滅的。巴黎公社是無產階級民主的第一次嘗試，是歷史上第一個無產階級的國家政權，為後來的無產階級革命提供了極其寶貴的歷史經驗和教訓。

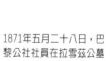

1871年五月二十八日，巴黎公社社員在拉雪茲公墓英勇就義。　▼

第一國際

馬克思像　▲

　　19世紀60年代，隨著大工業的發展，資本主義社會的基本矛盾日益暴露出來，無產階級反對資產階級的鬥爭也逐日高漲。50、60年代，馬克思出版了《政治經濟學批判》一書。1860年起，又開始撰寫《資本論》，深入探討資本主義社會的發展規律。在這一時期，英國憲章派左翼領袖哈尼、瓊斯，德國的流亡革命家威廉‧李卜克內西等都得到馬克思、恩格斯的幫助和支持。這樣，馬克思主義不僅在思想上與工人階級相結合，而且在領導力量上為建立新的無產階級國際組織準備了條件。

　　1864年九月二十八日，英、法、德、義、波等國近二千名工人代表在英國倫敦聖馬丁教堂召開了聲援波蘭人民起義的國際性工人大會。大會決定成立國際工人組織，並選出臨時中央委員會（總委員會將組織定名為「國際工人協會」，簡稱「國際」。第二國際成立後，被稱為「第一國際」）。會上，英國工聯領導人奧哲爾當

恩格斯像　▲

馬克思與恩格斯對第一國際的成立起了重要的指導作用。　▶

308

選為主席，馬克思任德國通訊書記。但實際上，馬克思一直被公認為是國際的領袖。

第一國際成立後，積極在各國建立支部，把歐美各地的工人團體團結爭取到國際中來。到1866年九月，就已建立了二十多個支部。第一國際對英國、法國、比利時、瑞士等國工人的罷工鬥爭都給予了積極的聲援和支持，並使許多次罷工取得勝利。

第一國際的前期（西元1864～1869年）工作主要是反對蒲魯東主義。蒲魯東主義是一種小資產階級社會主義，表達了遭受破產威脅的手工業者和小生產者的願望和要求。蒲魯東主義者主張通過組建互助合作協會和「國民銀行」，建立一種介於資本主義和共產主義之間的小生產者的私有制社會。對此，第一國際在馬克思的指導下，在1869年九月前的四次代表大會上，與蒲魯東主義者展開了激烈的鬥爭，使之最後分化瓦解。

第一國際後期（西元1869～1876年）主要進行了反對巴枯寧主義的鬥爭。巴枯寧是一個極端的無政府主義者，他反對任何權威、任何國家和政府，反對無產階級進行政治鬥爭，反對無產階級政黨和無產階級專政，主張建立一個沒有任何權威、沒有國家的絕對自由的「無政府狀態」的社會。在1869年第一國際巴塞爾第四次代表大會上，馬克思主義者同巴枯寧分子在繼承權問題上進行了堅決的鬥爭，巴枯寧篡奪國際領導權和篡改國際宗旨的陰謀遭到了失敗。

巴黎公社失敗以後，歐洲各國資產階級政府對國際進行了瘋狂的迫害，巴枯寧分子也乘機加緊分裂國際的活動，國際的處境更加困難。1872年九月，國際在海牙召開代表大會，把巴枯寧及其追隨者開除出國際，並決定將總委員會遷往美國。1876年七月，第一國際在美國費城舉行了最後一次代表大會，宣佈解散。

蒲魯東像 ▲

19世紀60年代英國磚窯工人在勞動。 ▲

資本主義工業獲得發展，工人們的生存環境卻更加惡化。 ▲

三皇同盟確立歐洲新格局

普法戰爭結束後，德國通過《法蘭克福和約》對法國進行大肆掠奪，在經濟和軍事上削弱法國的勢力，以阻止法國復興；在外交上，俾斯麥積極拉攏英、俄、奧，孤立法國，確保德國在歐洲的地位。而法國雖然在戰後大傷元氣，但它並不甘心忍受割地賠款的恥辱。為了重振國力，恢復往日的霸主地位，法國政府也展開了積極的外交活動，尋找盟友，與德國抗衡。法國的活動令俾斯麥十分不安，他一方面積極準備對法國發動新的戰爭，另一方面加緊改善與俄、奧兩國的關係。

當時，俄國正同英國爭奪在西亞和中亞地區的利益，感到有必要改善同德國的關係，以加強自己在英、俄對抗中的地位。奧匈帝國在巴爾幹地區同俄國有著很深的矛盾，它懼怕德、俄聯手會威脅到它在巴爾幹的利益，因此，決定搶在俄國的前面與德國改善關係。1871年八月至九月間，德、奧兩國君主頻頻會晤，商談結盟

奧匈帝國皇帝 ▲
弗蘭茨·約瑟夫像

奧地利皇族與外國顯要 ▲
們在1873年維也納博覽會
上。

19世紀末葉的柏林實景圖
▶

反映19世紀中後期俄國 ▲
人民苦難生活的著名油畫
《伏爾加河上的縴夫》

事宜。俄國不願看到自己的西鄰中出現一個反俄同盟，為了拆散德、奧結盟，它必須設法拉攏奧國，奧國也有意利用俄國來牽制德國。

在此情況下，俄皇決定去德國同正在德國訪問的奧皇會面，而這一切正合德國的想法。於是，俾斯麥正式向俄皇發出邀請，謀畫建立三國同盟，實現他孤立法國的外交戰略。1872年九月，三國皇帝在柏林會見，就三國間有關問題進行磋商和協調。第二年十月，三國皇帝在維也納正式締結協定，即所謂的「三皇同盟」。協定規定：當它們之間發生利益衝突時，「要進行磋商」，以便消除分歧；當締約一方受到他國侵犯時，三國應互相協助，採取共同行動。「三皇同盟」雖然是君主之間達成的協定，具有舊時「神聖同盟」的色彩，但這個新神聖同盟更多的是利益上的相互利用；另外，它已不再體現歐洲大國的均勢，而是完全以德國為核心。

「三皇同盟」的締結開了歐洲政治集團的先河，是歐洲新格局的開端。

德國皇帝威廉一世像 ▲

近東危機

「近東危機」時期的 ▲
局勢圖

1878年柏林,俄、奧、
英、德、法等國的元首簽
定《柏林條約》。 ▼

近東危機發生在1875～1878年間。

1875年七月,巴爾幹半島的黑塞哥
維那和波士尼亞的斯拉夫民族發起了反
對土耳其奧斯曼帝國統治的起義。

俄國在巴爾幹和黑海海峽有著巨大
的利益,它企圖利用與巴爾幹的斯拉夫
人同宗同族的特殊關係,在「泛斯拉夫
主義」的口號下,以支持巴爾幹人民反
土鬥爭為藉口,想實現自己在克里米亞
戰爭中嚴重受挫的擴張計畫。

1875年八月,俄國外交大臣哥爾查科夫向奧國建議
給波黑自治權,遭到奧國的拒絕。

此時,保加利亞也爆發了反土起義,巴爾幹局勢又
趨緊張。六月底,已獲得自治地位的塞爾維亞和門的內
哥羅向土耳其宣戰。俄奧為協調局勢,於七月八日在捷
克的萊希斯塔特會談,並達成口頭協定:若土耳其獲

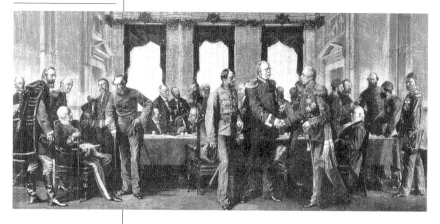

勝，則不協助其成立大斯拉夫國家。顯然俄國作出了讓步。

　　1877年四月二十四日，俄國對土宣戰，俄土戰爭爆發。俄軍很快攻入土耳其本土，並於第二年一月二十日佔領亞得里亞那堡，直逼土耳其首都君士坦丁堡。奧匈帝國這時則擔心俄國獨佔巴爾幹，也改變立場，反對俄軍進一步擴大戰果。俄國迫於形勢只好停止軍事行為。1878年三月三日，俄土雙方在君士坦丁堡附近的聖斯特法諾簽訂和約。

　　《聖斯特法諾和約》引起各國的反對，俄國陷於孤立，被迫讓步。1878年六月十三日，在德國的建議下，俄、奧、英、德、法、義、土以及巴爾幹各國代表在柏林集會，經過一個月的激烈爭吵，於七月十三日簽訂《柏林條約》，取代原來的俄土《聖斯特法諾和約》。《柏林條約》仍承認塞爾維亞、門的內哥羅、羅馬尼亞的獨立，承認俄國對土耳其和羅馬尼亞部分領土的兼併；保加利亞的疆域被縮小到巴爾幹山脈以北，山南的東魯米利亞作為奧斯曼帝國的自治省，弗拉加和馬其頓仍劃歸土耳其所有；奧匈帝國佔有波黑（名義上仍附屬於土耳其）；英國從土耳其手中得到了塞浦路斯島。

　　柏林會議暫時解除了「近東危機」。但是，巴爾幹各族人民民族解放的要求還沒有徹底解決，土耳其的民族奴役還沒有根除，而一些地區，如保加利亞，在「沙皇式解放」以後又淪為「俄國的附庸」。近東危機進一步加深了列強之間的矛盾，俄國同德、奧的關係更加惡化，而德奧關係則日益密切，「三皇同盟」走向分裂。

19世紀後半葉的俄羅斯▲在軍事擴張上不遺餘力，圖為駐守莫斯科的兵士在練兵。

俾斯麥統治德國政壇近▲三十年之久，是他一手促成了《柏林條約》的簽定。

俄土戰爭爆發，戰火蔓▲延到土耳其的山區。

埃及阿拉比領導的抗英鬥爭

阿拉比像 ▲

埃及的卡納克巨形石柱，上面刻有埃及的楔形文字。 ▼

修築蘇伊士運河的工程極大地增加了埃及的財政負擔，再加上其他開支，到1876年，埃及外債已達九千一百萬英鎊，僅付債

1882年九月十三日，英軍在開 ▲
羅城外與埃軍作戰。

息每年就耗去年財政收入的三分之二。因此，埃及政府宣告財政破產，停償債務。英、法以此為由，對埃及財政實行了共同監管。

1878年十月，英、法又直接參加了埃及內閣，操縱了埃及的行政大權。在反對「歐洲人內閣」的鬥爭中，埃及出現了第一個資產階級政黨——祖國黨。該黨由愛國軍官和知識分子組成，領袖是埃及軍官阿拉比。祖國黨以保衛民族獨立、

埃及的哈希蘇特女王陵墓實景圖 ▲

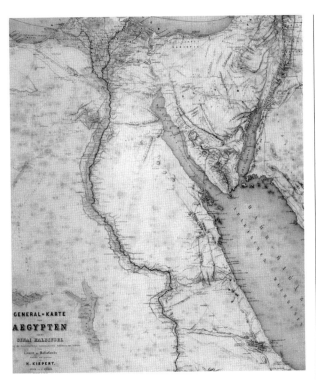

GENERAL=KARTE
von
AEGYPTEN
von
SINAI HALBINSEL

H. KIEPERT.

19世紀後半葉德國人繪製
的埃及地圖，當時蘇伊士
運河尚未完工。 ◀

連通紅海與地中海的蘇 ▲
伊士運河挖掘工地。

實行憲政制度為宗旨展開鬥爭。

　　1881年九月，土耳其總督杜非克企圖把具有愛國情
緒的駐軍調離開羅，阿拉比立即率軍起義，迫使杜非克
改組內閣。1882年，祖國黨內閣成立，阿拉比任陸軍部
長。七月，英軍炮轟並佔領了亞歷山大港，杜非克投
降。此後，阿拉比領導埃及人
民同英軍進行了艱苦的戰爭。
由於上層封建集團的叛變以及
阿拉比軍事上的失誤，開羅於
九月十四日陷落，阿拉比兵敗
被俘。1883年，英國派貝林為
駐埃及總督。從此，埃及淪為
英國的半殖民地國家。

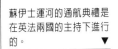

蘇伊士運河的通航典禮是
在英法兩國的主持下進行
的。 ▼

315

德奧同盟和三國同盟的形成

俾斯麥縱橫捭闔,在歐 ▲
洲爭霸中風雲一時。

1875年,德法戰爭危機和1875～1878年巴爾幹事件使歐洲的根本矛盾顯現出來,以德、奧為一方,以俄、法為另一方的陣線劃分已經明朗化。1878年,「三皇同盟」不再繼續。在這以後,俾斯麥開始同奧國進行外交活動,商談以德、奧同盟來填補因「三皇同盟」解體而造成的歐洲政治真空。

德國建議兩國締結一項既針對俄國又針對法國的盟約,而奧國僅同意與德國締結反俄協定,俾斯麥最後作出了讓步。1879年十月七日,德、奧在維也納簽訂了秘密軍事同盟條約。盟約規定:如果締約一方受到俄國的攻擊,另一方則有義務傾全部兵力去援助;如果締約一方遭到俄國以外的國家的攻擊,只要沒有俄國介入,另一方則保持中立;如攻擊國得到俄國支持,另一方則應全力支援。實際上德奧同盟構成了歐洲一個軍事集團的基礎。

然而,德國對德奧同盟並不滿意,它的心腹之患是法國,俾斯麥的目標是構築針對法國的同盟體系。因此,他又採取兩個措施來補充和修正德奧同盟的欠缺。

1884年柏林街頭,電燈 ▲
的使用使城市夜晚一片通亮。

首先是緩和與俄國的緊張關係,阻止俄、法接近。當時俄國也有意以德國來

結成同盟的三國君主畫像
▶

位於巴黎以沙俄亞歷山大三世的名字命名的大橋，成為19世紀後半葉俄、法關係密切的歷史見證。◀

德國建築工業在19世紀 ▲
末發展很快。

抵制英國，並通過德國對奧國施加壓力，使俄國在巴爾幹問題上獲益。1881年六月十八日，德、俄、奧三國在柏林再次簽訂《三皇同盟條約》。與1873年的「三皇同盟」相比，新的同盟僅是一個中立協定。協定規定：締約一方與其他國家交戰時，締約另兩方保持中立；遵守禁止各國軍艦通過海峽的原則；保證奧國有合併波士尼亞等地的權利。這一盟約使俄國從中直接獲利，在外交上為抵禦英國的進攻設置了一道屏障。德國則通過與俄國緩和關係，可以無後顧之憂地開展反對法國的活動。

　　第二是締結反法同盟。1881年，法國佔領突尼斯，引起法國和義大利的矛盾。經俾斯麥的拉攏，義大利於1882年五月二十日與德、奧簽訂《三國同盟條約》。條約規定：如義大利遭到法國攻擊，德、奧要「全力支援」；如德國遭到法國攻擊，義大利則給以支援，奧保持中立，並盡全力阻止俄國參加法國一方作戰；任何一個締約國若遭到兩個或兩個以上國家的攻擊，其他兩個締約國均應參戰，但若僅遭到除法國以外的一個國家的攻擊，則其他兩締約國保持中立。1883年，羅馬尼亞也加入了三國同盟。三國同盟的建立標誌著以德國為盟主的一個帝國主義軍事集團最終形成了。

德國戰爭機器的開動，▲
直接依靠著這個國家在19
世紀飛速發展的工業。

剛果之爭

1876年，在比利時國王的建議下，在布魯塞爾召開了國際地理學會議，以勘察和開發剛果河流域的問題作為討論議題。會後，比利時派出探險隊赴剛果考察。1883年，探險隊以比王的名義迫使剛果河下游各酋長簽訂聯合條約，將這一地區的領土轉到比王的統治之下。然而法國不願看到比利時獨霸剛果，於是組織遠征軍深入非洲腹地，他們於1884年到達剛果河下游北岸，取得了該地的保護權。與此同時，已佔據安哥拉的葡萄牙在英國的支持下，也對剛果提出要求。然而，葡萄牙的要求遭到了法國的強烈反對。這樣一來，圍繞剛果問題展開的鬥爭表面上是比、法、葡三國的矛盾，實質上是英法兩強國在殖民地問題上發生的尖銳矛盾。1884年十一月十五日至1885年二月二十六日，為解決剛果問題，在柏林召開了國際會議，出席會議的有英、法、葡、義、德、比、俄、西、美等十五國代表。會上，法國同英國展開激烈爭吵，而德國為同英國爭奪南非，在會上同法國站在一起。最後英、葡退出對剛果的爭奪，會議承認了比利時在剛果的統治權。

▲ 不列顛最無羞恥的帝國殖民者塞西爾‧羅得斯夢想將所有非洲版圖踏在腳下。

▲ 歐洲殖民者侵略非洲大陸時所使用的輕型單管槍

19世紀中葉法國的露天礦場，隨著工業的進一步發展，法國的殖民野心愈發膨脹。▶

表現歐洲人奴役非洲人民的版畫 ▲

法國探險者皮埃爾‧布拉柴 ▲
伯爵在剛果河北部的大片地區
進行勘探，為法國殖民者的入
侵做準備。

這幅反映歐洲殖民者在佈滿非洲部落人屍體的草場上 ▲
疾行的油畫，將殖民者殘暴的嘴臉表露無遺。

泛美同盟

拉丁美洲是美國經濟的 ▲
命脈所在，以電力運輸為
例，大量的原料資源來自
於拉丁美洲各國。

19世紀60、70年代，英國
生產的沙丁魚罐頭被大量
傾銷到拉丁美洲地區。 ▲

巴拿馬運河自開通之日
起，美國人就取得控制
權，由此鞏固了自己在拉
丁美洲霸主地位。這可以
作為美國在拉丁美洲擴張
的典型例子。 ▶

長期以來，英國控制著拉丁美洲的經濟命脈。英國主要是透過貿易、貸款和投資等方式，向拉丁美洲各國進行經濟滲透活動，然後攫取各種特權，尤其是60年代法國勢力從拉丁美洲撤出後，英國加強了對拉丁美洲的投資，這些資金大多用於修建鐵路和港口、開闢輪船航線、收購土地、開發礦山等等。透過這些方式，英國資本逐漸控制了拉丁美洲各國的農副產品加工業、採礦業以及公路、鐵路和港口等。1870年，英國對拉丁美洲投資總額為八千五百萬英鎊，到第一次世界大戰前夕上升為十億英鎊，成為拉丁美洲的主要投資者和債主。

美國是英國在拉丁美洲的主要競爭對手。美國在拉丁美洲的戰略是將它構築在「門羅主義」保護下的由美國領導的美洲體系，以此把拉丁美洲變成美國獨霸的勢力範圍。美國內戰結束後，國內的壟斷資本佔據統治地位，使得尋找海外貿易和投資市場成為迫切的要求。1873年，美國發生經濟危機，為了度過危機，美國各地開始氾濫向海外擴張的思潮，向海外擴張的目標中就包括拉丁美洲在內。

1889年十月二日至1890年四月十九日，美國邀集拉丁美洲各國在華盛頓召開泛美會議。當時美國對拉丁美洲的貿易由於受到英國的排擠而出現逆差。因此，擴大美國在拉丁美洲的市場和維持有利於美

國的貿易平衡，成為美國召開這次會議的主要目標。另外，從長遠看，美國想打出泛美主義的旗幟，把拉丁美洲各國操縱在美國手裡。會議的中心議題是建立美洲關稅聯盟和美洲仲裁法庭。由於拉丁美洲各國對美國懷有戒心，上述兩項議題未能通過。會後，成立了「美洲共和國國際聯盟」（後改稱「泛美同盟」），由美國國務卿任永久主席。從此，美國以泛美主義為武器，向拉丁美洲進行政治干涉和經濟滲透活動。

1886年十月，約一百公尺高的自由女神像在人們的歡呼聲中屹立於紐約港內，它象徵了美國式的民主自由，也象徵了美國式霸權的進一步確立。

法俄協約的締結

德皇威廉二世肖像，完成於1890年，就在這一年，他迫使俾斯麥辭職。

1890年三月，俾斯麥辭職後，德皇威廉二世放棄了俾斯麥的拉攏俄國以孤立法國的策略，結果把俄國推向了法國的懷抱。

法、俄兩國在政治上有著共同的利益，他們都害怕德國勢力過於強大，法國希望在德法戰爭中能夠得到俄國在東線的支援，而俄國也希望法國能策應它同奧國爭奪巴爾幹。兩國在經濟上往來也日益密切。自1888年以來，法國連續向俄國提供貸款，到1889年底，俄已欠法國貸款達二十六億法郎，而此時德國卻拒絕向俄提供任何貸款。這樣，俄國在財政上對法國的依賴加深了。

1890年七月，德、英簽訂《赫爾果蘭條約》，在東非問題上達成妥協。這個條約使法國感到孤立，於是加速了同俄結盟的步伐。1891年五月，德、奧、義第三次續訂三國同盟。六月，義大利首相在宣佈三國同盟續訂的消息時，提到英、義、奧的《地中海協定》，法國因此懷疑英國也參加了三國同盟，於是決定採取外交行動。八月，法、俄以外交信函的形式，訂立了《政治協定》，確定在有可能受到攻擊的情況下，兩國應就形勢和所採取的措施「互致諒解」。第二年八月十七日，法、俄又簽訂了秘密的《軍事協定》。協定規定：如果奧國或義大利在德國支持下進攻法國，俄國應全力進攻德國；如果德國或奧國在德國支持下進攻俄國，法國應全力進攻德國；如果三國同盟國家動員其軍隊，法、俄兩國無需協商便立即動員其全部軍隊開赴邊境；法國用於對付德國的軍隊應為一百三十萬人，俄國用於對付德國的軍隊應為七十～八十萬人；雙方不得單獨媾和，不

俄國沙皇尼古拉二世與他的兒子亞力克塞

得洩露協定秘密；協定的有效期與三國同盟條約的有效期相同。

至此，歐洲出現了以德、奧、義為一方和以法、俄為另一方的兩個對立的集團，歐洲的兩大軍事集團互相對抗的格局初步形成了。

從1887～1889年，艾菲爾鐵塔慢慢升高，並最終成為巴黎乃至法國的象徵。◀▲

19世紀末的法國經濟持續發▲展，城市景象較為繁榮。

朝鮮甲午農民戰爭

19世紀初期朝鮮的首領 ▲
與侍者在一起。

19世紀70年代，日本將侵略的魔掌伸向了朝鮮。朝鮮政府在日本軍國主義的武力威脅之下，被迫和日本簽訂了所謂《朝日友好條約》，即《江華條約》。《江華條約》嚴重地破壞了朝鮮主權，朝鮮開始淪為日本的半殖民地。

在日本資本主義與本國封建主義的雙重殘酷壓榨下，朝鮮各地接連舉行反對日本侵略者和封建統治者的起義，八月下旬，在閔妃集團的請求下，清政府派遣軍隊鎮壓了起義，並拘捕了大院君，閔妃集團得以重新執政。

鴉片戰爭後，清朝政府在鄰國的威信逐漸下降。《江華條約》訂立後，朝鮮一部分貴族青年知識分子和官吏對歐洲和日本開始有所了解。他們覺察到清朝政府的腐敗無能，對清軍進駐朝鮮干涉內政深為不滿。

壬午兵變後，開化派發起的改良運動得到蓬勃發展，開化派和閔妃集團守舊派的鬥爭日益尖銳。日本侵略者利用朝鮮的民族矛盾，企圖在朝鮮建立親日政權，而開化派也正尋求日本政府的幫助。1884年（甲申年）十二月四日，開化派借慶祝郵政局落成的機會，與日本公使竹添進一郎共同策畫政變。開化派依靠日本軍隊，

反映中日朝鮮相爭 ▲
的漫畫

殺死守舊派的主要官員。並於第二天挾持國王，組成新政府，宣佈同清政府斷絕外交關係。六日

表現日本軍隊侵略朝鮮
的版畫 ▶

晨，新政府發表政治綱領，提出廢除門閥、革除冗官、懲處奸吏、四民平等、改革租稅、整編軍隊、限制國王和宮廷權力等條款，但由於缺乏具體措施，沒有得到人民群眾的支持。下午，清軍應閔妃集團的請求入宮，與日軍展開激戰。日本公使見形勢不利，率軍逃跑。洪英植等被清軍殺死，金玉均等亡命日本。至此，開化派舉行的甲申政變宣告失敗。

1893年，朝鮮發生大災荒，饑民遍野，百姓流離失所，而貪官污吏和土豪劣紳卻趁機壓榨人民。全羅道古阜郡守趙秉甲漠視人民疾苦，非法徵收水稅和雜捐。趙秉甲的殘暴行為激起農民極大的憤怒。1894年一月十五日，古阜、泰仁一帶一千餘農民在東學道首領全琫準領導下舉行起義。起義者攻佔古阜郡城，佔領武器庫，懲處貪官污吏，釋放囚犯，開倉分糧，燒毀土地文契，附近的村民紛紛回應。

1894年六月，清軍在牙山登陸。日本以清軍登陸為藉口，立刻派軍隊於七月六日在仁川登陸。七月二十三日，日軍佔領漢城後，立刻發動宮廷政變，組成了以金弘集為首的親日派政府。親日政府同日本簽訂了《朝日暫定合作條款》和《朝日攻守同盟條約》，宣佈驅逐清軍，把清政府在朝鮮的一切許可權「委託」給日本。七月二十五日，日本對中國不宣而戰，中日甲午戰爭爆發。此後，起義軍的鬥爭鋒芒轉向日本侵略者。九月末，在全羅道集結的起義軍達十餘萬人，士氣極為振奮。義軍準備北進，直取漢城，驅逐日軍，推翻傀儡政府。

然而，在這一關鍵的時刻，起義軍領導集團卻發生了分裂。十月間，起義軍進入忠清道首府公州，先頭部隊接近漢城。經過六天激戰，最後起義軍失敗。十一月下旬，在論山戰役中，起義軍與敵人血戰十一天，因力量對比懸殊，又遭到了嚴重損失，被迫分散成小股部隊轉戰於全羅道和忠清道。

全琫準率領一部分軍隊轉戰到全羅道淳昌一帶，準備重新集結力量繼續戰鬥。但由於叛徒告密而被俘。1895年三月十一日全琫準慷慨就義。威震全國的甲午農民戰爭在日本侵略者及其走狗聯合鎮壓下以失敗告終。

1836年掌權的興宣大院君是 ▲ 李氏王朝第二十六代國王高宗李熙的父親。

越南抗法鬥爭

1802年，越南建立了阮氏王朝。阮氏王朝為了鞏固封建統治，加強中央集權，把全國分為南、北、中三圻，定都順化；任命武官為地方長官，對農民起義較多的地區和戰略要地都駐兵鎮守，並以嚴酷的刑律統治人民。由於阮氏王朝派往各地的官吏大肆欺壓、掠奪人民，所以從阮氏王朝初建時起，人民起義就不斷發生。到19世紀中葉，阮氏王朝的封建統治已面臨嚴重的危機。

在這種背景下，法國殖民者加快了侵略越南的步伐。19世紀40年代，法國不斷派炮艦侵犯南圻的土倫、西貢等地。1860年底，法國又一次派兵進攻南圻。1861年春，法國侵略軍佔領了定祥、嘉定、邊和三省。儘管南圻人民奮起抗戰，但阮氏王朝竟採取屈膝投降的政策，於1862年同法國簽訂了喪權辱國的第一次《西貢條約》。條約規定割讓嘉定、邊和、定祥和崑崙島給法國；開放土倫、巴叻、廣安三港為商埠；越南必須通過法國才能與其他國家辦理交涉等。從此，法國開始控制越南的內政外交，《西貢條約》標誌著越南淪為法國殖民地的開端。

越南順化皇城中的太和殿 ▲

越南順化城中的宮殿 ▲

清人畫筆下的越南人 ▼

1874年，法國又以武力強迫越南簽訂第二次《西貢條約》。這次條約的簽訂是法國侵佔整個越南的一個很重要的步驟。1883年八月，法國殖民者又迫使阮氏王朝簽訂《順化條約》，確定法國對越南的保護權。1885年中法戰爭結束後，清政府在同法國簽訂的《天津條約》中，承認了法國對越南的統治。至此，越南完全淪為法國的殖民地。

為了鞏固它在越南的殖民統治，法國採取「分而治之」的政策，在南、中、北圻分別建立了不同形式的殖民統治制度，南圻劃為「直轄領地」，廢除原有機構，由法國總督直接統治。

在加強政治統治的同時，法國殖民者在經濟上也對越南人民加緊了殘酷的掠奪與剝削，其主要方式是掠奪土地、徵收重稅等等。處於水深火熱中的越南人民接連掀起反法鬥爭。勤王運動和農民游擊戰爭是這個時期抗法鬥爭的主要內容。

1885年七月，阮氏王朝大臣尊室說在順化發動起義，襲擊法國侵略軍。咸宜帝號召「文紳」勤王，史稱「勤王運動」。1885～1896年，各地愛國文紳和封建官吏紛紛回應，從北圻的興安、清化到中圻的廣治、平定，勤王起義持續不斷，沉重地打擊了法國侵略者，直到19世紀末，起義才被法國鎮壓下去。勤王運動雖然是封建士大夫階層領導的民族運動，但它是20世紀初越南資產階級民族民主運動的先聲。

法國殖民總督與越南傀儡領導在一起。 ▲

番鬼托樑──越南人民痛恨法國殖民侵略者，把他們鑄成此狀壓在房樑之下。 ▼

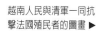
越南人民與清軍一同抗擊法國殖民者的圖畫 ▶

美西戰爭

1898年，集結在佛羅里達州坦帕灣的美國軍隊準備乘船前往古巴。▲

美軍正在猛攻被困在孤島上的西班牙軍隊。▼

美國壟斷統治集團是發動重新瓜分世界戰爭的罪魁禍首。19世紀末，美國的工業產品的產量已大大超過國內需求，這就注定美國要去爭奪世界領土。但是，當美國登上了爭奪殖民地的舞臺時，世界領土已基本上瓜分完畢。美國壟斷資本家便決定首先向老朽的殖民帝國西班牙開刀，奪取西班牙在拉丁美洲和亞洲最後兩塊較大的殖民地——古巴和菲律賓。

對美國來說，這兩個地方不僅可作為市場和投資場所，還可以作為通往拉丁美洲、進一步侵略中國及遠東的戰略據點。當1895年古巴人民再次掀起獨立戰爭、1896年菲律賓爆發革命時，美國趁機發動了對西班牙的戰爭。

1898年一月，美
國藉口「保護僑民」
的安全，派戰艦「緬
因」號駛往哈瓦
那。二十五日，該艦突然
爆炸，美國以此事為
藉口，對西班牙宣
戰。美國利用它的海
軍優勢，於五月和七
月先後在菲律賓和古
巴重創西班牙艦隊。

在美西戰爭中，美國以 ▲
其強大的海軍力量在馬尼
拉灣重創西班牙艦隊。

十二月，美、西在巴黎簽訂和約，和約規定：西班牙放
棄古巴的主權，西班牙撤軍後古巴由美軍佔領；菲律
賓、波多黎各、關島讓給美國；美國付給西班牙二千萬
美元作為「補償」。這個條約是一個重新分割世界的條
約，是對菲律賓和古巴主權的粗暴踐踏。美西戰爭是帝
國主義重新瓜分殖民地的第一次戰爭。美國從此作為一
個帝國主義大國，登上了爭霸世界的舞臺。

美國總統威廉‧麥金利 ▲
所奉行的「帝國主義政
策」，使美國迅速膨脹為
世界級的強國。

1898年七月美軍佔領聖胡
安山，西班牙人已沒有更
多的力量進行反抗。 ◄

菲律賓革命

菲律賓於1565年淪為西班牙的殖民地。19世紀中期，菲律賓開始捲入世界市場，成為歐美列強的商品銷售市場和原料產地。隨著社會經濟的發展，菲律賓的社會階級結構發生了變化。19世紀60、70年代，菲律賓民族資產階級開始形成。

菲律賓的無產階級早於本國資產階級出現。菲律賓在外國資本家經營的工廠和企業中出現了第一批工人階級隊伍，新興的菲律賓無產階級站在民族解放運動的最前列。1892年七月，以安德烈·旁尼發佐為首的資產階級激進派不滿黎薩等人的改良主義立場，在馬尼拉創立秘密團體「卡蒂普南」（即人民兒女最高尚的、最尊貴的聯合）。1896年八月，卡蒂普南的組織和作戰計畫被殖民當局獲悉，殖民當局立即搜捕和屠殺革命者。在此緊急情況下，旁尼發佐作出了提前起義的決定。八月二十四日，旁尼發佐在馬尼拉近郊的巴林塔瓦克鎮發出了武裝起義的號召，馬上得到了各地卡蒂普南的回應和人民群眾的熱烈支持。從呂宋島到蘇祿群島，革命烈火燃燒起來，成千上萬的手持刀矛棍棒的農民、手工業者紛紛集結到旁尼發佐身邊，形成一支

傳統的菲律賓人以種植稻米為生，自給自足地過日子。

聖瑪麗亞的阿斯姆史奧教堂是菲律賓最重要的古蹟之一。

首都馬尼拉的海濱落日 ▼

強大的革命軍。起義者迅速解放了廣大鄉村和城市，卡蒂普南在許多地方奪取了政權。

1897年三月二十三日，卡蒂普南在特黑洛斯召開大會，阿奎那多控制了大會局面，大會作出成立新政府代替卡蒂普南的決定，並選舉阿奎那多為新政府總統。會後，旁尼發佐宣佈不承認這次選舉和會上所作的任何決議。阿奎那多便以陰謀推翻合法總統的名義綁架並殺害了旁尼發佐。

旁尼發佐被殺和卡蒂普南組織遭到破壞，使革命力量遭受了嚴重損失。正值此時，西班牙總督里維爾率領軍隊向革命軍隊反撲，同時又許一些「諾言」，引誘阿奎那多投降。阿奎那多在西班牙殖民者的威脅利誘之下向敵人投降。1897年十一月十八日，阿奎那多的代表和里維爾在比阿克納巴多簽訂條約。阿奎那多在十二月十六日發表宣言，宣佈立即停止軍事行動，新政府自動解散。

阿奎那多雖然投降了，但菲律賓革命並沒有停止，呂宋島的許多省分仍控制在革命軍手中。

1898年四月，美西戰爭爆發。美國一面派軍艦到馬尼拉灣；一面派領事和軍事特使與阿奎那多進行秘密談判，謊稱支持菲律賓人民反對西班牙的民族獨立戰爭。五月一日，美國海軍在馬尼拉灣大敗西班牙艦隊。五月末，阿奎那多乘美國軍艦回到菲律賓。六月十二日（今菲律賓國慶日），阿奎那多在甲米地發表獨立宣言，成立了革命政府。在獨立宣言的鼓舞下，菲律賓革命軍連連告捷。到八月，除馬尼拉和南部某些地區外，幾乎全部領土都擺脫了西班牙的統治。1898年九月十五日，菲律賓召開革命議會，制訂了憲法。1899年一月，議會正式宣告菲律賓共和國成立，阿奎那多任總統。菲律賓共和國的成立，標誌著西班牙在菲律賓三百多年的殖民統治結束。

正當菲律賓人民反對西班牙的革命鬥爭取得了決定性勝利的關鍵時刻，美帝國主義撕去了「盟友」的假面具，強行佔領了馬尼拉。美、西私下在巴黎簽訂和約，西班牙將菲律賓「轉讓」給美國。美國以二千萬美元的代價從西班牙手中取得了控制菲律賓的大權。

1899年二月四日，美國侵略軍向駐在馬尼拉附近的菲律賓革命軍發動突然襲擊。二月五日，菲律賓共和國正式向美國宣戰。由於叛徒的出賣，菲律賓人民的抗美戰爭最後以失敗告終，菲律賓淪為美國的殖民地。

英俄在西亞、中亞的爭奪

　　伊朗在俄國奪取南亞的戰略中居於重要地位,而英國要想鞏固其在印度洋的霸權,也必須據有伊朗,英、俄兩國的利益在西亞發生碰撞,鬥爭十分激烈。英、俄的鬥爭主要是圍繞擴大各自在伊朗的經濟利益的問題上。

　　到19世紀末,英、俄兩國在伊朗的勢力範圍大致劃定:俄國在伊朗北部佔據優勢,而英國則控制了伊朗的中部和南部。然而英、俄的爭奪並未停止,它們競相操縱伊朗政府,培養自己的政治代理人。由於俄國地理位置優越,所以它對伊朗政局的影響超過了英國。

伊朗皇家清真寺　　▼

俄國早在19世紀前期，就吞併了中亞高加索等地，70年代又相繼吞併了希瓦、浩罕和布哈拉三個汗國。英國在1878～1880年發動了第二次侵略阿富汗的戰爭，強迫阿富汗承認英國的「保護」。1884年，俄國南侵，佔領了俄國屬地與阿富汗之間的莫夫，第二年又佔領了班吉。為此，英俄之間幾乎爆發戰爭。直到1885年九月十日，英、俄簽訂了條約，確定了俄國與阿富汗的邊界，才暫時緩和了兩國的矛盾。1893年十一月，英國為了進一步加強對阿富汗的控制，迫使阿富汗簽訂《喀布爾協定》，以英國提供的地圖為準，劃定了阿富汗同英屬印度的邊界。由此，英國控制了通往阿富汗的一些山隘，獲得了重要的戰略上的優勢地位。英、俄在西亞和中亞的鬥爭直接影響到歐洲格局的重新組合。

英國女皇維多利亞像 ◀

一樽嵌有反映英國軍隊 ▲
入侵殖民地圖畫的黃金器
皿

1893年由沙皇亞歷山大 ▲
三世親筆簽名的照片，他
於次年死於腎病。

表現列強殖民亞洲的漫畫
◀

英法對北非的爭奪

1869年蘇伊士運河通航後，戰艦可從容駛過。 ▲

歐洲殖民者侵佔非洲後，以最小的代價採掘非洲的原始資源，圖為白人監工與黑人奴隸在金礦前的合影。 ▲

1869年蘇伊士運河通航後，埃及和尼羅河流域成為英、法的必爭之地。埃及原在法國控制之下，到70年代中期，英國逐步滲透進來，掌握了運河公司44%的股票。1876年，英、法兩國趁埃及政府財政破產之機，對埃及財政實行「雙重監督制」。1878年，英、法又派人參加埃及內閣。1882年，英國藉口鎮壓埃及人民起義，炮轟亞歷山大港，隨後佔領了埃及。

此時，法國身陷同德國的歐洲霸權之爭以及忙於侵略摩洛哥，無暇顧及埃及，埃及最終淪為英國獨佔的殖民地，成為英國在非洲實現所謂的「二C計畫」（從開羅到開普敦建立縱貫非洲的殖民帝國的計畫）的北端戰略要地。

法國為防止英國繼續在非洲擴張勢力，便佔領了扼

埃及凱爾奈克神廟內古老的石柱，見證了歐洲殖民者對埃及人民所犯下暴行。 ▶

守紅海出口的吉布提（法屬索馬利亞），企圖以此為起點，建立一個由索馬利亞到塞內加爾的橫貫非洲的法屬殖民帝國。1896年，法國組成遠征軍從法屬西非向東進軍，於1898年七月十日

抵達尼羅河上游的法紹達村。與此同時，英軍也從埃及出發，沿尼羅河上溯，於九月十九日也達到法紹達村。兩軍對峙，互不相讓，戰爭大有一觸即發之勢。但是，法國由於國內局勢緊張，在歐洲又陷入困境，所以被迫對英讓步，撤兵法紹達。1899年，英、法簽訂了劃界協定，英國取得了對全部尼羅河流域的獨佔權。

世界上下五千年

英德在南非的衝突

西非多哥蘭保護國的德 ▲
國官員以這種方式奴役當
地土著人。

在南部非洲的金洛伏戰役
中，進攻的英國人用軍刀
開路，刺穿祖魯士兵。▼

為實現「二C計畫」，英國繼佔有開普敦和納塔爾之後，又圖謀布爾人建立的奧蘭治自由邦和德蘭士瓦共和國。但是，英國在南非卻遭到德國的挑戰。1884年，德國奪取了西南非洲（今納米比亞）和非洲中部的多哥、喀麥隆。1885年，又佔領了坦噶尼喀（德屬東非）。不久，又相繼佔領盧安達、布隆迪。德國企圖沿赤道佔領東西非洲，這樣一來，就與英國的計畫發生了衝突。1890年德、英簽訂條約，雙方劃分了在東南非的勢力範圍，德國取得坦噶尼喀；英國獲得肯亞和烏干達。但條約並未最終制止兩國的爭奪。90年代初，英國佔領了貝專納（今博茨瓦納），並支持殖民主義分子羅得斯組成遠征軍侵佔了尼亞薩蘭（今馬拉威）、贊比亞和羅德西亞（今津巴布韋）。德國則同德蘭士瓦簽訂商

約，控制了該
國的全部對外
貿易。

1894年
德蘭士瓦又准
許德國在該國
境內修築鐵
路。1895年
一月，兩艘德國軍艦進入莫桑比克的德拉戈阿灣向英國
示威，德國政府公開表示要充當布爾人的保護人，支持
德蘭士瓦對英採取強硬態度。這年年底，英軍八百人入
侵德蘭士瓦，但被布爾人擊退。德皇威廉二世立即向德
蘭士瓦總統克魯格致電，表示祝賀。英國認為德皇這一
舉動是一種挑釁行為，英、德關係驟然緊張。1898年，
英、德簽訂了分割葡屬非洲的條約，兩國關係才告緩
和。由於德國中斷了對布爾人的支持，英國才得以在
1899年發動了對德蘭士瓦的「英布戰爭」。

這是一幅來自東非藝術家
之手的繪畫，描述了武器
裝備極其原始的武士與德
國軍官率領的全副武裝的
雇傭軍人（也是黑人）廝
殺的場面。地點在德國保
護國坦噶尼喀。　　　　◀

南非山區景色　　　　　▲

這是尼日利亞南部的一　▲
座宮殿中的木雕門，描繪
了1895年約魯巴國王接見
不列顛政府派來的專員的
情景。

英國軍隊遭到南非步槍隊
的重創。　　　　　　　◀

門戶開放

19世紀後半葉美國國力▶逐漸增強，開始了爭奪世界的殖民行徑。

列強瓜分中國時局圖 ▲

表現俄國侵佔歐亞大陸野心的漫畫 ▼

　　19世紀末，尤其是在1895年中日甲午戰爭之後，遠東的政治格局急劇變化，列強在中國的均勢被打破，從而掀起了瓜分中國的狂潮。其中，俄國獨佔了中國東北；日本取得臺灣和澎湖之後，又把福建置於它的勢力範圍之內；德國強佔了膠州灣，把山東變為其勢力範圍；法國強行租借了廣州灣，其勢力範圍遍及滇、粵、川等地；英國租借了九龍和威海衛，並宣佈長江流域為它的勢力範圍。列強們瓜分中國的狂潮無法止步，中國面臨亡國的危險，而列強之間的矛盾也越演越烈。

　　西方各國在各自的勢力範圍內大都實行排他性殖民政策，這嚴重損害了因忙於美、西戰爭而未能在中國佔有一席之地的美國的商業利益。尤其是俄國封鎖了中國東北市場，不准美國商品和資本進入，為此美國耿耿於懷。雖然當時美國的對華貿易總額並不是很大，但壟斷財團早就看中了中國市場的潛在價值，它們向政府施加了強大壓力，要求政府採取行動。當時，英國出於自身利益，也向美國建議以「門戶開放」原則來規範各國的對華貿易，協調各國在華的商業利益。在這種背景下，美國

國務卿約翰‧海於1899年九月六日向英、法、德、俄、日、義等國遞交了一份照會，提出各國在其勢力範圍和租借地內對他國貨物和船隻不得課以歧視性關稅、港口稅和鐵路運費，其核心是「自由貿易」原則。

　　第二年七月三日，美國又發出第二封照會，除重申「平等公平貿易」原則外，還提出要「保全」中國的領土和行政完整。兩次照會組成了美國對外政策的「門戶開放」原則，這個原則的內容與舊殖民主義的根本區別在於：（1）反對以武力征服的方式從空間上對殖民地實行獨佔，主張建立「無邊界」的殖民體系；（2）反對對殖民地實行直接統治，而提倡保留殖民地原有的行政實體，實行間接統治；（3）反對壟斷式的保護主義，主張「門戶開放」，實行「公平」的自由貿易競爭。

　　這樣，「門戶開放」原則實質上全盤否定了舊殖民主義賴以存在的基礎，構築了新殖民主義的框架體系。

執行「門戶開放」政策 ▲ 的美國總統威廉‧麥克雷，於1901年被刺身亡。

19世紀末列強在中國劃分的勢力範圍　▼

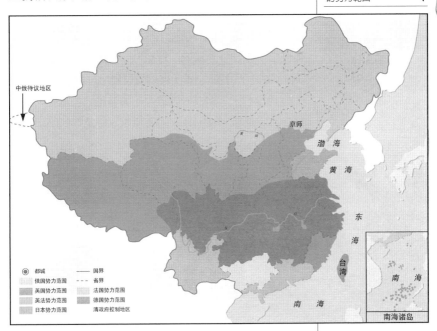

中俄待议地区

京师

渤海

黄海

东海

台湾

南海

南海诸岛

◎ 都城
俄国势力范围
英国势力范围
英法势力范围
日本势力范围
—— 国界
--- 省界
法国势力范围
德国势力范围
清政府控制地区

戊戌變法

江南機器製造局製造的 ▲
後腔鋼炮

十一國聯軍挺進午門 ▲

　　西方資本主義的入侵，一方面破壞了中國的封建經濟，使中國面臨民族危機；另一方面也促進了中國商品經濟的發展。資本主義就在這樣的背景下，在中國古老的土地上畸形地成長起來。中國人也從此開始了探索現代化的道路。

　　19世紀60年代是洋務運動的第一階段，重點是建立近代軍事工業，目的是加強清政府的軍事力量。當時興辦的重要企業有安慶軍械所、江南製造總局、金陵製造局、天津機器局和福建船政局等。70～90年代為洋務運動的第二階段，重點是籌建海軍和圍繞軍事工業而建立民用企業，主要有輪船招商局、開平煤礦、唐胥鐵路、漢陽鐵廠、漠河金礦和湖北織布局等。洋務運動具有濃厚的封建色彩，目的是強化封建專制，但又帶有資本主義性質。由於受到國內封建勢力的束縛和外國資本的排擠，中國民族資本主義工業的發展舉步維艱。

　　19世紀末，中國面臨被西方列強瓜分的危險，民族危機異常嚴重。1894年，日本發動了侵略中國的甲午戰

嚴復像 ▲　　　　康有為像 ▲　　　　梁啓超像 ▲

爭，中日雙方在黃海海面、
遼東半島和威海衛進行海陸
戰爭，中國的北洋艦隊在日
本海軍的進攻下遭到慘敗。
1895年，中日簽訂《馬關
條約》，中國被迫承認日本
對朝鮮的控制，並割地賠

《辛丑條約》簽字現場　▲

款。日本的侵略引發了列強新一輪瓜分中國的高潮。中
國就在這種背景下，又開始了新的現代化探索與嘗試。

　　甲午戰爭後，中國的先進知識分子開始注意吸收西
方先進的思想和文化，其中較為傑出的人物是嚴復。他
於1898年翻譯出版了赫胥黎的《天演論》，用進化論啓
發國人爭取實現現代化發展的決心和熱情。他把西方的
天賦人權觀和議會民主政治介紹到中國來，從而為維新
變法運動作了輿論準備。

　　由康有為和梁啓超等人領導的戊戌變法運動是一場
資產階級政治運動。維新派主張政治上實行君主立憲
制，經濟上實行有利於民族資本主義發展的政策。變法
雖失敗了，但它把中國的反封建鬥爭提高到變革體制的
高度，為以後的資產階級民主革命打下了良好的基礎。

輪船招商局舊址　▲

　　戊戌變法失敗後，帝國主義列強又加快瓜分中國的
步伐。在民族危亡的關頭，中國又爆發反帝愛國的義和
團運動，給了帝國主義侵華勢力以沉重的打擊。為此，
西方列強組成八國聯軍公然入侵中國，於1900年七月攻
陷天津，八月又佔領北京，義和團運動在中外反動勢力
的聯合絞殺下失敗了。1901年九月，列強迫使清政府簽
訂了《辛丑合約》，中國到了亡國滅種的邊緣，中國人
民又到了重新選擇救亡圖存的道路的關鍵時刻。在這種
背景下，孫中山的民主革命思想應運而生，由他發動和
領導的民主革命拉開了中國革命新的一幕。

義和團勇士圖　▲

第二國際

反映政府軍鎮壓法國 ▲
工人罷工的漫畫

　　巴黎公社革命失敗以後，第二次科技、工業革命及資本主義經濟迅猛發展。隨著國際工人運動的高漲、馬克思主義的廣泛傳播和各國工人政黨的建立，各國工人階級要求加強國際聯繫和團結的願望日益迫切。在這種情況下，馬克思主義者於1889年七月十四日，在巴黎召開了國際工人代表大會，通過了《國際勞工立法》草案和關於《慶祝「五一節」的決議》，這次會議被公認為是第二國際的成立大會。

　　第二國際是第一國際的持續和發展。第二國際的活動方式也以召開代表大會為主。第一國際與第二國際的差異在於：第一國際實行較緊密的民主集中制，第二國際則是一個無中央機構鬆散的組織，它無綱領、無章程、無機關報、無紀律。1900年建立的社會黨國際局只是各國黨的通訊和組織中心，各國黨都有自己的獨立性。

　　為了引導工人運動走上正確的鬥爭道路，第二國際從成立到1896年的倫敦代表大會，一直進行著反對無政府主義的鬥爭。第二國際在前期的活動中基本上遵循了馬克思主義路線，表現在：促進更多的國家建立了工人政黨；推動各國工人進行議會鬥爭並取得很大勝利；推動各國工人運動進一步發展。

1906年三月發生在法國多佛爾的礦工大罷工。第二國際期間，多次爆發無產階級的罷工運動。　▼

　　在19世紀末，由於資本主義已經發展到帝國主義階段，而馬克思、恩格斯又先後去世，有許多新問題、新情況出現了，工人運動中的許多理論家試圖從理論上進行探索。1899年，伯恩施坦發表了《社會主義的前提

和社會民主黨的任務》一書，系統地闡述他的修正主義思想體系。伯恩施坦在「發展和完善」馬克思主義的名義下，提出要使馬克思主義「適應」新的政治和經濟形勢的觀點。在哲學方面，他宣揚庸俗進化論和折中主義，對革命的辯證法予以否定，認為唯物史觀既「自相矛盾」又「缺乏根據」。在政治經濟學方面，他認為剩餘價值學說只不過是「以假設為根據的公式」，壟斷組織的出現可以使經濟危機消除。在科學社會主義方面，他美化資本主義，反對暴力革命和無產階級專政，認為只要反對暴力革命和無產階級專政，只要堅持漸進的、和平改革的策略，就可以促使資本主義和平進入社會主義，並提出「最初的目的是微不足道的，運動就是一切」。修正主義出現後得到英國費邊社分子、俄國經濟派、法國米勒蘭派等的支持，並迅速發展成國際思潮。

修正思想的出現，引起了工人隊伍在思想上和理論上的混亂，並引起第二國際內部的激烈鬥爭。1900年九月，第二國際在巴黎召開第五次代表大會。與會代表圍繞「米勒蘭入閣」問題展開了激烈爭論。爭論的結果導致左、中、右三派的形成。米勒蘭是法國獨立社會主義聯盟的成員，他於1899年加入資產階級內閣，任工商部長。以伯恩施坦、饒勒斯為代表的修正主義者支持米勒蘭入閣，宣稱此舉只是無產階級奪取政權的第一步，稱為「入閣派」。盧森堡、蓋德等對社會主義者入閣表示反對，他們堅持傳統的暴力革命和無產階級專政的主張，稱為「反入閣派」。第二國際領導人考茨基提出「橡皮決議案」，聲稱社會主義者加不加入資產階級內閣「只是一個策略問題，不是一個原則問題，國際大會對此不必有所表示」。「橡皮決議案」只是暫時防止了國際分裂，同時肯定了米勒蘭入閣行為，這為以後第二國際的分裂埋下了種子。

第二國際期間法國工人 ▲
黨印製的小明信片

巴黎是第二國際的重要 ▲
活動場所，圖為巴黎的黃昏景色。

指引共產主義運動前進 ▲
的紀念碑

343

俄日美在遠東的競爭

李鴻章與伊藤博文簽定 ▲
的《馬關條約》圖

　　俄國早在17世紀就開始對中國進行侵略活動。到19世紀末已把原屬中國的一百五十多萬平方公里的土地併入了自己的版圖。

　　日本是新興的帝國主義國家，70年代開始對外擴張，1872年侵佔了琉球；1874年侵略臺灣，最後以失敗告終；1875年又入侵朝鮮，取得開放港口和領事裁判等特權。1885年，日本迫使清政府訂約，使日本在朝鮮取得了與中國同等的權利。當時英、美等國企圖利用日本排擠俄國在中國和遠東的勢力，在英、美的支持下，日本於1894年七月二十五日發動了侵略中國和朝鮮的中日甲午戰爭。清政府戰敗後，於第二年被迫同日

《馬關條約》條文 ▲

中日甲午海戰圖 ▶

本簽訂了《馬關條約》，日本得到臺灣、澎湖列島和遼東半島，勒索白銀二億兩，並取得了對朝鮮的控制權。中日甲午戰爭使俄國同日本發生了尖銳的矛盾，俄國聯合法、德兩國進行干預，迫使日本將遼東半島有償「退還」給中國。俄國以「還遼」功臣自居，

獨霸了中國東北，而
後取得了修築東清鐵
路（後改稱中東鐵路）
以及在鐵路沿線的行
政、駐兵、司法、採
礦及貿易等權利，
1898年又強行租借了
旅順口和大連灣，並
得到東清鐵路支線
（哈爾濱至大連）的

1901年俄國獲權修築東 ▲
清鐵路，旅順火車站為該
鐵路的最南端。

修築權，東北遂成為俄國的勢力範圍。俄國勢力的加強
使日本更加向英、美靠攏，因此，在遠東已形成俄、
法、德為一方和日、美、英為另一方的對立格局。

　　美國在亞洲、太平洋也有著重大利益，1895年以
來，美國對華貿易增長很快，對華投資也已起步。但
是，俄國對中國東北的控制使美國面臨失去重要的中國
市場的危險，美國國內許多壟斷財團紛紛要求政
府採取措施，以便打開中國市場。當時，美國主
要是利用日本來同俄國對抗，然後從這種「均勢」
政策中獲取自己的利益。遠東的這種均勢，一直
維持到1905年的日、俄戰爭才被打破。

美國花旗銀行在華發行 ▲
的五元紙幣

東京的一條主要街道。從
17世紀起東京成為幕府所
在地，1868年以前它稱作
江戶，改名一年後，東京
成為首都。　　　　　▲

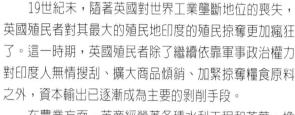

英國對印度的殖民統治

　　19世紀末，隨著英國對世界工業壟斷地位的喪失，英國殖民者對其最大的殖民地印度的殖民掠奪更加瘋狂了。這一時期，英國殖民者除了繼續依靠軍事政治權力對印度人無情搜刮、擴大商品傾銷、加緊掠奪糧食原料之外，資本輸出已逐漸成為主要的剝削手段。

　　在農業方面，英商經營著各種水利工程和茶葉、橡膠等種植園。由於殖民政府的強制和英商的操縱，印度的農業生產商品化有所發展，很多地區變成了單一種植區。與此同時，英國殖民者還利用封建土地關係加強對農民的剝削。60年代以後，殖民政府頒佈一系列田賦法案，鞏固了柴明達爾地主的地位，從而進一步保障了地主、商人、高利貸者對農民的剝削權。這一時期，英國從印度掠奪的糧食和原料與日俱增。

　　英國資本輸出的增長、近代工業的出現——特別是鐵路網的修建，在客觀上促進了印度民族工業的發展。但是，印度資產階級和英國資產階級之間仍存在著難以調和的矛盾。英國資本家依仗殖民政權，採取經濟的和非經濟的手段阻撓民族資本發展。殖民政府根據壟斷資本家的利益，制定關稅政策，進一步加強英國商品在印度市場的競爭能力。直到19世紀末，印度資本主義工業仍然是半封建殖民地經濟大海中的一個小島。

　　隨著近代工業的產生，印度出現了第一批產業工人。最早的近代工人是在英國資本家工廠做工。19世紀末，印度已有五十多萬的產業工人，他們大部分來自破產農民和手工業者。他們的工資微薄，勞動繁重，工作日長達十四～十五小時，根本沒有假日。沉重的勞動嚴

1876～1878年西印度飢荒中的飢民，在英國殖民者的殘酷壓榨下，數百萬印度人喪失生命。 ▲

一座專供英國上流社會和印度大公們遊賞玩樂的戲院，此圖繪於19世紀末期。 ▲

維多利亞女王和她的印度僕人在一起，她一生從未到過印度，卻被尊為印度女王。 ▲

世界上下五千年

346

重損害了印度工人的健康，很多人被折磨致死。這一時期，印度無產階級人數不多，政治上也不成熟，但卻與先進的生產方式相聯繫，是一個不斷發展的、組織性和革命性極強的階級。隨著殖民掠奪和封建剝削不斷加強，各種社會矛盾，尤其是印度人民和英國殖民主義的矛盾日益尖銳。印度各地開展了轟轟烈烈的農民運動和工人罷工，同時興起的還有資產階級改良運動。19世紀60、70年代，資產階級改良主義運動發展迅速，並且出現了各種地方性的的改良主義政治組織。他們反對英國殖民束縛，要求實行自下而上的社會改革，普及歐式教育，發展民族工業，改革稅制，實施司法平等制度，建立陪審制度，實現在英帝國範圍內的自治。

工人運動、農民起義和資產階級改良主義運動三者同時進行，這種形勢引起了英國殖民者極大的恐懼。英國殖民者為了防止工農運動和資產階級運動相結合，極力拉攏地主資產階級上層分子，力圖把資產階級改良主義運動納入合法的軌道，以便加以操縱和控制。於是，他們便支持資產階級的代表建立全國性的改良主義政黨。

1885年十二月二十八日，在英國殖民官吏休謨的操縱下，印度國民大會黨（簡稱國大黨）在孟買舉行成立大會。出席大會的代表中半數是資產階級知識分子，半數是地主商人和高利貸者。大會的中心議題是要求民權和自治。

國大黨成立不久，收容一批激進主義者，很快國大黨內部分成兩派。以蘇倫德拉‧納特‧巴納吉為首的溫和派掌握領導權，代表地主和上層資產階級的利益，主張和英國妥協合作。以巴爾‧甘格達爾‧提拉克為首的激進派，代表小資產階級、富農、小地主和自由職業者的利益，他們反對溫和派的妥協合作路線，認為英國殖民奴役是印度貧窮落後的根源，主張聯合人民群眾的力量，運用各種不同的鬥爭形式——包括暴力來推翻英國殖民統治，實現民族獨立。英國殖民當局把提拉克視為死敵，1897年將他監禁起來，但在印度人民的抗議下，殖民當局被迫把他釋放了。提拉克在印度人民中的威望日益增長，到19世紀末20世紀初，他成為印度資產階級民族運動的代表人物。

孟買維多利亞火車站富麗堂皇的景色，表明了英國殖民者在印度建設鐵路網的規模和重要程度。 ▶

列寧建立布爾什維克黨

列寧像　▲

雖然俄國大部分地區都遭受到戰爭的蹂躪，但布爾什維克領袖的決定和力量極大地促進了革命的發展。　▼

由於沙皇專制和封建殘渣的存在，也由於壟斷資本對國內外人民的侵略和剝削，沙俄帝國內不僅存在著無產階級同沙皇專制和壟斷資本的矛盾、農民階級同貴族地主和沙皇專制的矛盾、國內各少數民族同沙皇政府的矛盾，還存在著俄國帝國主義同西方帝國主義、殖民地半殖民地人民的矛盾。

深受封建主義和資本主義雙重壓迫的俄國工人階級，不斷發起反抗鬥爭。但在俄國當時的歷史背景下，俄國無產階級革命的任務比任何國家無產階級革命的任務更艱鉅。俄國的無產階級渴望有自己的革命政黨和革命理論的指導，這是列寧主義產生的客觀要求，也是俄國無產階級革命鬥爭的需要。

1883年九月，普列漢諾夫在日內瓦創建了俄國第一個馬克思主義團體——勞動解放社，為俄國傳播馬克思主義做了大量工作，並從思想上沉重地打擊了民粹主義。但他們的理論學習和宣傳活動還未與本國工人運動相結合，列寧出色地完成了這個任務。

弗拉基米爾·伊里奇·烏里揚諾夫，於1870年四月二十二日生於伏爾加河畔的辛比爾斯克，列寧是他的筆名。列寧1887年入喀山大學法律系學習，因參加學生運動被開除學籍。1893年，列寧到彼得堡，並參加了秘密馬克思主義小組的活動。1895年，列寧把首都二十多個馬克思主義小組聯合統一為工人階級解放鬥爭協會，領導工人進行罷工鬥爭。當年十二月，列寧被捕，並被流放到西伯利亞。

1900年，列寧從流放地到了國外，同年年底創辦了《火星報》。透過報紙，促進了各地小組間的聯繫，並組織培養黨的骨幹，為建黨作了組織上的準備。

為了建立真正的工人政黨，列寧發表了大量文章，把科學社會主義思想灌輸到工人運動中，並宣傳馬克思主義，批判各種錯誤思潮。1894年，他寫了《什麼是「人民之友」以及他們如何攻擊社會主義民主主義者？》一書，以大量事實批判了民粹派

這幅宣傳畫表現了列寧在船上 ▲
掌舵，引領人民向一個堅定不移
的方向前進。

否認俄國資本主義發展、否認無產階級領導地位的錯誤觀點。同時列寧寫文章，對「合法馬克思主義者」關於資本主義的自由本質的觀點進行了揭露和批判。他又撰寫了《怎麼辦？》一書，嚴厲批判了經濟派只行經濟鬥爭、不要政治鬥爭的謬論，並指出經濟派的基本錯誤是崇拜工人運動的自發性，而自發的工人運動是沒有力量推翻資本主義制度的。因此，只有把科學社會主義灌輸到工人運動中去，只有建立無產階級政黨，才能最終取得無產階級革命的勝利。

列寧這些批判民粹派、「合法馬克思主義者」及經濟派的著述，為建立新型的工人階級政黨奠定了思想基礎。1903年七～八月，俄國社會民主工黨第二次代表大會先在布魯塞爾、後移至倫敦秘密舉行。大會通過了列寧領導制定的黨綱。這個黨綱是當時世界上唯一把無產階級專政作為鬥爭目標的工人階級政黨的綱領。在大會討論黨章時，會議代表產生了嚴重分歧。列寧主張建立一個集中統一、組織嚴密、有紀律的黨，要求每個黨員必須承認黨綱，在物質上幫助黨，並參加黨的組織。馬爾托夫反對把參加黨的組織作為黨員必備的條件，實質上是要建立一個沒有紀律、組織渙散的團體。經過激烈爭論，最後馬爾托夫的主張得以通過。在選舉黨的中央機關時，擁護列寧的人佔了多數，稱為「布爾什維克」，反對派稱為「孟什維克」。

布爾什維克黨的誕生，意味著一個新型的、真正的馬克思主義政黨的出現，標誌著列寧主義的誕生。列寧主義是馬克思主義同俄國革命實踐相結合的產物。它的誕生，不僅給俄國無產階級以強大的組織力量和思想武器，也給全世界無產階級和被壓迫人民以強大的思想武器，它標誌著一個亙古未有的世界無產階級革命高潮即將到來。

蘇丹馬赫迪反英起義

▲
馬赫迪組織並領導了蘇丹人民的反英起義。

此畫展現了1898年九月恩圖曼戰役的情景，蘇丹人民奮勇反抗英埃聯軍的殖民入侵。 ▼

英國佔領埃及後，隨即開始沿尼羅河向非洲內地擴張，在這一計畫的目標中，蘇丹首當其衝。

蘇丹是土耳其奧斯曼帝國的一部分，但實際上由埃及統治。英國利用埃及政府駐蘇丹官員的名義，逐步取代埃及人，繼而擔任蘇丹省省長和蘇丹總督。1881年，自稱「馬赫迪」（救世主）的穆罕默德·艾哈麥德發動對侵略者的「聖戰」，擊退了英軍的多次進攻，並解放了蘇丹全境，成立了政府。這次起義堅持了二十年後，在1900年又遭到英軍的鎮壓。後來，英、埃簽訂《管理蘇丹協定》，蘇丹逐成為英國的殖民地。

蘇丹古麥羅爾王國殘留下的金字塔遺跡，▲
埃及對它的影響可見一斑。

蘇丹人民組織傳統的祭祀儀式，
祈求生活的平安。　　　　　▼

描繪馬赫迪反英起義 ▲
的瓷畫

西北非各國的反侵略鬥爭

阿爾巴尼亞古城廷加德 ▲
凱旋門遺址

1871年春，阿爾及利亞發生民族起義，一度把法軍從東部地區趕了出去。隨後，鬥爭的烈火燃遍阿爾及利亞全境。起義堅持到1872年才被法國鎮壓下去。起義失敗後，法國把阿爾及利亞變成為法國的一個省，法國殖民當局剝奪了阿爾及利亞人民的各種權利，並大規模移民，企圖「同化」阿爾及利亞。

突尼斯是法國繼佔領阿爾及利亞之後的又一目標。1878年的柏林會議上，法國在突尼斯問題上得到英、德的支持。1881年四月，法國派兵入侵突尼斯，迫使突尼斯在接受法國保護的條約上簽字。此後，突尼斯人民立即舉行全國性起義，頑強抗擊入侵的法軍。1883年，起義遭到血腥鎮壓。七月，法國又強迫突尼斯簽訂新的條約，突尼斯正式接受法國的「保護」，雖然突尼斯政權仍然保留著，但國家權力已完全操縱在法國人手中。

到19世紀末，北非只有摩洛哥還保持著獨立，但由於國內改革運動的失敗，摩洛哥失去了抵禦帝國主義入

依靠強大的海軍是法國侵略非洲 ▲
的重要手段之一。

從這幅畫中可以體會出英法殖 ▲
民者奴役非洲人民的暴力行徑。

此圖反映了西北非人民向法 ▲
國殖民者交納物品的情景。

19世紀後半葉承受著殖民之苦的非洲人民 ▲

侵的實力。20世紀初，摩洛哥最終淪為法國的「保護國」。

　　從19世紀初開始，英國就企圖侵略西非阿散蒂人的國家，但均遭失敗，僅在黃金海岸建立了一些分散的殖民據點。1873年春，英軍四千餘人向阿散蒂發動進攻，雙方激戰到次年二月，阿散蒂人被迫從首都庫馬西撤出。三月十四日，阿散蒂被迫同英國簽訂了和約，放棄了沿海地區的主權。1896年一月，英軍再次佔領了庫馬西，宣佈阿散蒂為英國的「保護國」。阿散蒂人民掀起抗英鬥爭。起義一直堅持到1901年底才告結束。阿散蒂從此被英國吞併，成為英國的直轄殖民地。

英國殖民者在非洲掠奪 ▲
了大量殖民地，正如這幅裝飾畫所表現的，取得勝利的軍官可以將他獲得的殖民地以自己的名字命名。

對非洲的殖民激發了歐洲開發商的想像力，他們為孩子設計了一種棋盤遊戲，其圖畫背景即取自歐洲人踏上非洲土地時的情景。 ◀

日俄戰爭

英布戰爭結束後不久，1904年又爆發了沙俄和日本爭奪東亞霸權的戰爭。

明治維新後，日本對外擴張的主要對象是朝鮮和中國，以建立太平洋霸權。甲午戰爭是實現這一計畫的第一步。這場戰爭不僅給中國帶來了深重的民族災難，而且也損害了俄、法、德在遠東的利益。沙俄聯合法、德迫使日本退還遼東半島，致使日、俄矛盾加劇。此後，日本為同俄國一戰，積極擴軍備戰。

俄國在迫使日本將遼東半島歸還中國後，其勢力在中國東北迅速擴展。通過1896年《中俄密約》以及1898年強租旅順、大連等，中國東北全境實際上已淪為俄國的勢力範圍。1900年，八國聯軍鎮壓義和團運動後，俄國獨吞東北的野心不僅激化了日俄矛盾，也觸犯了其他列強在華利益。1902年，英、日結成同盟，日本更敢於對俄國發動戰爭了。1904年二月八日，日艦突襲旅順口的俄國艦隊，戰爭爆發。戰爭在海陸同時進行，俄軍連接失利。1905年五月，雙方在對馬海峽激戰後，俄國敗局已定。此時俄國國內又爆發了革命，難以繼續作戰。日本也精疲力竭。1905年九月五日，在美國的調停下，日、俄簽訂了《樸次茅斯和約》，規定俄國承認日本在

在這幅漫畫中，一個俄羅斯「食人妖」正準備吞下一個日本士兵。反映了當時內外交困的沙俄對於戰爭勝利的渴望。▲

日俄戰爭中的俄國海軍軍艦 ▲

反映日俄海戰的版畫 ▶

日本人繪製的反映奪取旅順的圖畫　▲

沙皇尼古拉二世手持六翼天使薩羅夫頭像，▲
為即將與日軍作戰的士兵祈福。

朝鮮的獨佔利益，俄國將遼東半島的租借權和庫頁島南部及附近島嶼讓予日本等。

　　日俄戰爭是日、俄為爭奪遠東霸權而發生的又一次帝國主義戰爭。俄國戰敗，加速了俄國革命的到來。日本取勝，使其躋身於世界強國之列，進一步增強了它稱霸東亞的野心。而此時的美國也走上了爭奪亞太霸權的競技場，向日本和歐洲列強提出對中國實行「門戶開放」的要求。

　　19世紀末20世紀初，一些資本主義國家進入帝國主義階段，爭奪霸權是幾個帝國主義大國的特點之一，而爭霸則是以實力為基礎的。在19世紀70年代以前，英國是當時最發達的資本主義強國，工業產量位居世界首位。但在70年代以後，情況發生了變化，美國和德國先後趕上並超過老牌的殖民帝國主義國家英國和法國，分別居於世界第一、二位，而英、法則退居第三、四位。後來居上的美、德強烈要求按新的實力對比來分割殖民地。對於德國經濟的崛起和重新瓜分殖民地的咄咄逼人的姿態，英國深感恐懼，英、德矛盾激化。以英、德矛盾為主線的帝國主義列強之間的爭奪殖民地的矛盾愈演愈烈，各帝國主義國家為了打敗對手，保住舊殖民地和奪取新的殖民地，開始尋求盟友，以壯大自身力量。因此，在歐洲便逐步形成了三國同盟和三國協約兩大對立的帝國主義軍事集團。

日軍艦隊司令　▲
東鄉平八郎像

日俄戰爭中的日本士兵　▲
在戰爭的空檔提水洗澡。

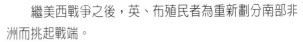

英布戰爭

　　繼美西戰爭之後，英、布殖民者為重新劃分南部非洲而挑起戰端。

　　19世紀末，英國對非洲的侵略進入一個新的階段。它企圖把長期以來在非洲奪取的殖民地連成一片，實現臭名昭著的《開普敦－開羅計畫》。而這一計畫的實現，還存在著障礙，那就是荷蘭殖民者後裔──布爾人在非洲南部建立的德蘭士瓦和奧蘭治兩個共和國。這兩地是世界上最大的黃金和金剛鑽產地，英國為奪取這兩塊寶地，實現其侵略計畫，準備與布爾人打一場戰爭。為此，英國人在軍事上和外交上作好了準備，並尋找藉口挑起事端。

　　1899年，英國藉口兩個共和國對移民的選舉權限制過嚴等，派大軍到德蘭士瓦邊境駐紮。德蘭士瓦總統發動戰爭。戰爭持續了三年，最終布爾人被迫議和，雙方於1902年五月簽訂《費雷尼條約》。條約規定：德蘭士瓦和奧蘭治劃歸英國；英國付給布爾人三百萬英鎊作為「補償」。1910年，英國將德蘭士瓦和奧蘭治等合併，組成南非聯邦，使成為英國的一個自治領地。

　　英、布戰爭是帝國主義形成初期的又一次帝國主義戰爭。英、布戰爭使英國在外交上陷入困境，不得不作外交政策上的重大調整，向結盟的國家靠攏。

英布戰爭中指揮作戰的英軍軍官 ▲

反映英布戰爭中英軍戰鬥場面的版畫 ▲

受傷的英軍躺在污穢不堪的房間裡 ▼

布爾人伏擊英軍火車　版畫　▲

武裝起來的布爾人　▲

巴爾幹戰爭

法國漫畫中的摩洛哥成
了一隻被歐洲列強向四面
八方拽得驚恐無比的兔
子。▲

歐洲兩大軍事集團形成以後，列強們在重新瓜分世界問題上展開了激烈的爭鬥，主要表現為兩次摩洛哥危機的發生。摩洛哥地處非洲北部地中海和大西洋沿岸，扼守直布羅陀海峽，戰略地位十分重要。法國對摩洛哥垂涎已久，進入20世紀以後，便加緊向摩洛哥擴張。1905年一月，法國向摩洛哥提供了一個對摩洛哥的行政、軍事、財政等方面進行改革的方案，但遭到德國反對。三月，德皇威廉二世發表煽動性講話，提出各國在摩洛哥地位絕對平等。這事實上是否認了法國的特殊利益，由此導致了法德矛盾加劇，出現了第一次摩洛哥危機。最後，德國未能壓制法國，只好暫時放下對摩洛哥事務的干涉，第一次摩洛哥危機宣告結束。

1908年，摩洛哥發生宮廷政變，法國乘機佔領了摩洛哥的卡薩布蘭加，從而使德、法關係再度緊張。之後，法、德就摩洛哥問題達成暫時協定，德國承認法國在摩洛哥有特殊的政治利益，法國保障德國在摩洛哥的平等商業利益。但是，在1911年春天，當摩洛哥首都非斯爆發人民起義時，法國以保護僑民和恢復秩序為藉口，派炮艦開赴阿加迪爾港，並將軍艦上的炮口對準阿加迪爾，進行威脅，從而形成了第二次摩洛哥危機，德法關係再度緊張。隨著矛盾的發展，巴爾幹成了歐洲的火藥庫。

巴爾幹半島位於歐、亞、非三洲會合處，是各種勢力鬥爭的交合處。1912年三月，保加利亞和塞爾維亞簽訂了軍事同盟條約；五月，保加利亞又和希臘簽訂了同盟條約；八月，門的內哥羅加入此同盟，從而形成巴爾

奧斯曼土耳其的士兵在
伊斯坦布爾待命出征。▲

幹同盟。1911～1912年的義、土戰爭削弱了土耳其的實力，巴爾幹同盟各國趁機向土耳其宣戰。1912年十月九日，門的內哥羅首先對土耳其宣戰。接著，保加利亞、塞爾維亞和希臘相繼對土耳其宣戰，第一次巴爾幹戰爭全面爆發。戰爭爆發後，土耳其軍隊連連失利，它在巴爾幹的領土幾乎喪失殆盡，後被迫求和，並請求列強調停。1913年五月，土耳其與巴爾幹同盟簽訂和約，巴爾幹同盟四國獲得了大片領土，土耳其在歐洲的領土幾乎喪失殆盡，僅保存了伊斯坦布爾及海峽以北的狹小地區。至此，第一次巴爾幹戰爭使原來受土耳其奴役的國家的人民獲得了解放。

巴爾幹戰爭中，土耳其 ▲ 正在攻擊陷入包圍的希臘軍隊。

　　巴爾幹同盟雖然取得了對土耳其戰爭的勝利，但由於分贓不均，聯盟內部產生了嚴重分歧。1913年六月一日，塞爾維亞和希臘結成反保同盟，羅馬尼亞隨後加入，並準備對保作戰。在奧匈帝國的縱容下，保加利亞先發制人，於六月二十九日向塞爾維亞和希臘宣戰，羅馬尼亞、門的內哥羅和土耳其也向保加利亞發動進攻，第二次巴爾幹戰爭爆發。一個月後，保加利亞戰敗求和，第二次巴爾幹戰爭宣告結束。

摩洛哥著名的文化名勝 ▲ 阿伊·本·哈杜村遺址

　　經過兩次巴爾幹戰爭，這一地區的人民基本上擺脫了土耳其的民族壓迫，同時也推動了奧匈帝國統治下的被壓迫民族的解放戰爭。由於波士尼亞和黑塞哥維那人民要求擺脫奧匈帝國統治，與塞爾維亞合併，建立一個大塞爾維亞國家，致使奧、塞之間矛盾加劇。奧匈不僅極力阻止塞爾維亞的擴張，而且企圖消滅年輕的塞爾維亞國家；俄國為了對抗奧匈，竭力支持塞爾維亞；德國則支持奧匈帝國。這就進一步加劇了兩大帝國主義集團對巴爾幹的爭奪，使其成為各種矛盾的焦點和第一次世界大戰前最敏感的戰爭火藥庫。

面對日漸衰弱的土耳其，波士尼亞—黑塞哥維那成了奧地利的附屬國，保加利亞也宣布獨立。這是反映當時政局一幅漫畫。 ▼

薩拉熱窩事件

斐迪南皇儲與他的妻子 ▲

奧匈認為塞爾維亞是它向外擴張的障礙，因此，瓜分乃至全部吞併塞爾維亞、粉碎大塞爾維亞主義，是奧匈帝國的既定國策。1914年六月底，奧匈帝國在波士尼亞舉行以塞爾維亞為假想敵的軍事演習，向塞爾維亞進行軍事挑釁，激起了塞爾維亞民族主義者的極大憤慨。一個名為黑手黨的塞爾維亞民族主義軍人團體，決定以刺殺皇儲斐迪南的行動，來打擊奧匈侵略者的氣焰。

西元1914年六月二十八日，奧匈帝國皇儲、狂妄的軍國主義者、軍人黨首領斐迪南偕同妻子前往薩拉熱窩，檢閱第十五、十六兵團並指揮演習。在檢閱完軍事演習後，斐迪南夫婦乘敞篷汽車前往波士尼亞首府薩拉

1914年的塞爾維亞戰爭 ▲
風雲突起。

熱窩市政廳。當車隊經過薩拉熱窩狹窄街道的時候，隱蔽在路邊的塞爾維亞族青年普林西波急步上前，開槍打死了斐迪南夫婦。薩拉熱窩事件引爆了歐洲的火藥庫。

1914年第一次世界大戰爆發之際，倫敦、巴黎、維也納等西方城市的銀行前擠滿了等待提取現金的人群。 ▶

斐迪南皇儲是奧匈帝國的王位繼承人，在他被刺不久，刺客普林西波被捕 ▲

描繪斐迪南被刺場面的圖畫　▼

宣傳畫——英國的婦女說：去前線吧！　▼

第一次世界大戰爆發

臨時組織起來的比利時 ▲
軍隊，等待他們的是近在
咫尺的戰爭。

坦克在一戰中首次被英 ▲
軍使用，圖為德國人繳獲
的坦克為己所用。

法軍在戰爭後期逐漸掌 ▲
握了主動權，圖為法國空
軍在對撤退中的德軍陣地
進行轟炸。

世界上下五千年

　　奧匈帝國以薩拉熱窩事件為藉口，於七月二十八日
悍然對塞爾維亞宣戰。七月三十一日，德國政府向俄、
法兩國同時發出最後通牒，要求俄國停止軍事動員，要
求法國在未來衝突中保持中立，遭到兩國的拒絕。於
是，德國分別於八月一日、三日先後對俄、法宣戰。

　　八月一日，德軍佔領了盧森堡，二日下午，又向中
立國比利時發出最後通牒，要求准許德軍借道過境進攻
法國。比利時拒絕了德軍的無理要求，同時呼籲英、
法、俄諸國保護它的中立地位。英國要求德國尊重比利
時的態度，但遭到拒絕。八月四日，英國對德宣戰。八
月六日，奧匈帝國正式向俄國宣戰。

　　歐洲大戰爆發後，在極短的時間內便蔓延到遠東和
近東，日本為擴張在東亞的勢力也趁火打劫。八月十五
日，日本向德國發出最後通牒，要求德國軍隊立即撤出
中國和日本領海，在九月十五日之前，把德國租借的膠
州灣和青島移交給日本。德國拒絕了最後通牒，日本便
於八月二十三日對德宣戰。

　　從1914年七月二十八日起，在三個月的時間內，奧
匈帝國和塞爾維亞的衝突就演變成世界大戰。到1918
年，以德、奧、土為一方，俄、法、英、日、比、塞等
國為另一方，共有三十一個國家參加了戰爭，從而出現
了戰火蔓延至亞洲、非洲和美洲的首次世界規模的戰
爭。

　　歐洲大陸是第一次世界大戰的主戰場。在那裡有四
條戰線：西線的對陣形勢是英、法、比軍隊與德軍對
抗；東線的對陣形勢是俄國軍隊與奧匈、德國軍隊作

戰；巴爾幹戰線的對陣形勢是塞爾維亞、門的內哥羅以及羅馬尼亞、希臘等國軍隊與奧匈、保加利亞的軍隊作戰；義大利戰線的對陣形勢是義大利軍隊對抗奧匈軍隊。其中，西線和東線起決定性作用。

位於比利時、法國北部和德國邊境的西線，從北海延伸到瑞士邊境，長七百公里。1914年八月初，德國按施里芬計畫，首先在西線發起進攻。到十二月，戰爭從運動戰轉為陣地戰，形成雙方相持局面。

在東線，俄軍於八月中旬進攻東普魯士。德軍從西線抽調一部分軍隊去對付俄軍。八月底到九月中旬，興登堡指揮的德國軍隊在馬祖爾湖地區殲滅了俄國第二集團軍，既而攻下了俄國第一集團軍司令部所在地斯特爾堡。俄軍被迫退出東普魯士。與此同時，俄軍挫敗奧匈軍隊。截至年底，東線交戰雙方軍隊在陣地裡對峙，呈相持狀態。

1916年，是大戰關鍵性的一年，交戰雙方最大限度地調動了本國的人力、物力投入戰爭。德國將重點放在西線，以法國凡爾登要塞為目標，發動了強大攻勢。凡爾登位於法國的東北邊境，是巴黎的前衛，也是法軍戰線的樞紐。1916年二月二十一日，德軍以強大的攻勢猛攻凡爾登，法軍殊死抵禦，到九月，德軍攻勢停了下來。

為了減輕凡爾登的壓力，牽制德軍對凡爾登的進攻，英、法軍隊按照預定計畫，於七月一日發動了索姆河戰役。戰役從九月持續到十一月中旬。索姆河戰役和凡爾登戰役一樣，都是消耗戰。幾個月中，雙方傷亡慘重，各損失約六十餘萬人。英、法軍隊雖未達到預定的奪回失地的目標，但牽制了德軍，使戰局朝著有利於協約國的方向轉化。兩次戰役以後，協約國集團人力物力資源的優越性開始體現出來，它的軍事裝備已趕上同盟國，而軍力則繼續領先。在1916年的幾次重大戰役中，同盟國各國都遭到嚴重挫敗，形勢越來越不利。而協約國雖然未能擊潰同盟國，但軍事力量卻在日益增漲，並逐漸掌握了戰略主動權。

戰爭讓城市變成一片狼藉，圖為德國的囚犯在 ▲
修復被炸毀的道路。

俄國十月革命

第一次世界大戰進行到1917年時，飽受壓迫奴役之苦的俄國人民更不堪戰爭的重負，為了獲得土地、和平和麵包，他們再次掀起革命鬥爭的高潮。

從二月到十月，列寧和布爾什維克黨對於革命道路的選擇並沒有拘泥於某一種形式，而是不斷地根據形勢的變化進行著調整。而且在革命和平發展和暴力革命的取向上，列寧更傾向於前者，他認為對人民來說，這是一條痛苦最少的道路，而最終走上暴力革命的道路，完全是不得已而採取的一種行動。

1917年俄曆十月七日，列寧秘密回到彼得格勒，籌備武裝起義。十月十日，黨中央開會討論武裝起義問題。會上討論了列寧的報告，最後，列寧的主張以十票對二票獲得通過。會議宣佈：「武裝起義是不可避免的，並且業已完全成熟。」儘管季諾維也夫、加米涅夫在會上投了反對票，但會議仍然同意他們參加由列寧、托洛斯基、史達林等組成的七人政治局，負責武裝起義的政治領導工作。

1917年俄曆十月十八日，孟什維克左翼的《新生活報》刊登了季諾維也夫和加米涅夫關於反對發動武裝起義的文章，從而洩露了武裝起義的機密。列寧稱之為「叛變活動」，隨即加緊了起義的具體準備工作。

布爾什維克黨面對急劇變化的革命形勢，決定提前起義。俄曆十月二十四日上午，軍事革命委員會向剛剛組建的衛戍部隊發出戰鬥命令。當晚又下令波羅的海艦隊的水兵開赴首都參加戰鬥，赤衛隊受命守衛工廠和設

表現列寧在演講的繪畫 ▲

克里姆林宮的禮賓客廳 ▼

備以及斯莫爾尼宮。起義的發動工作進行得十分順利，起義者在二十四日上午就按計畫佔領了事先規定的地點。當晚，列寧來到斯莫爾尼宮，親自指揮起義。從二十四日晚到二十五日晨，衛戍部隊、赤衛隊和水兵採取聯合行動，奪取了主要橋樑、火車站、郵政總局、政府機關、中央發電廠等戰略據點，只剩下臨時政府所在地冬宮、軍區司令部大樓和預備國會所在地瑪麗亞宮尚未被攻克，彼得格勒武裝起義取得了初步勝利。

俄曆十月二十五日上午十時，彼得格勒蘇維埃軍事革命委員會發佈了列寧起草的《告俄國公民書》，下午六時，約二萬名起義者包圍了冬宮。龜縮在冬宮的臨時政府妄圖負隅頑抗，拒絕接受戰地指揮部發出的令其二十分鐘內投降的最後通牒。晚九時四十分，彼得保羅要塞的大炮開始向冬宮轟擊，停泊在涅瓦河畔的「阿芙樂爾」號巡洋艦也響起了炮聲。接著，起義者向冬宮發起進攻，並很快就突破了冬宮的外圍防線。俄曆十月二十六日凌晨二時十分，攻下了冬宮。二時三十五分，彼得格勒蘇維埃在斯莫爾尼宮召開緊急會議，列寧在會上鄭重宣佈：權力歸軍事革命委員會為代表的蘇維埃。至此，彼得格勒武裝起義取得了決定性的勝利，社會主義的曙光在彼得格勒的上空閃耀。彼得格勒勝利是通過暴力革命取得的勝利，也是十月社會主義革命進程中最為重要的一筆。

1917年俄曆十月二十五日晚十時四十分，第一屆中央執行委員會代理主席、孟什維克黨人唐恩宣佈大會開幕。當十月二十六日凌晨，起義隊伍攻下冬宮和逮捕臨時政府成員的消息傳到會場時，全場頓時沸騰。接著，盧那察爾斯基宣讀列寧起草的《告俄國工人、士兵和農民書》，選出了由一百零一人組成的全俄中央執行委員會。至此，世界上第一個無產階級專政國家誕生了。

斯莫爾尼宮實景圖 ▲

十月革命期間，布爾什維克與政府軍之間的街頭戰。 ▲

世界上下五千年

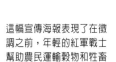

這幅宣傳海報表現了在徵調之前，年輕的紅軍戰士幫助農民運輸穀物和牲畜的情形。 ▼

第一次世界大戰結束

美國的介入改變了世界 ▲
大戰的格局，圖為美國步
兵在巴黎受到他們的法國
「同行」的歡迎。

英國人民走上街頭慶祝 ▲
戰爭結束。

簽署一戰《停戰條約》 ▲
的車廂

一戰開始以來，德國在陸上遲遲沒有大進展，在海上則受到英國的嚴密封鎖。1917年二月，德國孤注一擲，決定實行「無限制潛艇戰」，使協約國和中立國損失慘重。四月，美國以此為藉口，對德宣戰。

連年的戰爭使俄國處境困難。1917年三月，發生了革命，沙皇政府被推翻。不久，十月革命爆發，建立了蘇維埃政權。1918年三月，俄德簽訂和約，俄國退出了戰爭。德國趁機將兵力西調，在西線發動了五次攻勢，但損失慘重，毫無進展。

美國的參戰，使協約國方面佔據了絕對優勢。1917年十一月，協約國最高軍事委員會成立。1918年三月，以福煦為協約國最高統帥。七月，協約國軍隊開始反攻，美國陸軍也陸續抵達歐洲大陸。十二月，協約國聯軍發動總攻，同盟國軍隊一敗塗地。

十月，土耳其蘇丹宣佈投降。在協約國的打擊下，奧匈帝國所屬各民族紛紛宣告獨立，並退出戰爭。十一月初，奧地利也宣佈投降，德國空前孤立。三日，德國基爾港水兵起義，德皇威廉二世逃往荷蘭。十一日，德國與協約國簽訂了《康邊停戰協定》，一戰以同盟國的失敗而告終。

第一次世界大戰的性質是一場帝國主義爭霸戰爭，前後持續了五十一個月，有十五億人

口被捲入戰爭，世界各國損失慘重。一戰使德、奧、俄、土這四個帝國覆滅，英、法被削弱，美、日興起，俄國建立了社會主義政權，對此後的世界格局影響很大。

一戰紀念碑　法國　▲

德國革命爆發

▲ 波蘭馬克思主義者
羅莎·盧森堡

1919年德國革命講演者 ▲

德國工人階級組織起來舉
行遊行示威，直接促成了
德國共產黨的成立。 ▶

　　19世紀中後期，普魯士經過三次王朝戰爭，統一了德國，並確立了容克資產階級在德國的統治，使德國走上了發展資本主義的道路。德國資本主義保留了濃厚的封建殘餘：政治上，保留了半專制主義的君主制度，容克地主在政治生活中佔據很高的地位，人民很少有自由民主權利；經濟上，封建容克土地所有制佔優勢，容克地主與壟斷資本緊密勾結，對廣大人民實行殘酷的剝削。第一次世界大戰爆發後，德國經濟瀕臨崩潰，勞動人民陷入困境，國內階級矛盾進一步加劇。

　　1918年初，德國各地爆發了工人罷工運動，並在罷工過程中建立了工人代表蘇維埃。1918年秋，德軍在前線接連不斷地失利，敗局已定，士兵的厭戰情緒日益高漲，革命形勢日益成熟。十一月三日，基爾的水兵、士兵和工人舉行起義，到五日時，蘇維埃掌握了基爾的全部政權。基爾起義吹響了德國十一月革命的號角，革命迅速向全國蔓延。十一月九日，柏林數十萬工人和士兵舉行了總罷工和武裝起義，推翻了霍亨索倫統治的王朝。同一天，德國社會民主黨領導人謝德曼和斯巴達克派領導人李卜克內西分別宣佈德國為「德意志共和國」和「自由社會主義共和國」。

　　1918年十一月十日，德國社

會民主黨和獨立社會民主黨聯合組成了以艾伯特為首的資產階級性質的臨時政府──人民委員會。

在柏林暴動期間，德軍使用一輛剛俘獲的英國坦克在城內巡邏。 ◀

臨時政府成立後，人民委員會實行了一些資產階級民主性質的改革，但保留了原有的國家機器，解散了工人武裝，實行敵視蘇俄的外交政策，反對革命繼續發展。德國革命有停留在資產階級民主革命階段的危險。

為了推動革命繼續前進，斯巴達克派積極進行活動。1918年十一月十一日，斯巴達克派進行了改組，更名為「斯巴達克同盟」。十二月二十九日，斯巴達克同盟舉行了全國代表大會，決定與獨立社會民主黨徹底決裂，成立德共產黨。十二月三十日，德國共產黨宣告誕生。

斯巴達克派士兵與艾伯 ▲
特反動政府激烈交戰。

為防止德共領導革命向前發展，艾伯特政府尋機對德共進行鎮壓。1919年一月四日，艾伯特政府宣佈解除獨立社會民主黨人埃希霍恩的柏林警察總監職務，這一決定激起了柏林工人的極大憤怒。一月五日，柏林十五萬工人舉行了聲勢浩大的示威遊行，結果遭到了艾伯特

柏林工人用新聞紙筒做 ▲
屏障與敵人周旋。

政府的血腥鎮壓，德國工人階級的傑出領袖卡爾‧李卜克內西和羅莎‧盧森堡被殺害。在鎮壓柏林一月起義的恐怖氣氛中，德國國民議會於1919年二月在魏瑪召開，制定了資產階級民主性質的《魏瑪憲法》，成立了以艾伯特為總統、謝德曼為總理的魏瑪共和國，從而使十一月資產階級民主革命的成果得到了肯定。

反對斯巴達克派的人群 ▼

後期共產國際的領導工 ▲
作主要由史達林負責。

紅場不僅是莫斯科的重要
標誌，而且也是許多重大
事件的發生地。　　　▼

第三國際

　　第三國際又名共產國際，是世界無產階級第四個聯合組織。在第一次世界大戰和十月革命的影響和推動下，資本主義世界掀起了無產階級革命鬥爭的高潮，許多國家的先進無產階級開始擺脫社會民主黨的影響，建立自己的革命政黨──共產黨。但是，由於各國新生的共產黨缺乏鬥爭經驗，在思想上還沒有徹底擺脫社會民主黨的影響，而且有的國家尚無自己的革命政黨，這使得無產階級無法很好地完成歷史使命。

　　第二國際破產後，列寧等革命左派為建立新的共產國際做了大量的工作。首先，他們在思想上進行了大量的理論工作，劃清了與第二國際機會主義的界限，為共產國際的建立奠定了理論基礎。其次，在組織上，他們加強了國際合作，為共產國際的建立奠定了組織基礎。

到1918年底，成立共產國際的思想已為許多國際的左翼代表所接受。

經過醞釀和準備，第三國際成立大會於1919年三月二日至六日在莫斯科舉行，三十個國家的共產黨和左翼組織的五十四名代表和觀察員參加了這次會議。大會通過了《共產國際行動綱領》，選出了執行委員會和執行局。這樣，共產國際正式建立起來了。

共產國際的建立，標誌著第二國際機會主義在工人運動中的統治徹底結束，同時，世界無產階級有了團結的核心和革命的司令部。共產國際繼承和發展了第一國際的革命原則，承接了第二國際的成果，提出了無產階級的新的革命原則和任務，推動了國際共產主義運動的進一步發展。

共產國際的組織原則具有高度的集中性。共產國際「二大」上通過的《共產國際章程》規定：共產國際必須是一個高度集中的組織，必須是一個全世界的統一的共產黨，各國共產黨是它的支部，受共產國際的領導；共產國際執行委員會有權修改各國支部的決議，有權開除違反國際原則和決議的支部，有權派代表參加支部的一切會議，各支部召開會議需經國際批准等等。這樣，共產國際就確立了高度集中的組織制度。1943年六月八日，共產國際執委會主席團召開了最後一次會議，決定自六月十日起撤銷共產國際所屬的一切機構。至此，共產國際在完成了歷史使命後，自行解散。

列寧為建立新的共產國際做了大量工作，圖為他與布爾什維克的領導人在一起。 ▲

美國查禁宣傳十月革命的書籍。 ▲

克里姆林宮遠眺 ▼

印度民族解放運動

印度人在自己的土地上 ▲
像奴隸一樣地生活著。

印度「賤民」（階級最 ▲
低的印度人）一家

印度農村餓殍遍地，景象
十分悲慘。　　　　　▼

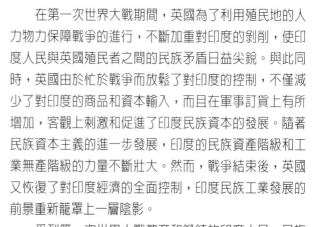

在第一次世界大戰期間，英國為了利用殖民地的人力物力保障戰爭的進行，不斷加重對印度的剝削，使印度人民與英國殖民者之間的民族矛盾日益尖銳。與此同時，英國由於忙於戰爭而放鬆了對印度的控制，不僅減少了對印度的商品和資本輸入，而且在軍事訂貨上有所增加，客觀上刺激和促進了印度民族資本的發展。隨著民族資本主義的進一步發展，印度的民族資產階級和工業無產階級的力量不斷壯大。然而，戰爭結束後，英國又恢復了對印度經濟的全面控制，印度民族工業發展的前景重新籠罩上一層陰影。

受到第一次世界大戰教育和鍛鍊的印度人民，民族意識普遍覺醒，反對英國殖民統治的鬥爭深入開展，罷工浪潮席捲各個工業中心。孟買、馬德拉斯等城市的工人在罷工鬥爭中建立了工會組織。另外，在旁遮普等地則爆發了農民運動。這一切都預示著民族解放運動高潮即將來臨，而十月社會主義革命則促進了印度民族解放運動的發展。

面對印度民族解放鬥爭日益高漲的形勢，英國殖民者採取了懷柔與鎮壓並舉的政策，以穩定自己的統治。1918年七月，英國公佈由印度事務大臣孟太古和駐印總督蔡姆斯福特聯合簽署的《孟太古-蔡姆斯福特方案》，允諾在印度「逐漸發展自治體制」。但事實上，這個方案僅僅照顧到穆斯林聯盟中上層人士的利益，意在拉

甘地領導印度人民開
展「不合作運動」。▲

攏和利用他們,並沒有給廣大的印度人民帶來真正的自
治權利。因此,該方案一公佈,便遭到印度社會各階層
的強烈反對。

　　英國殖民當局鑒於懷柔政策沒有奏效,便採用了高
壓手段。1919年三月,英國頒佈《羅拉特法案》,設立
特別法庭,任意搜查、逮捕和判決任何一個印度人。
《羅拉特法案》公佈後,印度各地立即掀
起了抗議怒潮。

甘地領導印度人民開
展「不合作運動」。▲

印度民族解放運動浪潮中
的泰戈爾(中)和甘地
(左)　　　　　　▼

印度民眾集會　　　▼

巴黎和會

巴黎艾菲爾鐵塔

　　巴黎和會於1919年一月十八日至六月二十八日在巴黎近郊的凡爾賽宮召開。

　　參加巴黎和會的共有二十七個國家，一千多名代表。按照享有權利的不同，與會國被分成四類：第一類是享有整體利益的國家，即英、法、美、日、義五強國，它們可以參加任何會議；第二類是享有局部利益的國家，它們是第一次世界大戰中對同盟國作戰的國家，它們只能出席有關問題的會議；第三類是第一次世界大戰中與德、奧斷絕外交關係的國家，它們只有在討論涉及本國問題時才能出席會議；第四類是中立國和即將成立的國家，它們只有在五強國邀請下，才能出席有關問題的會議。

　　巴黎和會主要對以下幾個議題進行了討論：

　　第一，建立國際聯盟問題。會議剛開始，威爾遜便提出討論建立國際聯盟的問題，但英、法更關心殖民地和領土問題，反對首先討論國聯問題。經過爭論，

最後決定將國聯問題交給威爾遜主持專門委員會討論。經過討價還價，最後通過一個在英美方案折中基礎上的《國際聯盟盟約》。

第二，德國的邊界問題。這是對德和約的主要問題，也是會議爭論的熱點問題之一。法國要求德國不僅要歸還阿爾薩斯和洛林，而且要求以萊茵河為德、法之間的邊界，並主張分割德國的其他領土。英、美不願德國過分被削弱，極力反對法國的要求。經過激烈爭論，三國最終以英國提出的《楓丹白露文件》為基礎達成協定。

巴黎凱旋門　　　　▲

第三，關於德國的賠款問題。在這個問題上，英、法、美三國同樣進行了激烈的爭吵，無論是在賠款數目上還是在賠款的分配辦法上，三國都存在著許多分歧。

第四，中國山東問題。中國作為戰勝國，在會上提出了收回德國在山東的一切非法權益的要求，而日本則以中、日之間簽訂的協議為由，要求將德國在山東的一切權益全部轉讓給日本。美國主張將德國在山東的權益先由國際共管，等山東完全開放後再交還中國。英、法、義則始終支持日本的無理要求。最後，美國也向日本讓步，致使日本的要求得到了滿足。

1919年五月四日，北京 ▲
學生在天安門前集會，抗
議巴黎和會上列強將山東
割讓給日本。

第五，俄羅斯問題。對於俄國建立的蘇維埃政權，帝國主義各國都耿耿於懷。在和會上，英、法、美三國都主張對蘇俄進行干涉，通過什麼方式都意見不同。法國極力主張武裝干涉，但英、美則傾向於通過外交途徑解決。最終通過了對蘇俄進行經濟封鎖計劃，以遏止革命發展。

巴黎和會是帝國主義的分贓會議。帝國主義戰勝國都力圖借此機會掠奪戰敗國，搶佔弱小國家的豐富資源，以擴大自己的勢力範圍。最終，與會各帝國主義國家根據自己的實力對歐洲進行了重新劃分。

巴黎委員會上的三巨　▲
頭：勞合·喬治、克里孟
梭與威爾遜

375

凡爾賽體系

　　巴黎和會在經過幾個月的激烈爭吵之後，列強終於完成了對德國的分贓，於1919年六月二十八日在凡爾賽宮簽訂了《協約國和參戰各國對德和約》，即《凡爾賽和約》。

　　和約在德國領土的問題上規定：德國西部邊界恢復到1870～1871年的狀況，阿爾薩斯和洛林重歸法國；薩爾區的行政權由國聯

凡爾賽宮內景圖　▲

代管，十五年後進行公民投票決定其歸屬，薩爾煤礦由法國開採；萊茵河右岸作為非軍事區，不得設訪，左岸分成三個佔領區，分別由協約國佔領五年、十年、十五年；在東部，德國承認波蘭獨立，並將一部分領土劃歸波蘭；在南部，德國承認奧地利獨立，德、奧永遠不合併；在北部，將德國與丹麥之間的部分領土劃歸比利時和丹麥。

　　關於德國的殖民地，由戰勝國以委任統治的形式加以分割。

　　和約在德國軍備的問題上規定：德國廢除普遍義務兵役制，解散總參謀部；陸軍人數不得超過十萬，海軍不得擁有主力艦和潛水艇，不得擁有空軍。德國必須拆除西部邊境線上的防禦工事，但仍可保留沿海和東線的軍事工程。

凡爾賽宮外景圖　▼

關於德國賠款問題，和約規定：由協約國專門委員會加以確定。在此之前，德國應於1921年五月一日前支付二百億金馬克的現金和各種實物，德國負擔佔領軍的全部費用。

德國和約簽訂後，戰勝國立即與德國的戰時盟國簽訂了一系列條約。1919年九月十日，協約國與奧地利簽訂了《聖日爾曼條約》。條約確認了匈牙利、捷克斯洛伐克、塞爾維亞－克羅地亞－斯洛文尼亞王國的獨立及其疆界；規定奧地利廢除徵兵制，陸軍不得超過三萬人；賠款數額必須在三十年內付清。協約國又同保加利亞在巴黎近郊的納依簽訂《納依條約》，規定：西色雷斯交給戰勝國代管；保加利亞必須廢除義務兵役制，陸軍不得超過二萬人；償付4.45億美元的戰爭賠款。而後，戰勝國在凡爾賽的特里亞農宮與匈牙利簽訂了《特里亞農條約》。根據條約，匈牙利只剩下了原來國土的28.6%，陸軍限額為三萬五千人，賠款二十二億金法郎。1920年八月十日，在巴黎近郊的色佛爾，戰勝國與土耳其蘇丹政府簽訂了《色佛爾條約》，這一條約使土耳其失去了五分之四的領土，財政經濟由戰勝國監督。

以上這些條約同《凡爾賽和約》、《國際聯盟盟約》一起形成了一個互為聯繫的條約體系，建立了帝國主義在歐洲、西亞和非洲的國際新秩序，使這些地區的政治、經濟、軍事活動又重新納入了列強所控制的軌道，這一體系被稱為「凡爾賽體系」。

人們試圖透過凡爾賽宮的玻璃門看到影響世界格局的條約的簽署。 ▲

步入凡爾賽宮的各國 ▲
代表

參加凡爾賽宮條約簽定 ▲
的協約國婦女代表團

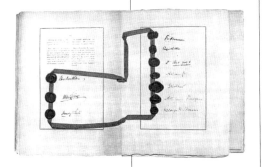

《凡爾賽合約》條文圖影 ▶

華盛頓會議

世界上下五千年

華盛頓紀念碑　　　▲

　　第一次世界大戰前，在遠東和太平洋地區爭霸的是英、法、俄、日、德、美六國。戰後，德國敗北，沙俄消亡，法國則忙於醫治戰爭創傷和處理歐洲事務。因此，在亞太地區便形成了英、美、日三國角逐爭霸的局面。在遠東和太平洋地區，主要矛盾是美、日矛盾。大戰期間，日本趁歐美國家忙於戰事之機，奪取了德國在中國和太平洋上的殖民權益，形成了遠東和太平洋地區事實上的獨霸局面，從而加劇了列強間的利害衝突。美、英、日三國在亞太地區展開的激烈爭鬥，主要表現在三國的海軍軍備競賽上。美國看出要在海上獲得優勢，還需要花些時間，便想通過外交途徑來制約競爭對手。

　　1921年八月十一日，美國正式向遠東互有利害關係的八個國家：英、日、中、法、義、比、荷、葡發出邀請，參加華盛頓會議。1921年十一月十二日，華盛頓會議開幕。美國在會議中居主導地位，列入會議正式議程的問題有兩項：一是限制海軍軍備；二是太平洋及遠東問題。

美國國會大廈　　　▼

　　經過近三個月的爭吵，會議於1922年二月六日閉幕。會議締結了七項條約和十二項決議案，主要有《四國條約》、《五國海

軍協定》、《九國公約》和中、日《解決山東問題懸案條約》。

美國主張廢除英日同盟。英日同盟問題雖然未被列入會議議程，但一戰後，英日同盟成為美國爭霸遠東和太平洋地區的障礙。因此，美國把廢除英日同盟視為自己的頭等大事。經美、英、日代表私下磋商和法國同意，1921年十二月十三日，四國共同簽署了《關於太平洋區域島嶼屬地和領地的條約》，簡稱《四國條約》。條約規定：締約各國相互尊重它們在太平洋區域內島嶼屬地和領地的權利；如上述權利遭到任何國家侵略或威脅時，締約國應進行協商，以便聯合或單獨地採取對付措施；條約生效後，英日同盟應予終止。《四國條約》以體面的形式埋葬了英日同盟，這是美國外交史上的一大勝利。

關於中國「門戶開放」原則的《九國公約》與中、日解決山東問題的條約方面，在華盛頓會議上，中國政府迫於中國人民反帝鬥爭的壓力，提出了取消《凡爾賽條約》中關於山東的條款，要日本放棄「二十一條」等一系列正當要求。由於美、日矛盾激化，中國政府的一些反日要求得到了美國的支持。1922年二月四日，中日簽訂了《解決山東懸案條約》及《附約》，規定：恢復中國對山東的主權，日軍撤出山東，歸還膠濟鐵路，但中國要以鐵路產值償還日本。山東問題的解決，為貫徹美國的意圖掃除了障礙。1922年二月六日，與會九國共同簽署了《九國公約》，公約聲稱尊重中國的獨立和領土完整，遵守在中國之「門戶開放」和各國商務實業機會均等的原則。

華盛頓會議是巴黎和會的延續，它在承認美國在遠東及太平洋地區佔優勢的基礎上，建立了戰後帝國主義列強在亞太地區新的國際關係結構後，被稱為「華盛頓體系」。由凡爾賽體系和華盛頓體系構成的帝國主義國際關係新格局，標誌著帝國主義戰勝國完成了全球範圍內對世界秩序的重新安排，史稱「凡爾賽——華盛頓體系」。

參加華盛頓會議的各國代表在《海軍協定》上簽字。 ▶

土耳其凱末爾革命

穆斯塔法・凱末爾像　▲

1922年十月，土耳其人在
麥士拿城外圍著一面巨幅
國旗慶祝勝利。　　　▼

第一次世界大戰後，土耳其作為戰敗國，被迫與協約國簽訂了《摩得洛斯協定》，協約國軍隊據此佔領了土耳其海峽地區。1920年八月，協約國又強迫土耳其接受了《色佛爾條約》，瓜分了其本土五分之四的領土。悲慘的生活激起了土耳其人民對帝國主義和賣國的蘇丹政府的強烈憤慨。在俄國十月革命勝利的鼓舞下，土耳其人民掀起了一場轟轟烈烈的爭取民族獨立和主權的鬥爭，並最終發展成為民族獨立戰爭。

早在1919年五月，凱末爾受蘇丹派遣到安納托利亞維持地方秩序，他在那裡參加了當地的反帝鬥爭，並很快贏得了當地群眾的信任和擁護。九月，全國各地「護權協會」在錫瓦斯召開了代表大會，成立了全國統一的資產階級革命組織「護權協會」，通過了反帝民族綱領，並確立了以凱末爾為首的代表委員會作為統一的領導核心。

世界上下五千年

80

在代表委員會的堅決要求下，蘇丹政府被迫於1920年一月召開了帝國議會，議會通過了凱末爾起草的《國民公約》。《國民公約》要求土耳其享有完全的獨立和自由，反對帝國主義強加給土耳其的各種不平等條約以及對土耳其的各種限制，被譽為土耳其的獨立宣言。

▲ 一戰中犧牲的土耳其士兵墓地

《國民公約》引起了帝國主義及蘇丹傀儡政權的恐慌。1920年三月十六日，協約國以武力佔領了伊斯坦布爾，並迫使蘇丹政府解散議會，逮捕凱末爾派議員。在這種形勢下，凱末爾派於四月二十三日在安卡拉召開了大國民議會，成立了以凱末爾為總統兼國民軍總司令的國民政府。

▲ 伊斯坦布爾是世界上唯一一跨越亞歐兩大洲的城市。

安卡拉革命政府充分依靠廣大人民群眾進行反帝鬥爭。九月十八日將希臘侵略軍全部逐出安納托利亞，英軍被迫同土耳其講和。十月，凱末爾政府同協約國簽訂了停戰協定。十一月一日，安卡拉大國民議會通過了廢除蘇丹制度的法案，結束了長達六百多年的奧斯曼帝國的君主統治。

1923年十月二十九日，土耳其共和國宣佈成立，凱末爾當選為第一任總統。共和國成立後，土耳其開始進行全國性的建國復興運動。

伊斯坦布爾藍色清真寺是世界上唯一的六塔清真寺。 ▶

史達林（右）和列寧 ▲

1921年走下火車的托洛 ▲
斯基（左）

托洛斯基視察莫斯科蘇聯
軍事研究院時與研究員們
合影留念。　　　　▼

史達林模式

　　托洛斯基在列寧逝世後，重新提出了他的「不斷革命論」，這一論調嚴重違背了列寧的新經濟政策。托洛斯基聲稱：在俄國這樣一個農民佔絕大多數的落後國家裡，蘇維埃政權所面臨的問題，只有在國際範圍內，即在無產階級世界革命的舞臺上，才能得到根本的解決，新經濟政策只是等待歐洲革命爆發的權宜之計。本來，包括史達林在內的黨內絕大多數人都持這種觀點，但在蘇聯的黨內鬥爭過程中，史達林改變了以前的觀點，認為蘇聯一國可以依靠自身力量建設社會主義，並與托洛斯基的「不斷革命論」展開了鬥爭。

　　史達林在與反對派的鬥爭過程中，逐漸完善了關於一國建成社會主義的理論。他在1925年四月召開的黨的十四次代表會議上明確指出，蘇聯一國建成社會主義是完全有可能的。在1925年十二月召開的黨的第十四次代表大會上，系統地闡述了一國建成社會主義的理論。史達林認為蘇聯一國建成社會主義的條件已經具備。政治上，無產階級已經奪取了政權，儘管工、農之間存在著矛盾，但他們的根本利益相同，農民可以在工人階級的領導下進行社會主義改造，走上社會主義道路。經濟上，無產階級專政國家能夠依靠本國人民的力量，戰勝資產階級，建立社會主義的經濟基礎。國際上，由於帝國主義政治經濟發展不平衡，帝國主義陣營內部的衝突必然加劇，世界資本主義力量將被削弱，而在各國掀起的

革命運動，也牽制了帝國主義的力量。這一切，都使蘇
聯一國可以建成社會主義。史達林指出，一國建成社會
主義，並不是社會主義最終獲得勝利，應該把兩者區別
開來。無產階級專政的國家存在兩類矛盾：一是國內矛
盾，二是無產階級專政國家與資本主義各國的矛盾。前
者能夠依靠工農聯盟的力量來克服；但後者無法靠一國
的力量來克服，解決這一矛盾有待於無產階級世界革命
的勝利。史達林的這一理論為黨所接受，從而也戰勝了
托洛斯基反對派和新反對派。

　　史達林關於「一國建成社會主義」的論述，極大地
鼓舞了蘇聯人民建設社會主義的熱情，成為蘇聯進行社
會主義建設的指導思想。

　　史達林與布哈林從1928年開始，就如何建設社會主
義的問題進行了激烈的爭論鬥爭。1929年四月召開的中
央全會批判了布哈林的觀點，並撤銷了其《真理報》主
編和共產國際的領導職務，1930年十二月召開的中央全
會撤銷了支持布哈林的其他領導人的職務，史
達林又戰勝了布哈林反對派。至此，史達林在
建設社會主義的途徑和方式問題上的主張完全
為黨所接受，蘇聯開始朝著「史達林模式」的
社會主義方向前進。

長臂尤里紀念碑與莫斯科
蘇維埃大樓　　　　◀

蘇聯農場利用一戰時繳　▲
獲的德國坦克牽引犁耙開
墾田地。

史達林（左一）和赫魯　▲
雪夫（左二）

列寧於1924年一月二十一
日與世長辭，他的逝世所
造成的權力真空，引發了
史達林與托洛斯基的政治
鬥爭。　　　　　　　▼

白里安—凱洛格非戰公約

20世紀20年代軍備競賽 ▲
在西方國家之間展開，這
款菲亞特軍車不僅裝配有
坦克裝置，而且還備有火
炮發射器。

　　裁軍問題是20世紀20年代重要的國際問題之一。隨
著戰後資本主義國家的生產增長和商品流通的恢復，他
們為爭奪銷售市場、原料產地和勢力範圍的鬥爭也不斷
加劇。為此，西方各主要大國競相發展各自的軍事力
量，新一輪的軍備競賽開始了。各國人民對帝國主義國
家之間的軍備競賽深感憂慮，強烈要求裁減軍備。

　　國聯成立以後，對裁軍問題傾注了很大的精力，從
1922～1933年的十二年中，裁軍問題一直是國聯活動的
中心議題。1925年十二月十五日，為召開民辦裁軍會
議，國聯決定成立裁軍會議籌備委員會。

　　1932年二月二日，國際裁軍會議正式召開，有六十
多個國家派出了代表。在會議召開地日內瓦，各大國代
表拋出各式各樣的裁軍方案。由於列強從各自利益出
發，拒絕採取真正的裁軍措施，在1933年十月德國退出
裁軍會議後，會議因毫無結果而陷入癱瘓狀態。此後，
各國的軍備競賽愈演愈烈。

1922年七月，德國反戰示
威遊行進行地如火如荼，
飽受戰爭之苦的人民不願
看到災難再次降臨。　▼

　　早在1927年四月六
日，即美國參加第一次
世界大戰十周年紀念
日，就有幾千名曾在西
線作戰的美國志願兵為
紀念這個日子在巴黎聚
會。法國外長白里安利
用這個機會，於六月三
十日正式照會美國國務
卿凱洛格，建議締結一

項雙邊永恆友好條約。但美國既不願意因單獨與法國締結條約而捲入歐洲衝突，也不願意直接拒絕法國的建議。於是經過精心策畫，凱洛格於同年十二月二十八日回覆法國政府，建議由美、法共同倡議，先由美、英、法、德、義、日六大國簽署白里安提出的「非戰公約」。美國這樣做的目的，是想建立一個由美國為主導的新的國際組織，與英、法控制的國聯相抗衡，以達到稱霸世界的目的。

對於美國有違法國初衷的覆文，法國非常失望，便在1928年三月二十六日，向美國提出了想使公約不了了之的四個保留條件。在這種情況下，美國拋開法國，於四月三日單方面向英、德、義、日首先表示贊同。英、義、日等國也在原則上表示支持。經過反覆磋商，六國終於達成了一致意見。1928年八月二十七日，美、英、法、德、義、日等十五國在巴黎簽署了《關於廢棄戰爭作為執行國家政策工具的一般條約》，即《白里安－凱洛格非戰公約》。公約規定：各締約國在相互關係方面，放棄戰爭作為執行國家政策的工具；在處理各國之間的爭端或衝突時，不論其性質如何、起因如何，只能採取和平的方法來解決。1929年七月二十五日，公約生效。截至1932年，在《非戰公約》上簽字的國家共有六十四個。

《白里安－凱洛格非戰公約》是第一次世界大戰後，在全世界人民反對戰爭、渴望和平的壓力下簽訂的。它既反映了帝國主義國家之間錯綜複雜的矛盾，也反映了當時資本主義國家中高漲的和平主義傾向。

然而，公約沒有明確規定制裁侵略的具體措施，也沒有要求各國對此要作出任何實際的犧牲，這在很大程度上削弱了公約的作用。由於《非戰公約》自身存在著嚴重缺陷，使得公約沒有任何約束力，變成一紙空文。

張伯倫（左二）、白里安（右一）等人在國聯會議上交談。▲

戰後各國在一片廢墟之中獲得了短暫的和平。▲

法國外長白里安像 ▼

美國經濟危機全面爆發

正當資本主義世界陶醉於數年來的繁榮之時，「黑色星期五」悄然降臨。

資本主義從1924年起，進入了相對穩定時期。經過幾年的恢復和發展，資本主義世界出現了繁榮景象，各主要資本主義國家的工業生產總值均大大超過戰前的水準。經濟的短暫繁榮，使資產階級忘乎所以，聲稱資本主義已消滅了貧困，進入了「永久繁榮」階段。然而，正當資產階級洋洋得意之時，一場空前的大危機突然降臨。

短短幾年的繁榮之後，資本主義經濟危機就爆發了，其原因在於繁榮並沒有改變資本主義的基本矛盾，而且在繁榮的背後，隱藏著更為嚴重的問題。

十月革命的勝利，使俄國這一資本主義世界的巨大消費市場與資本主義世界相脫離，而且引發了殖民地半殖民地國家的民族解放運動。殖民地半殖民地國家人民的反抗鬥爭，使帝國主義國家不敢再像以前那樣無限制地掠奪資源和傾銷商品，而第一次世界大戰期間，各國民族經濟的發展又衝擊

1929年危機爆發時的美 ▲
國總統胡佛，他既沒有能力避免危機的到來，也無法阻止衰退的加劇，最後只能黯然下台。

危機來臨，許多美國人只能靠領救濟金為生。 ▶

了帝國主義的商品市場。所有這一切，都使資本主義國家的國外市場相對變小了，從而導致資本主義國家生產與市場之間矛盾的加劇，在相對穩定時期，農業卻長期處於慢性危機之中，工人的工資也沒有隨著工業的發展而相應地提高，這就使國內

一位「黑色星期五」的 ▲
受害者以一百美元的價格
出售他的汽車，以盡快得
到現金。

的消費市場逐步萎縮。這樣，一方面是生產的不斷擴大，另一方面是市場的相對縮小，便加劇了生產與消費之間的矛盾，生產相對過剩的危機越來越嚴重，終於導致了1929～1933年資本主義世界經濟危機的爆發。

　　1929年十月二十四日，被喻為「黑色星期五」，美國紐約股市股價暴跌，人們大量拋售股票。儘管一些壟斷資本家企圖靠大量收購股票來抑制股價下跌，但毫無作用。十月二十九日，股價再度狂跌，股民們瘋狂地拋售股票，最終導致了股市的崩潰。股市的崩潰引起了銀行危機，進而引起了美國經濟危機全面爆發。美國的經濟危機很快波及到依賴美國資本的德國和依賴外貿的英國。不久，又蔓延到全世界大多數國家，席捲了整個資本主義世界。

德國貨幣貶值，圖為兒童拿
貶值的貨幣堆積木玩。　▶

聖雄甘地

甘地與兩位孫女的合 ▲
影，甘地晚年的日常生活
都由她們兩個來照料。

甘地（右）與尼赫魯 ▲

聖雄甘地畫像 ▼

　　印度的民族解放運動是由印度民族資產階級的政黨
——國大黨領導的。國大黨全稱為「國民大會黨」，領
導人是莫漢達斯‧卡拉姆昌德‧甘地。甘地出身於印度
一個土邦大臣家庭，從小受到印度教、耆那教非暴力和
仁愛思想的深刻影響，後來在倫敦學習西方文化，接受
了基督教、托爾斯泰的思想。甘地在1893～1914年僑居
南非期間，致力於領導印僑開展反種族歧視的鬥爭，主
要採取請願、集會、抗議和罷工等非暴力方式，初步形
成了非暴力抵抗的思想體系。1915年，甘地回國，受到
印度民族資產階級的熱烈歡迎，被稱為「聖雄甘地」。
他的非暴力主張，也深得資產階級和國大黨穩健派的支
持。甘地後來成為國大黨的領袖。

　　1919年四月六日，國大黨根據甘地的建議，決定舉
行全國總罷工，和平抵制《羅拉特法案》。在印度全國
人民反英鬥爭的推動下，為了將鬥爭推上非暴力的軌
道，1920年十二月，國大黨在那格普爾召開年會，通過
了甘地擬定的「非暴力不合作計劃」。

　　國大黨的「非暴力不合作計劃」得到了各階層人民
的廣泛回應，非暴力不合作運動在印度各地轟轟烈烈地
開展起來。1921年，群眾運動達到了高潮，工人運動與
農民運動相結合，伊斯蘭教徒也拋棄了宗教信仰的分
歧，同印度教徒並肩戰鬥。在鬥爭過程中，許多地方的
群眾衝破了國大黨非暴力的限制，襲擊並燒毀了警察
所，燒死了警察，結果遭到殖民當局的殘酷報復。暴力
事件發生後，甘地認為這是自己的「最慘痛的恥辱」。
1922年二月十二日，國大黨在巴多利召開緊急會議，決

定停止非暴力不合作運動。第一次非暴力不合作運動至此宣告失敗。

1929～1933年的資本主義世界發生經濟危機，印度經濟也受到了衝擊，工農業生產嚴重萎縮。而英國為了轉嫁危機，加強了對印度的剝削，致使印度的民族矛盾再度激化，導致了民族解放運動的再次高漲。

此圖反映了甘地在「非暴力不合作運動」中紡線的情形。▲

在日益高漲的工農運動的推動下，國大黨激進派代表賈瓦哈拉瓦‧尼赫魯積極主張爭取印度獨立，並於1928年當選為國大黨主席。1929年十二月，國大黨在拉合爾召開年會，通過了「爭取印度完全獨立」和「發動和平抵抗運動」的決議，並將1930年一月二十六日定為印度獨立日。

1930年二月，國大黨授權甘地領導第二次非暴力不合作運動。這次運動是從甘地的「食鹽進軍」開始的。三月十二日，甘地率領七十八名信徒從阿麥達巴德出發，步行前往丹地海濱。甘地的行動得到了沿途廣大群眾的擁護和支持，抗英鬥爭迅速在全國開展起來。儘管甘地力圖把運動限制在和平抵抗的範圍內，但許多地方的鬥爭發展成暴力行動。1930年四月爆發了白沙瓦起義；五月爆發紹拉普爾起義。這兩次起義雖然都遭到血腥鎮壓，但卻將第二次非暴力不合作運動推向了高潮。

甘地領導的兩次非暴力不合作運動，喚起了印度人民的民族覺悟，沉重打擊英國的殖民統治，奠定印度獨立的基礎。作為印度民族資產階級的代表人物，甘地自始至終參與並領導這兩次運動，為印度民族獨立運動作出了卓越貢獻，被印度人民譽為「聖雄」和「國父」。

1948年一月甘地被印度教極右派分子刺死，引起全印度人民的極大悲憤，圖為給甘地送葬的人群隊伍。▲

凱恩斯主義

英國經濟學家凱恩斯像 ▲

在30年代出品的電影 ▲
《摩登時代》中，卓別林
對大蕭條時期人們的失業
之源——流水生產線進行
了諷刺。

經濟危機造成無數兒童 ▲
被迫打工維持生計，圖為
1930年一個義大利小孩在
麵粉場扛著要去乾燥的麵
條的場面。

凱恩斯主義產生於英國，在20世紀20、30年代，英國之外的其他西方國家也不同程度地出現了類似凱恩斯主義的經濟思想，使其成為當時經濟學界的一種思想。所謂「凱恩斯主義」，是指凱恩斯在其《就業、利息與貨幣通論》一書中建立了「有效需求」的理論，並對「福利國家」型的國家干預主義思潮作了系統的論證。

約翰‧梅納德‧凱恩斯是英國著名的經濟學家。面對30年代的經濟危機，他主張通過加強國家對經濟的干預來擺脫危機，這一主張受到了美國等資本主義國家的高度重視，並逐漸被各資本主義國家所接受。同時，資本主義各國在危機期間採取的通過國家干預來緩解危機的措施，也推動了凱恩斯經濟理論的成熟和完善。1936年，他出版了《就業、利息與貨幣通論》，系統地闡述了他的反危機理論。該書確立了凱恩斯主義經濟學的基本原理，成為凱恩斯的代表作。凱恩斯認為，壟斷資本主義時代出現嚴重的經濟危機的原因，主要是由於社會上對生產物資和消費品的「有效需求」不足，而有效需求不足則是由三條基本心理規律造成的：一是「邊際消費傾向規律」，即隨著收入的增加，消費也增加，而在增加的收入中，用來消費的部分所佔的比例越來越小，用來儲蓄的部分所佔的比例卻越來越大。這樣，在收入和消費之間出現了一個越來越大的缺口，有效需求量降低，造成生產過剩和失業。二是「資本邊際效益遞減規律」，即資本家心理上的資本邊際效益遞減，資本家害怕投資越多利潤就越少，因此對投資的興趣降低，導致國民收入水準下降和對原料、消費品的需求下降。三是

「流動偏好規律」，貨幣是流動性最大的資產，同其他資產比較，具有使用上的靈活性，因而人們都習慣在手裡保持一定數量的貨幣。出於投機目的，貨幣持有者在銀行利率降低到一定程度時，就會更多地保存這些貨幣，造成消費不足。基於這種分析，凱恩斯認為，要消除經濟危機就應該相應地採取措施，國家應對經濟進行干預，實行赤字預算，增加投資，實現充分就業，刺激並鼓勵消費，以充分保證「有效需求」。

凱恩斯主義經濟學在資產階級經濟學說發展史上，是一個新的里程碑。它對國家壟斷資本主義的發展以及對資產階級庸俗經濟學說發展的影響，是重大而深遠的。凱恩斯的反危機理論，是針對經濟危機爆發的直接原因——生產與消費之間的矛盾提出的，在一定範圍內、一定程度上對緩和與擺脫經濟危機起了一定的作用。因此，在20世紀30年代經濟危機期間，凱恩斯主義得到了迅速的發展和傳播，特別是其中的反危機理論，受到人們的高度重視。

在第二次世界大戰結束後，各資本主義國家都不同程度地採用了凱恩斯主義，加強了國家對經濟生活的干預和調節，極大地促進了國家壟斷資本主義的發展。但是，凱恩斯的反危機理論並沒有找到資本主義經濟危機爆發的根本原因——資本主義的基本矛盾，因此也就不可能從根本上提出消除經濟危機的有效辦法。隨著資本主義各國在70年代不斷出現的「滯漲危機」，凱恩斯主義關於實行赤字財政和通貨膨脹來避免危機的主張，逐漸被各國拋棄。但是，凱恩斯主義關於加強國家對經濟生活的干預的思想一直為資本主義各國所接受。作為經濟危機的治標措施，它在一定範圍內、一定程度上對緩和與擺脫經濟危機發揮了一定的作用。

帝國大廈是美國經濟的▲象徵，但在經濟大蕭條時期落成則多少顯得有些尷尬。

在30年代的資本主義經▲濟危機中，一位失業的英國人獨自示威，抗議大蕭條。

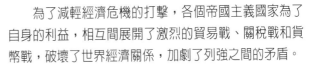

帝國主義國家展開經濟戰

資本主義國家之間展開 ▲ 激烈的貿易戰，圖為英國女工在檢查玩具汽車的品質。

30年代美國的一家罐頭 ▲ 廠，隨著關稅戰的展開，食品出口愈發困難。

漁業競爭同樣非常激 ▲ 烈，圖為英國東海岸的漁民在為捕撈青魚做好準備。

為了減輕經濟危機的打擊，各個帝國主義國家為了自身的利益，相互間展開了激烈的貿易戰、關稅戰和貨幣戰，破壞了世界經濟關係，加劇了列強之間的矛盾。

1930年六月十七日，美國總統胡佛簽署了美國國會通過的《霍利—斯穆特關稅法》，提高了七十五種農產品和九百二十五種工業品的關稅率，使整個關稅的平均稅率由33％增加到40％。這樣，美國率先挑起了資本主義國家之間的關稅戰。對此，其他資本主義國家表示出極大的憤慨，三十三個國家對美國提出了抗議，繼而紛紛採取了報復措施。到1931年底，有二十五個國家相應提高了關稅。1932年四月，提高關稅的國家增加到七十六個，資本主義世界的關稅大戰愈演愈烈。

在進行關稅戰的同時，資本主義國家之間還展開了激烈的貿易戰。1932年八月，為限制美國商品進入大英帝國，英國召集加拿大及澳大利亞、紐西蘭等自治領土和殖民地在渥太華開會，締結了帝國特惠協定，對來自帝國外部的商品徵收高關稅。為了與英國的貿易集團相抗衡，美國打著反對貿易歧視和「機會均等」的旗子進行反擊，並組建自己的貿易集團。

1933年底，美國召集了「泛美會議」，在與會國相互妥協的基礎上通過了《泛美非戰公約》，約定相互間降低關稅。法國也採取了限額輸入的辦法，以保護本國的商品市場。這樣，各國間又展開了貿易戰。

在各國爭相抬高關稅的情況下，為了提高本國商品的競爭力，用本國廉價的商品攻破別國的關稅壁壘，各國紛紛宣佈貨幣貶值，降低本國貨幣與外幣的比價，從

而導致激烈的貨幣戰。本來，在經濟危機前，大多數國家都採取金本位制，這種貨幣制度被認為是對國際貿易比較有利而又相對穩定的。但在1931年，第一個實行金本位制的英國，卻又首先放棄金本位制，使英鎊貶值三分之一。英鎊貶值之後，又有二十多個國家放棄金本位制。資本主義國家紛紛放棄金本位制和英鎊的貶值，大大削弱了英鎊作為國際貨幣的作用，倫敦也有喪失國際金融中心地位的危險，英國對此採取應急措施。從1931年十一月起，英國和英聯邦的其他成員國陸續聯合起來，組成了英鎊集團。英鎊集團約定成員國間的貿易都使用英鎊結算，各國貨幣與英鎊保持固定匯率。在貨幣戰浪潮中，經濟實力雄厚美國也於1933年四月正式放棄金本位制，宣佈禁止黃金出口。1934年，美國又聯合菲律賓、加拿大及大多數拉丁美洲國家等組成了美元集團。截至1935年止，資本主義世界被分裂為五個貨幣集團，主要是英鎊區、美元區、黃金本位區，還有日元區和德國統治下的外匯控制區。各個國家和不同集團之間的激烈鬥爭中，帝國主義各國間重新進行組合，為以後兩大政治軍事集團的形成創造條件。

在資本主義各國為了擺脫危機而在國際上進行激烈的關稅戰、貿易戰和貨幣戰的同時，它們在國內也對經濟進行了調整。許多民主國家都不同程度地加強了國家對經濟生活的干預，使本國經濟朝著國家壟斷資本主義的方向發展，並透過國家干預以及對經濟的內部調整逐漸擺脫了經濟危機。

廣告表明了擺脫經濟危機，英國試圖讓全世界購買其商品。▶

胡佛批准的《霍利—斯穆特關稅法》不但沒有緩和大蕭條對美國經濟的衝擊，反而加劇了美國的災難。圖為諷刺胡佛的漫畫。

這幅漫畫將經濟危機比作一隻籠罩全球的巨大章魚，而美國資金從外國的撤出則加速了危機的蔓延。▲

羅斯福新政

羅斯福像　▲

兩名美國婦女展示她們 ▲
的社會保險卡，羅斯福為
保障美國公民的社會福
利，引入了養老保險、失
業保險和事故保險。

反映羅斯福就任美國總統
的漫畫　▼

1932年十一月，美國舉行了總統選舉。民主黨人富蘭克林·羅斯福利用人們對胡佛自由放任政策的不滿，提出了「新政」的競選口號，並以絕對優勢擊敗了在危機中威信掃地的胡佛，當選為美國第三十二任總統。

羅斯福出身於富豪家庭，早年畢業於美國哈佛大學，1910年當選為紐約參議員，1928年任紐約州州長。羅斯福上任後，立即大刀闊斧地推行了一系列反危機措施，實行「新政」。在實施「新政」過程中，採納了當時流行的「芝加哥學派」的部分思想。該學派主張危機時期實行國家調節，擴大政府開支，實行赤字財政，舉辦公共工程，以消滅失業。

羅斯福分兩個階段實施「新政」：1933年三月九日至六月十六日是第一階段，羅斯福政府通過國會制定了七十多個法案，加強國家對經濟的干預和調節，克服大危機帶來的紊亂狀態，這一階段史稱「百日新政」；從1935年四月起，羅斯福政府又督促國會通過了七百多個法案，掀起了「新政」的第二次高潮，這時的「新政」內容多側重於社會改革，是「新政」的第二階段。

「新政」的主要內容包括如下幾個方面：

一是財政金融的整頓和改革。國會通過了《格拉斯—斯蒂高爾法》，將商業銀行與投資銀行分開，以避免使用用戶存款進行投機。羅斯福在財政金融方面採取的措施，發揮了疏通國民經濟生

活血液循環系統
的作用，為經濟
的恢復創造了良
好的條件。

　　二是調整工業生產。通過了《全國產業復興法》，
將全國工業劃分為十七個部門，分別成立協商委員會，
制定了《公平競爭法規》，確定各企業的生產規模、價
格水準、市場分配、工資水準等，以避免盲目競爭而導
致生產過剩。

　　三是保證農業生產。1933年五月，羅斯福公佈了
「新政」中的又一重要法令——《農業調整法》。根據該
法，政府設立了農業經濟調整署，有計劃地縮減農業生
產，銷毀「過剩」的農產品，以提高農產品價格，克服
農業生產相對過剩的危機。

田納西河上的水壩是新 ▲
政時期興建的重點工程。

　　四是以工代賑，建立社會保障制度。國會通過了
《聯邦緊急救濟法》，成立了聯邦緊急救濟署，直接救濟
失業者和貧困者。又通過了《社會保障法》，開始了
「福利國家」的實驗。

　　羅斯福採取的一系列「新政」措施，對於美國和世
界都產生了深刻的影響。首先，「新政」緩解了經濟大
危機對美國經濟造成的嚴重破壞，促進了美國社會生產
力的恢復。其次，「新政」在維護資產階級利益的同
時，也注意改善工人、農民和小資產階級的經濟和社會

新政雖然在一定程度上緩
解了社會危機，但仍有大
量的失業者出現。　▼

地位，緩和了社會階級矛盾。「新政」
通過對資本主義生產關係的局部調
整，挽救了資本主義制度，從實踐上
和理論上為資本主義世界提供了由私
人壟斷資本主義向國家壟斷資本主義
過渡的重要經驗，開創了福利國家的
道路。

法西斯主義思潮氾濫

美國的三K黨效仿歐洲 ▲
右翼民族主義運動並接受
法西斯理論，成為貽害社
會的毒瘤。

在世界經濟大危機期間，富有資產階級民主傳統的
美、英、法等國家法西斯主義思潮開始氾濫。

美國在20世紀30年代初，出現了眾多的法西斯團
體，如黑衣社、白衣社、民兵團、美國民族主義黨、美
國自由同盟、三K黨等法西斯組織和右翼團體。1934年
十一月，在「美國軍團」和部分華爾街大資本家的策畫
下，由巴特勒將軍率領五十萬退伍軍人向華盛頓進軍，
企圖發動法西斯政變，但最終未能得逞。福特汽車公司
同法西斯組織聯繫密切，亨利‧福特在20年代就開始資
助希特勒的納粹活動，他是被德國政府授予日爾曼大十
字勳章的第一個美國人。1936年出現的「德美聯盟」是
受戈培爾控制和納粹指揮的法西斯團體，它指揮著在美
國的一百六十萬德籍居民中的法西斯分子，並在各大城
市設有分會。資產階級的一些上層人物也公開叫嚷要建
立獨裁統治。堪薩斯州的州長艾爾弗雷德‧蘭登聲稱：
寧可實行獨裁統治，也不可讓國家癱瘓。

美國面臨著法西斯主義的現實威脅，有人甚至提出
美國需要一個墨索里尼，實行法西斯統治，但是法西斯
勢力始終未能掌握政權。原因是：美國自建國以來就具
有較深厚的民主自由傳統，資
產階級民主制度在民眾中有廣
泛的影響；另外，資產階級兩
黨都不願法西斯上臺，他們寧
願尋求資產階級民主制度的新
模式，也不願接受法西斯獨
裁。在經濟上，美國壟斷資本

戰前美國少數人為希特勒
的瘋狂魔力所惑，效仿納
粹軍禮。　　　　　　▼

樂於通過經濟擴張爭奪世界霸權，並不像德、義、日壟斷資產階級那樣急於通過發動戰爭來重新瓜分世界。此外，美國壟斷資產階級不像德國壟斷資產階級那樣面臨著無產階級的危機；美國中產階級與農場主也不像德國的中產階級和地主那樣傾向於壟斷資產階級右翼。

　　在危機年代，英國的一部分壟斷資本家也開始向法西斯主義靠攏。1932年九月，原工黨執委會委員、工黨政府大臣莫斯里，在工業巨頭的資助下組織了「英國法西斯聯盟」。該組織反對民主制度和猶太人，主張建立英國在世界範圍的霸權。但是，由於英國在危機前的20年代，沒有出現經濟繁榮的局面，危機對英國的影響也便沒有美、德等國那樣大，大起大落的現象並沒有出現。另外，英國的民主傳統，工人階級和民主派別的堅決抵制，使英國的法西斯運動沒有形成氣候。

　　法國捲入經濟危機的時間比較晚，但擺脫危機也最晚，直到1936年才有所好轉。在危機時期，法國國內階級矛盾加劇了。1930年二月至1934年一月，法國政府更迭達十二次。由於政局混亂，財政政策搖擺不定，人民群眾的不滿情緒普遍高漲。在這種情況下，各種法西斯主義組織滋生起來，如「火十字團」、「法蘭西行動」、「束棒」、「法蘭西團結」等等，它們在壟斷組織扶植下公開活動，非常猖獗。最有影響的法西斯組織是「火十字團」，由德拉羅克上校領導，因最初參加的人是獲得戰爭十字勳章的復員軍人而得名。該組織從1934年的二十萬人發展到1935年年底的七十多萬人，成員遍及各界，其骨幹是退伍軍人，他們頭戴鋼盔，身著軍裝，胸前佩帶各種勳章，對群眾產生了一定吸引力。「火十字團」不僅擁有大量武裝，甚至還擁有一百五十架飛機，它公開主張改組議會，建立法西斯主義專制政府。

被視為「吉祥物」的「少年法西斯主義者」。

1933年十一月，德國納粹黨徒招搖過市，拉攏選票，法西斯勢力山雨欲來。

日本建立法西斯體制

法西斯軍國主義與傳統 ▲
的武士道相結合，形成日
本軍人畸形而毒戾的作
風，圖為1932年攝於上海
的幾名日軍軍官。

這幅美國漫畫抨擊了日 ▲
本不遵守國際條約的行
徑。

1932年日本士兵在中國 ▲
東北挖戰壕，準備發起對
中國的全面進攻。

1932年，日本為征服東亞
做準備，圖為日本天皇視
察形狀奇異的高射炮式的
高音喇叭。 ▶

在日本法西斯專政的建立過程中，軍部的法西斯勢力起著主導作用。由於歷史的原因，日本軍部在日本軍事官僚機構中地位特殊，權力很大，直屬天皇統領，不受政府管束，而且軍部還可以通過陸海軍大臣干涉政府事務。由於日本軍部擁有這種特殊的地位，它成為法西斯勢力崛起的溫床和支柱。

1930年十一月，在軍部法西斯勢力的支持下，法西斯組織「愛國社」成員暗殺了濱口首相，從此法西斯勢力和軍部少壯派勢力日益囂張，企圖靠對外擴張、對內政變來奪取政權，建立法西斯獨裁統治。

1931年九月十八日，日本關東軍在瀋陽北郊柳條湖附近炸毀了一段南滿鐵路鐵軌，卻誣稱中國軍隊蓄意破壞，並以此為藉口，向瀋陽及東北全境發動進攻。由於蔣介石奉行「不抵抗」政策，使日軍在三個月內佔領了整個東北三省。「九·一八」事變標誌著第二次世界大戰亞洲戰爭策源地的形成。

這次事件過後，軍內法西斯勢力開始分化，圍繞著如何建立軍事法西斯統治的問題，出現了對立的兩派：以荒木貞夫和真崎甚三郎為首的皇道派，在新財閥的支持下，積極鼓吹「發揚皇道」、「尊崇天皇」，主張使用

暴力手段，推翻政黨內閣，建立以天皇為中心的軍部法西斯獨裁政權。因皇道派以中下級軍官為骨幹，又稱為

「少壯派」。以永田鐵山和東條英機為首，軍部上層為核心的統制派，認為軍部勢力已經壯大，沒有必要用暴力手段改變現狀，主張在軍部中央機

日軍發動「九‧一八」▲
事變，進攻瀋陽。

關將校軍官的統治下，用自上而下的合法手段控制政權，實現全國法西斯化。

1932年五月十五日，在「血盟團」的領導下，海軍中的皇道派軍官、陸軍士官生再次發起暴動，刺殺了首相犬養毅，要求建立法西斯軍隊內閣。在「五‧一五」事件的衝擊下，政黨內閣宣告結束。五月二十六日，由海軍大將齋滕實組織了包括軍部、官僚和政黨在內的所謂「舉國一致內閣」，日本從此步入了向軍事獨裁政權過渡的階段。

在擴軍備戰過程中，皇道派與統制派的矛盾日益尖銳。經過一番較量，軍部的統治大權完全落入了以東條英機為首的統制派手中。1936年三月九日，在統制派的支持下，廣田弘毅組閣，廣田遵照軍部意願，組成了聽命於軍部的內閣。廣田上臺加快了法西斯化的進程。五月，他下令恢復了軍部大臣的現役武官制，使軍人控制內閣披上了「合法」的外衣。廣田內閣廢除了議會多數的政黨內閣制，取消了議會對內閣的監督權。同時，廣田內閣加快了擴軍備戰的步伐，1936年八月七日的「五相會議」制定了「基本國策綱要」，確立了日本對外擴張的戰略目標。廣田內閣的建立，標誌著以軍部為核心的日本天皇制法西斯體制基本形成。

在慶祝1937年新年的傳 ▲
統儀式上，廣田弘毅（左）
與其父在一起。

蘇聯確立社會主義制度

鼓舞蘇聯人民是社會主義的中堅份子宣傳畫 ▲

《偉大的無產階級領袖們》的宣傳畫 ▼

經過社會主義工業化和農業集體化的改造，20世紀30年代中期的蘇聯社會已經發生了翻天覆地的變化。從經濟結構上來說，社會主義經濟成分超過了資本主義成分，社會主義公有制在國民經濟中佔據了主導地位。從階級構成上說，資產階級和富農作為一個剝削階級已經消失了。這表明社會主義制度已經在蘇聯確立起來。為了全面反映蘇聯政治、經濟生活的變化，從法律上鞏固社會主義改造和社會主義建設的勝利成果，制定新的憲法已提上議事日程。

1935年二月，全蘇蘇維埃第七次代表大會決定修改1924年憲法，並成立以史達林為首的憲法委員會負責草

世界上下五千年

擬憲法。經過一
年多的研討，憲
法委員會擬出新
憲法草案並於
1936年六月交全
民討論。1936年
十一月二十六
日，全蘇蘇維埃
第八次代表大會

30年代初的史達林 ◀

1937年開鑿莫斯科運河 ▲
是史達林的一項宏偉的建
設計劃。

年輕的蘇聯基輔工人正 ▲
在參加軍事訓練。

在莫斯科舉行。史達林在會上作了《關於蘇聯憲法草案》
的報告，他在報告中分析了蘇聯社會發生的深刻變化，
概括了新憲法的基本特點等。大會一致通過了新憲法，
這部憲法被稱為《1936年憲法》。

　　《1936年憲法》規定：蘇聯是工農社會主義國家，
國家一切權力屬於勞動者，它的最高權力機關是蘇聯最
高蘇維埃，公民享有平等的選舉權和被選舉權，蘇
聯公民不分民族、種族，在政治、經濟和文化生活
各方面的地位完全平等，共產黨是一切社會團體和
國家機關的領導核心。

　　《1936年憲法》從法律上鞏固了社會主義
改造和社會主義建設的勝利成果，推動了蘇聯
社會主義改造和法制建設。1936年憲法的制
定，標誌著蘇聯「基本上實現了社會主
義，建立了社會主義制度」。但是，由於
蘇聯的生產力發展水準較低，還沒有達到
馬克思、恩格斯所設想的發達社會主義的
程度，所以社會主義制度的確立並不等於
社會主義社會的完全建成。

手握鐮刀斧頭的蘇聯男女雕像 ▶

世界上下五千年

401

德國建立法西斯獨裁統治

狂熱的希特勒只記得像 ▲
頭頂上的鷹一樣覬覦這個
世界。

為了促進納粹軍國主義思
想在德國兒童中間傳播，
在整個30年代，這些高六
公分的玩偶士兵的產量達
到數百萬個。　　　　▼

1933年十月，德國法西斯政黨——納粹黨的黨魁希特勒被任命為總理，開始在德國建立法西斯獨裁專制統治。

希特勒出任總理後，很快組建了內閣，即所謂的民族團結政府，納粹黨在其中僅佔有幾個職位。希特勒並沒有滿足於登上總理的寶座，他的目標是將其他政黨排擠出政府，建立獨裁統治。

1933年二月，興登堡宣佈解散國會，並決定於三月五日進行新一輪國會選舉。為了使納粹黨在選舉中獲勝，希特勒開始利用職權打擊其他政黨，並首先把矛頭指向了在群眾中影響日益擴大的德國共產黨。二月二十七日，納粹黨製造了「國會縱火案」，借此掀起了反共風潮。大批德共黨員被逮捕，德共報紙被查封，德共被迫轉入地下。次日，政府頒佈了《保護人民和國家法》，取消了公民自由的基本權利。國會大選在法西斯的白色恐怖之下如期舉行，但納粹黨只獲得了選票的43.9%，並沒有取得絕大多數。

為了取得修改憲法需要的三分之二以上的席位，希特勒於三月十四日宣佈取締德國共產黨，得到了德共的八十一個席位。隨後，希特勒又軟硬兼施，爭得了天主教中央黨等資產階級政黨的支持。三月二十三日，在納粹黨的脅迫下，國會以三分之二的多數票通過了《消除人民和國家痛苦法》即《授權法》。希特勒據此獲得了在四年任期內的立法

權，有權不經國會同意制定法律、與外國簽訂條約。至此，國會名存實亡，立法權和行政權都控制在希特勒一人手中，資產階級議會民主制被取消。

為了實行納粹黨一黨獨裁，希特勒解散了除納粹黨之外的所有政黨，國會成為由納粹黨員組成的清一色國會。1933年十二月，希特勒頒佈了《保證黨和國家統一法》，將納粹主義確立為德國國家思想的支柱，宣佈黨和國家統一。這樣，希特勒就在德國建立了納粹黨的一黨專政。

1934年八月，興登堡總統去世。內閣立即宣佈一項法律，規定總統職務與總理職務合二為一，取消總統職務。自此，希特勒攫取了總理兼國家元首的桂冠，並掌握了國防軍的最高統帥權，成為不受任何法律約束的獨裁者，法西斯獨裁政治體制在德國正式確立起來。

為了制止侵略、維護本國安全，蘇聯開始爭取與法國等國締結雙邊互助條約。1935年五月二日，《蘇法互助條約》在巴黎簽字，兩國相約定在遭受歐洲國家侵略時相互援助。作為歐洲大陸上的兩個大國，蘇、法兩國的合作原本可以阻止德國的侵略，但是法國只想把條約作為與德國打交道的籌碼，根本無意履行，而且拒絕為條約加入軍事內容。結果，條約成為一種形式，沒能發揮應有的作用。

儘管蘇聯為建立歐洲集體安全體系作了一系列的努力，但是，由於英、法兩國的妥協政策，這些努力都遭受了挫折，歐洲集體安全體系最終沒能建立起來。

30年代末，蘇聯在戰爭一觸即發的情況下，為了本國的利益，放棄了安全不可分的原則，改變了原來致力於歐洲集體安全體系的做法，於1939年八月與德國簽訂了《蘇德互不侵犯條約》，為德國發動世界大戰提供了便利條件。

▲ 希特勒走上納粹德國的最高統治寶座。

▲ 強大的輿論工具和謊言，使得法西斯主義在德國迅速蔓延開來，圖為納粹高官們正向人群揮手致意，而最後端的便是希特勒的得力助手——新聞部長戈培爾。

西班牙的反法西斯戰爭

1936年，佛朗哥宣誓成 ▲
為西班牙國家最高元首。

1937年西班牙內戰期間，
國際縱隊中的捷克人、波
蘭人及北逃的難民匯合在
一起。　　　　　▲

1931年西班牙建立資產階
級共和國，推翻了國王阿
方索的獨裁統治。　▼

　　30年代初，西班牙在經濟危機的打擊下，國內矛盾
加劇。1931年四月，資產階級共和派在選舉中獲勝，建
立了資產階級共和國。共和國的建立，遭到了西班牙各
種反動勢力的仇視。1933年，反動勢力成立了「西班牙
自治權利聯盟」，簡稱「塞達黨」。一些法西斯分子也蠢
蠢欲動，於1933年十月建立了法西斯組織「長槍黨」。
這些反動勢力瘋狂地反對民主改革，並積極展開活動。
1933年十一月，塞達黨在選舉中獲勝，建立了親法西斯
的勒魯斯政府。勒魯斯政府取消了各項民主改革，在內
閣裡安插了不少法西斯分子，開始了西班牙歷史上「黑
暗的兩年」。

　　勒魯斯政府的倒行逆施，激起了西班牙人民的強烈
反對，各地都開始舉行罷工鬥爭，一些城市還發動武裝
起義。在反法西斯的鬥爭過程中，左翼政黨逐漸聯合起
來。1936年一月，工人階級的共產黨、社會黨以及資產
階級共和黨等左翼政黨聯合組成了人民陣線，並在國會
選舉中取得勝利，成立了聯合政府。人民陣線政府解散

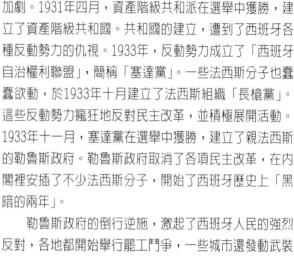

了法西斯組織，並採取了一
系列的改革措施。

　　人民陣線政府的建立，
給反動勢力以沉重打擊。反
動勢力決定鋌而走險，用武
力推翻共和政府。他們在法
西斯將領聖胡爾霍、佛朗
哥、莫拉的帶領下，策動軍
事叛亂。1936年七月十八

日，聖胡爾霍等在西屬摩洛哥發動了武裝叛亂。七月十九日，叛亂蔓延到西班牙本土。西班牙內戰爆發了。

　　叛亂爆發後，西班牙政府軍在人民的支持下，很快打退了叛軍的進攻，控制了局勢。在西班牙政府軍即將取得完全勝利的情況下，德、義法西斯開始進行武裝干涉。德、義的武裝干涉主要有兩個意圖，一是企圖佔領西班牙這一戰略要地，在未來與英法的爭奪中佔據優勢；二是打擊西班牙的反法西斯勢力，防止國際反法西斯勢力的擴大。德、義的武裝干涉，使西班牙內戰轉變為一場具有國際意義的反法西斯民族革命戰爭。

　　面對德、義的插手叛亂，西班牙各派民主力量聯合起來，領導各階層人民奮起保衛共和國。西班牙的反法西斯戰爭，得到了世界反法西斯力量的有力支持。在共產國際的號召下，五十四個國家的近四萬名反法西斯人士來到西班牙，組成了「國際縱隊」，與西班牙人民並肩作戰。1936年十一月至1937年三月，共和國軍隊在「國際縱隊」的幫助下，先後進行了三次馬德里保衛戰，成功地捍衛了首都的安全。但是，由於英法等國奉行「不干涉」政策，對德、義的武裝干涉坐視不管，共和國的形勢越來越嚴峻。在嚴峻的形勢面前，人民陣線內部的右翼勢力叛變投敵。在內外交困的形勢下，共和國於1939年三月二十八日被顛覆。四月一日，叛軍將領佛朗哥宣佈戰爭結束，西班牙建立起法西斯政權。

在西班牙內戰中，超過 ▲
五十萬人喪生，五百多萬
人流離失所。

內戰中飢餓的西班牙 ▲
百姓

在國內形勢最嚴峻的時 ▲
刻，馬德里的街頭上到處
張貼著號召婦女起來戰鬥
的宣傳畫。

綏靖政策

1936年希特勒的軍隊進入萊茵非武裝區。

1935年三月十六日，德國通過《國防法》，宣佈實行普遍義務兵役制，將和平時期的軍隊人數擴充到五十萬人。這項軍事條款公然違背了《凡爾賽和約》。面對德國的挑釁，英、法儘管於四月份聯合義大利組成了「斯特萊沙陣線」，但英、義又表示，即使和約遭破壞，也不考慮制裁措施。這表明了它們縱容德國的綏靖立場。六月，英國又同德國簽訂了《海軍協定》，同意德國發展海軍。這是英國公開支持德國違背《凡爾賽和約》的行為，它大大助長了德國的擴張野心。

1936年三月七日，希特勒違背《凡爾賽和約》中關於萊茵非武裝區的規定，下令向萊茵區進軍。1936年七月，西班牙內戰爆發後，法國於二十五日單方面違反了《西法通商協定》，停止向西班牙供應武器。九月九日，在英、法的倡議下，二十七個國家在倫敦成立了「不干涉委員會」。委員會要求成員國執行「不干涉協定」，禁止向西班牙輸出武器和軍用物資，禁止西班牙購買的武器在本國過境。英、法等

「偉大」的安撫者 ▶

慕尼黑之行後，張伯倫宣稱「我們贏得了一代人的和平」。

國嚴格執行不干涉政策，坐視德、義法西斯援助佛朗哥叛亂分子。這實際上單方面剝奪了西班牙共和國獲得外部援助的權利，縱容了法西斯勢力的擴張。1939年二月，當戰爭尚在進行之時，英、法政府就宣佈承認佛朗

1938年九月英、法、德 ▲
、義在慕尼黑舉行會議，簽訂陰謀瓜分捷克斯洛伐克的《慕尼黑協定》，圖為希特勒（右二）與張伯倫（左一）在一起。

哥政權，斷絕了與西班牙共和國的外交關係，這更是公開肯定法西斯的擴張。

　　1937年十一月，正當德國法西斯對奧地利蠢蠢欲動之時，英、法兩國又對德國作出了綏靖的表示。英、法兩國首腦會談時，達成了一項「保持對東歐爭端的不干涉政策」的協定。英、法的綏靖立場，使德國於1938年三月十三日悍然吞併了奧地利，英、法則於四月初對此予以承認。

　　吞併奧地利後，德國隨即把侵略矛頭指向了捷克斯洛伐克。英、法一再讓步，它們於1938年九月底同德國、義大利在慕尼黑舉行了一次會議，在捷克斯洛伐克代表不在場的情況下，共同策畫了瓜分捷克斯洛伐克的《慕尼黑協定》，把綏靖政策推到了頂點。1939年三月，德國吞併了捷克斯洛伐克的所有領土，隨即把侵略矛頭指向波蘭。在這種形勢下，英、法逐漸改變了綏靖的做法。1939年，英、法兩國向波蘭、希臘、羅馬尼亞、荷蘭、比利時、土耳其等歐洲國家提供了安全保證。1939年四月至八月，英、法還同蘇聯舉行了三國政治和軍事談判，以締結共同對抗德國的同盟。但是，英、法這時並沒有完全放棄綏靖政策。正是由於英、法總想抱著綏靖政策不放，蘇聯也逐漸喪失了與英、法結盟的信心，致使三國談判最終受挫，失去了制止戰爭的最後機會。

德國佔領捷克，一個納 ▲
粹士兵在一個新命名為希特勒的廣場上張貼告示。

德國橫掃西歐

希特勒高高在上，俯視 ▲
狂熱的納粹軍人。

一支德國突擊隊全副武 ▲
裝，在挪威山區鐵路上小
心提防狙擊手，挪威在抵
抗了兩個月之後才被迫投
降。

法國維希政府的傀儡領袖
貝當（居中者） ▼

1939年九月一日，德國向波蘭發起進攻，英、法兩
國隨即向德國發出了警告：如果不在兩天內撤出波蘭，
英、法將出兵保證盟國波蘭的安全。在警告無效的情況
下，英、法兩國於九月三日向德國宣戰。

英、法對德宣戰時，在西線擁有近一百一十個師的
兵力，而德國在那裡只有二十三個師。如果英、法在西
線向德國發動進攻，德軍於將陷入兩線作戰的不利局
面，這將從根本上扭轉戰局。然而，英、法政府對德國
卻是「宣而不戰」。宣戰後八個月的時間裡，英、法除
在大西洋上擊毀過德國的軍艦和商船外，在陸地上按兵
不動。英、法軍隊躲在堅固的鋼筋水泥的工事內，眼看
自己的盟國被德國消滅。這種戰爭現象被稱為「奇怪的
戰爭」。其實，「奇怪的戰爭」並不奇怪，它實際上是
英、法戰前推行的綏靖政策的延續。英、法雖然對德宣
戰，卻不想與德國正面衝突，只是企圖封鎖德國西進的
路線，迫使其在滅亡波蘭後向蘇聯進攻。

德國滅亡波蘭後，並沒有像英、法希望的那樣進攻
蘇聯，而是按原定計劃加緊向西線進攻。為了保證進攻
英、法時側翼的安全，德國決定首先控制北歐。

1940年四月九日，德國分別向丹麥和挪威發動進
攻。丹麥在無力抵抗的情況下不戰而降，德軍在四個小
時內就佔領了丹麥。挪威也於六月十日陷落。

在挪威戰事尚未結束之時，德國就同時向荷蘭、比
利時、盧森堡三國發動了進攻。盧森堡當天就不戰而
降；荷蘭在抵抗五天後正式投降；隨後，比利時也宣佈
無條件投降。

在進攻荷蘭、比利時的同時，德軍主力選擇了英、法軍隊防守薄弱的法比邊境的阿登山區，作為向法國進攻的據點，並以迅雷不及掩耳之勢向西挺進，直撲英吉利海峽，切斷了英、法軍隊的退路。此時，四十萬英、法軍隊，只有敦刻爾克一個港口可以逃離德軍的包圍。五月二十六日至六月四日，英法軍隊在德軍強大的火力攻勢下撤離。到六月四日德軍攻克敦刻爾克時，只有四萬多名法國官兵未能及時撤離而被俘。這就是著名的「敦刻爾克大撤退」。這次撤退保存了反法西斯的有生力量。

六月五日，德軍直撲法軍倉促構築的「魏剛防線」，三天後就突破了防線，直逼巴黎城下。六月十日，義大利向法國宣戰，使得法國的處境更加艱難。六月十三日，法國向德國提出停戰請求，德軍十四日進入巴黎，並向法國視為牢不可破的「馬奇諾防線」發動進攻。十七日，德軍在德、法邊境的萊茵河畔，殲滅了近五十萬法軍。

六月十六日，法國總理雷諾辭職，法軍元帥、投降派貝當就任新總理。貝當上任的第二天就要求全國停止抵抗，並向德國正式提出停戰請求。

六月二十二日，法國代表在貢比涅同德國簽訂了停戰協定。二十四日，法國又與義大利簽訂了停戰協定。根據停戰協定條款，法軍解除全部武裝並交出武器，佔法國國土面積五分之三的北部工業區由德國佔領，剩餘領土由設在維希的貝當傀儡政府管轄，史稱「維希政府」。至此，法蘭西第三共和國宣告終結。

1940年六月十四日巴黎失陷，德國納粹幾乎沒有發過一槍一彈。圖為德軍在擊鼓聲中列隊走過凱旋門。　▲

戰爭中法軍全面潰敗，圖為一個法國男人看見自己祖國的軍隊撤回馬賽時流下了眼淚。　▲

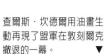

查爾斯‧坎德爾用油畫生動再現了盟軍在敦刻爾克撤退的一幕。　▼

蘇德互不侵犯條約

蘇芬戰爭 ▲

在整個二戰期間，芬蘭被迫
將近十分之一的領土割讓給
蘇聯，以保全獨立。

希特勒與馮‧里賓特洛甫
共同慶幸與蘇聯簽定條
約，既可以放手進攻波
蘭，又可以使蘇聯放鬆戰
備。 ▼

　　1939年三月十日，史達林在聯共（布）第十八次代
表大會的總結報告中，認真分析了國際形勢。史達林對
英、法的綏靖政策進行了無情的抨擊，而對法西斯國家
的批評卻很少，並表示蘇聯將把「保持謹慎態度，不讓
那些善於從中漁利的戰爭挑撥者把我國捲入衝突中去」
作為今後主要的對外政策之一。這表明蘇聯已開始把謀
求自保作為外交的重點。

　　1939年初，蘇聯開始與德國進行接觸，這種接觸在
1939年四～八月的英、法、蘇三國談判期間也沒有停
止。三國談判前期，由於英、法對德國採取綏靖政策，
因而在談判中採取了消極應付的做法，並拒絕了蘇聯提
出的制止戰爭所必需的一些條件，這使蘇聯失去了對三
國談判的信心。到1939年八月，儘管英、法在戰爭日益
逼近的形勢下開始儘量滿足蘇聯的要求，但蘇、德的接
觸這時已有了很大進展。德國為了擺脫兩線作戰的處
境，幾乎對蘇聯提出的一切要求都予以滿足。德國不僅
答應讓蘇聯置身於未來的戰爭之外，而且同意了蘇聯劃
分東歐勢力範圍的要求，並許諾發揮自己的影響來改善
蘇聯與日本的關係。在這種情況下，
蘇聯拋棄了安全不可分的原則，把
蘇、德之間的諒解放在其外交決策的
首位。八月二十一日，史達林同意了
希特勒提出的德國外長訪蘇的要求，
並於八月二十三日在莫斯科簽署了
《蘇德互不侵犯條約》。

　　《蘇德互不侵犯條約》簽訂後，

英、法、蘇三國談判宣告破裂，而德國則得以擺脫兩線作戰的困境，敢於放手發動第二次世界大戰。《蘇德互不侵犯條約》簽訂後的第九天，德國就發動了入侵波蘭的戰爭，歐洲的全面戰爭爆發。

蘇聯不僅在歐洲對德外交中採取了綏靖政策，而且在亞洲對日外交中也奉行綏靖政策。

1931年「九‧一八」事變後，蘇聯宣佈對中日衝突奉行「嚴格的不干涉政策」。1932年初，蘇聯答應了日本關東軍使用中東鐵路的要求，而且只收一半的運費。當國際聯盟邀請蘇聯協助「李頓調查團」解決東北事變時，蘇聯不僅不主持正義，還拒絕調查團取道蘇聯直達中國東北。1935年三月，蘇聯不顧中國政府的強烈反對，根據日本的意見，把中東鐵路低價賣給了日本的傀儡政權為「滿洲國」。蘇聯的這些做法，縱容了日本法西斯對中國的侵略行徑，助長了日本的侵略氣焰。

1935年五月開始，日本在中蒙邊境不斷向蘇聯進行大規模的軍事挑釁。蘇聯為了自保，加強了對華援助。但是，為避免與日本的正面衝突，這種援助都是在秘密狀態下和日本勢力所不能及的地方進行的。1941年四月十三日，蘇聯為了避免把自己推到與日本法西斯鬥爭的第一線，在與日本進行了九個月的討價還價之後，簽訂了《蘇日中立條約》。雙方在訂約時聲明：「蘇聯政府保證尊重滿洲國的領土完整和不可侵犯，日本則保證尊重蒙古人民共和國的領土完整和不可侵犯。」這樣，蘇聯就在法律上正式承認了日本在中國東北建立的傀儡政權。蘇聯又一次拿別國的領土和主權作交易，換取了自己的和平。《蘇日中立條約》把蘇聯的對日綏靖推到頂峰，使日本敢於放手發動對東南亞的進攻。

諷刺蘇德政治聯姻的 ▲
漫畫

世界上下五千年

1939年八月莫斯科，蘇德簽定《互不侵犯條約》，圖為史達林（右二）與德國外長馮‧里賓特洛甫（右三）在條約簽定儀式上。 ▼

第二次世界大戰中的
歐洲戰場

　　1940年六月滅亡法國後，希特勒便著手制定攻打英國的「海獅作戰計劃」。希特勒決定首先對英國實施空中襲擊，掌握制空權。1940年八月十日至1941年五月十一日，德國空軍每天都出動飛機數百甚至數千架次，對英國的軍事基地、主要的工業城市進行狂轟濫炸。英國在德國的空襲下，遭受了重大損失，這增強了英國人民抵抗侵略的決心。英國軍民以頑強的意志頂住了德國的空襲，使希特勒的「海獅」計劃遲遲不能實現。

　　1941年六月二十二日，德國向蘇聯發動了全線進攻。義大利、西班牙、匈牙利、羅馬尼亞、斯洛伐克、芬蘭等國隨即向蘇聯宣戰。六月二十二日至七月九日，德軍在各個進攻方向上都急速向蘇聯境內推進，蘇聯遭受了巨大創傷。但是，在蘇聯軍民的頑強抵抗下，他們漸漸遏制了德軍的攻勢，粉碎了希特勒迅速滅亡蘇聯的夢想，迫使德軍於1941年九月將全線進攻改為重點進攻。九月三十日，德軍開始向莫斯科發動進攻，蘇聯軍民進行了舉世矚目的莫斯科保衛戰，並於1942年四月二十日取得了這場戰役的最後勝利。這次戰役，使德國遭受了戰爭爆發以來的首次失敗，打破了德軍「不可戰勝」的神話，極大地鼓舞了全世界人民，增強了他們反法西斯的信心。

　　進攻莫斯科失敗後，德軍又於1942年七月十七日向史達林格勒發動了重點進攻。蘇聯軍民拼死抵抗，與德軍進行了十分激烈

盟軍總司令艾森豪威爾及其指揮的規模宏大的盟軍諾曼第登陸場面。　▼

戰爭後期，法國飛機在 ◄
戰場上猛轟德軍陣地。

燒焦的哥德式塔尖聳立 ▲
在考文垂。

的戰鬥，最終於1943年二月二日取得了史達林格勒保衛
戰的勝利。

　　史達林格勒戰役是歐洲戰爭的轉捩點，此次戰役嚴
重削弱了德軍力量，迫使其由戰略進攻轉入戰略防禦。

　　史達林格勒戰役後，德軍為奪回戰爭主動權，於
1943年七月五日向庫爾斯克發起進攻。經過一個多月的
戰鬥，蘇軍於八月二十三日取得了勝利。庫爾斯克戰役
的勝利，使德軍重新奪回戰爭主動權的企圖破滅。此
後，蘇軍展開了大規模的戰略反攻。

　　1944年，蘇軍實施了戰略反攻計劃，接連向德軍發
動進攻。到1944年底，蘇軍解放了除拉脫維亞一小塊土
地之外的所有國土，而且進入芬蘭、波蘭、羅馬尼亞、
南斯拉夫、保加利亞、匈牙利等國境內作戰，迫使德國
的東歐盟國退出了戰爭。

　　1944年六月六日，英、美盟軍開始在法國北部的諾
曼第登陸，開闢歐洲第二戰場。從此，盟軍對德軍形成
兩面夾擊之勢。到1945年二月，蘇軍和英美聯軍從東西
兩面進入了德國境內，向柏林逼進。四月二十五日，蘇
軍開始了對柏林的攻堅戰。二十九日，蘇軍攻到柏林市
中心，希特勒在第二天絕望自殺。五月二日，德軍停止
抵抗，柏林戰役結束。五月八日，德國在柏林簽署了無
條件投降書，歐洲戰場的戰爭至此結束。

攻克柏林──蘇聯紅軍 ▲
將自己的旗幟插在了柏林
的廢墟之上。

第二次世界大戰中的太平洋戰場

中途島海戰的失利使日 ▲
本將戰爭的主動權拱手相
讓。

在太平洋戰場上,美日 ▲
瘋狂爭奪海上霸權。

美國國旗升起在硫磺島
上,這幅照片成為關於太
平洋戰爭的最動人注解。
▼

　　法國戰敗投降後,日本決定趁機向東南亞擴張。1940年八月,日本提出了臭名昭著的「大東亞共榮圈」侵略計劃。九月,日軍進佔印度支那北部,開始向東南亞擴張。

　　日本的侵略行徑,加劇了它與英、美之間的矛盾。英、美兩國對日本採取了凍結財產和貿易禁運等措施,這更促使日本決心用武力奪取東南亞。1941年十二月七日,日軍向駐紮在太平洋珍珠港上的美國艦隊發動了偷襲,太平洋戰爭爆發。

　　日本偷襲後的第二天,美、英分別向日本宣戰,隨後又有二十多個國家也相繼對德、義宣戰。至此,第二次世界大戰真正成為全球性的戰爭。

　　日本偷襲珍珠港成功後,暫時掌握了太平洋上的制海權和制空權。到1942年五月,日本相繼佔領東南亞和西太平洋上的許多國家和戰略要地,英、荷、法、美等國在這一地區的島嶼和殖民地幾乎全部落入日本手中。

　　1942年六月三日,日本艦隊傾全力向中途島進攻。經過兩天激戰,日本遭受了重大打擊,被迫於六月五日退卻。中途島海戰是太平洋戰爭的轉捩點,日軍從此喪失了太平洋上的制空權和戰爭主動權,由戰略進攻轉為戰略防禦。

　　中途島海戰後,美軍乘勝出擊,於1942年八月七日向瓜達爾卡

納爾島的日本艦隊
發動進攻。經過半
年的激烈爭奪，美
軍於1943年二月七
日佔領了瓜島。此
次戰役使日軍損失
慘重，完全喪失了
戰爭的主動權。此
後，美軍在太平洋
戰場上展開了全面
進攻，與日軍進行

偷襲珍珠港的成功，使 ▲
日本在此後的半年裡將整
個太平洋抓在手裡。

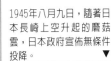

了激烈的逐島爭奪戰，一步步向日本國土逼近。

　　1944年，美軍憑藉空中優勢，從「逐島爭奪」轉為
「越島進攻」，直插日軍重防區域。1944年上半年，美軍
先後攻佔了馬紹爾群島、加羅林群島和馬里亞納群島。
馬里亞納群島被日本視為本土的屏障，必須確保的地
區。美軍衝破這道屏障後，日本本土便落入美軍的轟炸
範圍。1944年九月和十月上旬，美軍對日軍在各地的機
場接連實施轟炸。

　　1945年春，美軍攻佔了硫磺島和沖繩島，並不斷轟
炸日本本土，沉重打擊了日本軍民的士氣。八月
六日和九日，美國分別向日本廣島、長崎兩地投
放了原子彈，給這兩地以毀滅性打擊。八月八
日，蘇聯對日宣戰，並於第二天出兵中國東北，
日本七十萬關東軍遭受重創。與此同時，中國和
亞洲其他各國人民紛紛發起大反攻。日本法西斯
四面楚歌，徹底絕望了。八月十五日，日本天皇
宣佈無條件投降。九月二日，日本在盟國代表面
前正式簽署了投降書。至此，第二次世界大戰以
法西斯國家的失敗而告終。

1945年八月九日，隨著日
本長崎上空升起的蘑菇
雲，日本政府宣佈無條件
投降。　　　　　　▼

雅爾達體系

1943年九月，義大利法西斯投降後，盟國開始就如何處置戰敗國和安排戰後世界的問題進行了具體的討論。1943年十月，蘇、英、美三國外長在莫斯科舉行會議。會議期間，三國代表就如何處置德國和義大利的問題展開討論，一致同意廢除德國對奧地利的佔領，重建奧地利為自由、獨立的國家；並決定成立歐洲諮詢委員會和義大利問題委員會，分別對這些問題進行研究。會後，蘇、美、英、中四國還根據會議精神發表了關於普遍安全的宣言，重申羅斯福在1943年一月提出的「無條件投降」原則，決定建立一個維護戰後和平的國際組織，用和平方式解決國際爭端。

1943年十一月二十八日至十二月一日，蘇、美、英三國首腦在德黑蘭舉行了會議，就戰後如何處置德波邊界的變遷、成立國際組織、蘇聯參加對日作戰等問題進行商討，在某些問題上達成一致，並同意波蘭東西邊界分別以寇松線和奧得河為界。德黑蘭會議為雅爾達體系的建立奠定了基礎，鞏固了反法西斯聯盟；但這次會議也反映出了大國強權政治的傾向，預示著幾個大國對戰後國際事務的主宰。

1944年八月至十月，美、英、蘇三國和美、英、中三國先後在美國敦巴頓橡樹園舉行會議，就建立戰後國際組織的問題專門進行討論，最後通過了「關於建立普遍性的國際組織的建議案」。該案把未來的國際組織定名為「聯合國」，並規定了聯合國的宗旨、原則、會員國的資格、聯合國主要機構的組成和職權等問題。敦巴頓橡

紐約的時代廣場上，一 ▲
個戰爭歸來的海軍士兵在親吻一個護士，這是慶祝第二次世界大戰勝利結束的經典場面。

邱吉爾在戰爭最慘烈的時候，曾以自己特有的不屈精神鼓舞了英國人和所有反戰人們的士氣。　　▼

樹園會議形成了聯合國憲章的雛形，在雅爾達體系的形成過程中起了不可忽視的作用。

1945年二月四日至十一日，在法西斯滅亡的前夕，蘇、美、英三國首腦在雅爾達舉行了首腦會議。這次會議在安排戰後世界的問題上達成了許多協定。在處置德國的問題上，三國

▲ 羅斯福與史達林在會議空檔交談。

一致同意對德國實行分區佔領。關於波蘭問題，三國進行了激烈爭論，最後決定在廣泛的基礎上對蘇聯支持的波蘭臨時政府進行改組，波蘭的東部邊界以寇松線為界，擴增其西部和北部的領土。會上，蘇聯許諾在歐戰結束後二～九個月參加對日作戰。關於聯合國問題，三國就橡樹園會議上存有分歧的問題，繼續討論，最後達成了妥協：大國在非程式問題上擁有否決權，吸收蘇聯的兩個加盟共和國為創始會員國。同時，三國決定於1945年四月二十五日在舊金山舉行聯合國制憲會議。雅爾達會議對蘇、英、美三大國此前商談過的問題作了調整與總結，為戰後世界格局確定了基本框架以及賴以建立的精神原則。因此，人們把戰後的國際秩序以「雅爾達」來命名。

▲ 雅爾達會議上的邱吉爾和史達林。

根據雅爾達會議的決定，1945年四月二十五日，四十八個國家的代表在舊金山召開了聯合國制憲會議。六月二十五日，與會代表通過了《聯合國憲章》。《聯合國憲章》確定了聯合國這一國際組織的宗旨和原則，這些宗旨和原則成為維護戰後世界和平的最高綱領。同時，《聯合國憲章》也成為雅爾達體系的支柱。

1945年七月十七日至八月二日，蘇、英、美三國首腦在波茨坦舉行了最後一次會議，就安排戰後世界的問題進行討論。三國在許多問題上進行了激烈的爭論，但在某些問題上也達成了協定。波茨坦會議達成的協定，對歐洲政治格局和蘇美關係產生了重要影響。

▲ 聯合國總部大樓

馬歇爾計劃

在這幅廣告畫中，「馬 ▲
歇爾計劃」成為新歐洲發
展的有力夾板。

戰後德國到處是一片廢
墟，急需得到外界的援
助。圖為柏林市民在清理
戰爭留下的殘骸。 ▼

　　第二次世界大戰後，西歐經濟面臨崩潰的危險，經濟危機使社會矛盾加劇。1947年四月，法國雷諾汽車廠工人首先發動罷工浪潮，隨即波及全國。英、義、比等國工人運動也隨之高漲。這種狀況使美國政府意識到，為了爭奪世界霸權、「遏制」蘇聯全球擴張主義，無論如何也要穩定歐洲、復興歐洲。在這種情況下，「馬歇爾計劃」應運而生。

　　1947年六月五日，馬歇爾在哈佛大學畢業典禮上發表演說，對美國援助歐洲的方針予以概述。他分析了援歐的原因、目的和方式，希望歐洲國家聯合起來，主動向美國提出援助要求，然後美國將盡全力支持。對此，西歐各國政府表示歡迎。六月二十七日，英、法、蘇三國在巴黎舉行外長會議，討論「馬歇爾計劃」。會上，蘇聯代表莫洛托夫對制定歐洲統一計劃表示「嚴重懷疑」，認為可能造成「某些國家干涉另一些國家的內部事務」的局面。由於分歧嚴重，蘇聯代表退出會議，並猛烈抨擊了「馬歇爾計劃」。1947年七月至八月，蘇聯與東歐各國簽訂多項雙邊貿易協定，統稱「莫洛托夫計劃」。

　　1947年七月十二日，英、法、義、奧、荷、比等歐洲十六國在巴黎召開歐洲經濟會議。會議確定歐洲經濟合作委員會為巴黎經濟會議的常設機構。1947年十二月十九日，杜

魯門總統向國會提出《美國支持歐洲復興計劃》的咨文。國會通過了《1948年對外援助法》，使「馬歇爾計劃」法律化。1948年四月七日，經杜魯門簽署，「馬歇爾計劃」正式實施。

「馬歇爾計劃」恢復和發展了歐洲經濟，穩定了歐洲社會秩序。「馬歇爾計劃」也推動了西歐各國的經濟合作。而且，該計劃也解決了戰後美國生產過剩與市場相對狹小的矛盾，使美國經濟保持了一段繁榮時期。

在推行「馬歇爾計劃」過程中，美國政府認識到，僅僅在歐洲建立「遏制共產主義」的防線還遠遠不夠，必須在落後的亞、非、拉地區建立同樣的防線。因為在它看來，共產主義是在「貧困和不滿的土壤裡蔓延滋長的」，對不發達的國家和地區的經濟援助是「對共產主義最強烈的消毒劑」。因此，美國政府提出了「第四點計劃」。

1949年一月二十日，杜魯門發表繼任總統的就職演說，提出了美國今後外交政策的「四點行動原則」：一是聯合國；二是馬歇爾計劃；三是北大西洋聯盟；四是「新的大膽計劃」，即「技術援助和開發落後地區的計劃」，新聞界稱之為「第四點計劃」。「第四點計劃」與「馬歇爾計劃」一樣，也是美國政府在戰後實施「遏制戰略」、推行冷戰政策的主要手段。兩者都在經濟援助名義下，為美國與蘇聯爭奪世界霸權服務。

美國支援英國的蔗糖運 ▲
抵伊麗莎白港。

載著供給物資的美國飛 ▲
機降落在西柏林滕珀爾霍
夫機場。

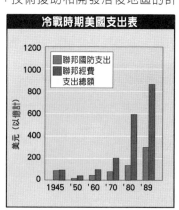

冷戰時期美國支出表

美元（以億計）

■ 聯邦國防支出
■ 聯邦經費
支出總額

1945 '50 '60 '70 '80 '89

儘管明顯低於聯邦經費的支出總額，但 ▲
冷戰時期美國的國防支出仍穩步提升。

美國總統杜魯門像 ▲

北約成立

第二次世界大戰後，美國實施「遏制戰略」，推行冷戰政策，在軍事政治上的表現便是籌建北約。1947年三月四日，英、法為防止德國軍國主義的復活，在敦刻爾克簽訂了軍事同盟條約，這是西歐聯合的第一步。第二步是布魯塞爾條約組織的建立。

1948年三月十七日，英、法、荷、比、盧等西歐五國簽訂《布魯塞爾條約》，組建了歐洲第一個集體防衛體系。隨後，又於三月二十二日至四月一日，在華盛頓舉行了由美、英、加三國參加的會議，通過了《五角大廈文件》，提出擴大布魯塞爾條約組織；另外締結了北大西洋區域集體防務協定。1948年六月十一日，美國參議院以絕對優勢通過了范登堡提出的議案，為美國建立北大西洋公約組織鋪平了道路。議案允許美國政府在和平時期同美洲以外的國家締結軍事同盟條約。七月六日，美國與加拿大、布魯塞爾條約國舉行會談。於九月九日，通過《華盛頓文件》，對即將建立的北約組織的

北約總部所在地——比 ▲ 利時首都布魯塞爾，圖為該市著名的中心廣場。

借助強大的軍事力量遏 ▲ 制社會主義是北約的根本目的，圖為隸屬北約的英國軍艦在巡航。

參加1957年巴黎北約首腦會議的諸國代表 ▼

1952年美國研製的世界上第一顆氫彈爆炸成功，在東西方的軍事對峙中又一次佔了上風。◀

北約海軍在海上耀武揚 ▲ 威——以軍事演習威懾東方陣營。

性質、範圍、締約國承擔的義務及與歐洲其他組織的關係都作了具體規定。1949年一月十四日，美國國務院發表了題為《我們建設和平：北大西洋區域的集體安全》的聲明。三月十八日，正式公佈北大西洋公約組織的條文。四月四日，美、加、英、法、比、荷、盧、丹、挪、冰、葡、義十二國外長雲集華盛頓舉行北約簽字儀式。公約規定：締約國任何一方遭到武裝攻擊時，應視為對全體締約國的攻擊；其他締約國應立即協商，以便行使單獨或集體自衛的權利。1949年八月二十四日，公約正式生效，北大西洋公約組織（簡稱「北約」）宣告成立。

北約先後建立了名目繁多的組織機構，其中，最高權力機構是由各成員國的外交、國防、財政部長組成的北約理事會。常設的行政機構是國際秘書處。北約最重要的軍事指揮機構是歐洲盟軍最高司令部，建立於1951年四月，負責歐洲防務。北約的軍事戰略經歷了三個發展時期，初期是地區性遏制戰略，1954年採納大規模報復戰略，1967年轉而奉行靈活反應戰略。其戰略的變化完全跟隨美國戰略而變。北約組織實際上成了美國控制西歐、遏制蘇聯、推行其全球戰略的一種工具。

曾任北約第一任軍方總司令的艾森豪威爾在卸職後於1953年登上美國總統的寶座，並繼續擴大美國對北約的控制。▼

德國分裂

1945年，從前線上撤回的士兵和無家可歸的人們聚集在柏林的一個火車站內，此時的柏林已被劃分為四個不同國家佔領的區域。

柏林的一戶人家遷徙至蘇佔區，圖中街道旁矗立著蘇聯人設置的宣傳畫。

德國分裂，柏林被一分為二，駐守在柏林牆兩側的士兵只能隔牆相對。

　　1945年六月五日，盟國簽署了《關於德國佔領區的聲明》等文件，四國分區佔領制度正式開始。德國被分為四個區：東區、西區、西北區和西南區，分別由蘇、法、英、美佔領，位於東區內的柏林由四國共同佔領。這種分區佔領制度原本是制裁德國的一種手段，但四國政府在各自佔領區內推行對自己有利的政策，從而引發了柏林危機，導致德國分裂。1947年一月一日，英、美合併兩國佔領區，成立「雙佔區」，這是分裂德國的開端。1948年二至六月，美、英、法、比、荷、盧六國召開倫敦會議。六月七日，提出「倫敦建議」，要求合併西方三佔區，召開西佔區「制憲會議」，成立西德臨時政府，在西佔區實行貨幣改革。對此，蘇聯進行了反擊，於1948年三月二十日宣佈退出盟國對德管制委員

在柏林牆西柏林一側的標示牌寫著「注意！你正在離開西柏林。」　▲

會：三月三十日通知美方：從四月一日起，蘇方對柏林與西方佔領區之間的交通進行為期十天的管制，屆時將檢查所有通過蘇佔區美國人的證件及貨運和私人行李以外的一切物品。

1948年六月二十四日，▲
一架滿載貨物的美國運輸
機降落在西柏林機場。

同年六月二十一日，美、英、法在西佔區實行貨幣改革；二十三日又下令在柏林西佔區實施同樣改革，由此而引發了「柏林危機」。六月二十二日，蘇聯決定在蘇佔區和整個大柏林發行新幣。六月二十四日起，蘇聯全面切斷西方佔領區和柏林之間的水陸交通，停止向西柏林供電、供煤。而美、英、法實行反封鎖，中斷了東西佔領區之間的貿易和交通，同時對西柏林實施空運。危機期間，雙方損失慘重。美、英、法、蘇幾經周折，於1949年五月四日達成協定，決定於五月十二日取消一切交通封鎖。危機期間，美、蘇劍拔弩張，美國把六十架載有原子彈的B-29型轟炸機調到英國，在英國建立戰略空軍基地，但雙方並沒有發生武裝衝突。

1953年六月，東柏林居 ▲
民襲擊蘇聯使館，蘇聯坦
克部隊對部分街道實行戒
嚴。

危機雖然平息，但德國分裂已成定局。1949年九月二十日，在西方佔領區建立了德意志聯邦共和國。十月七日，在蘇佔區內，德意志民主共和國正式成立。兩個德國最終形成。

Der Parlamentarische Rat hat das vorstehende Grundgesetz für die Bundesrepublik Deutschland in öffentlicher Sitzung am 8. Mai des Jahres Eintausendneunhundertneunundvierzig mit dreiundfünfzig gegen zwölf Stimmen beschlossen. Zu Urkunde dessen haben sämtliche Mitglieder des Parlamentarischen Rates die vorliegende Urschrift des Grundgesetzes eigenhändig unterzeichnet.

BONN AM RHEIN, den 23. Mai des Jahres Eintausendneunhundertneunundvierzig.

PRÄSIDENT DES PARLAMENTARISCHEN RATES

VIZEPRÄSIDENT DES PARLAMENTARISCHEN RATES

1949年聯邦德國成立並通過新制定的憲法，圖為經各方簽字的憲法圖影。 ◄

華沙條約

紅色威嚴的莫斯科是華
沙條約組織的總部所在
地。▲

波蘭首都華沙今景　　▲

1954年十月，西方大國簽
訂《巴黎協定》，允許聯
邦德國加入北約，圖為法
德英美四國首腦舉行聯合
記者招待會。▶

　　北約組織使蘇聯感到自身面臨著嚴重的威脅。1949年一月二十九日，蘇聯外交部針對美國國務院的聲明進行嚴厲譴責，把北約稱作「美國和英國統治集團推行侵略政策的主要工具」。此後，蘇聯在各種場合都猛烈地抨擊北約組織，並向聯合國大會上訴。1954年十月二十三日，西方國家簽訂了《巴黎協定》，允許聯邦德國建立正規軍，並加入北大西洋公約組織，公開重新武裝德國。十一月十三日，蘇聯政府立即向以美國為首的西方國家發佈照會，要求他們不要批准《巴黎協定》，並建議召開全歐洲會議，討論防止德國軍國主義的復活問題，但遭到西方國家拒絕。十一月二十九日至十二月二日，蘇聯召集阿爾巴尼亞、保加利亞、匈牙利、波蘭、民主德國、捷克斯洛伐克和羅馬尼亞等東歐七國政府代表在莫斯科匯聚，警告西方國家，一旦《巴黎協定》被批准，蘇聯與東歐國家將採取共同措施，組建聯合武

France　Germany　United Kingdom　United States

裝。但西方國家對蘇聯的警告置若罔聞。1955年五月五日，《巴黎協定》正式生效。五月十四日，蘇聯與東歐七國在波蘭華沙簽訂了友好互助合作條約，稱為《華沙條約》，簡稱「華約」。

華沙條約組織具有軍事同盟的性質。條約規定：當締約國之一遇到武裝威脅時，其他締約國應採取一切必要的方式給予援助；設立統一的武裝部隊司令部和政治協商委員會；締約國不參加與華約相反的任何聯盟或同盟，不締結與華約相反的任何協定。條約還歡迎一切贊同該條約的國家參加。華約組織的主要機構有政治協商委員會和聯合武裝部隊司令部。前者由締約國各派一名政府成員或一名特派代表參加，負責審議一切重要的政治、軍事問題。從1960年以後，政治協商委員會一般由各締約國執政黨的第一書記或總書記以及政府首腦、外交部長、國防部長和華約聯合武裝部隊總司令參加。聯合武裝部隊司令部負責統率根據締約國各方協定撥歸其指揮的各國武裝部隊。上述兩機構總部設在莫斯科。

華約的建立使東、西方最終形成了兩個對立的軍事集團，使兩大陣營帶有強烈的軍事對抗色彩，從而使冷戰的氣氛更加凝重。

赫魯雪夫（左）與波蘭 ▲
總統弗拉迪拉夫‧哥穆爾卡在一起。

華沙條約組織的前期行 ▲
動完全是在赫魯雪夫的授意下進行的，圖為1957年他出訪捷克斯洛伐克時受到擁戴的場面。

1955年蘇美英法四國領導人在日內瓦會晤，試圖解決東西方並存中所遇到的問題，但大會並沒有取得實質性成果。圖為與會四巨頭（左起）：布爾加寧、艾森豪威爾、福爾和艾登。 ◀

亞非會議

利比亞領導人卡札菲像 ▲

世界上下五千年

50年代中期，亞非地區已經發生巨大的變化。新獲得獨立的國家有十三個，加上戰前已獨立的國家，亞非地區已有近三十個國家獲得獨立。許多亞非國家由於奉行獨立自主的政策，已經開始在國際事務中發揮作用，宣告亞非國家任人擺佈的命運和在國際事務中毫無發言權的時代結束。越來越多的亞非國家渴望把命運掌握在自己手中。反對侵略戰爭、維護和平，反對殖民壓迫、爭取和保障民族獨立，反對帝國主義掠奪和奴役、發展民族經濟，已成為亞非拉各國人民的共同願望和要求。

許多亞非國家認識到，需要制定一個促進亞非國家友好合作、反帝反殖的共同綱領。1953年底，周恩來在會見印度政府代表團時，提出了和平共處五項基本原則，即互相尊重主權與領土完整、互不侵犯、互不干涉內政、平等互利、和平共處。五項原則提出後受到亞非拉各國人民的贊同和支持，從而加速了這一地區的團結。亞非會議就是在這樣的背景下召開的。

1955年四月二十四日，亞非會議通過《關於促進世界和平和合作宣言》。圖為周恩來與亞非會議部分代表團的合影。 ▶

1955年四月十八日，有二十九個亞
非國家參加的亞非會議在印尼萬隆的獨
立大廈開幕。會議遭到帝國主義的阻撓
和破壞。美國不是與會國，卻派出七十
多人的「記者團」，企圖挑起亞非國家間
的分歧，使會議達不成任何協議。某些
國家的代表在美國的唆使下提出，亞非

周恩來總理步入會場　▲

國家面臨的問題不是反殖民主義，而是「共產主義威脅」
和「顛覆活動」等，企圖轉移會議反帝、反殖的宗旨，
影射攻擊中國，陰謀挑起爭端。中國代表團團長周恩來
總理洞悉美國破壞會議的陰謀，他在發言中說：「中國
代表團是來求團結而不是來吵架的，中國代表團是來求
同而不是立異的」，「在我們中間有無求同的基礎呢？
有的。那就是亞非絕大多數國家和人民自近代以來都曾
受過而且現在仍在受著殖民主義所造成的災難和痛
苦。」，「從解除殖民主義痛苦和災難中找共同基礎，
我們就容易互相了解和尊重、互相同情和支持，而不是
互相疑慮和恐懼、互相排斥和對立。」這些話表達了具
有相同歷史命運、患難與共的亞非人民要求反帝、反殖
的深切願望。周總理最後說：「十六萬萬的亞非人民期
待我們的會議成功。讓我們亞非國家團結起來，為亞非
會議的成功努力吧！」

中國代表的原則立場和發言博得了與會國代表的熱
烈歡迎和普遍讚揚。沙斯特羅阿米佐約、尼赫魯、吳努
等許多國家的著名政治家離開座位，與周恩來握手、擁
抱，甚至在會上攻擊過中國的代表也主動與周恩來握
手，並表示歉意。

四月二十四日，亞非會議勝利閉幕，並發表《亞非
會議最後公報》，公報提出的和平共處、友好合作十項
原則被稱為「萬隆精神」而載入史冊。

不結盟運動

印尼總統蘇加諾像 ▲

世界上下五千年

在「萬隆精神」的鼓舞下，非殖民化進程有了很大發展。但是，帝國主義、新老殖民主義都不甘心退出歷史舞臺。美、蘇兩國也開始進行全球性角逐，北約和華約兩大軍事集團重兵對峙，在亞非拉廣大的中間地帶展開激烈爭奪。特別是美、英、法，企圖以新殖民主義取代舊殖民統治，對新獨立國家的獨立、主權和安全構成嚴重威脅。在這種情況下，處在兩大集團之外的許多國家不願聽任大國的擺佈和控制，決心自己掌握國家和民族的命運，維護國家的獨立和主權，捍衛世界和平。在這種歷史環境下，不結盟運動應運而生。

早在亞非會議後不久，1956年七月，南斯拉夫總統鐵托、埃及總統納賽爾、印度總理尼赫魯在南斯拉夫舉行會談，並發表聯合公報，強調堅持民族獨立，反對參加兩大軍事集團，主張各國之間和平共處與友好合作。柬埔寨國家元首西哈努克親王和印尼總統蘇加諾也簽署了上述公報。1961年初，鐵托在非洲國家的獨立高潮中，遍訪非洲九國，提出各不結盟國家舉行首腦會議的建議，得到納塞爾等人的回應。1961年六月，不結盟國家首腦會議在開羅召開籌備會議，規定參加不結盟會議的五項準則：（1）它的政策應當是在和平共處和不結盟基礎上的獨立政策；（2）它應當支持民族解放運動；（3）它不應當是任何會使其捲入大國衝突的集體軍事同盟的成員國；（4）它不應當是同某個大國締結的雙邊聯盟的參加國；（5）其國家領土不應當有它同意下建立的外國軍事基地。

在不結盟運動剛剛興起之時，美國以對付「共產主

60年代末期的開羅水泥 ▲
廠遠景，文明與貧窮正困
擾著這一發展中國家。

義威脅」為藉口，在世界各地組建了各種軍事和政治聯盟。在它看來，「不結盟」簡直是一種諷刺和攻擊。美國前國務卿杜勒斯說，「中立」、「不結盟」，是「一個陳舊的概念」，是「一種不道德的近視的概念」。蘇聯出於同美國爭霸的目的，也竭力分化瓦解不結盟運動。他們都企圖把別人拉入自己的集團。但是，不管兩霸如何痛恨它、破壞它，它還是不可阻擋地發展起來，成為國際舞臺上不可忽視的一支政治力量。

1961年九月一日至六日，第一次不結盟國家首腦會議在貝爾格勒召開，有二十五個國家出席了會議。會議通過了《不結盟國家政治首腦宣言》和《關於戰爭的危險和呼籲和平的聲明》，宣佈與會各國全力支持阿爾及利亞、突尼斯、安哥拉、古巴及其他為爭取和維護民族獨立而鬥爭的各國人民，要求撤除一切設在別國領土上的軍事基地，消除一切形式的殖民主義。宣言指出，只有根除殖民主義和帝國主義，才能實現持久和平。會議主張用和平共處的原則來代替「冷戰」和可能發生的全面核戰爭。會議決定把上述宣言遞交聯合國。這次會議標誌著不結盟運動的正式形成。

印度總理尼赫魯像　▲

南斯拉夫領導人鐵托像　▲

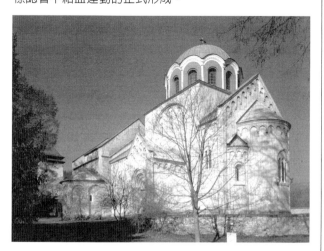

位於貝爾格勒附近的斯主敦尼查聖母教堂，是南斯拉夫著名的古代建築。　◀

古巴革命

卡斯楚像　▲

格瓦拉為卡斯楚的親密　▲
戰友、古巴革命的領導者
之一。

卡斯楚的軍隊成功擊敗　▲
了美國雇傭軍的入侵

　　古巴是加勒比海區域的一個島國，它原為西班牙的殖民地，美國通過1898年對西班牙的戰爭佔領了古巴。古巴人民強烈要求美國軍隊撤出古巴，實現古巴獨立。拉丁美洲國家和人民也強烈反對美國對古巴的非法佔領，美國被迫承認古巴獨立。1902年五月二十日，古巴共和國宣佈成立。次年二月，美、古簽訂《互惠協定》，美國強行租借兩處古巴軍事基地。1906年，古巴人民舉行大規模反美起義，美國派兵鎮壓，並派總督統治古巴直到1909年。此後美國大力扶植古巴的親美勢力，建立獨裁政權，對古巴進行間接統治。美國資本控制了古巴的經濟命脈。在革命前的五十年中，有二十億美元的利潤送進了華爾街。民族矛盾與階級矛盾的日益激化，最終導致了古巴的革命。

　　古巴革命的主要領導人菲德爾·卡斯楚出身於甘蔗園主家庭，畢業於哈瓦那大學法律系，當過律師，大學讀書時參加過學生運動和小資產階級的人民黨，反對美國的侵略，憎恨獨裁統治，是資產階級民主派的激進人物。1953年七月二十六日，卡斯楚和他的弟弟勞爾組織一批青年攻打蒙卡達兵營，失敗被捕。他在聖地牙哥受審時，發表著名的《歷史將宣判我無罪》的演說。他提出的「七二六」革命綱領是「爭取公眾的自由和民主」，並要求解決土地問題、工業問題、失業問題、教育問題、住房問題、人民的健康問題以及國有化問題。1954年古巴舉行總統選舉，巴蒂斯塔政權為了籠絡人心，釋放政治犯，卡斯楚因而獲釋。他出獄後便著手發動「七二六」運動，準備舉行新的起義。

1955年十一月，古巴國內反政府的群眾示威運動掀起高潮，卡斯楚在墨西哥籌組遠征軍。1956年十一月二十五日清晨，古巴八十二名遠征軍擠在一艘只能容納十二人的「格拉瑪」遊艇上，經過七天七夜後，終於在古巴奧連特省登陸。登陸後便遭到巴蒂斯塔軍隊的前後堵擊和飛機轟炸。經過三天激戰，遠征軍僅有十五人倖存下來，其中包括阿根廷的革命者埃內斯托‧格瓦拉。卡斯楚率領僅存的十幾名遊擊隊員迅速進入馬埃斯特臘山區開展游擊活動。1957年五月，起義軍在烏貝羅戰役中取勝並不斷壯大。不久，格瓦拉率領起義軍在拉斯維里亞建立根據地，並在戰鬥中取得決定性勝利，打開了通往哈瓦那的道路。

1957年三月十三日，以安東尼奧‧埃切維里為首的一批青年攻打總統府，建立了「三月十三日革命指導委員會」。1958年二月，福雷‧喬蒙領導和組織的遠征軍從努埃維達斯登陸，在埃斯坎布拉依山區開闢新戰線。在反獨裁武裝鬥爭節節勝利的形勢下，巴蒂斯塔被迫逃亡國外。

1959年一月一日，起義軍進入哈瓦那。一月二日，建立革命政府，古巴革命取得勝利。古巴革命勝利後，改組了舊制度下的國家軍隊和軍事機器，採取了一系列的措施建立社會秩序，進行土地改革和國有化運動，廢除大莊園制度，把所有外資企業、國內私人企業和銀行全部收歸國有。

古巴革命的勝利引起美國的恐慌。美國政府深感「榻旁之患」，於1961年四月派遣一千六百名雇傭軍入侵古巴。古巴起義軍和民兵英勇痛擊並全殲了來犯者，給美國侵略者以沉重的打擊。

1959年一月，卡斯楚進入哈瓦那，古巴革命取得勝利。▲

哈瓦那學生舉行示威，▲抗議巴蒂斯塔的獨裁統治。

在吉隆灘危機期間，卡斯楚號召人民誓死保衛祖國。▼

古巴導彈危機

　　冷戰前期，美、蘇均以核武器向對方進行威懾。50年代，美國部署在歐洲的中程導彈及戰略轟炸機，直接對蘇聯本土構成威脅，而蘇聯卻不能威脅美國。1959年一月，古巴人民在卡斯楚的領導下推翻了親美政權，動搖了美國在西半球的霸主地位。1961年四月，美國入侵古巴失敗。卡斯楚為抗擊美國，迅速向蘇聯靠近。蘇聯乘機向古巴擴展勢力，並試圖在古巴部署核武器以直接威脅美國本土。1962年七月，蘇聯開始向古巴偷運中程導彈。八月二十九日，美國U-2型飛機發現蘇聯在古巴建造薩姆導彈發射場。九月四日，甘迺迪在聲明中指責蘇聯。赫魯雪夫一面矢口否認，一面加速向古巴運送薩姆導彈和伊爾-28型轟炸機。十月二十二日，美國決定對古巴實行軍事封鎖，派遣四十艘軍艦參加封鎖行動。美國還在古巴領海部署警戒線，由九十艘艦艇、六十八個空軍中隊和八艘航空母艦，攔截和搜查蘇聯船隻。同

部署在古巴的蘇聯導彈 ▼

載有進攻性導彈的蘇聯艦艇從古巴返航。肯尼迪在與赫魯雪夫的初次交鋒中佔盡了上風。 ◀

在中國訪問的赫魯雪夫 ▲

美國所拍攝到的蘇聯在古巴建造進攻性導彈基地的照片 ▼

時，美國還集結了戰後最龐大的登陸部隊，並下令世界各地的美軍進入戒備狀態。針對此舉，蘇聯表示「堅決拒絕」美國攔截，並「將進行最強烈的反擊」。雙方戰爭大有一觸即發之勢。二十六日，赫魯雪夫致書甘迺迪，表示只要美國保證不向古巴發動進攻，蘇聯同意從古巴撤除導彈。次日，又致書甘迺迪，要求以美國從土耳其撤走其進攻性武器作為交換條件。甘迺迪接受了第一封信中蘇聯提出的條件，故意迴避第二封信的要求。二十八日，赫魯雪夫覆信甘迺迪，表示已下令撤除蘇聯在古巴的核武器，並放棄第二封信所提的要求。古巴導彈危機最終雖以美國佔上風而結束，但也表明了蘇聯開始在全球範圍內與美國進行爭霸。

ERECTOR ON LAUNCH PAD

MISSILE READY BLD

OXIDIZER VEHICLES

PROB HYDROGEN PEROXIDE TANKS

MISSILE READY BLDGS

FUELING VEHICLES

TENTS

ERECTOR ON LAUNCH PAD

MISSILE ON TRAILER

匈牙利實行「新經濟體制」

1953年三月五日，七十▲
三歲約瑟夫‧史達林在患
腦溢血四天後逝世。

1953年三月，史達林去世後，匈牙利的局勢發生了變化。拉科西被迫辭去總理職務，由納吉主持政府工作。納吉上任後，提出了「新階段的新政策」，著重強調「不斷提高人民生活水準是新經濟政策的主要原則」。

「新經濟政策」的主要內容有：第一，允許農民退出農莊，宣佈農莊經大多數莊員同意可以解散。使小私有企業合法化，答應幫助個體農民。第二，調整農、輕、重比例，放緩重工業發展速度，加快發展輕工業和農業。第三，實行對外開放。但納吉的經濟政策遭到了拉科西等人的反對。1955年春，蘇共領導將納吉召到莫斯科，指責他發展輕工業的方針是錯誤的。拉科西乘機召開匈共中央全會，批判納吉的右傾路線，解除他的黨內外職務。這樣，納吉的改革探索夭折了。

1956年十二月，匈牙利▲
人在街頭焚燒史達林像，
而蘇聯的坦克已經踏上了
他們的國土。

1956年爆發的由人民群眾要求進行政治經濟改革的運動，最終演變成為全國性的十月事件，匈牙利國內存在的政治經濟危機充分暴露出來。因此，十月事件後上臺的卡達爾，在其執政初期，在改善黨的領導、革新幹部制度的同時，在經濟方面採取了循序發展、小步前進的穩妥方針。在農業方面，依照自願互利和示範教育的原則，重新開展農業合作化運動。在工業方面，主要以調整工業結構為主，並強調優先發展適合本國國情的化工、機械等產品。透過實施這些政治經濟措施，匈牙利政局逐漸平穩安定下來，生產得到了恢復和發展，這就

為後來的大規模改革奠定了基礎。

　　1968年，匈牙利開始在全國實行「新經濟體制」。其主要內容有：第一，在計畫體制方面，取消了國家直接向企業下達指令性計畫的做法，實行指導性計畫體制。國民經濟計畫由上下結合共同制定。企業根據國家計畫和市場情況等因素，制定企業計畫。國家運用各種經濟手段使企業計畫和國家計畫吻合，以確保整個國民經濟平衡發展。第二，在價格體制方面，實行多元的價格機制。價格調節形式由單一化轉化為固定官價、受官價限制的浮動價格、自由價格三種形式。第三，在收入調節制度方面，企業全部利潤上交國家改為只交部分稅收和企業可以留成。把工人的平均工資制改為基本工資加浮動工資制度。第四，在組織制度方面，精簡組織機構，減少中間環節，使中央政府能保持對國民經濟的宏觀控制。第五，在所有制方面，實行兩權分離，即把國營企業的所有權和經營權分開，國家作為所有者，對企業的生產資源擁有所有權，企業作為生產者擁有較大的自主經營權。

　　匈牙利透過經濟體制改革，勞動生產率得到明顯提高，經濟生活日益民主化。

1956年十月事件中，一 ▲
位年僅十五歲的匈牙利少
女手持機關槍準備抵抗蘇
聯的入侵。

布達佩斯王宮是匈牙利 ▲
封建王朝的象徵，也是匈
牙利革命的重要對象。

坐落於多瑙河畔的匈牙利
首都布達佩斯　　　　　◀

「布拉格之春」曇花一現

1968年八月，「布拉格 ▲ 之春」臨近結束時的希望與恐怖。

50年代初期，捷克斯洛伐克實行高度集中的中央計畫管理體制。1958年二月，捷共中央全會通過了《關於實行管理計畫與財政新體制》和《提高國民經濟管理體制的經濟改革效率的原則》，開始進行改革探索。1959年，又因受國際共同批判南斯拉夫「修正主義」影響，停止改革嘗試，恢復了原來的經濟管理體制。從60年代初開始，捷國經濟嚴重衰退，生產停滯，政府財政赤字高達五十億克朗，人民不滿情緒日益增長，捷克國內改革呼聲越來越高。

1963年，捷克斯洛伐克成立了由經濟學家和管理幹部組成的全國性的改革委員會。1964年一月，報刊發表了改革委員會制定的改革方案。經過廣泛討論，1965年，捷共中央通過了《關於改進國民經濟計畫管理工作的主要指示》。1966年又頒佈了《關於加速實施新管理體制的原則》。這次改革雖然比50年代的改革前進了一步，但在這次改革過程中，黨政領導機構和經濟理論界都出現了嚴重的意見分歧，致使改革未能取得實質性進展。

經濟停滯促使社會矛盾和政治鬥爭日益激化。1968年一月，捷共中央全會決定，將共和國總統和捷共中央第一書記的職務分開，解除諾沃提尼中央第一書記的職務，選舉改革派代表人物杜布切克接任。三月，諾沃提尼又被迫辭去所兼總統一職，由斯沃博達接任。1968年四月，捷共中央召開全會，通過了《行動綱領》，宣佈「將進行試驗」，「創立一個新的、適合捷克斯洛伐克情況的、富有人情味的社會主義模式」。在政治方面，主

一輛蘇聯坦克駛進布拉 ▲ 格的街道。有六十七萬蘇聯官兵被派遣去佔領捷克。

張黨政分開，不能用黨的機構代替國家機構、經濟領導機構和社會組織；堅持和發揚社會主義民主，保證集會、結社、遷徙、言論和新聞自由；主張以民族陣線為基礎，實行社會主義的多元化政治體制。在民族問題上，主張建立捷克和斯洛伐克兩個民族的聯邦制國家。在經濟方面，綱領提出實行有計畫的市場經濟。其主要內容是：第一，改革計畫體制。主張國家主要職能應是制定長遠發展戰略，確定重大比例關係，並對特別重要的部門規定指令性指標。此外，一切經濟活動都應利用稅收、價格、利潤等經濟手段，通過市場機制進行調節。第二，規定工商企業和農業合作社都有獨立自主權，包括自聘自選領導人、自主經營、自由競爭、自願聯合等。第三，成立工廠委員會，該委員會有權決定廠長的任免、利潤的分配和職工的福利待遇等。第四，取消外貿壟斷，企業有權獨立進行外貿活動，國家只根據市場情況採取相應的調節措施。第五，改革價格政策，縮小固定價格範圍，逐步向自由價格過渡。在對外政策方面，主張在進一步發展同蘇聯的「聯盟和合作」的同時，加強同一切國家的互利關係。

《四月行動綱領》把經濟和政治體制改革結合起來，受到了廣大人民的歡迎。各界群眾舉行各種集會討論國家生活中的各方面問題，出現了「布拉格之春」的民主、開放局面。但不久，捷克斯洛伐克的政治經濟改革，由於蘇軍侵佔而未能全面付諸實施，便夭折了。

布拉格教堂鐘樓
實景圖　▲

日本經濟高速發展

日本明仁皇太子和公主 ▲

70年代初日本商業一派 ▲
繁榮景象。

被原子彈炸毀的廣島圓屋
頂遺址　　　　　　▼

　　1945年八月，美國佔領日本後，從控制日本和根除
日本軍國主義法西斯勢力出發，推行了一系列的民主化
改革，主要有三個方面的內容：

　　（1）修改憲法。1946年二月，盟軍總部著手修改憲
法。同年十月，新憲法經日本國會通過，並於1947年五
月三日生效。新憲法規定「主權屬於國民」，廢除天皇
的絕對統治權，而只將其作為日本國的象徵；日本為議
會制國家，內閣對國會負責，行政權由內閣執掌；保障
人民享有基本公民自由；永遠不以戰爭為國策，不得保
持陸、海、空軍和其他武裝力量。日本實現了政治體制
的民主化，從而保證了戰後日本政局的穩定和經濟的迅
速發展。

　　（2）解散財閥，禁止壟斷。日本的財閥把持總公
司，分派家族成員掌管各公司，派至親和心腹控制各公
司重要部門。他們控制了國家經濟命脈，使它成為日本
法西斯的經濟基礎。為此，美國佔領當局首先解散財
閥，指定三井總公司和三菱總公司等八十三家公司為持
股公司，指定三井、三菱等十大財閥的五十六人為財閥
家族以及與這些財閥有關的六百二十
五家公司為「限制公司」，規定上述被
指定者的所有股票必須交給「持股公
司整理委員會」公開出售，並勒令財
閥家族及財閥公司負責人一律辭去職
務，並解散持股公司。1947年四月，
公佈了《禁止私人壟斷法》和《經濟
力量過度集中排除法》，成立「公正交

易會」，以此防止被解散的財閥復活。這次對日本壟斷資本的改組，促進了戰後日本企業管理體制的改革和企業經營的現代化，為戰後日本經濟的高速發展創造了條件。

（3）進行農地改革。廢除了寄生地主制，促進了日本農業的恢復與發展。

現代與傳統日本的完美交響　▲

1945年至1955年是日本經濟恢復時期，到50年代中期，日本主要經濟指標已達到戰前水準。1955年至1973年是日本經濟高速發展時期。到1968年，日本的國民生產總值躍居資本主義世界第二位，僅次於美國。50年代中期至70年代初，日本經濟的高速發展是與國內外一系列的有利條件分不開的。國際有利條件主要有以下幾點：首先，戰後科技革命浪潮的興起為日本戰後經濟高速發展提供了可能性。日本抓住這一有利時機，引入先進技術，迅速縮小了與國外技術的差距。其次，戰後世界市場的原料、燃料價格長期穩定、低廉，而工業品價格偏高。這種情況對缺乏資源、而工業產品競爭力較強的出口貿易型的日本非常有利。再次，有美國的大力扶植。從國內有利條件來看，戰後的民主改革為日本經濟的發展開闢了道路；而自民黨長期執政，國內政局穩定，也是非常重要的條件。

除了上述有利的國內外客觀條件外，推動日本經濟高速發展的具體原因還有：第一，把發展國民經濟作為壓倒一切的中心任務來執行。第二，以資本高積累為基礎，進行大規模的固定資本投資，增強各工業部門的生產能力，推動了整個國民經濟的發展。第三，大力引進國外先進技術，實行以引進、模仿加改良為起點的技術革命戰略。第四，日本吸收和參考歐美先進國家的企業經營管理制度，結合日本傳統的「集團意識」和中國的儒家思想，創造日本式管理體制。第五，充分發揮政府干預經濟的作用，對經濟生活實行方向性的指導。第六，把發展教育作為經濟發展戰略的重要組成部分，大力培養人才，充分發揮開發智力的先鋒作用。最後，擴大進出口貿易，以產品出口帶動資源進口，把「出口第一」作為經濟綱領，將「貿易立國」當作基本國策。

越南戰爭

美國對越發動「局部戰 ▲ 爭」使美深陷越南戰爭的泥潭中。

越南原為法國殖民地，二戰期間被日軍佔領。日本投降後，胡志明在河內建立了越南民主共和國。法國為恢復其殖民統治，發動了侵越戰爭。在中國人民的支持下，越南人民打敗了法國侵略軍。

1954年日內瓦會議後，越南北方獲得解放。而在越南南方，美國扶植建立了吳庭豔傀儡政權，並於1955年成立「越南共和國」。吳庭豔任總統兼總理，由於他實行獨裁統治，引起了南越人民的反抗。1960年，越南南方民族解放陣線建立，成為反美統一組織。第二年，陣線把各地人民武裝統一組成越南南方人民解放武裝力量。同一年，甘迺迪政府發動了一場由美國軍事顧問直接指揮的「特種戰爭」，對「南方解陣」實施殘酷鎮壓。南方人民武裝力量在北方支持下，到1964年，解放了南越三分之二的地區。

1964年八月五日，美國以其軍艦在北部灣遭襲為藉口，派飛機對北方的越南民主共和國進行空襲。美國在南越的「特種戰爭」升級為對越南的「局部戰爭」。

越南戰爭給越南人民帶來了沉重的災難，家破人亡、妻離子散的場景隨處可見。 ▼

1965年三月八日，美國直接向越南派遣侵略軍，在越南實行「南打北炸」的策略，使用了除核武器以外的全部新式武器，投下了超過美國在二戰中總投彈量的炸彈，但並沒有使越南人民屈服。

1969年六月，越南南方共和國

臨時政府成立，此時它已解放五分之四的土地和三分之二的人口。同年，尼克森上臺，推行「用越南人打越南人」的「越南化計畫」，並把戰火燒到老撾和柬埔寨邊境。1971年至1972年，越南軍民粉碎了「越南化計畫」。

戰爭空檔的美國大兵正 ▲
在「懺悔」，請求上帝減
輕自己的罪孽，完畢以後
他們再重回戰場繼續其凶
殘的殺戮。

1973年一月二十七日，參加巴黎會議的各方——越南民主共和國政府、越南南方共和國臨時政府、美國政府、越南共和國政府，在巴黎正式簽訂了《關於在越南結束戰爭、恢復和平的協定》。協定規定：美國尊重越南的獨立、主權、統一和領土完整；美國在六十天內從越南南方撤出全部美國及其同盟國的軍隊和軍事人員，不干涉越南南方的內政，承認越南南方人民的自決權；越南南方人民將通過普選決定越南南方的政治前途。該協定使美國從越南脫身。1975年，南越傀儡政權被推翻，越南抗美救國戰爭取得最後勝利。1976年，越南南北統一後，定國名為越南社會主義共和國。越南戰爭是美國冷戰政策的又一次失敗。

1972年六月，美軍一顆凝
固汽油彈誤投到南越壯麗
村所造成的令人慘不忍睹
的景象。　　　　　　▼

尼克森主義

▲ 尼克森像

　　美國在越南戰爭失敗後，日趨衰落。越南戰爭使美軍傷亡近三十六萬人，耗資上千億美元。它使美國國內局勢動盪不安，反戰運動不斷高漲。同時，美國經濟地位嚴重下降。1970年與1948年相比，美國在資本主義世界工業總產值中的比重下降了16.8%，在世界出口貿易中的比重下降了14.8%。1970年的黃金和外匯儲備比1950年下降了34.1%。另外，美國與其盟國關係日趨緊張，矛盾重重。西歐的獨立自主傾向不斷加強，日、美經濟摩擦不斷加重，帝國主義陣營趨於瓦解。最後，蘇、美軍事力量對比，蘇方明顯佔有優勢。60年代初，美國在戰略核武器和常規軍備方面均佔絕對優勢。但到了1969年，蘇聯先於美國部署了反彈道導彈系統。蘇聯還發展了遠洋海軍，開始挑戰美國海上霸主的地位。

　　隨著美、蘇實力的變化，兩者都在調整戰略。美國推出了「尼克森主義」。1969年七月二十五日，尼克森總統在關島就美國和亞洲關係發表講話。他說：「現在是著重強調下列兩點的時候了。」他所說的兩點，一是指美國恪守條約義務；二是在軍事防衛問題上應逐漸由亞洲國家自身來處理、負責。這一政策，被稱為「關島主義」或「尼克森主義」。十一月三日，尼克森更明確地表述了美國對亞洲政策綱領的三個原則：(1) 美國將恪守所有條約義務；(2) 如果某個核武大國威脅我們某個盟國的自由，或威脅某個我們認為其生存關係美國安全的國家的自由，我們將提供保護；(3) 在涉及其他形式的侵略的場合，我們將根據條約義務，在被要求時提供軍事和經濟援助。1970年二月，尼克森把亞洲的「三

原則」推廣為美國的全球政策，提出「夥伴關係、實力和談判」的「新的和平戰略」。次年七月，他又提出世界上存在美國、蘇聯、西歐、日本和中國五大權力中心，承認美國的霸權地位已喪失，美、蘇存在著「全球戰略競爭」。

「尼克森主義」是美國戰後全球戰略的一次重大調整，對世界格局的變化產生了重大影響。針對「尼克森

越南戰爭讓美國陷入 ▲
泥潭，圖為一臉迷茫的美國大兵。

主義」，蘇聯推出「緩和」政策相呼應。1969年三月，勃列日涅夫在華沙條約組織布達佩斯會議上，第一次提出實現「歐洲緩和」的整套主張，建議建立包括華約組織和北約組織在內的「歐洲集體安全體系」。後來，勃列日涅夫又提出「緩和物質化」，即以「軍事緩和」與經濟合作來補充「政治緩和」。實際上，蘇聯緩和戰略與「尼克森主義」相似，它在「和平」、「緩和」的口號掩蓋下，大力發展軍事力量，擴展勢力範圍，儘量在各方面都取得優勢，是蘇聯與美國爭霸的另一種體現，它同樣也把戰略重點放在歐洲。兩者的區別是，美國收縮戰線，蘇聯是四面出擊。

赫爾辛基宣言

美國國務卿季辛吉（右）▲
和北越黎德壽（左）在巴
黎會晤，簽署越南和平協
議。

尼克森在發表演講。　　▲

1972年五月尼克森訪蘇並
簽定《蘇美聯合公報》。▶

　　在美、蘇的「緩和」過程中，美國略顯主動些。它調整了亞洲政策，結束了越南戰爭，改善了中美關係。關於印度支那問題，尼克森政府於1969年作出「體面結束戰爭」的決定。一方面通過談判，促使北越與美國共同從越南南方撤兵；另一方面加緊武裝撤離南越，以實現越南戰爭「越南化」。經過反覆談判，1973年一月，美與越共同簽署協定，美國得以從越南抽身。對中美關係，1971年季辛吉秘密訪華和次年尼克森公開訪華，表明美國已放棄敵視中國的政策；1978年十二月中美建交公報的簽署，標誌著實現了中美關係正常化。

　　西歐和日本是美國的戰略夥伴。尼克森上臺後兩次訪問歐洲，對美國過去對於盟國「命令多於商量」表示歉意，提出與西歐建立「平等的夥伴關係」的建議，重新調整了夥伴關係。1973年二月，尼克森宣佈當年將是「歐洲年」，表示美國要在這一年集中處理同西歐盟國的關係。同年四月，季辛吉提出同西歐各國制訂《新大西洋憲章》的建議。其基本思路是，把大西洋聯盟從軍事聯盟擴大為包括政治、經濟、軍事各領域的全面「共同

體」，並以一定形式吸收日本參加，確定對蘇聯和第三世界的共同戰略。

西歐各國為應付蘇聯，同意協調同美國的關係，但要求美國承認歐洲共同體在世界上的地位，建立平等的夥伴關係。

1974年六月，北約政府首腦會議簽署了《大西洋宣言》，強調北約成員國「有共同的命運」，「它們的共同防務是不可分割的」，美國軍隊「繼續留駐歐洲，對保衛北美和歐洲起著無法代替的作用」，盟國為實現共同目標，需要保持密切的磋商、合作和信任。宣言的簽署，表明美國與西歐關係得以改善。在對日本方面，美國適度地放鬆對其控制，讓其在亞洲承擔更多的義務，與美國共同完成「防禦任務」，以「發揮獨特的重要作用」。1971年六月，日、美簽訂《歸還沖繩協定》。次年一月，美國決定在1972年將沖繩的「行政權」歸還日本，以緩和日本人民的反美運動。同時與日本進行貿易談判，以緩解美日經濟衝突。

尼克森在就職演說中談到美蘇關係時說：「經過一個時期的對抗之後，我們正在進入談判時代。」1972年五月，尼克森訪蘇期間，雙方簽署了《蘇美聯合公報》等九個文件，雙方保證要盡力避免發生軍事衝突，防止核戰爭，用和平方式解決爭端。從此，蘇美關係進入「緩和時期」。在尼克森任內，美、蘇雙方進行了三次最高首腦會晤，並簽訂了二十二個條約或協定。就歐洲安全、裁軍、限制發展戰略核武器、美蘇經濟和技術合作等問題達成某種程度的共識。而《赫爾辛基宣言》的簽署標誌著美蘇關係的緩和達到頂峰。

1972年十一月至1973年六月，美國、加拿大及蘇聯等三十三個歐洲國家，在芬蘭的赫爾辛基召開了「歐洲安全與合作會議」籌備會，確定了會議討論的範圍、議事日程與會議組織等問題。正式會議從1973年七月三日開始，到1975年八月一日結束。最後簽署了《歐洲安全與合作會議最後文件》，亦稱《赫爾辛基宣言》。宣言包括四個文件：《指導與會國之間的原則宣言》、《關於建立信任的措施和安全與裁軍的文件》、《人道主義和其他方面的合作》、《經濟、科學技術和其他方面的合作》。這些文件總的指導精神是：與會國遵循「主權平等和尊重主權國固有權利」、「國家領土完整」、「邊界不可侵犯」、「禁止使用武力或以武力相威脅」、「和平解決爭端」、「不干涉內部事務」等原則，加強各國之間各方面的合作與交流。宣言的簽署標誌著東西方關係的緩和邁上一個新臺階。

中東戰爭

在1973年對埃、敘的軍 ▲
事突襲中，以色列士兵將
國旗豎起在敘利亞國土
上。

1948年以色列建國，大 ▲
批旅居歐洲的猶太人返回
巴勒斯坦地區。

以色列國防部長摩西‧ ▲
戴揚被視為「六日戰爭」
勝利之父。

　　自西元前12世紀猶太人的祖先希伯來人來到巴勒斯坦建立希伯來王國時起，巴勒斯坦一直受周圍大國的侵佔與爭奪，它先後被波斯、希臘、羅馬和土耳其等外族佔領。此期間，絕大部分猶太人被驅逐出巴勒斯坦。因此，猶太人流散到世界各地，遭受各地統治者的迫害和欺凌。1917年，英國佔領了巴勒斯坦。當時猶太資產階級鼓吹的猶太復國主義已經興起，他們謀求在巴勒斯坦建立猶太民族的國家，歐洲各地猶太人也在巴勒斯坦移民置產。巴勒斯坦的猶太人，從1880年的不足二萬人增加到1917年的五萬六千人。英國為了便於統治，採取了「分而治之」的政策。1917年十一月，英國外交大臣貝爾福發表宣言，贊成巴勒斯坦建立一個猶太人之家。1920年，巴勒斯坦正式變成英國的委任統治地。在英國統治期間，巴勒斯坦的猶太移民急劇增加。

　　第二次世界大戰後，美國取代了英國在中東的地位，猶太復國主義得到了美國的支持。1947年十一月，聯合國通過巴勒斯坦「分治」、建立一個猶太國和一個阿拉伯國的決議。根據決議，佔人口總數三分之二強的巴勒斯坦人只佔面積不到43%的丘陵和貧瘠地區，而佔人口總數不到三分之一的猶太人卻佔面積57%的肥沃土地。對此，阿拉伯人表示強烈反對。1948年五月十四日，猶太人單方面宣佈成立以色列國。以色列建國的第二天，埃及、約旦、伊拉克、敘利亞和黎巴嫩五國分東、北、南三路攻入巴勒斯坦，第一次中東戰爭爆發，戰爭斷斷續續地打了九個月。後來，在聯合國安理會的干預下，戰爭宣告結束，而以色列的疆土面積還多了六

千七百平方公里。

1956年七月二十六日，埃及宣佈將蘇伊士運河總公司收歸國有。由於公司股票主要掌握在英、法兩國手中，它們反對運河國有化，便同以色列串通一氣，策畫侵略埃及。十月二十九日深夜，以色列十萬大軍突然侵入埃及西奈半島，集結在塞浦路斯的英、法軍隊也開始向埃及發動攻擊。英、法、以的武裝入侵激起全世界人民的憤怒，英法軍隊被迫撤出埃及，以色列軍隊撤出西奈，第二次中東戰爭以侵略者的失敗而宣告結束。

1967年六月五日，以色列再次向埃及、敘利亞和約旦發動進攻，挑起第三次中東戰爭。在美國的支持下，以色列在六天內，侵佔約旦河西岸加薩地帶、西奈半島、戈蘭高地，共六萬五千平方公里。1973年十月六日，埃及、敘利亞軍隊和巴勒斯坦游擊隊發動「齋日戰爭」，即第四次中東戰爭。戰爭進行了十八天，雙方出動軍隊達一百一十萬人。戰爭發生後，埃及軍隊越過蘇伊士運河，摧毀以色列的「巴列夫防線」，奪回西奈半島八千平方公里的地帶，敘利亞軍隊一度攻佔了戈蘭高地的一些據點。但是，十月十五日，以色列軍隊偷渡運河成功，戰爭的形勢發生逆轉，以軍取得了戰爭的主動權，渡過運河在東岸作戰的埃及第三軍有被包圍殲滅的危險。面對這種形勢，聯合國安理會通過「338號決議」，要求立即停止戰鬥。在聯合國的干預下，以色列被迫同意停火。1978年九月，在美國倡議下，美、埃、以三國舉行關於中東問題最高會議，簽署《關於實現中東和平的綱要》，1979年三月，簽訂《以埃和平條約》，從而結束了兩國間歷時三十年之久的戰爭狀態。

古城耶路撒冷著名的岩 ▲
石殿及「哭牆」

1977年埃以領導人舉行 ▲
和平會談。

1978年，以色列總理貝京（左）與埃及總統沙達特（右）握手，美國總統卡特站在中間，三方達成和平協議。　　　　　　▼

柯梅尼返回伊朗

1979年二月，柯梅尼抵 ▲
達德黑蘭。

1978年伊朗人民舉行聲勢
浩大的罷工遊行，反對巴
列維統治，呼喚柯梅尼歸
來。　　　　　　▼

　　50年代初，美國中央情報局幫助巴列維推翻摩薩
台，重掌伊朗政權，登上孔雀寶座。巴列維在政治上繼
續實行專制統治，伊朗國內各種反對派勢力反抗壓迫的
運動不斷。

　　1977年十一月二十九日，十四年前流亡到伊拉克納
賈夫的柯梅尼突然喪子，他的兒子穆斯塔法的死因是心
肌梗塞，而柯梅尼的朋友卻斷言，他是被伊朗特務機關
毒死的。當這一消息傳遍伊朗時，十四年來完全銷聲匿
跡的柯梅尼突然又引起公眾輿論的注意。1978年一月九
日，對柯梅尼「記憶猶新的」庫姆宗教界舉行了大規模
的反國王遊行。軍隊用暴力鎮壓了這場遊行。庫姆事件
點燃了伊朗1978～1979年伊斯蘭革命的導火線，成為大
規模人民革命運動的起點。

　　「庫姆事件」以後的第一個革命運動高潮是「大不
里士騷亂」。1978年二月十八日，阿塞拜疆首府大不里
士的人們按穆斯林傳統為「庫姆事件」遇難者舉行第四
十天祭日遊行，與
軍警發生流血衝
突，有一百多人被
打死。1978年八
月十九日，伊朗政
府為巴列維國王舉
行重新執政紀念慶
典的當天，著名油
城阿巴丹一電影院
突然起火，燒死四

百三十人。伊朗許多人都認為火是政府放的，於是「血的紀念日」變成革命的信號，伊朗到處都是「燒死國王」、「處死國王」的聲浪。

九月六日，柯梅尼在一次講話中號召穆斯林仍用罷工和示威向全世界表明當局的殘暴。柯梅尼講話的第二天，德黑蘭就發生了五十萬人參加的大規模示威，而巴列維則以對十二個城市實行六個月的戒嚴來回答。在九月八日戒嚴生效時，賈萊赫廣場仍聚集著約一萬五千名抗議者，軍隊對抗議者進行五個小時的血腥屠殺，這在伊斯蘭革命史上被稱為「黑色星期五」。在柯梅尼的號召下，十二月十八日發動了全國總罷工，要求國王離開伊朗的呼聲越來越高。1979年一月十六日，巴列維決定離開伊朗去阿斯旺「度假」，而實際上他再也沒能回到伊朗。

國王一離開，伊朗舉國歡慶。柯梅尼及其助手於一月三十一日從巴黎回國。第二天，柯梅尼一行到達德黑蘭時，約有三百萬人排在三十二公里長的道路兩旁迎接他們的革命領袖的到來。而柯梅尼抵達德黑蘭時的第一句話是：「君主制時代已經結束。」二月五日，柯梅尼指定巴札爾甘為臨時政府總理，伊朗出現了兩政權並存狀況。但不久，由於軍隊的中立，革命力量佔領了國王的尼亞瓦蘭宮，巴赫蒂亞爾潛入地下，巴列維王朝至此徹底覆滅。二月十二日，巴札爾甘正式接管政府。

1979年四月一日，柯梅尼在電臺宣佈：伊朗伊斯蘭共和國成立。從此伊朗歷史進入一個新的階段。

1978年流亡海外的柯梅尼在接受記者關於國內局勢的採訪。

憤怒的伊朗人民在街頭焚燒巴列維的畫像。

「大不里土騷亂」中的示威人群高舉柯梅尼的頭像。

動盪的阿富汗

1919年阿富汗人民抵禦 ▲
住二十五萬英軍的進攻，
宣佈獨立。

19世紀70年代，阿富汗淪為英國的半殖民地。1919年八月，阿富汗人民在蘇俄的支持下，打敗英國侵略軍，宣佈獨立。第二次世界大戰後，阿富汗實行和平、中立的外交政策，參加了萬隆會議，成為不結盟運動的發起國之一。萬隆會議後，蘇聯加強了對阿富汗的援助，試圖把它置於自己的勢力範圍之內。在阿富汗接受的外援和對外貿易中，蘇聯均佔第一位。蘇聯從經濟上控制阿富汗後，積極扶植親蘇勢力，策畫政變，謀求把阿變為自己的附庸國。

蘇聯坦克開進阿富汗 ▲
山區。

1973年七月，阿首相達烏德發動政變，成立阿富汗共和國，但其內外政策並無重大變化，蘇聯對此大為不滿。1978年四月，親蘇的人民民主黨總書記塔拉基發動政變，成立革命委員會，改國名為阿富汗民主共和國。此後，蘇聯顧問、專家和軍事人員大批湧入阿富汗，控制了塔拉基政府和軍隊。塔拉基依靠蘇聯的勢力，無視人民權利，大肆鎮壓前政府高級官員和王室家族，取締在野的一切政黨。在塔拉基統治一年多的時間內，有四

動亂中的阿富汗，這樣的
屠殺每天都在發生。　▶

十萬人遭屠殺，五十萬
難民流入巴基斯坦和伊
朗，還有眾多的政治犯
被關押、處決。

塔拉基的高壓政策
激起各階層人民的強烈
不滿，各種反政府武裝
力量紛紛組織起來，開
展游擊戰爭。西元1979
年九月，哈菲佐拉·阿
明發動政變，殺死塔拉基，自任人民民主黨總書記。

被組織起來的阿富汗婦 ▲
女準備反抗蘇聯軍隊的入
侵。

阿明上臺後，國內形勢異常緊張，反政府武裝力量
日益發展壯大。蘇聯提出出兵，被阿明拒絕。蘇聯政府
認為阿明不能實現蘇聯在阿富汗的目的，決定剷除阿
明。十二月二十七日，十多萬現代化的蘇聯軍隊大舉入
侵阿富汗，佔領了喀布爾。

蘇聯入侵阿富汗引起全世界的公憤，許多重要國際
會議接連要求蘇聯撤軍。具有反抗外來侵略傳統的阿富
汗人民也積極奮起抵抗，在各大城市和山區進行抗蘇戰
爭。

物質貧乏卻充滿戰鬥激情
的阿富汗反抗者 ◀

非洲民族解放運動

1952年，茅茅運動領袖、未來的肯亞總統肯雅塔由兩名英國雇傭軍押至監獄。▲

　　第二次世界大戰後，非洲的黃金海岸、幾內亞、塞內加爾、肯亞和坦干尼喀等國家都先後興起了民族運動。在肯亞，愛國者於1948年揭開「茅茅運動」的序幕。不久，「茅茅運動」遍及肯亞的大部分地區。曾參加過二次大戰的基馬蒂成為「茅茅運動」的主要領導者。1952年十月，英國殖民者大肆搜捕茅茅戰士和愛國者。「茅茅運動」有力地打擊了殖民統治。肯尼亞終於在1963年十二月獲得獨立。

　　「茅茅運動」在坦噶尼喀、烏干達、尼亞薩蘭和羅得西亞得到熱烈的回應。1957年三月五日，戰後非洲第一個黑人獨立國家——迦納誕生了。1958年九月，幾內亞共和國成立。

　　1956年二月，突尼西亞向法國提出獨立的要求，經談判達成協定，法國承認突尼西亞獨立。次年七月，突尼西亞共和國成立。在摩洛哥，人民展開了反法武裝鬥爭。法國出動飛機、坦克，但壓不垮摩洛哥人民獨立的意志。1955年十一月，法國被迫釋放被流放的蘇丹。次年三月，摩洛哥終於獲得獨立。1954年十一月，阿爾及利亞全國幾十個地方同時舉行起義。起義得到全國人民支持，由開始的幾千人迅速發展成為一支擁有十幾萬人的正規軍。法國調動各種武裝一百萬人（這個數字超過法國在二次大戰中所使用的兵力）進行「圍剿」。但阿爾及利亞革命組織發動人民群眾進行反抗，越戰越強，解放了大片地區。

肯亞獨立夢終於實現，圖為英國菲力普親王向喬莫·肯雅塔祝賀國家獨立。▼

法國殖民者陷入戰爭的泥沼，處
於完全被動地位。1962年三月，
法國承認阿爾及利亞人民行使自
決權。阿爾及利亞人民經過七年
多的民族解放戰爭終於贏得勝
利。

1957年迦納人民慶祝國 ▲
家獨立的情景

　　1910年五月，英國將開普
敦、納塔爾、德蘭士瓦、奧蘭治
四個自治州合併組成南非聯邦。南非在歷史上第一次成
為一個統一的國家。白人資產階級掌握了統一後的南非
政權。當權者對黑人和有色人種推行種族歧視和種族隔
離政策。1955年六月，非洲人國民大會等組織召開南非
人民代表大會，提出一切民族有平等權利。1959年，從
非洲人國民大會中分離出來的一部分成員，組成泛非主
義者大會。1960年三月，南非黑人在德蘭士瓦省舉行大
規模示威，反對「通行證法」。南非當局派出大批軍警
進行血腥鎮壓，造成震驚世界的慘案。隨後，非洲人國
民大會和泛非主義者大會被取締，近兩萬人被捕。這次
慘案激起黑人的強烈抗暴運動。各大城市工人紛紛舉行
罷工，許多工業區和港口、碼頭陷入癱瘓。隨著反種族
主義鬥爭的發展，南非統治集團內部也滋生了矛盾，執
政的國民黨分成「開明派」與「保守派」，從博塔
上臺到德克勒克下臺，「開明派」與「保守
派」不斷爭吵傾軋，後來，「開明派」基本
佔了上風，他們運用政府權力，在社會生活
方面，取消了一些歧視黑人的規定，但是並
沒有改變種族歧視和種族隔離的基本政策。
到80年代末，在國內黑人解放運動和國際社
會的壓力下，白人統治階級不得不作出讓
步，對國內種族關係進行調整。

反種族主義鬥士、南非首
任黑人總統納爾遜‧曼德
拉像
　　　　　　　　　　▼

453

馬可仕專制統治

菲律賓是以農業生產為 ▲
主的發展中國家。

馬可仕夫婦的獨裁統治 ▲
激起了全體菲律賓人的反
抗,他們以這種方式發洩
自己不滿。

反對馬可仕專制的群眾 ▲
遊行隊伍

　　1965年十二月,馬可仕入主馬拉卡南宮,建立統治菲律賓的馬可仕—伊梅爾達王朝。馬可仕競選連任後,菲律賓的政治經濟狀況開始惡化。1969年,馬可仕為競選耗去1.68億美元,直接造成了菲律賓的通貨膨脹,從而也使菲律賓的社會秩序和政治穩定面臨威脅。工人舉行罷工,抗議由通貨膨脹而引起的物價上漲和工人失業;農民湧入馬尼拉示威,抗議地主的壓迫和剝削;學生舉行示威遊行,抗議親美政策,並要求進行社會政治制度改革。而菲律賓共產黨的武裝鬥爭和南部穆斯林的獨立運動,更使馬可仕政權受到威脅。

　　1972年九月二十一日,馬可仕宣佈實行軍事管制,查封一切傳播媒介,並對其政敵和反對派領袖實行大逮捕。在被逮捕和拘留的人中,最著名的是自由黨領導人參議員貝尼尼奧·阿基諾。為了參加議會選舉,馬可仕宣佈成立了以他為首的黨——新社會運動黨。由於各政黨已被取締多年,不可能立即組成新黨與之競爭。結果不言而喻,新社會運動黨獲勝,馬可仕在新成立的臨時國民議會上宣誓就任總理,同時還根據憲法的過渡條款,繼續兼任總統。

　　鑑於菲律賓經濟的飛速發展以及政治對手貝尼尼奧·阿基諾於1980年五月去了美國,馬可仕於1981年一月宣佈取消軍管,以消除人民對他專制統治的不滿情緒。然而,軍管的廢除為群眾性的民主運動創造了條件。就在菲律賓國內群眾運動走向高漲之時,在美國養病的貝尼尼奧·阿基諾決定回國。1983年八月二十一日,貝尼尼奧·阿基諾在馬尼拉國際機場中彈身亡。這

一謀殺事件使人民蓄之已久的積怨和不滿一下子迸發出來，成百萬憤怒的人民參加了「革命英雄」阿基諾的葬禮。隨之便是各反對黨及民主主義組織公開發動和領導群衆集會、示威和遊行，「反獨裁、反暴政」、「馬可仕辭職」的

柯拉蓉‧阿基諾（左一）與合作者在1986年的競選中笑到了最後。　▲

呼聲高漲，馬可仕政權已岌岌可危。

　　為了打擊反對派，馬可仕宣佈於1986年一月十七日提前舉行總統選舉，企圖趁反對派無充分準備之機戰勝對方。這時，兩名反對派領袖阿基諾夫人柯拉蓉‧阿基諾和「統一民主組織」領導人勞雷爾實現了政治上的合作，柯拉蓉‧阿基諾競選總統，勞雷爾競選副總統。1986年二月七日舉行的總統大選，吸引了世界各國政界和關心菲律賓民主化進程的人們的視線。經過全國選舉委員會緩慢的查票，到1986年二月二十五日才公佈了投票結果：馬可仕獲一千零八十萬七千一百九十七票，柯拉蓉‧阿基諾獲九百二十九萬一千七百六十一票。這樣，馬可仕又一次「當選」為菲律賓總統，並於二月二十五日中午在馬拉卡南宮宣誓就職。

　　然而，「選舉結果」尚未公佈，人們就感覺到這次選舉的不真實性。於是，馬尼拉發生了兵變，國防部長恩里萊和副總參謀長拉莫斯於1986年二月二十二日率兵反叛。經過四天的戰鬥，二月二十五日，就在馬可仕宣誓就職的那一天，百分之八十的武裝部隊控制在反叛力量的手裡，「新總統」馬可仕停止抵抗。當天，馬尼拉又舉行了第二個總統宣誓就職儀式，在菲律賓出現了兩個「總統」，一個是由國民議會承認的馬可仕，一個是由國民議會中反對派成員承認的柯拉蓉‧阿基諾。但這種局面只維持了幾個小時，當晚，馬可仕就動身離開了馬拉卡南宮，至此，馬可仕專制政權宣告垮臺。二月二十六日，在馬可仕逃離菲律賓十九個小時後，柯拉蓉‧阿基諾宣佈了新的內閣主要任命名單，菲律賓進入了「阿基諾時代」。

第三世界國家的民主運動

葡萄牙於1974年爆發 ▲
「上尉革命」，推翻了西歐
歷史上持續時間最長的獨
裁統治。

　　20世紀70年代以後，一股民主運動的浪潮
席捲了世界。先是希臘、葡萄牙和西班牙三個
專制政體的歐洲國家建立了資產階級代議制政
權。此後，第三世界國家也廣泛興起了以西方
政體取代傳統的集權政體和軍人政權、以多黨
制取代一黨制或無黨制的民主運動。

　　戰後第三世界國家大都建立起民族主義政
權，採取保護民族資本和國有化的政策，並確
立了西方式政體。政體現代化是改造殖民經
濟、建設新型民族經濟的一個前提條件。實施
西方政體的第三世界國家，在50年代後期紛紛
陷入政治動盪。在經歷長期集權統治的第三世
界國家中，有的國家在集權統治下經濟有了長足發展。
而促進經濟的進一步發展，就必須相應地實行政治現代
化──建立民主政治。

取代柯拉蓉‧阿基諾出任
菲律賓總統的拉莫斯 ▶

柯拉蓉‧阿基諾像 ▲

456

民主運動自70年代中期以來，二十餘年間遍及拉丁美洲、亞、非三洲的近百個國家，其中拉丁美洲以反對軍人獨裁政權為特徵的運動成為民主運動的先聲。自1978年巴拿馬率先以和平方式「還政於民」結束軍人統治開始，到1989年的10年間，拉丁美洲軍人政權紛紛倒臺，都以較為和平的方式將權力移交給民選的文官政府。民主運動在亞洲興起於80年代中期，在非洲大陸興起於80年代後期。在此之前，非洲五十三個國家中有三十七個實行一黨專制，「民主化」運動迅速改變了非洲各國的政治格局，到1991年，非洲實行或宣佈實行多黨制的國家達到三十個。如此巨大的變化，足以說明民主運動在非洲的興起不是偶然的。

以民主政體取代集權政體，還只是民主化運動的初步成果。作為一場進步與反動兩種政治傾向、革新與保守兩股政治勢力之間複雜的政治較量，在經過廣泛的興起階段之後，轉入動盪前進的深化階段：首先，集權政體在運動的廣泛興起階段，由於形勢所迫，以表面上的妥協退讓作出推進民主的承諾，隨後故意製造事端，阻撓民主進程。其次，集權勢力興風作浪，進行反擊，使民主進程出現反覆或停滯。在菲律賓，阿基諾夫人領導的文官政府曾遭遇多次軍人未遂政變。前總統馬可仕勢力依然強大，民主派聯盟又不團結，最終有軍人背景的拉莫斯取代阿基諾夫人執政。巴拿馬、阿根廷等國家的民主運動也在文官政府與軍事政變的反覆較量中動盪推進。第三，在民主進程中，各種政治勢力紛紛走上前臺，繼而各自為政，使民主運動陷入一片混亂之中。第四，集權統治時期積累起來的諸多經濟、政治和社會問題，在短時期內不能得到解決，導致民主政府威信下降，社會出現動盪。

隨著佛朗哥的離世，胡安·卡洛斯被推選為西班牙國王，獨裁時代終於結束。▲

烏干達獨裁者阿敏於1979年被趕下台。▼

歐共體經濟一體化

▲ 歐洲共同體宣傳畫

▲ 圖中的郵票模型為歐元的標誌。

70年代前期，有更多的國家加入歐洲共同體。　▶

　　歐洲經濟共同體建立於1958年，它在西歐經濟的增長中發揮了重要作用。它是戰後西歐國家為克服自身地位的下降謀求生存和發展，在經過了1945～1957年的準備階段以後而組成的區域合作組織。它賴以建立的基礎是1958年一月一日生效的《羅馬條約》，其核心內容是建立關稅同盟和農業共同市場，逐漸協調經濟和社會政策，實現商品、勞務資本和人員的自由流通等。到1973年，建立關稅同盟和實施共同農業政策方面取得了很大進展。1967年，法國、聯邦德國、義大利、荷蘭、盧森堡、比利時將1952年成立的歐洲煤鋼聯營和1957年成立的歐洲原子能與歐洲經濟共同體合併組成歐洲共同體。1969年十二月，共同體國家首腦會議正式提出把建立經濟和貨幣聯盟作為一項重要目標。

　　歐洲共同體成立以來，其組織規模不斷擴大。1973年，英國、愛爾蘭和丹麥加入後，共同體成員國增加到九國。80年代初，隨著希臘、西班牙和葡萄牙的先後加入，成員國發展到十二國。自1990年年底歐共體開始在政府間會議範圍內討論建立政治聯盟和經濟貨幣聯盟以來，經過一年的時間，建立兩個聯盟的條約（統稱《歐

洲聯盟條約》），於1991年年底在荷蘭的馬斯特里赫特舉行的歐共體首腦會議上獲得通過。《馬斯特里赫特條約》在得到其成員

國的批准後於1993年十一月一日正式生效。歐洲聯盟的誕生，標誌著歐洲朝國家聯邦的方向邁出了歷史性的一步。1995年初，歐洲聯盟又接納了瑞典、芬蘭和奧地利，使其成員國達到十五個，歐洲聯盟又進一步擴大。

歐洲經濟一體化的水準提高得也很快。在其超國家的管理機構及其財政體系逐步完善的基礎上，成員間的經濟一體化也不斷向深度和廣度發展。最初的一體化目標是建立初級形式的關稅同盟，實現成員國間的商品、資金和勞動力的自由流動。而後又向著建立經濟聯盟的目標邁進，不斷加強對成員國的貨幣、財政等經濟政策的協調，乃至建立了歐洲貨幣體系。80年代以後，科技的飛躍發展所導致的激烈競爭，進一步推動歐共體加快其經濟一體化的步伐。

1986年，歐共體簽署了《歐洲一體化文件》，提出了在1992年年底建成歐洲統一大市場的目標，並採取了各種相應的行動。1993年年初，歐共體宣佈歐洲統一大市場正式成立。十一月，建立歐洲經濟與貨幣聯盟和政治聯盟的「馬約」正式付諸實施，將歐共體的經濟一體化大大向前推進了一步。1999年元旦，歐洲統一大市場的統一貨幣——歐元正式啓用。

歐共體經濟一體化的加強，又對政治上的聯合提出了要求。從70年代開始，歐共體與各國政治體制相適應，建立了三權分立的機構，由部長理事會行使立法權，執委會行使行政權，歐洲法院行使司法權。1979年歐洲議會實行直接選舉，從而使它的政治地位得到了加強。1994年六月，十二個成員國選舉產生了新一屆歐洲議會。根據《馬斯特里赫特條約》規定，議會擴大了許可權，在歐委會成員的任命及歐盟內政、外交等重大事務上擁有「一半的立法權」，從而進一步加快了歐洲聯盟的政治一體化進程。

歐洲在共同利益的驅使 ▲
下走向一體。

oui à l'avenir
歐洲共同體是歐洲發展 ▲
的新希望。

世界上下五千年

1957年，歐洲經濟共同體
會議在羅馬召開。 ▼
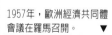

南南合作

　　「南南合作」是指發展中國家間的經濟合作，是建立在平等、自願、互助、互利基礎之上的，以建立國際經濟新秩序為主要內容。50年代的萬隆會議揭開了南南合作的序幕。在60年代，隨著不結盟運動的興起和「七十七國集團」的成立，南方國家開始進行整體性的合作，同時，興起了許多區域性經濟和貿易組織。

1973年秋，石油輸出國 ▲
組織（OPEC）對全球經濟
開始了一連串重大衝擊，
石油價格的增長使西方國
家陷入石油恐慌當中。

　　進入70年代，絕大多數前殖民地國家都已獲得獨立，南南合作有了良好的發展機遇，並取得突出成就，其標誌是石油輸出國組織（OPEC）登上世界舞臺。發展中國家通過OPEC作為一個集體採取行動，干預世界石油市場，從中獲取合理的利潤。這是南方集體自力更生道路上的一個里程碑，是發展中國家第一次聯合起來共同行動與北方爭奪對一種重要產品的生產和價格的控制權。整個70年代在南方國家的集體鬥爭中，商品價格不斷得以調整，許多南方國家經濟增長顯著。南南貿易大幅度增長，從1970年到1981年之間，南南貿易在世界貿易總額中所佔比例幾乎增加了一倍。

隨著「南南合作」的展
開，越來越多的發展中國
家擺脫了貧困，圖為巴西
國會大廈的壯闊景觀。 ▼

　　80年代以來，南南合作走向地區一體化。1980年成立的拉丁美洲一體化協會取代了60年代初建立的拉丁美洲自由貿易協會，進一步推動該地區一體化的進程。同時，海灣合作委員會、阿拉伯合作委員會和馬格里布聯盟的誕生，也推動了中東和北非一體化的發展。1985年南亞區域合

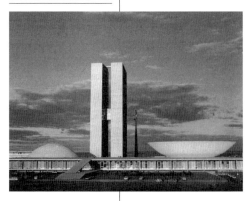

作聯盟產生加強了南亞國家的合作。
進入90年代以來，南南合作的發展趨
勢在不斷加強。

擁有一百二十八個成員國的「七
十七國集團」也在積極開展活動。
1991年十一月，在德黑蘭舉行部長級
會議，發表《德黑蘭宣言》。1992年
二月在哥倫比亞召開的聯合國貿易會
議上，協調了南方國家的立場。第三
世界國家在爭取和平與發展、維護主
權和獨立、反對霸權主義和強權政治
等基本問題上，達到共識。

多數的發展中國家以農業為主，相互之間的發展 ▲
潛力十分巨大。

南南合作地區集團化趨勢也在不斷加強。在亞洲，東南亞國家聯盟繼續發
展壯大。1995年七月底，在汶萊舉行的第二十八屆東盟外長會議上，正式接納
越南為其第七個成員國，並希望把老撾、柬埔寨和緬甸三國也納入進來。在非
洲，非洲國家為加強經濟合作和一體化採取務實措施，取得很大的進展。1991
年六月，非洲五十一個國家在非洲統一組織第二十七屆首腦會議上簽署了《建
立非洲經濟共同體條約》。1994年五月，非洲經濟一體化開始起步。1992年南
部非洲十國決定把南部非洲發展協調會議改組為南部非洲發展共同體，隨後接
納南非和毛里求斯為新成員國，為該共同體注入新的活力。1994年年底，東南
非地區二十二國首腦會議批准建立東南非共同市場。1994年一月，西非貨幣聯
盟和西非經濟共同體合併成立西非經濟和貨幣聯盟。在拉丁美洲地區，90年代
以來，出現新的一體化組織。1991年三月，阿根廷、巴西、烏拉圭和巴拉圭四
國總統在巴拉圭首都亞松森簽署《亞松森條約》，宣佈建立共同市場，推動拉
丁美洲地區的經濟一體化進程。1995年一月，南方共同市場正式啓動。安第斯
集團在90年代又重新活躍起來，並於1991年底建立安第斯自由貿易區。1989年
七月，墨西哥、哥倫比亞和委內瑞拉成立三國集團，支持中美洲和平進程和一
體化。1995年伊始，三國集團的自由貿易區正式啓動。拉丁美洲地區常設性政
治協調機構——里約集團也有發展，1994年九月，里約集團在里約熱內盧舉行
第八次首腦會議，與會各國就許多問題進行了廣泛的交流，達成廣泛的共識。

戈巴契夫的「新思維」

1985年崛起的戈巴契夫 ▲
一上臺即著手緩和與西方
國家的關係，圖為他訪問
巴黎期間與法國總統密特
朗舉行會談。

　　戈巴契夫上臺執政的時候，蘇聯已經處於內外交困的境地。在國內，國民經濟的發展已陷入停頓狀態，社會矛盾日益嚴重。在外部，蘇聯自70年代末期以來所奉行的全球進攻戰略，開始遭到西方集團的全面反擊。美國提出的「星球大戰計劃」使蘇聯面臨著在新一輪軍備競賽中被拖垮的危險，對阿富汗的長期作戰也使蘇聯付出了慘重的代價。可以說，在戈巴契夫上臺執政之時，蘇聯原有的內外政策已無法施行。為了配合國內的改革，戈巴契夫對蘇聯的外交政策實施了大幅度的調整，提出了外交「新思維」。

　　戈巴契夫的外交「新思維」是一個內容龐雜的思想理論體系，其核心思想是「全人類的價值高於一切」。所謂「全人類的價值」，主要指的是超階級的「人性」、「道德倫理」、「人道主義」等價值觀念。

　　戈巴契夫反覆宣稱，應把「全人類的道德倫理準則作為國際政治的基礎」，使國際關係「人性化」、「人道主義化」和「民主化」。他還提出「新思維」的一系列原則：世界是一個相互依賴的整體，因此要排除兩大社會體系之間的對抗；核戰爭會毀滅全人類，因而就不再是實現政治、經濟、意識形態和其他目的的手段，所以要建立一個沒有戰爭、沒有軍備競賽的世界；和平共處不再是階級鬥爭的特殊形式，國家關係要實現非意識形態化，要把對話和相互諒解作為目標。此外，「新思維」還包含關於蘇聯應採取的外交方針和策略的內容，比如加強改善蘇美關係，追求蘇美合作，承認世界的多極化和各國的獨立自主，要放棄從前的霸權主義政策等等。

戈巴契夫像　　　　▲

戈巴契夫外交「新思維」的基本目標是：第一，為國內的改革創造良好的外部環境，緩和國際緊張局勢；第二，保持超級大國的地位，發揮對世界的主導性影響。在實施政策的具體方式上，戈巴契夫主要採取以對話代替對抗、以收縮代替擴張、以退讓代替爭奪的方式。在他執政的末期，蘇聯走上對西方遷就、順從乃至屈服的道路。

為了實現外交政策的基本目標，戈巴契夫在涉及對外關係的諸領域中，以「新思維」為指導，進行了諸多方面的活動：以大規模的撤軍、裁軍作為改善對外關係、改善國際形象、緩和國際局勢的基礎；將放棄蘇美對抗、謀求蘇美合作為外交工作的重心，他上臺後，在政治、軍事、經濟等方面主動採取一系列改善蘇美關係的行動，甚至不惜作出重大的讓步；在「歐洲大廈」的口號下，謀求同西歐的合作，謀求西方國家的經濟援助；在蘇聯與東歐各國的關係方面，對東歐劇變給予積極評價；主動改善同亞洲地區各國的關係，提出一系列減少亞太地區軍備競賽、軍事對抗、建立安全機制的建議和主張。

不能籠統地評價戈巴契夫外交「新思維」所帶來的實際結果。它所帶來的撤軍、裁軍、停止對亞非拉的擴張、與一些國家實現雙邊關係正常化等方面，應該說對緩和國際緊張局勢、改善蘇聯的國際形象和處境是大有益處的。但是，由於指導思想上的錯誤，戈巴契夫的外交實踐也造成了一系列對世界和蘇聯自身極其不利的後果。東歐劇變及與蘇聯保持友好合作的一些國家所遇到的困難都與戈巴契夫的政策有關，而這種劇烈的變化對世界共產主義運動又產生了不利的影響。更為嚴重的是，為了建立和保持同西方大國的「夥伴關係」，

蘇聯在重大問題上一步步向西方靠攏，作出了一系列的讓步和妥協，為了獲得援助而不顧大國的尊嚴和民族顏面，從而導致西方對蘇聯的內政進行干預和制約。因此，蘇聯在美蘇關係中處於被動地位，而且也難以保證那種所謂「夥伴關係」的穩定，難以保持一個大國的地位和影響力。

蘇美關係緩和，連紅場上的士兵也吃起麥當勞。　▲

老布希的「超越遏制」戰略

布希像 ▲

配備先進科技的隱形飛機 ▲

在「超越遏制」戰略中，裁軍只是一種策略，真正的武器裝備只會愈發精密。圖為美國新研製的海軍艦艇。▶

世界上下五千年

1989年一月，布希當選為美國總統。此時正值國際形勢發生巨大變化的時期。東歐社會主義國家施行的改革措施遇到嚴重的挑戰，特別是在戈巴契夫外交「新思維」的影響下，東歐各國的形勢在極短的時間裡發生了出人意料的變化。在美蘇關係上，蘇聯力求通過同美國的廣泛合作來全面改善自己的國際形象，公開宣佈不再與美國為敵，並在許多國際問題的處理上不斷作出妥協和讓步。所有這些變化，都促使布希政府把對外戰略進行一次重大調整。

布希對蘇政策的主導思想是採取謹慎的方針，他看到戈巴契夫的內外政策雖然確實發生了很大的變化，但還要研究這些變化的性質和意圖是否對美國真的有利。透過審議，布希認為應當承認「蘇聯正在發生的深刻變化」，但「對蘇聯的看法要以蘇聯制度自身的性質為基礎」，戈巴契夫的改革還沒有使蘇聯的制度「發生意義重大的變化」。保守勢力預言，戈巴契夫的改革會失敗，其繼承者「可能重新採取對抗的政策」，而且認為

波灣戰爭結束後，布希 ▲
檢閱回國的海軍陸戰隊隊
員

「不管戈巴契夫將來是成功或失敗，或者只是保持生存
下來，我們面前都將存在著同蘇聯的競爭和鬥爭」。

1989年五月十三日，布希在德克薩斯農業和機械大
學發表了他的第一次對蘇政策講話，提出美國根據蘇聯
發生的一系列變化，要實施「超越遏制」戰略，從而取
代戰後美國推行了四十多年的「遏制」戰略。其基本觀
點可概括為以下三個方面：第一，明確肯定了戈巴契夫
的改革和公開性方針符合美國和西方的利益，「西方的
政策必須鼓勵蘇聯朝著開放社會演變」；第二，在維持
足夠的軍事實力和加強美、歐、日三邊聯盟的基礎上，
同蘇聯繼續對話與合作；第三，在以往遏制取得成功的
基礎上，通過經濟、文化、書刊和思想自由交流等途
徑，「努力謀求把蘇聯融合到國際社會中來」。

布希的「超越遏制」，並不是放棄遏制，而是遏制
的發展，它比單純遏制蘇聯擴張的目標還高。布希的對
蘇政策也沒有完全放棄雷根堅持的實力地位原則，但他
更多地採取經濟和政治手段，同蘇聯既競爭又合作，進
一步推動緩和與對話。但最終目的是在戰勝蘇聯的前提
下，由資本主義取代社會主義，實現資本主義的一統天
下，最終實現美國的世界霸權。

東歐劇變

柏林圍牆的拆除開創了 ▲
德國統一的新時代。

　　東歐劇變首先開始於波蘭、匈牙利。1989
年六月四日，波蘭統一工人黨在大選中失去了
對議會和政府的控制權，政權被團結工會掌
握，波蘭成為東歐第一個由共產黨的反對派掌
權的國家。波蘭的政局變化，迅速影響到匈牙
利。十月六日，匈牙利社會主義工人黨在提前
召開的第十四次（非常）代表大會上，決定將社會主義
工人黨改名為匈牙利社會黨，宣佈民主社會主義是奮鬥
的目標。匈牙利國會通過憲法修正案，取消了關於馬克
思列寧主義政黨領導作用的憲法，把匈牙利人民共和國
改名為匈牙利共和國。

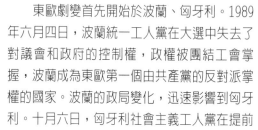

　　第二次衝擊波表現為民主德國、捷克斯洛伐克、保
加利亞的劇變。1989年五月，在匈牙利開放奧匈邊界之
際，民主德國公民大量逃往聯邦德國。十月，發生了一
系列群眾集會遊行，德國統一社會黨進行了大範圍的人
事調整。十二月，德國統一社會黨改名為民主社會主義

羅馬尼亞發生劇變，　　▲
齊奧賽斯庫夫婦被處決。

1989年布拉格街頭聲勢浩
大的示威遊行
　　　　　　　▶

黨。在德國局勢衝擊下，捷克斯洛伐克於十一月舉行了聲勢浩大的示威遊行，又於十二月修改憲法，組成聯合政府。十二月二十九日，哈韋爾就任新總統，捷克斯洛伐克共產黨失去了領導地位。在東歐的劇變中，一向平靜的保加利亞也被捲入動盪的演變浪潮之中。十一月，日夫科夫被開除黨籍。十二月，憲法中取消了保加利亞共產黨是社會和國家領導力量的條款。1990年，改國名為民主共和國，共產黨改名為社會黨。

在東歐劇變中，最出人意料、最激烈的是羅馬尼亞。1989年十二月十七日，蒂米什瓦拉市驅逐特凱什·拉斯洛神父，並引發了流血事件，羅馬尼亞局勢急劇惡化。十二月二十五日，齊奧塞斯庫夫婦被處決。匆匆成立的救國陣線委員會接管政權後，開始實行多黨制。

東歐國家中，南斯拉夫和阿爾巴尼亞也被推入劇變的漩渦中。1989年十月，南共聯盟決定實行多黨制後，民族主義急劇膨脹，各種民族主義政黨紛紛登上政治舞臺。1990年一月，南共聯盟第十四次非常代表大會後，黨發生分裂。1991年一月二十二日，南共聯盟黨代會籌委會宣佈停止活動，南共聯盟從此退出歷史舞臺，共產黨的同盟黨已變成社會民主黨類型的政黨。黨的分裂導致了國家的分裂，原來的南斯拉夫聯邦消失了，武裝衝突持續不斷，人民處在災難之中。1989年下半年，東歐的動亂也猛烈衝擊了「山鷹之國」阿爾巴尼亞。1991年六月，阿勞動黨召開代表大會，改名為社會黨，宣佈勞動黨的歷史作用和活動已經完成，主張建立一個實行市場經濟、推行福利和社會公正、民主和人道的社會。

80年代末，東歐社會主義國家在國際大氣候和國內小氣候的相互作用和巨大衝擊下發生急劇變化，各國的演變過程大體都經歷了三個階段：一是執政的共產黨或工人黨由於內部和外部的原因，在經濟上和政治上面臨著嚴重的困難，但一時又找不到解決困難的出路，黨內出現反對派並與黨外的反對派相呼應；二是執政黨在國內外的各種壓力和影響下，不斷向反對派妥協退讓，促使反對派乘機擴大勢力；三是反對派向執政的共產黨奪權，或通過大選，或通過不斷地製造動亂，不斷施加壓力，個別國家甚至通過武裝衝突，最後實現政權更迭。

東歐發生的這場劇變，其性質絕非是社會主義完善自身的改革，而是社會主義向資本主義的演變。

蘇聯解體

1991年的戈巴契夫與
葉爾欽已是水火難容。▲

隨著蘇聯的解體，列寧 ▲
雕像被拆卸。

蘇聯的解體使許多士兵變
得迷惘，作為軍人，他們
不知道自己的職責究竟是
什麼。　　　　　　　▼

　　1991年，隨著華約的解散，世界上又發生了一件重大的事件：由列寧開創的具有七十年歷史的蘇聯迅速走向解體，存在了半個世紀之久的美、蘇對峙的兩極格局，徹底瓦解。

　　1985年三月，戈巴契夫執政於蘇聯與發達國家差距拉大的停滯時期，面對處於危機邊緣的國內形勢，他上臺後便在蘇共召開的全會上提出了經濟改革的任務，並在幹部問題上作了一系列調整，以期從組織上保證改革的順利進行。由於改革順應了民意，因而在改革之初，蘇聯的社會生活一掃以往的沉悶氣氛。然而，戈巴契夫急於求成，在沒有明晰的改革藍圖的情況下，就轟轟烈烈地展開改革，從而把改革引入歧途。

　　蘇聯在經濟體制改革過程中首先出了問題。1989年，蘇聯提出「關於經濟健康化的七年計劃」，要用二至三年的時間實現向市場經濟的過渡，但由於在如何過渡到市場經濟的問題上缺乏共識，經濟體制改革的方案一變再變，不僅未能克服經濟發展的停滯狀態，反而使經濟形勢更加惡化。面對這種情況，戈巴契夫錯誤地認為，經濟改革之所以出師不利，就是因為舊的政治體制在起阻礙作用，因此必須進行政治體制改革。由於改革重點的匆忙轉移以及政治體制改革措施和路線的錯誤，結果導致了蘇聯政局的動盪。經濟改革方案的爭論轉化為政治鬥爭，權力之爭取代了經濟合理性的考慮，經濟改革變成了政治和權力鬥爭的附屬品和犧牲品，以至於經濟改革和建設難以維繫。當各族人民的現實經濟利益

在改革中得不到滿足之時，他們的怨恨和不滿便會通過民族主義的形式表現出來，從而使民族矛盾空前激化，並與政治、經濟、社會等一系列問題混在一起，最終導致聯盟國家的解體。

1986年十二月，「阿拉木圖事件」敲響了地方民族主義的警鐘，暴露出相當多的加盟共和國與聯盟中央之間的緊張關係。1988年二月，阿塞拜疆和亞美尼亞之間的納卡衝突又打破各民族和加盟共和國之間的和諧。隨後，波羅的海三國的獨立運動又揭開民族分離主義對蘇聯發起挑戰的序幕……各種民族主義在各非俄羅斯民族中的急劇膨脹，反過來又刺激一向具有歷史優越感和現實至上感的大俄羅斯民族，俄羅斯的「民主派」喊出「救救俄羅斯」、「全面振興俄羅斯」等口號，並堅決主張組成聯盟的各加盟共和國與蘇聯徹底分離，然後再在完全平等的基礎上結成新的聯盟。

面對日益嚴峻的民族分離主義運動，戈巴契夫於1990年六月提出建立「主權的社會主義國家聯盟」的構想。1991年三月十七日，蘇聯就是否保留聯盟進行了全民投票，70.4%的人投了贊成票，但中央與共和國之間對此存在尖銳的分歧。隨後，於八月十四日公佈了新聯盟條約，國名改為「蘇維埃主權共和國聯盟」，仍簡稱蘇聯。在新聯盟條約簽署後不久，蘇聯發生了震驚世界的「八‧一九」事件。之後，蘇聯國內形勢急轉直下，聯盟迅速走向解體。1991年十二月八日，白俄羅斯、俄羅斯、烏克蘭三個斯拉夫國家在明斯克宣佈建立獨立國家聯合體，並發表聲明：「蘇聯作為國際法的主體和地緣政治現實，將停止存在。」十二月二十一日，俄羅斯等11個獨立的原蘇聯加盟共和國在阿拉木圖宣佈建立獨立國家聯合體。二十五日晚，蘇聯總統戈巴契夫辭職。二十六日，蘇聯最高蘇維埃共和國舉行最後一次會議，宣佈蘇聯停止存在。就這樣，一個曾經代表著強大和威嚴的名詞──蘇聯，從此被收入了歷史詞典。

1991年的蘇聯爭鬥與哀傷不斷 ▲

北約東擴

蘇聯解體後，西方國家看到擴大北約有利可圖，同時，為迎合中東歐國家「回歸歐洲」的願望，開始制訂和實施北約東擴的計劃。北約東擴的進程大致經歷了三個階段。

第一階段，建立北大西洋合作委員會。1991年十一月蘇聯解體前夕，北約在羅馬召開首腦會議，決定組建有北約和前華約成員國參加的北大西洋合作委員會。由於其宗旨是致力於在北約和蘇聯及中東歐國家之間建立一種「真正的夥伴關係」，所以北約的這一提議立即得到蘇聯和中東歐國家的回應。1991年十二月該委員會正式成立時，共有北約成員國、蘇聯和中東歐國家等二十五個國家參加。

第二階段，推行北約和平夥伴計畫。西方邁出第一步後不久，感到北大西洋合作委員會難以擔當演變和融合中東歐和前蘇聯地區國家的重任，於是決定敞開北約的大門，接納這些國家進入。1993年上半年，美國和北約公開表示，應盡快吸收中東歐國家加入北約。但是，考慮到這些國家問題眾多、情況複雜，立即接納會給北約自身帶來許多麻煩，同時也會遭到俄羅斯的反對，便想出了一個過渡的辦法：先吸收中東歐和原蘇聯各加盟共和國加入和平夥伴計劃，作為它們加入北約之前的熱身，待條件成熟後再吸收它們加入北約。這樣既穩住了俄羅斯國內的民族情緒，又能讓急於加入北約的國家有更多的時間調整自己的內政與經濟，盡快地向北約國家的政治、經濟模式轉化。

第三階段，北約穩步向東擴展。「和平夥伴計劃」

自從20世紀50年代起，▲北約的旗幟便飄揚在歐洲的上空。

北約的利益指向要看美▲國人的態度，當美國人向全世界各個地方派兵時，俄國知道北約東擴是無法阻止的。圖為美國總統柯林頓視察派駐波黑的北約美軍。

世界上下五千年

470

提出後，中東歐國家的踴躍加入大大刺激了西方擴大北約的欲望。同時，俄羅斯民族主義和左翼力量的增強，更促使西方產生了防範、遏制念頭。於是，西方決定加快北約東擴的步伐。1995年九月，北約常設理事會批准了《關於北約東擴的研究報告》。報告就北約東擴的方式、申請加入國的條件、東擴後北約組織的地位以及與俄羅斯之間的關係等問題進行了闡述。

北約軍隊中的德國士兵 ▲

1996年上半年，西方國家考慮到俄羅斯正在進行總統大選，決定在俄政局未穩的情況下，為了避免激怒俄羅斯國內的民族情緒，把北約東擴一事稍稍放鬆了一些。葉爾欽再次當選總統後，北約便宣佈加快東擴的步伐。1996年年底，北約理事會決定：1997年七月，在北約馬德里會議上確定第一批擴員名單。此後，隨即與第一批擴員國進行了談判。1997年七月八日，北約東擴的第三階段達到高潮，波、匈、捷三國被正式確定為北約東擴的第一批國家。1999年三月十二日，波、匈、捷三國正式加入北約。

北約東擴已經邁出了實質性的一步，從世界範圍來看，它已經加速了大國戰略關係的調整步伐，大國之間相互制衡、互聯互動的關係格局更加明顯。從歐洲範圍看，北約的東擴侵犯俄羅斯在歐洲的利益，嚴重威脅俄羅斯的政治、軍事和經濟安全。因此，俄加快獨聯體一體化特別是軍事一體化的進程。北約一定要東擴，俄羅斯一定會抵制，這兩種趨勢在一定時期內都難以避免，它們間的這種較量將影響歐洲新均勢的形成，也會給世界格局的變化帶來許多不確定的因素。

從北約東擴的進程來看，美國在其中起了決定性的推動作用。實質上，美國想通過北約東擴擴大其在西歐的影響，繼續在歐洲發揮領導作用。

北約之船駛向東歐 ▲

波灣戰爭

　　1990年八月二日，伊拉克軍隊佔領了科威特，宣佈科威特為伊拉克的第十九個省，伊拉克的侵略行徑導致了波灣戰爭。

　　伊拉克吞併科威特的主要目的是想在經濟上勾銷它欠科威特的債務，攫取科威特在國外超過一千億美元的資產，並佔領科威特約佔世界百分之十的石油資源；在政治上，想用吞併科威特的勝利來掩蓋和彌補發動兩伊戰爭的失算，同時加強它在波灣的地位，在波斯灣地區乃至阿拉伯世界稱雄爭霸。

　　伊拉克公然吞併一個獨立國的舉動引起了國際社會的譴責。其中以美國的反應最為強烈。因為中東的石油是美國和西方國家的經濟命脈，它怕伊拉克控制波灣後，會招住美國和西方國家經濟的脖子。為了確保波灣的石油通道，也為了確保美國在中東地區的戰略地位，美國迅速開始了它自越南戰爭以來在海外最大規模的軍事集結。1990年十一月底，聯合國安理會通過了《678

多國部隊進入伊拉克沙漠
區　　　▶

號決議》，限伊拉克於1991年一月十五日以前無條件地完全撤出科威特，否則聯合國成員國有權對伊拉克使用武力。但薩達姆仍置之不理。於是，1991年一月十七日，以美國為首的多國部隊向伊拉克發動了代號為「沙漠風暴」的大規模空襲，波灣戰爭正式爆發。經過一個多月的空襲，伊拉克的軍事力量和戰爭潛力被摧毀。二月二十四日，多國部隊開始轉入地面攻擊，二十六日伊拉克宣佈從科威特撤軍，二十七日宣佈無條件接受聯合國安理會關於波灣危機的十二項決議。四月十一日，安理會宣佈波灣實現正式停火，戰爭結束。

波灣戰爭期間美軍士兵 ▲
在伊拉克境內進行的模擬
攻擊訓練。

世界上下五千年

　　波灣戰爭是世界進入後冷戰時期後發生的第一次「帶有全局性的地區性衝突」，它打破了中東和波灣地區原有的格局和力量組合，給阿拉伯世界和伊斯蘭世界帶來新的衝擊，影響了世界的局勢。更為嚴重的是，波灣戰爭的結束並未從根本上解決波灣危機，圍繞著核查與反核查、制裁與反制裁的問題，伊拉克與聯合國尤其是與以美國為首的西方國家發生了無數次爭吵和衝突。為此，伊拉克多次招致美國的軍事威脅和空中打擊。1998年十二月十七日至二十日，美、英對伊拉克發動了代號為「沙漠之狐」的軍事行動，這次空中打擊共向伊拉克發射了數百枚巡航導彈。面對從天而降的遠端精確制導武器，伊拉克毫無還手之力。然而，當「沙漠之狐」行動停止後，人們卻驚奇地發現，波灣地區的國際戰略格局正在發生一場巨大的變化。美、英的這次軍事行動不僅無助於伊拉克問題的解決，反而為聯合國在伊拉克開展武器核查設置了更大的障礙。波灣戰爭和波灣危機是冷戰結束後眾多地區衝突的一個縮影，表明了世界兩極體制正在走向崩潰。

美國士兵回到國內受到 ▲
親人的歡迎。

科索沃危機

米洛塞維奇像　　　　▲

　　科索沃危機的發生，有著複雜的歷史淵源。塞爾維亞人稱對該地區擁有「歷史權利」，認為科索沃是中世紀塞爾維亞的搖籃和發祥地，是塞爾維亞領土不可分割的一部分。而阿爾巴尼亞人則稱對科索沃擁有「種族權利」，因為他們的人數在該地區佔有絕對優勢。

　　1945年七月，根據科索沃地區居民的意願，科索沃成為塞爾維亞共和國範圍内的一個自治區。當年南斯拉夫聯邦人民共和國成立後，塞爾維亞成為其六個共和國之一。

　　90年代初，隨著東歐政治巨變，科索沃危機進一步加劇。面對阿族的分離行動，以米洛塞維奇為首的強硬派掌權後，於1990年七月通過法令解除了科索沃自治省的地位，並派出大批塞族官員和軍警到科索沃各地強行接管政權，致使民族矛盾更加尖銳，衝突時有發生。1992年，南聯邦解體，塞爾維亞與黑山兩個共和國聯合成立了「南斯拉夫聯盟共和國」。阿族人在聯盟中的地

北約依靠其強大的空中軍事力量，對南聯盟境内的軍用、民用目標進行了野蠻轟炸。　　▶

位大不如從前。於是，阿族人於1992年五月四日在科索沃舉行了「全民公決」，正式產生議會政府，選出了「科索沃共和國」的總統魯瓦戈。塞爾維亞共和國隨即宣佈科索沃阿族人的一切選舉結果無效，所有有組織的行動均為非法。科索沃阿族政黨和極端民族主義組織呼籲北約派軍隊進駐科索沃，希望歐盟和聯合國出面干預，使科索沃問題擴大化、複雜化、國際化。

塞爾維亞人焚燒帶有納 ▲
粹標記的英國國旗，抗議
北約的轟炸。

　　1999年初，以美國為首的北約認為干涉南聯盟內政的時機已到，於二月六日和二月十五日先後兩次導演了朗布利埃和平談判。談判協定規定：科索沃將在聯盟疆界內實行「高度自治」，三年後再根據科索沃「人民的意願」決定其是否獨立。協定還要求北約向科索沃派遣士兵，負責實施這項過渡協定。顯然，協定已經涉及到南聯盟的主權與領土完整，南聯盟無法接受上述條件，談判最終破裂。於是，以美國為首的北約於三月二十四日夜假借維護「和平」與「人權」的名義，對南聯盟這個主權國家發起瘋狂的空中襲擊，從而導演了一幕「法西斯式」的醜劇。

北約士兵與塞爾維亞 ▲
小姑娘

　　自空襲以後，以美國為首的北約從打擊南聯盟的軍事目標發展到摧毀南聯盟的行政辦公樓、醫院、學校、橋樑、電視臺、煉油廠、化工廠、電站、住宅等大量民用設施，甚至襲擊火車和難民車隊，造成二千多人死亡、六千多人受傷和幾十萬難民背井離鄉。1999年六月九日，南聯盟和北約代表簽署了關於南聯盟軍警部隊撤出科索沃的協定。第二天，北約宣佈停止對南聯盟的轟炸。

北約對科索沃的空襲， ▲
使無數的塞族人逃往馬其
頓。

475

「九一一」事件與恐怖大亨

「九一一」事件使賓拉登成為世界風雲人物。▲

恐怖分子已成為全世界聲討的對象。▲

悲傷的美國人在為「九一一」事件中的死難者作禱告。▶

　　現在被美國視為「世界頭號恐怖分子」的賓拉登，事實上正是美國一手造就和培養的。

　　賓拉登出身於沙特的巨富之家，年少的時候安靜害羞。一次，他的家族包攬了伊斯蘭教聖城麥地那和麥加清真寺的重建和修復工程，在施工期間，賓拉登沉溺於這些建築和有關建築的「故事」中，漸漸走向極端，變成了伊斯蘭原教旨主義者。

　　賓拉登受其導師的影響，認為「在非教徒佔領了伊斯蘭教的土地時，宗教的基本支柱是聖戰」。前蘇聯入侵阿富汗後，賓拉登積極援助阿富汗的抵抗力量。透過美國中央情報局的幫助，他設立了總部，收容、組織並訓練願意前往阿富汗的志願者。1982年，賓拉登建立了「支持者之家」，還在阿富汗的邊境設立了十六個游擊隊訓練營地。80年代前中期，美國給抗蘇武裝組織提供了大量尖端武器，每年撥出五億美元的經費來武裝和訓練游擊隊員，選拔並扶持了一些當時最有前途的領袖。目前賓拉登兵器庫中的不少武器就是美國在那個時期提供的。據估計，在阿富汗戰爭期間，賓拉登的組織獲得了二億五千美元的美國軍事援助。

　　不僅如此，美國還從意識領域大力宣揚穆斯林的「聖戰」，鼓動阿拉伯青年

參加阿富汗戰爭。賓拉登甚至被一些美國人譽為「英雄」。賓拉登甚在的眾多暴力手段和謀略，都是從美國中情局人員學來的。

然而賓拉登卻並不買美國的帳。波灣戰爭的時候，賓拉登堅決反對美國在沙特駐紮，他公開批評政府，號召人們用暴力趕走美國人及推翻沙特王室。沙特政府取消了賓拉登的國籍並下令通緝他。賓拉登逃到蘇丹後，蘇丹鑒於美國的壓力，下令驅逐他。在不得不四處逃亡的情況下，賓拉登以阿富汗為根據地，集結了一批「志同道合」的人，進行他「畢生要實現的目標──把美國人從沙特驅逐出去，最終從中東驅逐出去」。

賓拉登充分利用全球化的機遇大肆聚斂資金，像經營企業一樣經營他的恐怖犯罪組織，建立了組織嚴密的犯罪網路。美國中情局這才發現，他們已無法控制這個自己一手培養起來的強大的「怪物」。恐怖分子此時要打擊的已不再是美國，而是整個文明世界的基本秩序。

美國「九一一」事件，不再是美國人民的悲劇，也是全人類的悲劇。恐怖大亨賓拉登已成為國際公敵。

現任美國總統小布希　▲

世界上下五千年

恐怖分子劫持的飛機撞向世貿大樓的全過程　◀

國家圖書館出版品預行編目資料

世界上下五千年／馮國超　編；-- 第一版.
　　　-- 臺北市：大地, 2005〔民94〕
　　　面；　　公分--　（History；12）

ISBN 986-7480-35-X（平裝）

1. 世界史—通俗作品

711　　　　　　　　　　94013213

History 12

世界上下五千年

發 行 人：吳錫清

主　　編：馮國超

編　　輯：陳玟玟

美術編輯：黃雲華

出 版 者：大地出版社

社　　址：台北市內湖區內湖路2段103巷104號1樓

劃撥帳號：0019252－9（戶名：大地出版社）

電　　話：(02)2627－7749

傳　　真：(02)2627－0895

E - m a i l：vastplai@ms45.hinet.net

印 刷 者：普林特斯資訊有限公司

一版一刷：2005年10月

定　　價：300元